芮城年鉴

（2018）

芮城县地方志编纂委员会办公室　编

图书在版编目（CIP）数据

芮城年鉴. 2018 / 芮城县地方志编纂委员会办公室著. —太原 : 山西经济出版社, 2019.2
ISBN 978-7-5577-0455-1

Ⅰ. ①芮… Ⅱ. ①芮… Ⅲ. ①芮城县－2018－年鉴 Ⅳ. ①Z522.54

中国版本图书馆CIP数据核字(2019)第025993号

书　　名：芮城年鉴（2018）

编　　者：芮城县地方志编纂委员会办公室
主　　编：樊志华
责任编辑：梁灵均
整体设计：梁灵均

出 版 者：山西出版传媒集团·山西经济出版社
地　　址：太原市建设南路21号
邮　　编：030012
电　　话：0351—4922133（发行中心）
　　　　　0351—4922085（综合办）
E-mail：sch@sxjjcb.com（市场部）
　　　　zbs@sxjjcb.com（总编室）
网　　址：www.sxjjcb.com

经 销 者：山西出版传媒集团·山西经济出版社
承 印 者：芮城春秋印务有限公司

开　　本：889mm×1194mm　1/16
字　　数：390千字
印　　张：22.75
版　　次：2019年4月第1版
印　　次：2019年4月山西第1次印刷
书　　号：ISBN 978-7-5577-0455-1
定　　价：188.00元

《芮城年鉴》编纂委员会

顾　　问：董旭光

主　　任：张建军

常务副主任：赵伟兵

副 主 任：董少峰

委　　员：樊志华　王　瑛　董莹芳　李春光
薛　容　薛　艺

《芮城年鉴(2018)》编纂人员

编　　审：董少峰

主　　编：樊志华

副 主 编：王　瑛

编　　辑：董莹芳　李春光　薛　容　薛　艺

编 纂 说 明

一、《芮城年鉴》是芮城县委、县政府组织编纂，芮城县地方志编纂委员会办公室编辑出版的，全面系统记载芮城县自然、政治、经济、文化、社会等方面的年度资料性文献，是本县唯一的综合性年鉴。为广大读者了解芮城、认识芮城、研究芮城、投资芮城、建设芮城提供基础信息和线索。

二、《芮城年鉴（2018）》以邓小平理论、“三个代表”重要思想、科学发展观和习近平新时代中国特色社会主义思想为指导，坚持为芮城建设国家生态文明先行示范区服务。

三、《芮城年鉴（2018）》记事时间为2017年1月1日至2017年12月31日。特载栏目中选载2018年的工作报告，意在记录县委、县人大、县政府、县政协等工作报告中回顾2017年部分，增强年鉴所载资料的全面性和时效性。

四、本年鉴采用分类编排法，在结构上主要分为类目、分目、条目，其中条目为年鉴内容主体部分。为使一些资料归类更为科学集中，在部分类目和条目之间增设了分目，以便于读者查阅。

五、本年鉴统计资料由于行业和统计口径方面的原因，个别数字不一致的地方，以芮城县统计局发布的统计数字为准。

六、本年鉴基本资料由全县各党政军机关和企事业单位提供。县统计局和新闻中心提供了相关统计资料和照片。

《芮城年鉴（2018）》作为一种信息载体和地域性文献，具有信息的权威性、连续性、系统性、密集性、及时性等特点，正逐步被社会各界所认识。作为年鉴编纂者，将不断总结经验，与时俱进，为芮城建设国家生态文明先行示范区发挥应有的作用。

在此，对支持和帮助《芮城年鉴》编纂工作的社会各界和年鉴采编人员表示诚挚的谢意。

芮城县地方志编纂委员会办公室

《芮城年鉴（2018）》编辑部

2018年10月23日

2017年7月，山西省委书记骆惠宁调研芮城果业出口基地和出口企业情况

2017年11月28日，运城市委书记刘志宏到西侯度遗址就芮城经济转型发展进行专题调研

2017年4月18日，省体育局局长、第二届全国青年运动会筹委会秘书长苏亚君（右三）在西侯度就青运会火点采集情况调研

2017年10月21日，运城市委副书记、市长朱鹏在古魏镇王窑村调研光伏项目建设情况。

2017年10月14日，运城市委副书记王瑞宝，市委常委、常务副市长陈杰观摩古魏镇美丽乡村建设情况

2017年9月8日，运城市委常委、组织部长齐海斌在西关村检查党建工作

2017年11月14日，县委书记董旭光在王窑村宣讲十九大精神

2017年3月11日，县长张建军在同济药业调研

滩涂养鱼

加工中药材

河滩开发

永乐河滩莲菜喜获丰收

城乡环境综合整治

万亩桃园

整体搬迁的李湾新村

椒香

中广核风力发电

建设中运宝黄河大桥

杨森包装自动化车间

光伏发电

2017年10月23日，李引珠剪纸喜迎十九大

2017年11月8日，中央电视台美丽乡村欢乐行走进芮城

2017年10月11日，举行第二轮《芮城县志》首发式

党史研究室工作人员在陌南镇搜集整理芮城建党初期革命活动历史资料

荆亚锋摄影的《回眸》获二十一届山西省摄影艺术类铜质收藏奖

建设中的九峰山

2017年5月14日，芮城县中学生田径运动会开幕式

2017年6月24日，芮城县人民医院聘请专家教授来院指导业务

永乐南街夜景

圣廷花园夜景

县文体公园全貌

县城夜景

老龄委组织慰问高龄老人

精准帮扶信息采集

颗粒归仓

目　录

特　载

大　事　记

概　况

中国共产党芮城县委员会

芮城县人民代表大会

芮城县人民政府

中国人民政治协商会议芮城县委员会

中国共产党芮城县纪律检查委员会

民主党派和工商联

群众团体

武　　装

法　治

经济管理与监督

风陵渡经济开发区

工业经济

农林水利

住房和城乡建设

环境保护

交通运输

通信　邮政

财政　税务

金融 保险

商业 贸易

旅游 文物

科学技术

教　育

新闻出版　广播影视

文　化

卫生和计划生育

社会生活

乡镇(城镇社区)概况

中共芮城县委常委会工作报告

——在县委十二届四次全体(扩大)会议上

中共芮城县委书记　董旭光

(2017年12月29日)

同志们:

现在,我受县委常委会委托,向全会报告近一年来的主要工作。

2017年,是芮城发展进程中极不平凡的一年,是经济社会发展迈出重大步伐的一年。面对全面从严治党的新部署新要求、面对经济发展进入新常态等一系列深刻变化,常委会高举中国特色社会主义伟大旗帜,深入学习贯彻习近平新时代中国特色社会主义思想,认真学习贯彻习近平总书记视察山西重要讲话精神,按照省委"一个指引、两手硬""两个持久"重大思路和要求,市委"改革抢先机,发展站前列,各项工作创一流"总要求,以"走进新时代,建设大运城"为总抓手,统筹推进"五位一体"总体布局,协调推进"四个全面"战略布局,团结带领全县党员干部群众,以国家生态文明先行示范区建设为统领,以全面建成小康社会为奋斗目标,锐意改革创新,奋力攻坚克难,进一步巩固和发展了去年以来的良好发展态势,推动各项工作干在实处、走在前列,各项事业取得了新进展新成效。主要做了以下8个方面的工作。

一、坚持把习近平新时代中国特色社会主义思想作为行动指南,牢牢把握正确前进方向

常委会始终认为,习近平新时代中国特色社会主义思想,是马克思主义中国化最新成果,是全党全国人民为实现中华民族伟大复兴而奋斗的行动指南。党的十八大以来,党和国家事业取得的全方位的、开创性成就,发生的深层次的、根本性变革,我省政治生态由"乱"转"治"、经济发展由"疲"转"兴",以及我市、我县发生的显著变化,根本原因在于有习近平总书记把舵定向,在于有习近平新时代中国特色社会主义思想作为"领航灯塔"。

常委会始终认为,理论是行动的先导,思想是前进的旗帜,推动芮城各项事业迈上新的征程,必须把学习贯彻习近平新时代中国

特色社会主义思想作为首要政治任务，这是管全局、管根本、管方向、管长远的,始终保持用习总书记重要思想武装头脑的高度自觉，明确提出要在思想上拥戴核心、政治上维护核心、行动上紧跟核心,把全县学用习近平新时代中国特色社会主义思想不断引向深入。

发挥县委理论中心组示范带动作用,把习近平总书记重要思想摆在首要位置，先后16次进行专题传达学习，坚持学深悟透、真信笃用。总书记视察山西发表重要讲话后,全县各级党组织通过集中学习、交流研讨、专题讲座等多种方式，深刻领会和落实习总书记对我省工作提出的总体要求和五项重大任务,推动学习贯彻不断引向深入。把“维护核心、见诸行动”主题教育,作为深入推进“两学一做”学习教育常态化制度化的有效载体,着力在真“学”实“做”上深化拓展。县委常委带头到分管领域、包联单位,深入开展“四大讲、四增强”活动,全县党员干部“学”的效果进一步深化拓展。“三级书记”学用习近平总书记系列重要讲话精神主题交流研讨会、“捧读讲话、诵记党规”等活动亮点纷呈,达到了学理论、议大事、出思路、谋共识、促发展的目的,全县党员干部自觉运用习近平总书记重要思想武装头脑,提升本领、解决问题、推动工作的能力进一步提高。

县委常委会严格贯彻落实省委、市委重大决策部署,始终做到思想上清醒、政治上坚定、行动上自觉。深入学习贯彻骆惠宁书记视察调研运城重要讲话精神，认真贯彻落实省委“一个指引、两手硬”“两个持久”重大思路和要求、市委“改革抢先机,发展站前列,各项工作创一流”总要求,研究印发了《芮城县深入学习贯彻习近平总书记视察山西重要讲话精神行动计划》《芮城县贯彻落实5.25市委常委(扩大)会议精神2017年行动计划》,坚持在全省、全市的发展大局中作好芮城的文章、办好芮城的事情,展现更大作为。

县委常委会坚决贯彻执行民主集中制，健全完善“三重一大”事项决策机制,坚持重大问题集体讨论、集体决定,召开27次常委会,研究部署重点工作。严格规范常委班子民主生活会,认真对照《关于新形势下党内政治生活的若干准则》《中国共产党党内监督条例》,聚焦“四个合格”,认真查摆问题、深刻剖析根源、明确整改方向,达到了“红脸出汗排毒”的效果。县委常委以普通党员身份,参加所在党支部的组织生活会，与支部党员一起重温入党誓词,回顾党的光辉历程,开展交流讨论,为各级党组织开好组织生活会、严肃党内政治生活作出了表率。各位常委在工作中相互配合、相互支持,提振精神干事创业,以上率下攻坚克难，充分发挥了表率和引领作用。

党的十九大召开以来，县委常委会开宗明义、旗帜鲜明地提出,学习贯彻落实习近平新时代中国特色社会主义思想是当前最大的政治任务。10月25日,十九届一中全会结束后,县委理论学习中心组先学一步,邀请省委党校赵公社教授就党的十九大精神进行专题辅导;11月3日，召开全县学习宣传贯彻党的十九大精神动员会,印发了《关于学习宣传贯彻党的十九大精神的通知》,对学习宣传贯彻党的十九大精神进行动员部署;11月13日和26日,召开干部大会先后传达学习了省委十一届五次全会精神和市委四届四次全会精神，对全县的十九大精神学习培训、宣传宣讲、贯彻落实等工作进行了再动员、再部署、再安排。以刻苦钻研的劲头学懂，以系统全面的方法弄通，以真抓实干的精神做实，使十九大精神成为推动各项事业发展的强大思想武器和巨大精神力量，已经成为广大党员干部群众的共识，并正在全县范围内深入持久推进。

二、紧扣创新驱动、聚焦转型升级，拓展发展新领域

习近平总书记多次强调，要着力实施创新驱动发展战略，抓住了创新，就抓住了牵动经济社会发展全局的"牛鼻子"。在我省视察调研时，习近平总书记指出，山西要扎实推进经济转型发展，关键靠创新。县委常委会牢记总书记的殷切嘱托，坚决贯彻中央经济工作会议精神及省委市委重要决策部署，深入贯彻新发展理念，坚持把发展的基点放在创新上，主动融入建设大运城"一区五带"总体布局，积极找准我县在黄河经济带、中条山经济带中的产业定位，扎实推进"三个发展计划"，立足资源禀赋、产业基础、生态特色优势，在聚焦医药及医药包装产业集群发展基础上，积极抢占先机，奋力建设光伏领跑技术基地、加快PPE新材料扩产项目，开辟了新能源、新材料两个发展新领域，为构建多元化中高端县域经济新格局奠定了坚实基础。

（一）发展动能加快集聚。招商引资卓有成效。发挥比较优势，创新招商思路，重点围绕现代医药、新能源、新材料、农产品深加工和全域旅游发展，借力行会、商会、协会，有效对接企业，大力开展产业链精准化招商。全年招商引资项目28个，总投资105.56亿元，招商引资签约项目14个，总投资80.9亿元，圆满完成市定目标任务。重点项目齐头并进。年初确定的"双十工程"和96个重点项目，基本完成目标任务。特别是光伏领跑技术基地一期7个项目建设，仅仅用了9个月时间，在全国八大基地中率先实现全容量并网发电，创造了"芮城速度"，彰显了"芮城精神"。中央电视台、《人民日报》《新华网》《山西新闻联播》《山西日报》等数十家中央、省市新闻媒体先后近百次进行深度报道，对芮城以一县之力，大力发展新能源产业推动转型升级，助力全域旅游、脱贫攻坚的生动实践给予了充分褒扬。

（二）现代产业格局初具规模。紧扣创新驱动、转型升级主旋律，立足比较优势，抢抓大运城建设"一区五带"发展机遇，全力推进"三个发展计划"，以现代医药、新能源、新材料为支柱的中高端现代产业体系大格局初步构建。现代医药产业集群稳步发展。全年实施医药产业集群项目2个，总投资3亿元，截至11月底，县内20家规模以上企业完成工业总产值27.95亿元，其中9家规模以上医药产业集群企业实现工业总产值22.8亿元，占园区总额的94.4%，现代医药成为引领县域经济发展的中流砥柱。新能源产业持续壮大。北京源创翔润风力发电项目前期手续进展顺利，有望在明年开工建设。随着北京财富立方风力发电二期项目的加快实施，芮城光伏领跑技术基地二期项目即将开工建设，到2020年我县新能源发电装机容量可望突破200万千瓦时，成为"十三五"时期县域经济社会转型发展的又一支柱产业。新材料产业发展提速加力。立足南星芮城分公司PPE产品的供给侧优势，加快发展新材料产业集群。我们先后 2 次赴江苏与南通星辰总部，千方百计克服制度上的困难，“央企入晋”1 万吨 PPE 扩产改造项目顺利实施，并于 11 月 28 日正式投产，为延伸新材料产业链条奠定了坚实基础。我们先后 4 次南下，与广东、上海、深圳等地塑料协会、高分子材料协会进行对接，吸引国内 PPE 下游新材料生产企业来芮投资兴业，延伸产业链条，产生集聚效益。目前 3 家下游企业已经落户，新材料产业正在成为芮城经济发展的强力引擎。科技创新迈出重大步伐。南通星辰入选国家级“两化融合”贯标试点企业；大禹生物在“新三板”成功挂牌上市，大禹生物院士工作站正式成立，杨森包装“产学研研发基地”成功挂牌，为企业实现技术快速提升、加快转型升级注入了强劲动能。中小微企业势头强劲。全年全县中小企业个数达到 669 个，比去年同期增加 73 个，从业人员达到近 2 万人。营业收入完成 15 亿元，同比增长 7.8%。全年孵化小微企业 253 户，新培育“小升规”企业 6 个（斯普伦迪生物工程有限公司、金冠机械制造有限公司、华济药业有限公司、德彭橡塑有限公司、芮城县兴茂曲轴有限公司、芮城县协鑫光伏电力有限公司）。中小企业创业孵化基地 20 座标准化车间全部完工，6 个企业已经投入生产。助保金贷款工作已全面启动，向邮储银行推荐中小微企业 28 家，帮助 9 家企业贷款 1648 万元。

（三）“三农”工作扎实推进。始终把解决好“三农”问题作为重中之重，紧紧扭住“发展现代农业、增加农民收入、建设社会主义新农村”三大任务，不断培育农业农村发展新动能。农业供给侧结构性改革深入推进，粮食总产达到 3.414 亿公斤，连续七年获得全国“产粮大县”称号。制定《农业供给侧结构性改革实施方案》，引导农民调优产业结构，全年压减玉米面积 4 万亩，其它经济作物增长 4.5 万亩，种植业供给侧结构性改革出现可喜成果。龙头企业引领作用不断增强，积极落实特色农产品产业支撑项目资金扶持政策，农业龙头企业温氏畜牧养殖规模不断扩大，投资 1.2 亿元的奉公养殖基地二期三条生产线全部完工，合作养户达到 200 余户，生猪养殖最高利润达到 352 元一头。天之润枣业红枣深加工扩建项目稳步推进，项目建成投产后，可解决 320 名贫困户就业，年消化残次裂枣 5000 余吨，增加带动近 3000 户枣农增收致富。设施蔬菜发展壮大，新建设施蔬菜 1100 亩，全县特色蔬菜种植面积达 2 万余亩，科学引进试验示范蔬菜新品种，初步形成了番茄、黄瓜、香椿、莲菜、辣椒等地方名优特色蔬菜基地，创建了“芮康、周青、芮绿”等多个蔬菜品牌。科技推广助力农民增收，充分发挥县乡村三级农技推广服务网络功能，引导农民科学选择优良品种，科技创新力促农民持续增收。农产品品牌优势不断增强，参加新疆霍尔果斯市运城水果推介会和山西（运城）第二届国际果品交易博览会，打开了芮城苹果销往欧亚市场的大门，扩大了芮城苹果在全国的知名度和影响力。苹果出口 19 个国家和地区，连续三年出口量位居全省第一。喜获“生态原产地产品保护证书”，芮城苹果、芮城葡萄（思睿庄园）被准予使用生态原产地产品保护标志，实现了芮城水果国际、国内市场知名度和价格的双赢局面。农村环境集中整治成果丰硕，以“三环三沿”为重点，先后 13 万余人次参与环境整治，在集中整治上实现了新突破。发挥美丽宜居示范村的标杆带动作用，健全完善机制，农村环境面貌明显改善。

（四）文化旅游产业扬帆奋进。成功举办了大禹渡2017羊皮筏子狂欢季及永乐宫上巳文化节暨“花之海俏运城”美丽乡村游活动，进一步提高了芮城旅游的知名度和影响力。全面完成大禹渡、永乐宫、圣天湖景区体制机制改革。大禹渡景区完成了玻璃滑道、千仙洞等项目建设。印象风陵景区加快投资力度，初步形成了“医—药—健—养—游”五位一体，集温泉酒店、康养公寓、民俗文化、户外拓展、休闲农业等为主要特色的康养新业态。西侯度遗址被确定为“第二届全国青年运动会”圣火采集地。圣天湖景区三期建设总投资3200万元，景区整体旅游项目得到提升，被确定为“国家体育旅游示范基地”创建单位，并成功入选全国首批“运动休闲特色小镇”。《美丽乡村快乐行》圣天湖录制后在中央七台播出，集中展示了生态芮城、生态旅游、生态文化的成果和亮点，有效提升了芮城的知名度，扩大了芮城的影响力。以入围第二批国家全域旅游示范区创建名单为契机，出台了《加快文化旅游产业快速发展意见》《芮城县全域旅游发展总体规划》已通过评审。以休闲农业与乡村旅游示范县创建为契机，阳城红枣基地、汉渡葡萄园区、南卫高效农业示范园区和印象风陵、大禹渡景区为主的观光采摘、农事教育农业示范点加快培育，现代服务业与特色现代农业深度融合加快推进。

三、重点领域和关键环节改革推进有力，一些改革事项走在全市、全省前列

“改革开放是决定当代中国命运的关键一招，也是决定实现‘两个100年’奋斗目标、实现中华民族伟大复兴的关键一招”“改革开放只有进行时没有完成时”，习近平总书记的精辟论述，深刻回答了为什么要全面深化改革、怎样全面深化改革等重大理论和现实问题。县委常委会牢记总书记的重要论述，按照省委“发展相对滞后，但改革决不能落后”和市委“改革抢先机”的工作要求，始终把抓改革作为重大政治责任，不断加大改革落实力度、提高改革整体效能、扩大改革受益面，全面深化改革呈现多点突破、纵深推进的生动局面。

坚持把“四个亲自”作为重大政治要求和根本工作方法。常委班子带头，认真践行“四个亲自”要求，亲力亲为抓改革，扑下身子抓落实，全力当好“施工队长”。建立健全党政主要负责同志抓改革台账，将我县6方面38项重点改革任务，细化为112个工作要点，分解到每位分管领导，从中筛选确定国家生态文明先行示范区建设、监察体制改革试点、开发区体制机制改革、光伏产业体制机制创新等10大重大改革事项强力推进。群团改革、城乡教育一体化、医疗体制改革等承接中央、省、市的改革任务扎实推进。严格落实市县党政主要负责同志推动改革考评办法，结合“一季一督查，半年一考核，年底交总账”的工作制度，加强对各项改革任务的跟踪督查，传导改革压力，倒逼任务落实，打通改革“最后一公里”。

一些改革创新工作走在全市、全省前列。监察体制改革试点工作开局实现了“1+1>2”的效果，代表运城市县级试点成功通过省委评估组的检查评估。调整设立13个派驻纪检监察组,实现了县级派驻机构全覆盖。风陵渡经济开发区产业布局已经明确,机构整合、人员分流已到位,为风陵渡经济开发区与县域经济互利共赢、融合发展奠定了坚实基础。作为全省县级唯一入选县,入选全国休闲农业和乡村旅游示范县名单;成为2017全省扶持村级集体经济试点县。特别是我们抢抓国家推动通用航空大发展的战略机遇,勇挑重担,主动作为,从2月24日成立通用机场建设领导小组,到9月27日选址报告顺利通过专家评审会评审,进入立项审批阶段,仅仅用了7个月的时间,走过了其他通用机场需要2-3年才能完成的任务,再一次彰显了县委政府抢抓发展先机推动发展的魄力和攻坚克难的坚强意志力。

四、坚定践行绿色发展理念,生态优势持续巩固提升

“既要绿水青山,也要金山银山。宁要绿水青山,不要金山银山,而且绿水青山就是金山银山。”习近平总书记站在中华民族永续发展的高度,对加强生态文明建设提出了一系列重要论述。常委会牢记总书记的重要指示,贯彻落实省委市委加大生态文明建设力度的决策部署,践行绿色发展理念,坚持节约优先、保护优先、自然恢复的方针,把生态文明融入经济社会发展全过程,良好生态环境这一芮城最大的发展优势和发展潜力持续提升巩固。

全年实施荒山荒沟造林和栽植干果经济林2.81万亩,栽植各类苗木139.4万株;林地保有量达到5.54万公顷,森林覆盖率达到34.39%,湿地保有量稳定在1.26万公顷以上;城市绿化覆盖率、绿地率和人均公园绿地面积,分别达到41.32%、37.47%和11.7m^2。

生态文明创建工作持续推进,国家生态文明先行示范区验收的49项指标任务,已基本完成41项,8项指标完成了阶段性目标,79项重点项目有序推进。承担的探索建立环境信息公开制度、探索水资源产权制度和用途管制制度2个国家重点课题,取得重大成果。先后出台了《芮城县环境信息公开办法》《芮城县人民政府关于建立环境保护部门联动工作机制的意见》等八个制度文件,提高了环境保护工作的透明度,在全县营造了“大环保”的良好氛围;加强水资源管理,在陌南镇天上村进行了灌区水权用水制度试点工作,提高了全民节约用水意识,促进了水资源的合理开发利用。

配合环保督察,狠抓整改,倒逼经济转型,中央、省交办的35案42起案件全部办结完毕。以解决“水”“气”环境污染问题为重点,扎实开展了“铁腕治污”等环保专项行动,先后共查处环境问题168个,下达责令改正8家,下达停产整治23家,取缔“土小”企业2家,行政处分27人,行政拘留4人。截至12月25日,空气质量二级以上优良天数296天,空气质量综合指数稳居全市第一。

五、加强民主政治建设,维护保持安定和谐的政治局面

坚持党的领导、人民当家作主、依法治国有机统一的民主政治建设是实现中国梦的重要支撑。习近平总书记在十九大报告强调,要健全人民当家作主制度体系,发展社会主义民主政治,对加强社会主义民主政治建设提供了根本遵循。县委常委会以总书记重要思想为指引,按照省委市委的部署要求,充分发挥总揽全局、协调各方、凝聚力量的核心作用,着力推进民主政治和法治建设,团结一心谋发展的良好局面持续巩固。

认真贯彻《中国共产党地方委员会工作条例》,自觉做到做任何决定、部署任何重大任务都以落实党中央大政方针为前提。县委常委会定期听取县人大、县政府、县政协和县法检两院党组工作汇报,针对性提出指导意见,研究群团工作,支持国防和军队改革建设,把党的领导体现到各领域各方面。

支持人大及其常委会依法行使职权,更好发挥人大代表作用。县人大及其常委会正确行使重大事项决定权、监督权和人事任免权。全年依法作出“七五”普法等决议、决定5项。依法任免国家机关工作人员29人,全部实现了县委的人事安排意图。围绕中心,服务大局,履职尽责,听取和审议“一府两院”城乡公共设施管理与使用、土地供应与使用、全域旅游等专项工作报告13项。组织食品安全、脱贫攻坚、安全生产、法治环境建设等执法检查与调研16次,保证了宪法和法律法规在我县的正确贯彻实施,为我县经济社会发展和生态文明建设做出了积极贡献。

发挥社会主义协商民主重要作用,把政治协商作为重要环节纳入决策程序,大力支持政协积极履行政治协商、民主监督、参政议政职能。建立健全了社情民意汇集和分析机制,有效调动了各级政协组织和广大委员的积极性。以视察调研为履职抓手,精心选题,聚焦群众关切关注,围绕日间照料中心、中心养老院、精准扶贫、光伏领跑基地建设、畜禽粪便处理、苹果产业提质增效等工作进行扎实深入的视察调研,提出了具体可行的意见和建议,形成了一批推进发展的调研成果。提案工作有力推进,一批社会关注的重点热点问题和群众较为集中的利益诉求得到了有效解决,为促进我县经济发展和社会进步发挥了重要作用。

强化党委对统战工作的领导。圆满完成民革芮城支部、工商联、基督教的换届,扎实开展统战系统十九大精神专题培训和“不忘合作初心,继续携手前进”专题教育活动,统战信息宣传调研三项工作在全市位居前列。县工商联荣膺“全国五好县级工商联”,风陵渡商会荣膺“省级四好商会”,先后组建北京、西安、杭州异地商会3个,基层商会5个,缔结外省友好商会1家,召开异地“凤还巢”计划恳谈会4场次,通过系列活动,进一步加强政治引导,凝聚思想共识。全面贯彻党的宗教工作方针,落实全国宗教工作会议精神,认真做好宗教团体和宗教场所自身建设,对全县47个宗教活动场所开展了社会治安风险隐患大排查。

扎实推进法治芮城建设各项工作。加强党对法治工作的领导,推动形成法治建设责任体系。有效整合基层法律服务资源,基本实现县乡两级党委政府法律顾问全覆盖。全县免费法律援助实现全覆盖。稳步推进以司法责任制为重点的司法体制改革,构建开放透明、亲民便民的司法机制,让人民群众切实感受到公平正义就在身边。深入开展“七五”法治宣传教育活动,严格执法、公正司法、全民守法的法治氛围更加浓厚。

六、扎实做好宣传思想工作,在强化思想保证、打牢文化支撑中弘扬主旋律、凝聚正能量

越是以经济建设为中心，越要抓好宣传思想文化工作，这是推进党和国家事业健康发展的一个基本要求。习近平总书记多次强调指出，“宣传思想工作就是要巩固马克思主义在意识形态领域的指导地位，巩固全党全国人民团结奋斗的共同思想基础。”“做好宣传思想工作必须全党动手。”常委会坚持以总书记重要思想为指引，按照省委市委“认真履行意识形态工作责任制，凝聚奋力前行的正能量”的部署要求，牢牢把握“两个巩固”的根本任务，围绕为党的十九大胜利召开营造良好舆论环境这一主线，培育和践行社会主义核心价值观，强化舆论、精神和文化引领，唱响主旋律，凝聚社会正能量，推动宣传思想文化工作取得新提升。

全面加强和改进意识形态工作。落实党管意识形态原则，印发了《关于建立意识形态领域形势分析研判机制的通知》，牢牢掌握意识形态工作的领导权和主动权。制定出台了《芮城县网络舆情监测、处置引导工作机制（试行）》，建立健全协调联动机制，采取跟帖引导、解决问题、进行回复等应对措施，做到了件件有回复，事事有结果，实现了舆情处理可见、可控、可管。全年共办理舆情67件，办结63件，组织网评员发帖4.5万余条，政府网站更新内容2839条。

理论武装工作成效显著。组建了县乡两级宣讲团及285人的基层理论宣讲员队伍。常委班子带领县级宣讲团上讲台、下基层，围绕“习近平总书记视察山西重要讲话精神”“四大讲、四增强”“习近平七年知青岁月”及党的十九大精神等主题认真宣讲，带动各级宣讲员一起讲理论、讲政策，做到了宣讲进企业、进农村、进机关、进校园、进社区。截至目前，党的十九大主题宣讲共350场次，受众20万余人次。

精神文明创建工作成效显著。成功举办了“喜迎十九大、点赞新芮城”十八大以来辉煌成就主题图片展，接待社会各界干部群众3万余人。成立了县乡村三级乡贤理事会，向市委报送“乡贤人物”和“乡贤代表”107名。印发了《芮城县创建省级文明县城工作方案》，明确了创建目标、创建责任和方法步骤，以周二环境卫生整治督查为突破口，针对包联单位和沿街商户互动不足等问题，点名到姓通报共17期，下发市容环境整治督查告知书22份，促进了县城环境秩序的改观和市民素质的整体提升，11月上旬顺利迎接了省文明办对我县实地考察验收工作。积极培育和践行社会主义核心价值观，以文明县城创建为统领，同步推进文明村镇、文明单位、文明家庭、文明校园创建评选活动，弘扬了崇德向上的新风正气，促进文明素质整体提升。建设“好人公园”，在寿圣公园设立以道德模范、好人榜样先进事迹为主要内容的善行义举展示牌，拓展道德宣传的覆盖面和新阵地。特别是我县95岁的孙银聪老人成功入选“第六届全国道德模范”，其孙高卫东代老人赴京领奖，受到习近平总书记的亲切接见，这不仅是本届全国道德模范山西省唯一入选者，也是运城市荣获全国道德模范殊荣的第一人，展示了我县精神文明创建的卓越成效。

七、决胜全面建成小康社会，在坚持改善民生中不断增进人民福祉

带领人民创造幸福生活，是我们党始终不渝的奋斗目标。习总书记多次强调，“全党同志一定要永远与人民同呼吸、共命运、心连心，永远把人民对美好生活的向往作为奋斗目标。”常委会认真践行总书记以人民为中心的发展思想，在省委市委坚强领导下，把解决民生问题作为一切工作的出发点和落脚点，最大限度地促进各种资源向民生倾斜，尽最大努力解决人民群众的现实问题。

扎实推进脱贫攻坚。坚持把脱贫攻坚作为第一民生工程牢牢抓在手上，坚持精准方略，下足“绣花”功夫。常委班子各负其责，切实把脱贫工作放在心中、抓在手上，亲自研究部署、督查推进、协调落实；各相关部门发挥各自职能，密切协同配合，形成工作合力，实行联动攻坚，圆满完成了3个贫困村和1208户3000人的年度脱贫攻坚任务。总投资5100万元，全县17个贫困村联村光伏电站建设前期准备工作已经就绪，即将开工建设，将为解决贫困村集体经济“破零”和深度贫困人口持续稳定增收发挥重要作用。

稳步推进为民实事。1—11月，财政民生支出为14.14亿元，占一般预算支出的81.8%。民生工程扎实推进，全年新建16个农村社区老年人日间照料中心，老年人生活品质稳步提升；新建和改造城市道路7千米，供水管网8千米，城镇基础设施建设得到进一步提升；完成了276套城中村改造和500户农村危房改造任务，人居环境明显改善；铺设天然气管网12千米，3500余户居民从中受益。城隍庙周边改造项目有序推进，历史文化特色进一步凸显。

不断提高社会保障水平。县乡医疗卫生机构一体化改革工作有序推进，积极促进优质医疗资源向基层下沉，实现了医疗资源均衡发展。突出教育质量建设这一核心和科技成果转化这一关键，教育科技工作取得全面进步。城乡低保实现应保尽保。全县城镇新增就业4992人，超额完成全年任务；城镇登记失业率控制在1.74%以内（省、市所定目标4%）。

维护社会和谐稳定。深入开展“重点信访问题源头化解”暨“信访突出问题大整治”活动，排查各类矛盾纠纷361件，化解285件，信访秩序明显好转。加大平安村建设力度，完成了县乡和70个重点村的综治中心标准化建设工作。以“1+8”专项行动为契机，强化反恐维稳工作，圆满完成了党的十九大等系列重大活动的安全保卫工作。安全生产形势持续稳定。加强食品药品安全监管，建立健全覆盖全过程的监管制度和质量可追溯制度，食品安全保障水平不断提升。

八、深入推进全面从严治党向基层延伸，进一步构建风清气正的政治生态

“实现中华民族伟大复兴，关键在党。”“全党同志要增强政治意识、大局意识、核心意识、看齐意识。”“作风建设永远在路上。”常委会认真学习贯彻总书记关于全面从严治党的重要论述，按照省委“一个指引、两手硬”重大思路和要求，市委党的建设“两个走在前”目标要求，始终把全面从严治党作为推动改革发展的坚强保证，以党的政治建设为统领，全面推进党的政治建设、思想建设、组织建设、作风建设、纪律建设，把制度建设贯穿其中，深入推进反腐败斗争，不断提高党的建设质量。

严格落实全面从严治党政治责任。先后24次召开常委会议、书记专题会议，研究全面从严治党有关工作。制定出台《关于实施预防腐败“免疫工程”,全面构建良好政治生态的实施方案》,对严格落实“两个责任”,强化党性党风党纪教育等作出部署。县委常委率先垂范,带头履行主体责任,严格落实“一岗双责”,层层分解任务,传导工作压力。常委班子成员普遍对其分管范围内的单位一把手进行了提醒谈话,对相关责任人约谈共计 88 人次,带动全县各级党委、党组织强化主体责任意识,增强行动自觉。支持纪检监察机关围绕“明责、督责、考责、问责”四个环节构建责任落实体系,逐级传导压力,推动责任延伸。1 至 11 月份,全县共有 60 名党员领导干部因落实责任不力被追责,其中,单位“一把手”31 人。

全面加强基层党建。紧盯责任强落实。先后召开 9 次基层党建工作会议专题研究基层党建,破解村级集体经济薄弱、“三会一课”虚化、老党员作用难发挥、村“两委”“一肩挑”比例低等难题 26 个;在全市率先开展了党的十九大精神理论培训周活动,创新运用讲“学思干”重要载体,对 658 名科级干部和 1600 余名党员实现了政治武装。着眼长远固根本。紧抓“三基建设”,把建强基层组织放在首位,协调解决各类问题 37 个,层层压实换届责任,全县 172 个村、9 个社区“两委”换届选举高质量完成;落实“三个向下”要求,下拨乡村建设资金 1031 万元,科学发放 1000 万元扶持村级集体经济发展试点村经费,县管党费列支 11.2 万元支持村级集体经济发展,172 个村全部“破零”;配套 85.52 万元资金支持“五小”设施建设,推动乡镇“五小”设施建设基本完成。落实省委普惠性政策,全县 236 名农村“两委”主干岗位报酬全部实现 2 倍标准;“五大”培训工程相继发力,共培训基层干部 14760 人次;2017 年“三基建设”47 项重点任务全部完成。突出重点求突破。把实体经济发展与党组织建设、人才集聚支撑有机结合,在全省首先成立非公企业党委,网格化推进党组织和党员活动实现全覆盖;在全省首先成立小微企业、个体工商户、专业市场“小个专”党建联盟,实现党建工作资源共享、共享共赢。强化引领促发展。坚持党建引领助力项目建设和脱贫攻坚,持续推进“一助四强”工作,发挥全县 16 个省级村级集体经济扶持试点村项目示范带动作用,试点村共实现集体收益突破 50 万元,基层党建助力经济社会转型发展成效显著。

驰而不息加强作风建设。发扬钉钉子、拧螺丝的精神,紧盯违反八项规定精神和“四风”问题,制定了县委《关于贯彻落实中央八项规定精神实施细则》,加强整治力度。今年 1 至 11 月份,全县共查处违反八项规定案件 4 起,给予党纪政务处分 8 人,诫勉谈话 20 人,批评教育 1 人,通报批评 2 人。把握运用好监督执纪的“四种形态”,高度重视实践运用好第一种形态,把纪律和规矩挺在前面,灵活运用廉政约谈、警示教育、诫勉谈话、函询等方式,让红脸出汗成为常态、党纪轻处分和组织处理成为大多数。深入挖掘中华文化中的廉政文化,先后开展了“家规家训楹联展”“弘扬好家风、争当廉内助”等活动,廉政文化氛围更加浓厚,渗透力、感染力进一步增强,助力党风、政风、民风纯正向善。

持续保持反腐败的高压态势。加大案件查处力度,腐败增量得到有效遏制。今年 1 月至11月,共处置反映问题线索397件。其中,立案211件,结案162件,给予党纪政务处分160人,移送司法机关3人。严查群众身边的腐败问题,收到良好的政治和社会效果。今年1至11月份,共立查“群腐”案件118件,给予党纪政务处分118人次。立查扶贫领域案件6件,给予党纪政务处分22人,通报批评4人。我县治理“群腐”问题的做法得到中央纪委党风室和省市纪委的充分肯定,为全市治理“群腐”问题提供了芮城范本。突出政治巡察,发挥利剑作用。有序开展了两轮巡察,完成了5个县直单位7个乡镇及14个行政村的巡察工作。累计发现被巡察党组织各类问题277个,发现各类问题线索70件,已办结10件,给予党纪政务处分2人,移送司法机关1人。

从严从实抓好干部选任管理工作。认真贯彻落实“好干部标准”、市委“五看”用人导向和“四个坚决不能用”的工作要求,坚持“三个倾斜”和“好干部来自好班子,好班子产生好干部”的选任工作思路,严把标准关、人选关、审批关、纪律关、监督关,每次都把是否存在“暮气十足、正气不彰”“中梗阻、不正为”等问题作为重点进行考察,全面从严从细考察干部。今年共研究调整干部9次,涉及科级干部176人,为推进发展提供了坚强的干部保障。健全完善干部监督体制机制,制定出台《关于对县管领导干部进行提醒、函询和诫勉的实施办法》,让每一名党员干部时刻感受到组织就在身边,监督就在眼前。充分发挥目标责任考核的“风向标”“指挥棒”和“助推器”作用,健全完善考核指标任务责任体系,建立一个项目“四个一”(一个实施方案、一个组织机构、一个进度安排、一个保障措施)的责任落实制度,确保市定各项考核指标扎实推进。召开了全县人才工作大会,命名表彰各类人才206名,引进高学历及紧缺人才20名,进一步营造出各类人才服务县域经济发展的浓厚氛围。健全完善了我县人才资源信息库,为全县在招商引资、发展县域经济等方面提供了基础信息资源。

回顾一年来的工作,挑战大于预期,压力超乎寻常,成绩来之不易。这是以习近平同志为核心的党中央为我们把航领向的结果,是省、市委坚强领导的结果,得益于县四大班子的团结协作,得益于各位委员和候补委员对常委会工作的大力支持和帮助,得益于社会各界的鼎力相助,也凝聚着全县广大干部群众的智慧和汗水,我代表县委常委会,向各位委员和候补委员,向所有为芮城改革发展稳定做出贡献的同志们、朋友们,表示衷心的感谢!

同时,我们清醒认识到,芮城的改革发展稳定还面临不少困难和挑战,县域经济总量不大、效益不高的问题仍然存在,新能源、新材料产业尚处于起步阶段,培育壮大新产业新动能,构建多元化中高端现代产业体系还有许多工作要做;全面深化改革任务艰巨,创新动力不足、对外开放不够的问题仍然存在;环境保护任务仍然艰巨;城乡发展不平衡的问题比较突出,基本公共服务供给不足,一些群众关心的热点难点问题还没有完全得到解决,如期全面建成小康社会任务艰巨;对干事创业的激励不够,一些干部工作热情还没有充分调动起来,不担当、不作为现象仍然存在;一些基层党组织主体责任落实不到位,对党员干部的教育、监督、管理不够,违纪违规时有发生,从严管党治党任务依然艰巨,等等。存在的问题就是推进工作的导向。常委会将进一步担当起解决问题、推动发展的政治责任和历史责任,全面贯彻党的十九大精神,以习近平新时代中国特色社会主义思想为指引,贯彻落实省委、市委的重大决策部署,以积极的心态直面困难,以旺盛的斗志迎接挑战,以饱满的热情对待工作,团结带领全县干部群众,凝心聚力、攻坚克难,真抓实干、创新突破,推动全县各项工作迈上新台阶,奋力谱写新时代中国特色社会主义的芮城篇章!

芮城县人民代表大会常务委员会工作报告

——2018年3月24日在芮城县第十六届人民代表大会第三次会议上

芮城县人大常委会主任 姚广升

各位代表:

我受县第十六届人大常委会的委托,向大会报告工作,请予审议。

过去一年的主要工作

2017年,在中共芮城县委的坚强领导下,县人大常委会坚持以习近平新时代中国特色社会主义思想为指导,深入学习贯彻党的十八大和十九大精神,按照县十二次党代会和县委十二届三次、四次全会部署,紧紧围绕全县经济社会发展大局,依法履职,主动作为,全年共召开常委会会议8次,依法作出决议、决定4项,听取审议县"一府两院"专项工作报告13项,开展执法检查、视察调研18次,依法任免国家机关工作人员29人,审查报备规范性文件41件,有效地发挥了地方国家权力机关作用,为推动我县经济社会发展和国家生态文明先行示范区建设作出了积极贡献。

一、坚持党的领导,把握正确方向,着力提高人大政治站位

中国共产党的领导是中国特色社会主义最本质的特征,是中国特色社会主义制度的最大优势,党政军民学,东西南北中,党是领导一切的。

一年来,常委会始终坚持把党的领导放在首位,认真学习宣传贯彻党的十九大精神,深刻领会习近平新时代中国特色社会主义思想,坚决维护以习近平同志为核心的党中央权威和集中统一领导,在思想上政治上行动上始终同党中央保持高度一致。坚决贯彻县委决策部署,实现了党对人大工作的政治领导、思想领导和组织领导。严格执行重大事项请示报告制度,凡作出重要决定、召开重要会议、开展重要活动,都及时向县委请示汇报。坚持县委关注什么,人大就在那里凝神、聚焦、作为,确保了人大工作与县委部署同心、同向、同力。

二、坚持围绕中心,主动履职担当,着力促进经济社会发展

面对经济发展新常态,常委会主动作为,切实把支持经济社会发展贯穿于依法履职的全过程,在服务大局中展现新作为。

紧盯经济运行,助推高质量发展。加强经

济社会发展运行形势调研，听取审议经济社会发展运行情况报告，全力支持“五个芮城”建设，督促政府及其职能部门贯彻落实新发展理念，以供给侧结构性改革为主线，扎实推进稳增长、促改革、调结构、惠民生、防风险等各项工作，促进了经济社会的协调发展、健康发展。围绕“三个发展计划”，深入亚宝、宏光、南通星辰、温氏、天之润、大禹生物、中小企业孵化基地、同济药业、斯普伦迪等企业了解企业运行情况，指出问题，提出建议，有效助推了我县实体经济发展。审查了2016年财政决算，听取和审议了2016年财政资金使用情况审计报告，作出了批准2016年财政决算的决议；听取和审议了2017年上半年预算执行情况的报告，审查了2017年预算调整情况，作出了关于批准2017年预算调整方案的决议。同时，通过听取和审议审计查出问题整改情况的报告，促使政府进一步加强和规范预算编制和管理，提高预算资金安全和执行绩效。开展农商行服务地方经济发展情况调研，促使农商行抓住改制机遇，立足三农，充分利用市场机遇和良好金融环境，全力服务芮城经济发展。开展医药产业发展引导子基金项目运行情况调研，对如何用好基金提出了建议，促使政府这一制度创新在解决企业资金困难方面发挥了积极作用。

立足生态保护，助推绿色发展。良好的生态环境是最普惠的民生福祉。常委会积极回应人民群众对良好生态环境的热切期待，围绕生态文明建设，听取审议县人民政府环境保护工作和2017年环境保护目标任务完成情况的报告，督促县政府和有关部门严格环保执法，开展环境综合治理，使全县环境质量进一步提升。组织代表视察美丽宜居乡村建设，推进了城乡协调发展，人民群众幸福指数进一步提升。开展农村环境卫生综合整治督查，推动了乡村文明建设。先后两次组织人大代表对光伏领跑技术基地项目建设情况进行视察，为芮城的生态保护、产业转型、农民增收注入了新的活力。

聚焦民意需求，助推民生事业发展。围绕人民群众关注的热点难点问题，常委会积极组织代表进行视察调研。开展城市公共服务设施管理与使用情况调研。召开人大代表、社会各界人士座谈会，听取和审议县人民政府城市公共服务设施管理与使用情况报告和整改工作报告，就城市建设规划、城市交通、公共设施的管理与保护，城市的文化元素、市民的文明素质提升等提出意见建议。县政府针对这些意见建议，及时进行研究和改进，进一步提升了我县的城市建设和管理水平。开展土地供应与使用情况调研。听取和审议土地供应与使用情况报告及整改工作报告，分析土地闲置原因以及存在的问题和解决办法，提出要完善土地供应与使用相关政策，进一步规范土地征收、供应制度，清理盘活闲置土地，切实提高我县的土地供应与使用效率等建议。县国土部门据此进行了认真整改，使我县的土地供应与使用更为合理。开展脱贫攻坚工作进展情况调研。提出要坚持问题导向，坚持以产业扶贫为主，其他扶贫方式并重，延伸产业链，依靠产业实现乡村振兴；要激发部分贫困户的主动脱贫意识；进一步加大土地流转力度，拓宽贫困户增收方式；进一步加强脱贫攻坚工作的目标考核，坚决打赢脱贫攻坚战等意见建议。县政府认真采纳，主动实施,确保了脱贫攻坚工作的顺利进行。开展食品安全县城创建工作进展情况调研。提出要进一步加大对食品安全的宣传教育力度,加大对食品安全事件的依法查处力度,不断强化食品安全监管长效机制建设,努力创建食品安全县城。县政府及食药监局针对意见建议,积极工作,努力整改,使我县食品安全形势逐步好转。开展全域旅游创建工作调研。提出要进一步推进景区提质改造,积极创建4A级、5A级景区,加大旅游宣传推介,进一步理顺管理体制和经营机制,不断提升旅游业服务水平;要高起点规划,高标准建设,高层次管理,高效率运行,大力培育和扶持各种旅游新业态。督促召开景区对本地居民减免门票听证会,永乐宫、大禹渡、圣天湖景区分别出台了门票减免办法并及时进行了落实,有效地促进了我县旅游事业的发展。

三、坚持法治引领,推进依法治县,着力深化民主法治实践

常委会坚持以加快民主法治建设为己任,不断强化法律监督,支持和督促"一府两院"依法行政、公正司法,积极为改革发展创造良好法治环境。

*有力推进普法教育。*坚持不懈推进法治芮城建设,听取并审议了县人民政府执行"六五"普法决议情况报告,作出"七五"普法决议,指导开展法律"六进"活动和"12·4"国家宪法日宣传活动,积极促进国家工作人员和广大群众学法、尊法、守法、用法,不断树立宪法和法律的权威。

*大力加强法律监督。*为深入贯彻十九大提出的全面依法治国要求,常委会及时组织开展法治环境建设调研,详细了解全县法治工作开展情况,查找影响法治环境的突出问题,广泛征集意见建议,形成调研报告,为我县贯彻依法治国有关要求,做好新时代法治工作提出了指导性意见。先后对我县贯彻落实文物保护法"一法一条例"和安全生产"一法一条例"进行了执法检查,提出意见建议5条,有力地促进了这些法律法规在我县的正确贯彻实施。对县人民法院实施量刑规范化工作和县人民检察院民事行政检察工作情况进行了调查,听取和审议了两方面工作报告,促进了县人民法院进一步加大工作力度,不断加强和改进量刑规范化工作;县人民检察院进一步提高认识,协调办案机制,为我县经济社会发展提供了更好的司法保障。

*依法决定重大事项,规范人事任免。*常委会修订了重大事项决定办法,进一步完善了决策机制和程序,依法作出决议决定4项。常委会坚持党管干部和人大依法任免的有机统一,严格依法行使人事任免权,通过供职发言、颁发任命书、宪法宣誓、任后监督等方式,进一步增强了被任命人员的责任意识、公仆意识和法治意识。一年来,先后依法任免国家机关工作人员29人,其中任命24人,免职5人。

*积极开展规范性文件备案审查。*认真做好规范性文件备案审查工作,加大备案审查力度,全年共备案审查规范性文件40件(其中县人民政府8件,县人民政府办公室32件),向市人大常委会报送规范性文件1件。

*扎实做好人大信访工作。*全年共受理接待群众来信来访39件,50余人次。在来信来访过程中,做到了热情接待、及时批转、适时协调、认真督办、限期结案、按时上报,及时督

促政府部门、司法机关积极化解群众的信访诉求，依法依规处理群众反映的问题，为促进全县民主法治建设、维护社会和谐稳定发挥了积极作用。

四、坚持机制创新，拓展工作路径，着力发挥代表主体作用

人大代表是人民代表大会的主体，是人大工作的力量源泉。常委会着力在完善代表服务保障机制、提高代表履职能力上下功夫，不断夯实代表工作基础，丰富代表活动内容，增强代表活动实效。

完善工作机制。健全了关于开展“三联”工作的意见、关于完善人大代表联系人民群众制度的实施意见和关于加强和改进人大代表工作的若干意见，为代表工作的有效开展提供了制度遵循。积极指导各乡镇人大和市县代表活动小组按照“六有”建设目标，开展代表小组活动室规范化建设。各乡镇人大积极开展乡镇和村级代表活动室建设，新建了高标准人大代表活动室7个，并完善了相关规章制度。通过向代表通报“一府两院”工作情况，年终邀请代表听取“双十工程”和96个重点项目完成情况报告，邀请代表列席常委会会议、参加调研视察和执法检查活动，推荐代表参加政风行风评议、旁听法院庭审活动，拓宽了代表知情知政渠道，促进了代表作用的充分发挥。

健全保障措施。通过集中培训、以会代训、专题讲座等方式，举办代表培训班3次，培训代表600余人次。为代表订阅《人民代表报》和有关刊物，发放有关履行职责、法律法规等方面学习资料，促使代表基本素质不断提高，履职能力进一步增强。为代表建立履职档案，促使代表履职行为进一步规范。帮助代表解决生产、生活及履职中存在的困难和问题，为代表依法行权提供了多方面的服务和保障。

加大督办力度。常委会高度重视代表建议办理工作，及时将县十六届人大二次会议上收到的106件建议交由县人民政府办理，县政府高度重视办理工作，确定由政府分管副县长领衔办理，32个部门具体承办。在督办过程中，常委会由分管副主任牵头，分别召开了由代表建议承办单位负责人、人大有关委室负责人、提建议代表参加的座谈会，对代表建议办理进展情况进行了面对面答复督办。常委会还召开专题会议，听取了县人民政府关于代表建议办理进展情况的报告，有力地促进了代表建议的办理落实。

开展特色活动。常委会结合我县实际，成立了民生福祉、全域旅游、果业富民、脱贫攻坚等特色人大代表活动小组，围绕主导产业、旅游兴县、改善民生等主题，发挥行业优势，履行代表职责，为芮城经济发展和建设小康社会发挥了积极的作用。各乡镇人大和市县代表活动小组围绕我县经济社会发展大局，认真开展专题调研和集中视察活动，积极为我县的经济社会发展献计献策，加油鼓劲。组织代表对县人民政府2017年“双十工程”建设进展情况进行了集中视察，促进了县人民政府重点工程的有效落实。组织各乡镇人大主席外出实地参观学习代表工作经验，促进了我县代表工作的有效开展。组织部分常委会委员和部分人大代表，对各乡镇的代表工作开展情况进行了集中观摩，促进了代表工作的交流学习和创新进步。围绕党的十九大精神宣传贯彻落实，积极组织市县人大代表开展大调研活动,收回调研报告200份,征求群众意见建议100余条，经汇总归纳后及时反馈给了政府有关部门。

五、坚持“四个注重”,强化自身建设,着力提升常委会依法履职能力和水平

常委会按照新时代党对人大工作的新要求,顺应人民群众的新期盼,持之以恒抓自身建设,不断提高履职能力和水平,努力打造为民忠诚、务实担当、作风清廉、办事高效的地方国家权力机关。

注重法律学习。为了保障宪法、法律法规在我县正确贯彻实施，常委会组成人员积极强化法治意识,提高法律素养,主动学法、守法、用法,自觉依法履行职能。常委会机关坚持每周一集体学习不动摇，由各委室主任轮流讲课。常委会成立了由分管法工委的副主任任组长的法治建设领导小组，坚持把学法列入全年学习计划，坚持在执法检查和调研前学习相关法律法规，努力提高机关全体工作人员的法律素养和依法办事能力。

注重制度建设。制定和修订完善了《芮城县人大常委会议事规则》《芮城县人大常委会人事任免办法》《芮城县人大常委会专题询问暂行办法》《芮城县人民代表大会及其常务委员会讨论、决定重大事项的规定》《芮城县人大常委会机关信访工作若干规定》《芮城县人大常委会关于加强和规范国家机关工作人员任期监督的意见》《芮城县人大常委会法制工作委员会与司法机关联席会议制度》。同时按照“三基”建设的要求,修订完善了有关规章制度。常委会组成人员、机关干部和各位代表,认真践行,狠抓落实,实现了工作方式和工作作风的进一步转变，依法履职的制度保障作用充分体现。

注重从严治党。常委会全面落实从严治党“两个责任”,严格遵守政治纪律和政治规矩,严格执行中央和省、市、县委关于加强党风廉政建设的各项规定,树立了忠诚、干净、担当的良好形象。深入学习《中国共产党党组工作条例》,完善《县人大常委会党组工作规则》,推动了党组工作制度化、规范化建设。从严规范党内政治生活,严格落实“三会一课”制度。认真对待市委巡察,扎实做好反馈意见整改工作,不断推进机关党的建设。

注重作风建设。持续推进作风建设,持之以恒落实中央“八项规定”和省市县委有关规定。突出以人民为中心的工作理念,大兴求真务实之风,坚持由常委会分管副主任带队,委员、代表普遍参与,深入基层、深入群众,广泛开展调查研究，确保监督工作和作出的决议决定,符合民情、反映民意、集中民智。始终坚持民主集中制,严格遵守“三重一大”集体决策程序,切实做到依法决策、民主决策、科学决策。

各位代表,2017年，县人大常委会工作取得的成绩,是县委正确领导的结果,是常委会各位组成人员和全体人大代表共同努力的结果,是“一府两院”积极支持、密切配合的结果,是全县人民和社会各界大力支持的结果。在此，我代表县人大常委会向大家表示衷心的感谢!

在肯定成绩的同时，我们也清醒地认识到，县人大常委会的工作与新时代民主法治建设的新要求，与人大代表和人民群众的新期盼,还有一定差距。主要是:刚性监督措施还需进一步加强；与代表和群众的联系还需进一步密切；代表建议的督办力度还需进一步加大；常委会自身建设还需不断提升等。对于这些问题，县人大常委会将在今后的工作中努力改进。

今年的主要任务

2018年是贯彻落实党的十九大精神的开局之年，是决胜全面建成小康社会和实施“十三五”规划承上启下的关键一年，也是我县国家生态文明先行示范区建设的验收之年。今年县人大常委会工作的总体要求是：全面贯彻落实党的十九大精神，以习近平新时代中国特色社会主义思想为指引，在中共芮城县委的坚强领导下，围绕中心，服务大局，依法履职，主动作为，充分发挥人大常委会职能作用，为加快创建国家生态文明先行示范区、推动芮城经济社会持续健康发展作出积极贡献。按照这个要求，今年常委会要重点做好以下工作：

一、立足于学思践悟，在学习贯彻十九大精神上要有新作为

党的十九大报告对新时期人大工作提出了明确要求。县人大常委会要把学习党的十九大精神作为首要政治任务，立足于学懂弄通做实，用十九大精神和习近平新时代中国特色社会主义思想武装头脑、指导实践、推动工作。要把坚持党的领导贯穿于人大工作全过程，自觉把人大工作置于县委的领导之下，做到思想上清醒、政治上坚定、行动上一致，确保人大工作坚定正确的政治方向。要在十九大精神的指引下，进一步增强做好新时期人大工作的责任感和使命感，牢固树立“四个意识”，切实增强“四个自信”，自觉在思想上和行动上同党中央保持高度一致。要主动围绕县委中心工作，围绕全县人民关注的热点、难点问题，不断创新工作方式，努力使监督工作更加有力，重大事项决定更加科学，人事任免更加规范，代表工作更加有效，自身建设更加务实，努力使人大整体工作在新的一年再上一个新的台阶。

二、立足于增强实效，在履行监督职能上要有新举措

常委会要切实履行监督职责，增强监督实效。通过贯彻实施《监督法》，把监督的重点放在推动县委重大决策部署的落实上，放在推动社会普遍关注的热点难点问题的解决上，做到敢于监督、善于监督、监督到位。新的一年，常委会要重点在以下工作中履行监督职能：（一）重点推进县委确定的“现代医药、新能源、新材料”优势产业发展。围绕提升经济运行质量、促进经济转型发展、加快实体经济发展、推进科技创新驱动、加强金融创新力度、培育壮大特色产业集群等听取和审议政府专项工作报告，推进经济社会持续健康发展。（二）重点推动文旅融合发展。聚焦“全域旅游”，在坚定文化自信，打造全域旅游示范区、全国休闲农业和乡村旅游示范县品牌，加快文化开发、旅游发展等方面主动发力，进一步助推芮城旅游核心竞争力的提升。（三）重点督促“双十工程”和40项重点项目的落实。全年要分阶段、分步骤听取政府相关部门工作汇报，深入项目一线实地督促检查工程进展，确保“双十工程”和重点项目顺利实施。（四）重点助推“三大攻坚战”。做好对强化主体、明确责任、加强考核、整顿作风和抓好落实等方面的监督，助推防范化解重大风险、精准脱贫、污染防治三大攻坚目标的实现。（五）重点推进乡村振兴战略。听取审议现代农业强县建设专项工作报告，督促政府有关部门在深入推进农业供给侧结构性改革、推进美丽乡村建设、深化农村改革、加大政策扶持和强化乡村干部培训等方面下功夫，加快建设现代农业强县。（六）重点关注民生。开展食品安全执法检查，开展水污染防治和农村垃圾处置工作调研，助推构建人民群众安全环保的生产生活环境。（七）重点促进公共财政健康平稳运行。实施预算审查监督重点向支出预算和政策拓展，建立预算审查前广泛听取人大代表和社会各界意见的工作机制，加强对部门预决算的审查监督，启动人大预算联网监督工作，推动政府加快建立现代财政制度。（八）重点加强财税调研。对国税、地税和招商部门的税收及招商引资工作进行专题调研，促进全县财税工作和工业经济的健康持续发展。（九）重点加强对国民经济和社会发展计划执行情况的监督。定期开展视察检查，注重发现存在的突出问题，查找分析问题的根源，提出可行性的意见建议，促进计划的全面完成。（十）重点加强司法监督。重视推进司法体制改革，听取审议县人民法院基本解决执行难工作报告，听取审议县人民检察院控告申诉检察工作报告，听取审议县公安局“扫黑除恶”专项斗争工作报告。

针对以上工作重点，常委会要不断创新监督方式，提高监督实效。更加注重推进刚性监督，健全工作评议、专题询问的组织方式和工作机制，推进工作常态化、规范化；更加注重推进深度监督，对县委确定的重点工作，除了听取审议专项工作报告外，还要深入现场，全面了解情况，提出有价值的意见建议，实现对重点工作实施情况的全程监督；更加注重推进持续监督，对涉及面广、事关经济民生的热点难点问题，坚持连续监督、反复监督，直到问题得到有效解决；更加注重推进合力监督，积极拓宽人民群众有序参与的监督渠道，引入多渠道监督机制，探索建立上下联动、内外结合、优势互补的多层次、全方位人大监督体系；更加注重推进问效监督，组织开展代表“约见”部门负责人工作，开展满意度测评，通过“量化”对“一府两院”工作的评价，增强人大监督的实效。

三、立足于科学规范，在重大事项决定和人事任免上要有新探索

要建立健全人大常委会决定重大事项的科学决策机制，进一步落实本级政府重大决策出台前向人大报告制度。对事关全县经济发展和社会进步的重大事项、重大规划、重大民生问题，要及时跟进，进行调查研究，认真听取各方面的意见和建议，依法作出决议、决定，及时把县委的重大决策和人民群众的共同意愿，通过法定程序变为全县人民的自觉行动。同时，要加强对决议、决定落实情况的督促，维护决议、决定的严肃性和人大监督的权威性，保证决议、决定的有效贯彻执行。

要坚持党管干部和人大依法任免的有机统一，进一步完善人大常委会任免工作机制。坚持任前谈话、民意测验、供职发言、颁发任命书和宪法宣誓制度。同时要加强对任命干部的任后监督，不断强化被任命人员的法律意识、责任意识和公仆意识。

四、立足于发挥作用，在加强代表工作上

要有新成效

始终坚持和尊重人大代表的主体地位，切实强化服务意识，保障和促进人大代表依法行使权利，积极履行义务。一要密切代表与人民群众的联系，进一步彰显人民选我当代表、我当代表为人民的代表情怀。二要丰富闭会期间的代表活动，通过举办由市、县、乡三级人大代表参加的履职培训班和专题交流活动，提高代表的履职意识和水平。三要积极组织代表开展集中视察，重点对现代医药、新能源、新材料、现代农业和全域旅游发展中遇到的问题提出意见建议。四要坚持邀请基层代表列席常委会会议和参加常委会组织的执法检查、专题调研等活动。五要积极搭建代表履职平台，在社区和乡镇、村组建立人大代表活动室和联络站。六要以制度化管理、规范化建设为抓手，切实加强对乡镇人大工作的指导，进一步完善县乡人大工作联动互动机制，全面推进乡镇人大建设，推进县乡人大工作水平整体提升。

五、立足于从严从实，在加强自身建设上要有新提升

要认真贯彻党的十九大提出的“既要政治过硬，也要本领高强”的要求，全面加强自身建设，切实提高工作水平。常委会党组要进一步认真履行“党要管党、从严治党”主体责任，扎实推进党风廉政建设和反腐败斗争，深入推进“两学一做”学习教育常态化制度化，扎实开展“不忘初心、牢记使命”主题教育，持之以恒抓作风建设，认真落实中央八项规定和省、市、县有关规定。要进一步提高对人大及其常委会性质、地位和作用的认识，切实增强人大干部和人大代表的光荣感、责任感和使命感。要进一步健全人大组织制度和工作制度，完善人大常委会主任会议、常委会会议等议事制度，按照新时代人大工作的新要求，不断强化常委会的职能作用，使人大及其常委会切实成为全面担负起宪法法律赋予的各项职责的工作机关，成为同人民群众保持密切联系的代表机关。要进一步加强人大干部队伍建设，通过政治、法律和业务知识学习，提高人大干部的政治辨别能力、社会活动能力、组织协调服务能力、文字语言表达能力、熟悉法律法规能力和调研督查能力，整体提升人大干部的综合素质，以更高的标准、更严的要求、更实的举措，推动人大工作顺应新时代、再创新辉煌。

各位代表，时代赋予我们的使命光荣而艰巨，人民寄予我们的期望殷切而厚重。让我们更加紧密地团结在以习近平同志为核心的党中央周围，以习近平新时代中国特色社会主义思想为指引，全面深入贯彻落实党的十九大精神，在中共芮城县委的坚强领导下，解放思想，凝聚力量，开拓创新，扎实工作，为推进芮城经济社会持续稳定发展和全面建成国家生态文明先行示范区而努力奋斗！

政府工作报告

——2018 年 3 月 23 日在芮城县第十六届人民代表大会第三次会议上

芮城县人民政府县长　张建军

各位代表：

现在，我代表县人民政府向大会报告工

作,请予审议,并请县政协委员和其他列席人员提出意见。

一、2017 年工作回顾

2017 年是实施“十三五”规划的重要之年,是全面建成小康社会的关键之年。一年来,在县委的坚强领导下,我们深入学习贯彻党的十九大精神和习近平新时代中国特色社会主义思想,认真贯彻落实习近平总书记视察山西重要讲话精神,按照省委“一个指引、两手硬”和市委“改革抢先机,发展站前列,各项工作创一流”的总要求,主动融入“大运城”建设,全面推进现代医药、新能源、新材料、现代农业和全域旅游发展,县域经济稳中向好,保持了强劲的发展势头。全年地区生产总值完成 82.22 亿元,可比增长 6.5%;财政总收入完成 6.58 亿元,同比下降 4.0%(县内完成 5.60 亿元,同比增长 3.4%;开发区完成 0.98 亿元,同比下降 31.9%);一般公共预算收入完成 3.22 亿元,同比下降 1.2%(县内完成 2.75 亿元,同比下降 1.1%;开发区完成 0.47 亿元,同比下降 2.0%);规模以上工业增加值完成 15.98 亿元,可比增长 18.4%(增速排名全市第 2,其中县内完成 11.86 亿元,同比增长 21.2%,增速全市第 3;开发区完成 4.12 亿元,可比增长 9.5%);固定资产投资(按新口径统计)完成 53.25 亿元,同口径增长 42.4%(县内完成 50.25 亿元,同口径增长 56.1%,增速全市第 1;开发区完成 3.01 亿元,同口径下降 42.1%);社会消费品零售总额完成 34.93 亿元,同比增长 7.2%;城乡居民人均可支配收入分别完成 27487 元和 10404 元,同比增长 5.8%和 6.1%。具体来说,主要做了以下九个方面工作。

——深化改革彰显“芮城担当”。深入推进农业供给侧结构性改革,有序推进农村“三权分置”工作,建设农村产权流转交易中心,积极构建新型农业经营体系;按照“整合、改制、扩区、调规”八字方针,开发区改革创新取得实质性进展;不断深化司法体制改革,推进依法行政,法律顾问实现全覆盖;持续推进城乡一体化改革,学前教育一体化管理模式在全省推广,医疗卫生一体化改革成效显著,建立了统一的城乡居民基本医疗保险制度;全面推行旅游景区(景点)体制机制改革,实现了大禹渡景区管理权与经营权整体转让,印象风陵与西侯度遗址合作经营。芮城在新时代改革的潮流中蹄疾步稳,勇往直前。

——工业转型走出“芮城实践”。“三个发展计划”稳步推进,亚宝药业、大唐电厂、宏光医玻、天之润枣业进入全市“虎榜”培育名录;亚宝药业、宏光医玻荣获首届市长质量奖,南通星辰获得国家“两化”融合贯标企业,“央企入晋”1 万吨 PPE 扩产改造项目竣工投产;大禹生物成功登陆“新三板”,大禹生物院士专家工作站、杨森包装产学研基地挂牌成立,创新驱动持续加力;温氏畜牧、天之润枣业规模不断扩大,带动全县农业产业化纵深推进。“五小企业”群星灿烂,斯普伦迪、兴茂曲轴、华济药业、金冠机械、协鑫光伏、德彭橡塑等 6 家企业实现“小升规”,全县中小企业工业总产值完成 12.6 亿元,同比增长 9.11%。北京、西安、杭州等地芮城商会相继成立,县工商联被授予“全国五好工商联”称号,“凤还巢”招商对接活动成效显著。芮城在无煤地区转型发展中锐意进取,务实奋进。

——现代农业打出“芮城品牌”。全年粮

食总产量3.4亿公斤，连续七年被评为“全国产粮大县”。农产品质量不断提升，“惠丰苹果”入选全国“名优特新”农产品目录；“芮城屯屯枣”被评为全省首批功能农产品，天之润枣业与南澳费林德斯大学签订了中药功能食品研发项目；芮城被授予“国家级出口水果质量安全示范区”“国家生态原产地产品保护示范区”（全国8家，山西2家，运城仅芮城1家）。外向型经济持续发力，芮城水果出口23个国家和地区，出口量达到7.79万吨，连续四年稳居全省第一。设施蔬菜打响了“芮康、周青、芮绿”等特色品牌，总产值达到3.83亿元。在龙头企业带动下，全年500万元以上农产品加工企业实现销售收入11.47亿元，同比增长7.2%。引进安厨电商，建设京东中国特产芮城馆，成功申报全省农业农村信息化示范基地，全年网上农产品交易达到1500万公斤。新型村级集体经济试点工作成效显著，172个建制村基本实现集体经济“破零”。全县农机示范区综合机械化率达到99.8%，荣获首批“全国主要农作物生产全程机械化示范县”（全国28家，山西仅芮城1家）。芮城在农业现代化的征程中独领风骚，阔步前行。

——全域旅游描绘“芮城印象”。全年共接待游客564.5万人次，同比增长27%，实现旅游总收入44.9亿元，同比增长28%。《全域旅游规划设计》通过评审。建设了总长16.9公里的旅游公路，进一步完善了旅游服务设施。组织参加了西北旅游营销大会、第22届北方旅游博览会等旅游推介活动；成功举办了CCTV7“美丽乡村快乐行”走进芮城、永乐宫“花之海·俏运城”美丽乡村游等活动，进一步扩大了芮城的知名度和影响力。圣天湖景区被列为“国家体育旅游示范基地”，入选全国首批“运动休闲特色小镇”（全国96家，山西3家，运城仅芮城1家），被评为国家4A级景区（2017年山西3家，运城仅芮城1家）；西侯度遗址成为第二届全国青年运动会圣火采集地。全国第二次地名普查中，我县31个地名录入山西标准地名词典，风陵渡镇入选全国100个最美地名故事。我县先后荣获“全国休闲农业和乡村旅游示范县”（全国60家，山西仅有长治市和芮城县）“中国楹联文化县”“全国体育旅游目的地”等称号。芮城正在生态文明的画卷上描绘着全域旅游的美丽蓝图。

——城乡建设提升“芮城形象”。持续推进“五城同创”，市民的参与度、群众的满意度不断提升。生态景观大道亮化工程全面完成，成为一道亮丽的风景线。实施了古魏北路和条山街道路排水、绿化、亮化，以及农村公路和村通道路建设工程；新开通城乡公交线路10条，投放电动公交车25辆，通车里程达169公里，城乡道路交通更加便捷。先后13万人次参与农村环境集中整治攻坚行动，以“三环三沿”为重点，创新方式方法，在全省率先设立乡镇农业废弃物回收点。古魏镇太安村孙银聪老人荣获第六届全国道德模范称号，爱心志愿者登上央视新闻，“芮城好人”成为我们最美的名片。焕然一新的村容，和谐文明的村风，留住了乡愁和乡情。芮城在城乡发展中协调渐进，成果丰硕。

——优良环境创造“芮城速度”。大力推行向导式、快递式、保姆式“三式”服务，全力打造“六最”营商环境。光伏领跑技术基地一期工程在全国率先实现全容量并网，创造了光伏行业新纪录，受到国家有关部委的高度肯定，中央电视台、《人民日报》《新华网》《山西新闻联播》《山西日报》等数十家新闻媒体先后进行了深度报道。芮城通用机场项目仅用七个月时间就完成了三年的工作量，选址方案获得民航华北局正式批复，前期工作进展顺利。招商引资到位资金40.98亿元,完成全年任务的178%,成功引进广东瑞能、南京方强、东莞川云等3家PPE下游企业落户芮城，项目从签约落地到开工投产仅用了3个月时间。芮城良好的营商环境得到投资者的高度赞扬,成为创业者立业成事的福地。

——生态文明打造“芮城名片”。国家生态文明先行示范区建设49项指标,已基本完成41项,承担的两项国家级课题取得重大成果,先后出台了芮城县《环境信息公开办法》等八个文件,以及《实行最严格水资源管理工作制度》等四项制度。全年植树造林2.87万亩,栽植各类苗木200余万株,森林覆盖率达到34.59%；城市新增绿化面积9万平方米，人均公园绿地面积11.82平方米，城市绿化覆盖率、绿地率分别达到42.18%和37.47%。实施了全长6000米的县城污水处理厂排水管网工程,有序推进河长制,确保黄河考核断面水质达标。全面推行环保“网格化”管理,扎实开展“铁腕治污”等环保专项行动,严厉打击各种破坏环境的违法行为。全年空气质量二级以上优良天数297天,PM10、PM2.5浓度分别下降9.6%和2.13%,环保综合指标名列全市第一。芮城的青山绿水真正成为提升人民幸福指数的金山银山。

——人民至上体现“芮城温度”。完成了13个易地扶贫搬迁安置点建设,3个贫困村2980名贫困人口实现脱贫,脱贫攻坚再战再胜。基础教育设施不断改善,全省幼儿教育现场会在我县召开，幼教工作被誉为“芮城特色,国家水平”;高考质量稳中有进,二本以上达线人数1314人。成立了芮城县医疗集团管理委员会,医疗卫生服务水平不断提升。全民健身中心全面竣工并顺利开馆,“文化四送”工程有序推进,第二轮《芮城县志》成功出版发行。全县城镇新增就业4992人,城镇登记失业率控制在1.74%(省市目标4%)。城中村改造完成安置房建设360套，货币化安置276套,改造农村危房200户,新建农村、社区日间照料中心16个,人民生活幸福指数不断提升。“五个芮城”建设深入推进,安全生产形势持续稳定好转。全县各行各业百舸争流、千帆竞发,都在各自岗位上取得了新成就,打开了新局面。芮城干部以各项有益于人民的工作业绩，赢得了广大人民群众的支持和信任。

——五型政府凸显“芮城效能”。坚持党的集中领导,自觉维护县委权威,认真落实八项规定精神和《准则》《条例》要求,加快推进诚信、法治、务实、高效、奉献五型政府建设,不断改进工作作风,提升行政效能。严格执行人大及其常委会的决议决定,主动接受人大、政协监督,认真办理人大代表建议106件、政协提案63件。深化简政放权、放管结合、优化服务改革,建立健全“13710”督办系统,重大任务督办实现全覆盖，全年共下发任务75件,办结完成68件,持续推进7件。在电视台创设《向人民汇报》专栏,定期向全县人民汇报工作,有效促进政府各项工作落实。年初确定的“双十工程”和96个重点项目,基本完成目标任务。芮城党政同心、干群同向,有力保障了各项工作抢先机、站前列、创一流。

回顾一年来的工作,挑战大于预期,压力超乎寻常,成绩来之不易。特别是受国家减税政策、“营改增” 等客观因素的影响,2017 年县财政保民生、保运转、保重点的任务十分艰巨、前所未有。全县财政收入和一般公共预算收入出现不同程度下降,但全年一般公共预算支出高达 18.59 亿元。在财政收支压力异常紧张的情况下,县委、县政府始终坚持民生优先,倡导全县各单位各部门压缩一切不必要的开支,勒紧裤带过“紧日子”,把钱用在紧要处,全力以赴保民生,全年财政用于民生支出 15.2 亿元,占一般公共预算支出的 81.8%。全县干部“明理识大局、艰苦创大业”的精气神是我们渡过难关的根本所在。

过去一年取得的成绩,是县委坚强领导、科学决策的结果,是县人大、县政协大力支持、有效监督的结果,是全县干部群众团结拼搏、共同努力的结果。在此,我代表县人民政府向全县人民,向驻芮部队、武警官兵和公安干警,向人大代表、政协委员,向所有关心、支持、参与芮城改革发展稳定的各民主党派、工商联、无党派人士及各界朋友,表示崇高的敬意和衷心地感谢!

各位代表!在看到成绩的同时,我们更清醒地看到经济运行中存在的一些突出问题,主要表现在六个方面:一是三次产业发展质量不高。工业产业结构虽优但总体体量不大,农业产品质量虽好但产业化程度不高,全域旅游资源虽丰但市场化程度不够。二是开发区经济功能没有发挥。开发区受体制机制改革影响,经济增速一度放缓,致使财政收入和固定资产投资均出现较大负增长(-31.9%和-42.1%)。三是经济发展质量不高。财政收入占 GDP 的比重(又称财政依存度),是衡量区域经济运行质量的重要指标,目前我县财政收入占 GDP 的比重只有 7.9%,远低于全国和全省平均水平,约为全国的三分之一,全省的二分之一,长期积累的“厚重势能”还没有真正转化为“强劲动能”。四是财政资金趋紧。随着国家政策的变化,我县财政转移支付增量在不断减少,同时随着“保民生”等刚性支出不断加大,“保重点”的资金更加紧张,推进重点工程更是举步维艰。五是农民增收步伐不快。苹果等农业主导产业链条较短,受自然条件和市场环境影响较大,农民创收渠道还比较单一,持续增收的任务十分艰巨。六是个别干部工作主动性不强。一些领导干部在研判经济形势、谋划发展出路、弥补发展短板等方面缺乏主动性,有做太平官思想,缺乏事业心和责任感,缺乏做行家里手的钻劲和韧劲。对此,我们在下一步的工作中,将以问题为导向,用创新的思维,管用的制度,对路的办法,全力加以解决!

二、2018 年工作安排

2018 年是全面贯彻落实党的十九大精神的起步之年,是改革开放 40 周年,是决胜全面建成小康社会的关键之年。全年政府工作的指导思想是:全面贯彻落实党的十九大精神,以习近平新时代中国特色社会主义思想为指引,加强党的领导,坚持稳中求进工作总基调,坚持新发展理念,紧扣社会主要矛盾变化,按照高质量发展的要求,统筹推进“五位一体”总体布局,协调推进“四个全面”战略布局,围绕中央“三大攻坚战”、省委“三大目标”和市委“三条新路”,以“走进新时代,建设大运城”为总抓手,以创建国家生态文明先行示范区为统领,以推进供给侧结构性改革为主线,以创新转型发展为动力,大力推进现代医药、新能源、新材料、现代农业和全域旅游发展,打造特色鲜明的县域经济新板块,构建现代经济新体系,积极推进乡村振兴战略,优先保障和改善民生,促进经济社会持续健康发展,确保如期建成国家生态文明先行示范区,为全面建成小康社会奠定坚实基础。

主要经济指标预期目标:全县地区生产总值增长7.0%,财政总收入增长15.86%,一般公共预算收入增长7.0%,规模以上工业增加值增长8.0%,固定资产投资总额增长9.0%,社会消费品零售总额增长8.0%,城乡居民人均可支配收入分别增长6.69%、7.1%,外贸进出口总额完成3200万元。

约束性指标:资源节约方面,万元地区生产总值能耗下降3.0%,万元地区生产总值二氧化碳排放量下降3.9%,万元地区生产总值用水量下降3.5%。环境质量方面,空气质量优良天数比例、PM2.5年平均浓度下降率、地表水监测断面优良水体比例、劣Ⅴ类水体比例,以及化学需氧量、氨氮、二氧化硫、氮氧化物排放总量达到市定要求。其他各项约束性指标完成省市下达的目标任务。

做好全年工作,必须坚持五大理念。

一是政治为先强党建。深入学习领会习近平新时代中国特色社会主义思想,牢固树立“四个意识”,在思想上政治上行动上同以习近平同志为核心的党中央保持高度一致。不断提高政治站位,始终把党的政治建设摆在首位,坚定不移地贯彻党的基本路线。不折不扣执行中央和省委、市委、县委各项决策部署,坚决维护县委权威,奋力推动芮城各项事业新发展。

二是大局为重促转型。深入推进观念革命,登高望远,走出芮城回看芮城,跳出芮城谋划芮城,在新时代大背景下,在大运城建设新征程中,全面谋划县域经济社会转型发展。坚持现代医药、新能源、新材料、现代农业和全域旅游同步推进,新型工业化、城镇化和农业现代化融合发展。横下一条心,培育新动能,努力走出无煤地区经济社会转型发展新路子。

三是改革为要抢先机。抓住我国经济由高速增长阶段转向高质量发展阶段的关键时机,牢固树立战略思维、辩证思维、创新思维,深入研究新一轮科技革命和产业变革趋势,深入研究国发42号文件精神,抢抓改革先机,争取改革红利,推动县域经济实现高质量发展。

四是生态为轴创一流。生态是芮城的优势,也是未来发展的潜力。始终坚持“绿水青山就是金山银山”理念,全力以赴建设国家生态文明先行示范区,将芮城的生态优势转化为经济优势和发展优势。立足芮城深厚的历史文化资源和广阔的生态休闲空间,积极推动三产融合发展,努力提供更多的优质生态产品,让绿色成为美丽芮城的“底色”。

五是人民为本务实效。坚持以人民为中心的发展思想,始终把人民对美好生活的追求作为根本遵循,紧扣社会主要矛盾变化,以务实的作风,实干的精神,尽力而为,量力而行,在转型发展中补齐民生短板,在改革创新中增进民生福祉,全力办好民生实事,努力给人民群众带来更多获得感、幸福感、安全感，切实让全县人民共享经济社会发展成果。

按照上述目标要求，重点抓好以下七个方面工作。

(一)深化改革创新

推进重点领域改革。认真落实国家关于政府机构改革的相关要求，确保人心不散，工作不断，激情不减，步调不乱。深化行政审批制度改革，加大简政放权力度，继续调整和取消行政审批事项，规范行政审批行为，强化事中事后监管，实现“双随机、一公开”全覆盖。深入推进农业供给侧结构性改革，调优调高调精农业产业，促进农村一二三产融合发展。扎实推进农村集体产权制度改革，着力构建“归属清晰、权能完整、流转顺畅、保护严格”的农村集体经济运行机制。深化医疗卫生体制改革，全面落实健康中国战略，不断加强对医疗集团的监管和考核。深化财税金融体制改革，持续推进预算管理改革，强化预决算信息公开，盘活财政存量资金，提高财政资金使用效益。稳步推进金融监管体制改革，加强信用体系建设，发展普惠金融，推动金融服务向乡村延伸。深入推进开发区改革创新，按照“专业分工、协作配套、产品关联、链条延伸”的思路，进一步做强做大“一区两园”，力争到“十三五”末，开发区实现总产值120亿元，主导产业占比达到75%以上。

实施创新驱动战略。高度重视科技创新。制订出台专利奖励办法，县财政拿出专项资金，对国家受理或授权的发明专利、国际专利、实用型专利、外观设计专利和有效发明专利，分别给予奖励或资助；积极鼓励科技成果转化，对取得显著效益的专利转化项目，一次性给予3—100万元奖励，其中10%—15%用于科技研发人员奖励。强力推进金融创新。进一步完善金德信用担保平台、助保贷平台、银企合作平台和医药产业子基金平台，不断畅通企业融资渠道；引导企业建立现代企业制度，积极挂牌上市，利用资本市场融资发展；转变财政支持方式，灵活运用PPP(BOT、ROT)模式，撬动社会资本投入城市基础设施和民生领域公共服务设施建设。全面实施“群星灿烂”育苗计划。全力推进“五小企业”发展壮大，确保“十三五”末“五小企业”数量达到1000户，新创造就业岗位10000个，培育“小升规”企业30户，省级“双创”基地3个。

加强人才队伍建设。认真落实县委人才战略，不断加强与大专院校、科研院所的交流合作，统筹推进企业管理、医疗卫生、农业科技、学校教育等专业人才队伍建设，注重培育本地种养专家、技术能人，全方位构建多元次的人才智库。不断完善企业家正向激励机制，依法保护企业家合法权益，树立和宣传企业家先进典型，培养一批有眼光、善创新、敢担当、乐奉献的优秀企业家。不断推进“凤还巢”计划，研究出台管理、服务办法和激励机制，在教育强县的特色品牌中寻求人力资源红利，招才引智，招财兴业，形成引凤还巢科学体系，引导更多的芮城在外人士支持家乡发展。科学用好编制资源和财政潜力，招聘高素质人才服务“三农”发展，夯实乡村振兴人才基础，形成县域经济发展强大合力。

各位代表！改革是发展的动力，创新是前进的引擎。新时代是改革、创新和发展高度融合的时代，我们一定要坚定不移地贯彻新发展理念，以敢为人先的魄力，敢闯敢试的胆识，推进改革活县、科技兴县、人才强县，让芮城在转型发展的大道上一路高歌，加速前进！

（二）狠抓招商引资

抢抓政策先机。紧紧抓住山西转型综改试验区、晋陕豫黄河金三角承接产业转移示范区、中原经济区、关中平原城市群及“一带一路”等相关政策优势，认真研究国发42号文件，抢抓全省建设“示范区”“排头兵”“新高地”和全市“走进新时代，建设大运城”等系列改革先机，充分利用国家生态文明先行示范区、全国光伏领跑技术基地、国家全域旅游示范区、全国休闲农业和乡村旅游示范县等国字号“金字招牌”，围绕现代医药、新能源、新材料、现代农业和全域旅游发展“五张牌”，认真研究，精准对接，抢占转型发展制高点。

优化营商环境。对标中央要求，对标先进经验，强化“三式”服务，全力营造“六最”营商环境。深入开展“减证便民”专项行动，加快网上办事服务平台建设，倡导“不为不办找理由，只为办好想办法”的服务理念，进一步提升服务质量和办事效率。开辟重点项目建设绿色通道，努力营造平等竞争的市场环境、透明高效的政务环境、公平正义的法治环境和重商亲商的社会环境，让投资者出资舒心、建设省心、发展放心、经营安心。

创新招商方式。按照省委“系统、定向、精准”六字方针，立足我县实际，编制产业招商地图，全力以赴抓招商，全年要确保招商引资到位资金23亿元。立足优势产业精准招商。利用宏光医玻的先进技术和质量优势，引进总投资2亿元的格雷斯海姆管制瓶生产线入驻园区；利用南通星辰PPE产品市场优势，再引进1—2家PPE改性制品企业落户芮城。立足光伏领跑技术基地建设，发挥南通星辰光伏重要原材料的优势，积极争取山西省光伏装备制造基地项目。借力中介机构精准招商。充分发挥各地商会作用，依托各类行会、协会和展会平台，利用我县招商网站和微信公众号，大力宣传芮城地域优势、产业优势和政策优势，紧盯有意向投资企业，确保更多的项目签约落地。划定产业区域精准招商。重点瞄准郑州、西安等地的新能源汽车基地，聚焦对接PPE配件供货商；对接飞乐音响、东方日升、中环科技等国际国内大型企业，重点合作光伏组件、新能源汽车和LED三个领域的PPE下游相关企业。围绕生态资源精准招商。充分挖掘芮城丰富的生态资源、农业资源和文化资源，结合全域旅游发展规划，设计招商项目，精准对接投资商，年内力争引进一批全域旅游和现代农业项目落地建设。集聚人才效应精准招商。坚持把招商引资和招才引智有机结合起来，在引进资金、项目的同时，引进人才、技术和品牌，实现人才和项目互动，引资和引智双赢，力争引进一个项目，带来一批人才，打造一个团队，搞活一个产业。

各位代表！市场经济是开放经济，哪里政策优、环境好、商机多，资本和要素就往哪里涌动。芮城不仅区位优越、生态优美、产业优良，而且政策集聚、民风淳朴、社会包容，是一块未曾雕琢的璞玉、亟待挖掘的富矿，处处充满商机。只要我们坚定不移地以开放的心态，广阔的胸怀，吸引国内外有识之士前来投资兴业，就一定能够在新一轮转型发展的大潮中，实现弯道超车，后来居上！

（三）聚焦项目建设

大力推进“龙腾虎跃”发展计划。在四家

企业列入全市“龙虎榜”培育企业的基础上，自加压力，将大禹生物、同济药业、南通星辰等优势企业也列入培育名录。支持企业以项目建设为抓手，围绕“提质量、扩产能、强基础、促转型”的总体思路，进一步做强做大，着力推进生物医药走品牌化、有特色的路子，新能源、新材料走绿色化、低能耗的路子，积极构建现代经济新体系。力争到“十三五”末，亚宝药业销售收入达到100亿元，大唐发电销售收入达到50亿元，宏光医玻、天之润枣业、南通星辰、大禹生物和同济药业销售收入突破10亿元，7家企业全部进入全市“龙虎榜”。

着力推行企业投资项目承诺制。以“最多跑一次”改革为引领，建立起“政府定标准、企业作承诺、过程强监管、信用有奖惩”的新型企业投资项目管理模式。进一步简化审批，优化流程，推行“五统一”，即统一清单告知，统一平台办理，统一流程再造，统一多图联审，统一收费管理，变先批后建为先建后验，变事前审批为事中事后监管服务。建立健全“守信激励、失信惩戒”的信用评价机制，对信用良好的企业，在实施行政许可、项目支持、公共资源交易等方面给予激励，进一步释放企业投资兴业活力。

全力以赴加快重点工程项目建设。以全省“转型项目建设年”为引领，准确把握转型项目发展要求，全面提升项目建设质量。前期项目要加快手续办理，尽早具备开工条件；建设项目要优化建设环境，保证建设质量，加快建设进度。加强对重点工程的组织领导，建立重点项目领导包联责任制，实行一个项目、一名领导、一套班子、一抓到底，做到事前承诺，事中服务，事后交账，在全县干部中营造“多说怎么干，少说不能办”的谋事干事氛围，帮助企业协调解决实际困难和问题。强化“13710”工作制度和“向人民汇报”制度，加强政务监督和人民监督，确保在谈项目早签约，签约项目早落地，落地项目早达产，达产项目早见效。

全年重点实施“十大转型发展工程”：

1.光伏领跑技术基地二期建设工程。总投资46亿元，年内投资15亿元，建设光伏基地二期基础设施、光伏电站和发电场址。10月份开工。

2.印象风陵康养基地建设工程。总投资10亿元，年内投资1亿元，建设研学基地、康养基地配套设施。4月份开工。

3.北京财富立方9.9万千瓦风电建设工程。总投资8.2亿元，年内全部完成，建设装机容量9.9万千瓦风力发电设施。4月份开工。

4.南通星辰2万吨PPE生产线扩建工程。总投资5亿元，年内投资2.6亿元，建设年产2万吨PPE基础设施及1万吨生产装置。4月份开工。

5.宏光医玻高品质医用玻璃管生产线建设工程。总投资3亿元，年内投资2亿元，建设3台电熔炉、6条生产线、2万平方米联合车间及附属设施。4月份开工。

6.天之润年产3.5万吨红枣加工扩建工程。总投资2.2亿元，年内投资1.4亿元，建设2.4万平方米厂房和1条年产10万吨罐装生产线。4月份开工。

7.维尔富生物疫苗生产线建设工程。总投资1.3亿元，年内投资8000万元，建设

18000平方米生产车间和卵黄抗体、干扰素2条生产线。4月份开工。

8.温氏畜牧饲料加工厂建设工程。总投资1亿元,年内投资9000万元,建设总部大楼、饲料厂和职工宿舍。4月份开工。

9.大禹生物技术研发中心及检测中心建设工程。年内投资5000万元,建设9000平方米研发检测中心。4月份开工。

10.亚宝药业国际化原料多功能生产线建设工程。年内投资4981万元,建设5000平方米化工区、洁净区,以及检测室、纯水站和公用系统等配套设施。4月份开工。

各位代表!项目是发展的载体,转型的支撑。近年来,我们千方百计谋项目,一心一意上项目,创造了芮城发展一个又一个新的辉煌。大项目孕育大发展,好项目催生新动能。我们一定要以全省"转型项目建设年"为契机,以重点项目建设为抓手,全力以赴推进项目建设,努力在全县形成大项目竞相上马,好项目遍地开花的良好态势!

(四)推进工业转型

强化龙头引领,推进现代医药产业进入新阶段。以亚宝药业为龙头,形成大健康产业和现代医药产业体系。加快推进国际化多功能原料药项目建设,帮助企业积极落实国家医改政策,完成药品一致性评价,强化管理,创新营销,实现快速发展,带动同济药业、虹桥医药等医药优势企业发展壮大。以宏光医玻为龙头,形成医药包装产业体系。加快宏光医玻高品质医用玻璃管项目建设,吸引下游企业来芮投资,进一步延伸产业链,实现"零距离"配套生产。支持杨森包装依托中北大学、西安理工大学产学研基地,不断提升印刷质量,拓展芮城医药包装产业市场。以大禹生物为龙头,形成现代兽药产业体系。抓住大禹生物"新三板"上市和院士工作站成立的有利时机,加大科技创新,推广微生物技术,提高企业核心竞争力,带动兆益生物等全县优势兽药生产企业抱团发展,不断壮大规模,做大总量,扩大市场占有率,把芮城打造成全国知名的兽药产业基地。以生物疫苗为突破,形成新兴产业体系。推进维尔富生物疫苗项目建设,推广新型生物疫苗技术,助推企业转型发展,带动更多名不见经传的"小不点"企业,以新科技加速蜕变,实现跨越发展。

发挥市场优势,推进新材料产业开启新征程。芮城南通星辰是全球三大PPE(聚苯醚)生产基地之一,抓住产品市场紧俏的有利时机和新能源汽车发展带来的广阔市场空间,加快南通星辰2万吨PPE扩建项目建设,吸引国内更多PPE下游生产企业来芮投资兴业,建设PPE改性产品生产基地。引导新泰恒信纳米、金水河新材料进一步放大科技和产品优势,不断提升产能,拓展国内和国际市场,着力构建新材料产业新格局,形成县域经济发展新引擎。

缔造芮城"风光",推进新能源产业迈上新台阶。在加快推进光伏领跑技术基地二期工程、北京财富立方风电项目建设的同时,启动实施总投资6.23亿元的10万千瓦屋顶分布式光伏发电项目,不断延伸光伏产业链,打造新能源特色小镇,努力实现整县推进目标,力争到2020年全县新能源发电装机容量突破200万千瓦时。推进"三产融合",围绕"农林光"互补模式,大力发展油牡丹种植和深加工产业,年内再种植油牡丹9000余亩,使新能源产业成为带动群众脱贫致富，促进县域经济社会发展的又一支撑。

加快技术创新，推进传统产业走出新天地。做活胶管产业。橡胶产业是芮城的传统优势产业之一，20世纪七八十年代曾创造了芮城工业的辉煌。要继续发挥传统优势，支持杜庄橡胶、德彭橡塑、华信胶管、三合橡胶、博苑橡塑、中正橡塑、泉鑫祥和等传统橡塑制造企业，通过技术创新、产品升级，提高产品质量，培育领军企业，进军高端市场，拓展发展空间。做强装备制造业。引导金冠机械、兴茂曲轴等企业，改进关键核心技术，扩大产业支撑，拓展市场服务，进一步做大做强。做优化工产业。加快斯普伦迪、新宇化工等改造提升步伐，改进生产工艺，消除环境污染，提高产品附加值和资源利用率。加快推进山西凯美佳肥业年产20万吨硝基复合肥生产线建设，创新经营模式，打破市场分割，将更多优质产品投放到目标市场。做精建筑建材业。引导西建集团、新翔安装等企业创新发展，专注品质，追求卓越，建造精品工程。要强化对建材行业的监管，开展环保、安全等方面的标准化创建活动，促使企业规范经营，达标生产，实现高质量发展。

各位代表！转型发展是新时代的呼唤，是高质量发展的要求。在转型上抓得越早，抓得越紧，抓得越实，就越能打开发展新局面，赢得发展新优势。只要我们始终坚持“功成不必在我”，用非常之力，下恒久之功，立足芮城实际，把握转型规律，在“加快”上下功夫，在“转变”上动真格，在“发展”上见实效，就一定能走出一条具有芮城特色的转型发展新路子，带动县域经济实现大提升、大突破、大发展！

（五）加快乡村振兴

科学制定战略规划。按照“产业兴旺、生态宜居、乡风文明、治理有效、生活富裕”的总要求，立足芮城实际，以全国休闲农业和乡村旅游示范县为抓手，科学编制全县乡村振兴规划。目前，已经完成的《芮城县休闲农业和乡村旅游发展规划》，明确了“一轴、两带、八区、十园”的总体布局（“一轴”是风平线特色农业休闲体验轴，“两带” 是中条山生态农业休闲养生带、黄河风情生态农业观光体验带，“八区”是鲜果乐活体验区、黄河农耕文化体验区、黄河古渡文化体验区、花椒主题体验区、红枣主题体验区、中药养生度假区、光伏农业观光休闲区、循环农业观光体验区，“十园”是苹果乐园、紫甚庄园、花椒主题庄园、红枣主题庄园、中药主题庄园、光伏农业园、循环农业体验园、大禹渡农耕体验园、思睿庄园、印象风陵等）。我们将紧紧围绕这一定位、目标和总体布局，编制六个具有专业性、前瞻性和可操作性的专项规划，即产业兴旺、生态宜居、乡风文明、治理有效、生活富裕五个专项规划和一个体制机制创新专项规划，形成具有芮城特色的乡村振兴规划体系，引领乡村振兴战略科学推进。

夯实农业基础设施。实施大禹渡灌区高效节水工程，进一步扩大黄灌面积；投资3000万元，加快农村电网升级改造；投资3548万元，在南卫乡、风陵渡和阳城镇河滩地实施89000亩高标准农田整理项目；投资1100万元，对瑶珂、甘原、青坡等11座淤地坝进行除险加固；投资1800万元，实施移民规划村基础设施改造工程，进一步完善农田水利、饮水安全和道路交通等配套设施；投资

602万元,在大王镇(大阳村)实施4000亩高标准农田建设项目,进一步夯实农业基础,改善农业生产条件。

推广农业科学技术。加大土壤检测、数据采集、配方施肥等农业科技推广力度,在稳定粮食种植面积的基础上,依靠科技提高单产,圆满完成国家交给的稳粮任务。围绕主导产业和农民需求,整合"阳光工程"和"基层农技推广培训项目",创新培训方式,拓展培训内容,全年培育新型职业农民800人,培训科技示范户700户,辐射带动7000余户。引进先进农业机械,加强农机操作培训,推广小麦、玉米连作全程机械化,不断提升农机社会化服务水平,年内建设1个省级示范农机合作社,积极创建国家农业机械化综合示范县。

发展特色品牌农业。依托国家级出口水果质量安全示范区、国家生态原产地产品保护示范区,深度挖掘我县特色农业资源,大力发展功能农业,不断叫响芮城农业品牌。积极对接海升果业、丝绸之路花卉等国内知名企业,创建一批特色鲜明、技术先进、销路顺畅、带动性强的现代农业示范园区,形成优质、高产、高效的生产销售体系,千方百计增加农民收入。年内投资540万元,在风陵渡镇建设万亩高标准花椒示范园;投资3043万元,实施南卫生态循环农业示范项目;积极参加第十六届中国国际农产品交易会,第六届中国(山西)特色农产品交易博览会和第三届山西(运城)国际果品交易博览会,在"运城苹果"品牌创建上彰显芮城特色,作出芮城贡献。

完善农业经营体系。鼓励家庭经营、集体经营、合作经营、企业经营,适时启动农业产业化联合体培育工作。采取"公司+基地+农户"模式,以温氏畜牧、天之润枣业、金顺源、宋记果业、恒瑞达等为龙头,大力推进农业产业化。投资3600万元,完成金顺源果业进出口综合园区建设,实现水果出口创汇提质增量;投资5000万元,启动阳城镇绿色标准化养殖小区建设。采取"互联网+"模式,依托安厨电商,开设芮城特色农产品网上销售专区,力争实现农村"网店"和信息化建设全覆盖。年内投资1721万元,建设芮城县农业电商公共服务中心,为农副产品销售插上互联网的翅膀。

推进美丽乡村建设。持续推进农村环境综合整治,扎实开展农村集中"改水、改路、改能、改房、改厕"五改和衣被叠好、柴草堆好、畜禽管好、卫生搞好"四好工程"建设。全面实施"户投、村收、乡转运、县处理"的农村生活垃圾处理模式,形成农村人居环境长效管护机制。年内投资1.78亿元,在全县建设13座垃圾中转站、12座生活污水处理站,全力打好农村环境集中整治攻坚战。持续加强"三基"建设,建立健全乡村治理有效机制,充分发挥"一约四会"作用,实现自治、法治、德治的有机统一。按照美丽乡村建设要求,加快推进城南、柴涧、王夭、神西、朱吕5个省级试点村和10个美丽宜居示范村建设,全力打造科学规划布局美、生态宜居村庄美、田园风光景色美、兴业富民生活美、文明和谐乡风美的"五美家园",让农村成为农民守望幸福、安居乐业的好家园,成为市民休闲度假、养生养心的好去处。

各位代表!推进乡村振兴,产业兴旺是重点,生态宜居是关键,乡风文明是保障,治理有效是基础,生活富裕是根本。我们一定要全面贯彻中央一号文件精神，因地制宜，科学谋划，久久为功，做好大文章，打好持久战，真正让芮城的农业强起来，农民富起来，农村美起来，让古魏大地成为人人向往的幸福家园！

（六）做强全域旅游

完善全域旅游规划。主动融入全省黄河旅游板块和全市黄河经济带、中条山经济带，依据相关规划，着力打造“一核两带四区”。“一核”，是以县城为中心的旅游综合服务核心区；“两带”，一是中条山新能源经济旅游观光带，二是黄河文化漫游带；“四区”，分别是西侯度圣火文化体验区、吕祖养生文化体验区、运动休闲旅游体验区和黄河农耕文化体验区。力争到2020年，将芮城打造成为国家自驾游目的地、国家康养旅游示范基地、中国研学旅游目的地和国家体育旅游示范基地。

提升龙头景区品质。以康养度假为主题，加快印象风陵景区研学基地、温泉度假山庄、疗养公寓等项目建设。加快西侯度遗址全国二青会圣火采集筹备工作，投资2300万元，完成14公里景区公路建设；投资500万元，实施天火台、圣火台和圣火广场改扩建工程。加快大禹渡国家4A级景区申报工作，投资2220万元，推进景区提质改造。加快圣天湖运动休闲特色小镇建设，年内投资300万元，完成环湖自行车道建设，积极筹办全国钓鱼锦标赛。同时，稳步推进九峰山、百梯山景区建设，积极招商引资，谋划凤凰咀、水峪、王山、清凉寺、檀道庙、洞宾故里、景耀月故居等景区（景点）开发，不断完善全域旅游配套设施，提升景区文化内涵和魅力。

推进文旅融合发展。文化是旅游的灵魂。深入挖掘芮城蕴含的丰富历史文化，为全域旅游发展增色添彩。年内投资3亿元，加快休闲农业示范项目和美丽乡村建设，推进思睿庄园农业示范园、印象风陵休闲生态示范园、大禹渡景区休闲农业示范园建设，彰显古芮农耕文明、民俗文化和淳朴乡风。年内投资5000万元，启动芮城县文化创意园基础设施建设。年内投资1400万元，启动中条山研学基地建设；投资1000万元，完成20公里西沿山新能源生态旅游景观道路建设，并以景观道路为纽带，串联理想信念教育基地、红色文化教育基地和新能源基地等，把中条山南麓打造成为新能源、新旅游、新农业、新业态融合发展示范区，让现代科技文明在芮城深厚的传统文化沃土上，绽放出绚丽夺目的光彩。同时，加强文物保护，完成《芮城故事》编撰和出版；着力挖掘乡贤文化，举办创意大赛，鼓励创作、展演一批具有芮城乡土特色的文艺作品，传承乡村文明，丰富芮城文化品牌。

强化旅游对外宣传。要丰富节庆内容，突出芮城特色，创新办好第九届永乐宫书画艺术节。公开征集芮城形象标识，不断提升城市品位，精心制作芮城旅游形象宣传片，在主流媒体和自媒体平台持续播放，加大芮城旅游影响力。在人流、车流、信息流较集中区域，科学布局，精准定位，设置旅游广告宣传牌，扩大芮城旅游美誉度。积极与国内主要旅行社和旅游服务机构建立长期合作关系，在人口密集地区举办大型旅游推介活动，进一步拓展旅游市场。在成功举办好“古中国·大运城”民俗文化旅游年系列活动的基础上，积极开展“古中国·大运城”美丽乡村百花节、“生态旅游·美食芮城”小吃展销会、印象风陵黄河风情（国际）美食节、永乐宫民俗文化周、大禹渡古庙会、圣天湖荷花节和全民健身季等活动,打造具有芮城特色的名节名吃名会,最大限度地凝聚人气、吸引游客。

各位代表!文明之火在芮城,艺术瑰宝在芮城,大美黄河在芮城,养生之道在芮城,灿烂的历史文化,壮美的山河风光,赋予了芮城无与伦比的独特魅力。我们一定要讲好芮城故事,做优文旅产品,激活旅游市场,让芮城成为"华夏古文明、山西好风光"的最美篇章!

(七)建设"五个芮城"

生态芮城建设。确保国家生态文明先行示范区顺利通过验收。按照《实施方案》,对照49项指标体系,一项一项对标,一个一个落实,形成可复制可推广的生态文明建设模式,全力迎接国家验收。持续开展造林绿化。坚持国土增绿、林业增效、农民增收相统一,加强"三荒"造林和干果经济林建设,确保全县森林覆盖率达到35.4%。坚决打赢蓝天保卫战。年内投资1.2亿元,建设一条垃圾热解炉生产线,提高垃圾无害化处理水平;投资3000万元,实施大唐电厂汽轮机组节能通流改造,不断强化节能减排;全面推行环保"网格化"管理,坚决杜绝"三烧"等面源污染和土小企业死灰复燃现象,确保空气质量稳步提升。强力推进净水治污专项行动。认真落实"河长制""湖长制",形成全民治水、全域治水、全力治水的有效机制。加快推进工业产业集聚区污水处理厂改造工程,投资6000万元实施2.55公里黄河河道整治工程;积极筹划葡萄涧湿地公园建设,千方百计确保黄河考核断面水质达标,以我们的担当作为还母亲河一个健康的体魄。

智慧芮城建设。进一步提升城市品位。坚持县级领导包街和每周二干部上街清扫制度,深入开展群众性创建活动,加快推进文明城市、卫生县城、生态园林城市、食品安全县城和优秀旅游城市创建步伐。进一步完善城市功能。在推进城隍公园建设的同时,投资1250万元,实施黄河街(华泰路—东环路)、大禹街(永乐路—亚宝路)改造工程,完善道路交通、给排水、照明、绿化等;加强花园里、花园小区、唐人小区、金茂城等智慧小区建设,不断完善公共服务设施,让城市既有"面子",更有"里子"。进一步健全交通网络。确保运宝黄河大桥年内竣工通车,彻底打通交通瓶颈;投资3200万元,实施曹风线(学张—大王)改造工程,畅通县域东西大动脉;投资1350万元,完成30公里"四好"农村公路建设,让群众出行更为顺畅。进一步强化智慧政务。投资297万元,完善行政审批电子平台、网上行政审批系统、电子监察系统等网络公开平台,提升办事材料目录化、标准化、电子化水平,切实提高行政效率;投资1280万元,不断完善城市信息网络;投资400万元,推进"数字城管"建设,发挥现代信息技术优势,加快提升与经济社会发展相匹配的城市管理能力。

健康芮城建设。做好国家基本公共卫生服务项目,加快国家卫生县城创建步伐,确保年内全面达标。不断完善医疗基础服务设施,加快人民医院门诊、医技综合楼和中医院医技大楼建设,提高县域内重大疾病、疑难病症诊治能力;持续开展家庭医生签约服务,不断提升基层医疗卫生服务水平,进一步方便群众就医。支持社会办医,充分发挥芮城中医药产业优势和吕祖养生文化优势,大力发展健康养生产业。全面落实全民健身计划，不断完善城乡体育健身设施，因时因地因需开展群众健身活动，举办各类体育竞赛，激发干部群众参与热情，铺就芮城人民的健康之路。

平安芮城建设。持续推进食药安全。进一步完善食药信息平台，健全食品、药品、农产品安全追溯体系，紧盯各生产经营领域重点部位和关键环节，推行移动终端行政执法，确保人民群众舌尖上的安全。狠抓安全生产。牢固树立安全发展理念，健全公共安全体系，完善安全生产责任制，坚决遏制重特大安全事故；健全隐患排查治理长效机制和“零报告”制度，确保全县安全生产形势持续稳定好转。实施生命防护工程。投资550万元，完成22公里县乡村道路安全工程；投资6100万元，完成棚户区拆迁和70户安置房建设任务；投资1957万元，完成515户农村危房改造任务；投资785万元，实施65户地质灾害搬迁工程，不断提升防灾救灾能力。创新社会治理。进一步完善党委领导、政府负责、社会协同、公众参与、法治保障的社会治理体系，提高社会治理社会化、法治化、智能化、专业化水平。高度重视社会矛盾化解，有效防范各种风险隐患；深入开展扫黑除恶专项斗争，把打击锋芒始终对准群众反映强烈、深恶痛绝的各类黑恶势力违法犯罪，坚持依法严惩、打早打小、除恶务尽；健全法律援助体系和人民调解机制，不断加大社会秩序整治，全力维护和谐稳定的社会大局。全年完成50个平安乡村创建任务。

幸福芮城建设。坚决打赢脱贫攻坚战。坚持“兴产业、带就业、置家业，实现安居乐业”的基本思路，进一步加强驻村帮扶，确保责任到位有效；进一步加强利益联结机制，确保群众稳定脱贫；进一步加强精准施策，确保脱贫质量提升；进一步加强政策落实，确保到村到户到人。年内要完成10个贫困村摘帽，5700名贫困人口脱贫攻坚任务。建立县委常委包联制度，认真落实“六环联动”措施，扎实推进贫困户易地搬迁任务圆满完成。办好人民满意的教育。加快推进学府东街小学、第一职业中学实训楼、陌南中学教学楼建设；投资1000万元，实施党政北园和风陵渡瑶珂幼儿园综合楼建设。加快国家学前教育改革示范区建设，进一步完善义务教育治理体系，提升高中教育质量，全面加强教师队伍建设，支持和规范社会力量办学，努力让每个孩子都能享有公平而有质量的教育。提高就业质量和人民收入水平。扎实推进在外务工人员关心关爱行动，积极开展就业技能培训、职业农民培训、电商服务培训和家政服务培训，注重解决结构性就业矛盾，鼓励创业带动就业；拓宽居民经营性收入和财产性收入渠道，稳步提高城乡居民收入。加强社会保障体系建设。推进城镇职工基本养老保险和城乡居民基本养老保险实现全覆盖；进一步完善大病、失业、工伤保险制度，加大低保和扶贫两项制度衔接，落实特困人员供养、优抚安置等政策，实现农村贫困残疾人生活补贴和重度残疾人护理补贴全覆盖。高度关注并积极做好农村留守儿童、妇女和老年人关爱服务工作，不断健全城乡社会救助体系，让人民共享改革发展成果。

全年要重点实施“十大民生改善工程”：

1.运宝黄河大桥建设工程。总投资9.65亿元，年内投资7200万元，确保年底全面竣工通车。

2.易地扶贫搬迁安置工程。总投资9000万元,年内全部完成,实施1579名贫困人口易地搬迁和374人同步搬迁。4月份开工。

3.人民医院门诊、医技大楼建设工程。总投资7400万元,年内投资6000万元,完成12层18000平方米门诊、医技大楼主体工程。5月份开工。

4.大禹渡灌区高效节水灌溉工程。总投资6550万元,年内全部完成,在古魏、永乐、学张、大王、南卫、西陌、东垆等7乡镇建设节水灌溉配套设施。4月份开工。

5.中医院医技大楼建设工程。总投资6000万元,年内投资5000万元,完成9层16893平方米医技大楼建设。已开工建设。

6.工业产业聚集区污水集中处理设施建设及县城污水处理厂改造工程。总投资5131万元,年内投资3131万元,完成每天2500立方米污水处理设施建设,以及县城污水处理厂改造提标工程,确保达到入黄水质考核标准。已开工建设。

7.学府东街小学建设工程。总投资4875万元,年内投资2925万元,完成3栋17300平方米教学楼主体工程。4月份开工。

8.第一职业中学实训楼及运动场建设工程。总投资3300万元,年内投资1800万元,完成9000平方米实训楼主体工程建设。4月份开工。

9.陌南中学教学楼及操场建设工程。总投资2250万元,年内投资1100万元,完成4500平方米教学楼主体工程。4月份开工。

10.城隍公园建设工程。年内投资1800万元,完成占地41.43亩公园及道路铺设、绿化、排水、照明等配套设施建设。已开工建设。

各位代表!保障和改善民生没有终点,只有连续不断的新起点。幸福是奋斗出来的。只要我们准确把握人民群众最关心、最迫切、最现实的利益诉求,从人民群众生活的一点一滴入手,一件接着一件办,一年接着一年干,就一定能够让最广大人民群众得到实实在在的实惠,让人民过上更加美好的幸福生活!

三、加强政府自身建设

新时代对政府自身建设提出了新任务、新要求,我们要以新担当、新作为,加快推进"五型政府"建设,不断提高政府工作水平,努力建设人民满意的服务型政府。

不断加强政治建设。坚持以党的十九大精神和习近平新时代中国特色社会主义思想武装头脑,坚决维护党中央权威和集中统一领导,坚决维护习近平总书记党的领袖和核心地位。带头落实省委"五倡导、五反对"要求,深入推进"两学一做"学习教育常态化制度化,扎实开展"不忘初心、牢记使命"主题教育,不断引导政府系统干部激情干事、精准干事、开拓干事。

严格推进依法行政。要铭记宪法宣誓的庄严承诺,学习宪法、尊崇宪法、遵守宪法、维护宪法、运用宪法,在全社会弘扬宪法精神。自觉运用法治思维和法治方式推动工作,依法接受县人大及其常委会工作监督和法律监督,自觉接受县政协民主监督,认真听取各民主党派、工商联、无党派人士和人民团体意见,认真办理人大代表议案建议和政协提案。完善行政执法和监督体系,推行重大行政决策民主公开。

始终坚持执政为民。要始终牢记,心系群

众鱼得水，背离群众树断根。要经常深入基层、深入一线，躬身倾听群众最深处的声音，努力做到“民有所呼，我有所应；民有所需，我有所为”。以人民群众满意作为评判政府工作的第一标准，抓住人民群众所盼、所急、所想的问题，全心全意为人民谋福祉，扎扎实实为人民办实事，让人民幸福的底色更加厚重，让共享发展的主题更加温暖。

全面提升履职本领。增强“八项本领”，着力解决“不会为”问题，增强“善作为”能力，拓展各级干部特别是领导干部的知识视野，提升驾驭市场经济的能力、招商引资的能力、服务市场主体的能力、发展新兴产业的能力、推进项目建设的能力、应对复杂局面和防范化解风险的能力、依法行政的能力和狠抓落实的能力。同时，引导各级干部树立正确的政绩观，既要多办近期见效的好事，又要常谋长期有效的大事。要着眼长远、着眼根本，多干打基础、做铺垫的工作，多做前人栽树、后人乘凉的事情，创造实实在在的业绩，奋力跑好历史接力赛，赢得广大人民群众的信任和拥护。

持续强化作风建设。深入推进政府系统党风廉政建设，严格执行中央八项规定，坚决纠正“四风”，重点整治形式主义、官僚主义新表现，严肃查处懒政怠政、推诿扯皮等行为。引导党员干部走到招商引资的最前沿，沉到项目建设的第一线，蹲到人民群众的地头间，面对面、心贴心、实打实，做好群众工作，解决发展难题。全面推进“13710”信息化督办制度，创新建立政务直通车和信息平台，强化“三单”管理（工作交办单、催办单、督办单）。旗帜鲜明为敢于担当、踏实做事、不谋私利的干部撑腰鼓劲，激发全县干部干事创业激情。

各位代表！中国特色社会主义已经进入新时代，芮城已经踏上转型发展、创新驱动、全面小康的新征程。让我们更加紧密地团结在以习近平同志为核心的党中央周围，在县委的坚强领导下，团结奋进、开拓创新、攻坚克难，为决胜全面建成小康社会、实现县域经济高质量发展，为谱写“走进新时代，建设大运城”的芮城篇章而努力奋斗！

注释：

1.“一个指引，两手硬”：“一个指引”是指以习总书记系列重要讲话精神为指引。按照全面从严治党的要求，持续推进党风廉政建设和反腐败斗争，着力构建良好政治生态，这一手要硬；自觉践行新发展理念，多策破解经济下行压力，着力推动经济稳步向好，这一手也要硬。

2.固定资产投资新口径：2017年国家统计局确定山西为唯一的全口径投资统计改革先行先试省份。固定资产投资额的统计方法由原来的以形象进度方法为主变为由财务支出法为主，并以同样的方法对同期基数进行统计，实现投资增速的同口径比较。

3.“三权分置”：指土地所有权、承包权、经营权三权分置，重点是放活经营权。

4.“三个发展计划”：指市委、市政府提出的工业企业“五五五”转型发展计划（“龙腾虎跃”转型发展计划）、“五小企业”创新创业计划（“群星灿烂”育苗计划）、在外务工人员关心关爱计划（“凤还巢”计划）。

5.“两化融合”：指以信息化带动工业化、以工业化促进信息化，走新型工业化道路。核心是信息化支撑。

6.“五小企业”：指绿色小食品企业、传统小工艺企业、精细小制造企业、名优小作坊企业、新兴小电商企业。

7.“三环三沿”: 农村环境集中整治要以环村、环景点、环城乡结合部和沿路、沿沟、沿河为重点。

8.“六最”营商环境:审批最少、流程最优、体制最顺、机制最活、效率最高、服务最好。

9.“13710”工作制度:省委省政府专门建设了“13710”信息督办系统,通过层层传导压力、压实责任,推动各项决策部署快速落实。1天内研究部署领导布置的工作任务,3天内向省政府反馈办理情况,一般性问题原则上7天落实,重大问题包括一些复杂问题1个月内落实解决,确实解决不了的,拿出解决的时间节点和方案。所有事项都要跟踪到底、销号清零,做到事事有着落,件件有结果。

10.“营改增”:即营业税改增值税,是指以前缴纳营业税的应税项目改成缴纳增值税,有利于减少重复征税,降低企业税负。

11.“五位一体”:即经济建设、政治建设、文化建设、社会建设、生态文明建设。

12.“四个全面”: 即全面建成小康社会、全面深化改革、全面依法治国、全面从严治党。

13.“三大攻坚战”: 指防范化解重大风险、精准脱贫、污染防治三大攻坚战。

14.“三大目标”: 省委经济工作会提出,建设资源型经济转型发展示范区、争当能源革命排头兵、构建内陆地区对外开放新高地。

15.“三条新路”: 市委经济工作会提出,努力走出无煤少煤市转型发展的新路子、内陆地区对外开放的新路子和新型工业化、城镇化、农业现代化融合发展的新路子。

16.劣V类水:依据地表水水域环境功能和保护目标,我国的地表水按功能高低分为五类:Ⅰ、Ⅱ、Ⅲ、Ⅳ、Ⅴ类,其中Ⅴ类水是指适用于农业用水区及一般景观要求水域,劣Ⅴ类水是指污染程度已超过Ⅴ类标准的水。

17.“双随机、一公开”:国务院全面推行的一种监管模式,指在监管过程中随机抽取检查对象,随机选派执法检查人员,抽查情况及查处结果及时向社会公开。

18.“一区两园”:“一区”指风陵渡经济开发区,“两园” 指县城工业园区和风陵渡工业园区。

19.PPP (BOT/ROT):PPP指政府与私人组织之间,为了合作建设城市基础设施项目,或是为了提供某种公共物品和服务,以特许权协议为基础,彼此之间形成一种伙伴式的合作关系,并通过签署合同来明确双方的权利和义务,以确保合作的顺利完成,最终使合作各方达到比预期单独行动更为有利的结果。BOT即建设-经营-转让,是私营企业参与基础设施建设,向社会提供公共服务的一种方式。ROT即重构-运营-移交,民营机构负责已有设施的运营管理和项目扩建、改建所需资金的筹措、建设和其运营管理,期满将全部设施无偿移交给政府部门。

20.“双创”:大众创业、万众创新。

21.国发42号文件:指《国务院关于支持山西省进一步深化改革促进资源型经济转型发展的意见》(国发〔2017〕42号),是国家专门针对山西省单独出台的指导意见。

22.PPE: 指聚苯醚塑胶,一种热塑型材料。

23.一致性评价：指国家对已经批准上市的仿制药，按与原研药品质量和疗效一致的原则，分期分批进行质量一致性评价，要求仿制药需在质量与药效上达到与原研药一致的水平。

24.“一约四会”：指村规民约，道德评议会、红白理事会、村民议事会和禁毒禁赌会。

25.“六环联动”：指精准识别对象、新区安置配套、旧村拆除复垦、生态修复整治、产业就业保障和社区治理跟进等六环节。

26.“五倡导、五反对”：省委十一届四次全会提出，即倡导亲自动手，反对当甩手掌柜；倡导深入具体抓工作，反对一般性号召部署；倡导改革创新破难题，反对因循守旧度日子；倡导钉钉子精神，反对浅尝辄止；倡导勇于担当，反对敷衍塞责。

27.八项本领：指学习本领、政治领导本领、改革创新本领、科学发展本领、依法执政本领、群众工作本领、狠抓落实本领和驾驭风险本领。

中国人民政治协商会议
芮城县委员会常务委员会工作报告

——在政协第十届芮城县委员会

第三次会议上

（2018 年 3 月 22 日）

芮城县政协主席　杨　琳

各位委员：

我受政协第十届芮城县委员会常务委员会的委托，向大会报告工作，请予审议，并请列席人员提出意见和建议。

2017 年工作回顾

2017 年是实施“十三五”规划的重要一年，是芮城发展进程中极不平凡的一年，是经济社会发展迈出重大步伐的一年。一年来，在中共芮城县委的正确领导下，在县人民政府的大力支持下，县政协及其常委会高举中国特色社会主义伟大旗帜，深入学习贯彻党的十九大精神，特别是学习习近平新时代中国特色社会主义思想，牢牢把握团结和民主两大主题，紧紧围绕国家生态文明先行示范区建设、决胜全面建成小康社会这一奋斗目标和县委、县政府工作中心，商以求同、协以成事，积极作为、锐意进取，为芮城经济社会各项事业蓬勃发展发出了好声音，汇聚了正能量，做出了新贡献。

一、扎实推进党建引领，政治定力更加牢固

县政协常委会始终把加强思想政治建设放在首位，抓好理论学习，坚持正确的政治方向。自觉以中央大政方针和省委、市委、县委决策部署统一思想，汇聚力量，引领事业。按照中央、省委、市委要求和县委的安排部署，深入推进“两学一做”学习教育常态化制度化、开展“维护核心见诸行动”主题教育活动，落实“四大讲、四增强”工作要求，严肃认真抓好系列讲话、党规党纪的学习，通过集体学习、辅导培训、交流研讨、干部在线学习、微信答题、主题活动、诵读《党章》、重温入党誓词等形式，进一步规范党组织和党员行为，增强了“四个意识”和党性修养。一年来，共组织集体学习 60 多次，主题研讨 8 次，学习通报、展

览14次,微信考试20多次。

党建工作扎实有效推进。县政协党组始终坚持党对政协工作的领导，狠抓党建职责的落实。政协机关支部制定了《党建工作要点》《“三会一课”示范点创建工作方案》,明确了工作目标,进行了责任分解。扎实推进“三基建设”，编制形成了《县政协岗位责任书》《县政协制度汇编》《县政协应知应会手册》等,基础工作更加规范。开展了“六个集中整治”活动,机关“三会一课”按制度落实,党费及时足额收缴,党员信息重新采集,接转组织关系手续规范。先后召开了10次支委会,8次党员大会,讲党课4次,做到了规划在前、议题突出、资料齐全,实现了党建工作的全程留痕。

认真组织学习贯彻习近平新时代中国特色社会主义思想和党的十九大精神。制定学习方案,采取主席班子“会议学”,常委委员党校老师“辅导学”,机关党员“畅谈学”,发放学习资料“原文学”,党组成员“宣讲学”,微信平台“空中学”等多种形式,通过反复读、立体学,真正在学懂、弄通、做实上下功夫。自觉用习近平新时代中国特色社会主义思想，武装头脑、指导实践、推动工作。不断增进政治认同、思想认同、情感认同,提高政治站位,强化政治意识,增强政治定力。

坚决落实省委、市委、县委重大决策部署。深入学习省委十一届四次会议精神、市委四届三次和四次会议精神、“5.25” 市委常委扩大会议精神、县委十二届三次、四次会议精神,深化对各级党委重大思路、总体方略、目标任务、重点举措的理解认知,坚决贯彻县委的决策部署,主动把握大势、自觉服务大局,在宏观决策上搞好协商，在重大步骤上搞好协同,在具体工作上搞好协调,广泛凝聚政协委员和社会各界全面从严治党、构建良好政治生态的共识,同心协力在全省、全市的发展中做好芮城的文章、办好芮城的事情,展现更大的作为。确保政协工作始终与县委中心工作同步合拍，努力把县委的主张转化为广大政协委员和社会各界人士的广泛共识和自觉行动。

二、扎实推进协商民主,咨政建言更加有效

县政协常委会紧紧围绕县委、县政府中心工作和经济社会发展重大问题，深入调查研究,精准建言献策,有效协商议政。

1.协商议政成效明显。广大政协委员聚焦中心、致力发展、关注民生,认真开展调查研究,积极建言献策,增强了议政建言的针对性。十届二次会议上,10位政协委员围绕果业、城市建设、建设创业大厦、精准扶贫、公园文化建设等主题作了针对性较强的议政发言,县委、县政府主要领导听取发言并给予高度评价。针对委员《中心广场环境亟待整治》的建议，县委董旭光书记亲自到广场调研并作出指示,县长张建军、副县长姚康宁多次实地察看,提出解决意见,使广场停车难问题得到有效解决,管理乱象得到治理。委员《让文化元素进公园》的建议得到县委、县政府及时采纳,宣传芮城好人的灯箱进入中心公园,提升了公园的文化品位,社会反响很好。由于领导的重视,各级各部门的大力支持,在我县形成了“党委重视、政府支持、各方联动、协作有力”的良好格局,协商议政取得较好成效。

2.民主监督形式创新。我们充分发挥提

案监督作用，采取政协领导领衔督办重点提案、提案委员会全面督办等方式，促进提案的办理落实。一批社会关注的重点、热点问题和群众反映集中的利益诉求得到了有效解决。特别是结合贯彻党的十九大精神，根据中办发〔2017〕13号文件《关于加强和改进人民政协民主监督工作的意见》及省委、市委有关文件精神和县政协年度工作安排，县政协组织由各民主党派、工商联和政协委员以及社会人士参加的三个民主监督工作小组，深入县人力资源和社会保障局、县工商和质量监督管理局、县公安消防大队三个单位，开展民主监督工作。通过在网络媒体征询、召开会议、进行座谈、书面问卷、实地走访等方式，对被监督单位进行认真调查了解和分析评判后，形成民主监督意见，并召开民主监督意见反馈会进行了通报。县政府分管副县长参加反馈会并对分管单位提出整改要求。我们将继续对被监督单位进行动态跟踪，督促其落实整改。这次民主监督社会反响良好，达到了推动县委、县政府决策部署落实，促进行政执法单位改进工作作风、依法行政，维护群众利益、解决实际问题的目的。

3.参政议政得到加强。十届二次会议以来，县政协紧紧围绕县委、县政府工作中心，以调研视察为履职抓手，认真研究，精心选题，深入开展调研视察。先后组织委员就我县日间照料中心和县中心养老院运行、精准扶贫工作、光伏领跑基地项目建设、全域旅游工作进行视察，提出了许多具体可行的意见和建议，助推了这些工作的开展。按照“求精品、重实效”的要求，通过听取汇报、实地查看、外出考察等形式，对关系全县发展大局的畜禽粪污处理、农光互补种植油牡丹、苹果产业发展等进行专题调研，形成了《关于畜禽粪污处理的调研报告》《关于光伏领跑技术基地农光互补种植油牡丹项目的调研报告》《关于推进我县苹果产业发展的调研报告》等调研成果，报送县委、县政府决策参考。县委董旭光书记认真审阅了调研报告并一一作了批示，要求政府及相关部门认真研究落实。张建军县长亲自安排，有关部门密切配合，县政府专门召开了政府常务会议，研究出台了《芮城县畜禽养殖污染防治长效监管办法》和《芮城县非规模养殖场(户)养殖污染防治工作实施意见》，规范了养殖户的养殖行为，促进了养殖业的健康发展。针对苹果产业发展中存在的问题，县政府正在研究制定相关措施并引进海升公司到芮城发展苹果产业，提升全县苹果发展水平。负责光伏基地油牡丹种植的山西好又美董事长感慨地说，政协的调研使我们少走了很多弯路。

4.信息工作省市领先。反映社情民意信息是人民政协履行政治协商、民主监督、参政议政职能的重要基础性工作，也是从上至下政协系统唯一一项进行量化考核的工作。我们着力培养广大政协委员的国家情怀、大局意识，树立忧国忧民的思想，从全市、全省、全国着眼，撰写了一批较好的社情民意信息。全年共收集编写报送社情民意信息115篇，其中省政协单篇采用1篇，报送全国政协8篇，转送1篇；市政协采用78篇。特别是《建议修改<辞海>中吕洞宾相关词条》《建议将西侯度遗址作为第二届全国青年运动会圣火采集地》《农村集体资产进入农民专业合作社存在困难》等5篇信息被全国政协单篇采用或综合采用，开历史先河。对于把西侯度确立为2019年全国第二届青年运动会圣火采集地起到了积极作用。社情民意信息工作在省市政协系统排名处于领先地位。

三、扎实推进团结联合，服务大局更加出色

常委会充分发挥人民政协作为统一战线的组织优势，突出团结和民主两大主题，努力把各方面的智慧和力量最大限度地凝聚起来，形成合力，服务大局，共促发展。

1.精准扶贫富有成效。县政协把助力脱贫攻坚作为重大政治责任，倾心倾力精准扶贫工作。政协机关所包的大王镇陈常村，依托传统谷物种植优势，成立了“秀餐谷物专业合作社”，向上级争取扶贫资金50万元，自筹资金80万元，完成了钢结构厂房建设、场地硬化、加工设备安装调试，共加工谷物40吨，产业扶贫迈开新步。同时，携手亚宝药业落实香椿种植面积214亩、中药材种植面积223亩，为农民增收拓宽了渠道。积极争取三管局移民资金30万元，整修村级道路，方便了群众生产生活。2017年，该村共有44户111人脱贫。县委、县政府授予政协驻村帮扶工作队“模范工作队”。县政协驻陈常村干部焦戟锐，荣获全市“模范农村第一书记”荣誉称号。运城电视台《第一时间》对政协帮扶工作进行了关注报道。同时，县政协副主席王建业同志帮扶的大王镇金盆村成立了“运强香椿专业合作社”，吸纳贫困户参与，免费为贫困户发放树苗，现已发展香椿1100余亩。副主席刘百威同志帮扶的西陌镇上庄村，投资230万元成立了芮城县天基正方农业发展有限公司，发展养羊产业，吸纳11户贫困户参股分红，并且实现了集体经济零突破。副主席时定乾同志帮扶的陌南镇石坡村发展花椒基地1300余亩。

2.外宣工作力度加大。为大力宣传芮城悠久历史、厚重文化，按照年初工作计划，组织编撰对外宣传书籍《古中国核心地-芮城》一书。通过广泛征求专家和各界人士的意见建议，经过反复讨论酝酿，形成编撰工作方案，并组织力量围绕县域概况、旅游景点、农特产品、人文轶事、古魏名人、非遗文化、文物古迹等12个部分进行撰写，目前编辑工作基本完成，年内即将出版发行，力争使这本书成为“县志的浓缩版”，成为本地人熟知芮城、热爱芮城，外地人了解芮城、欣赏芮城的实用型书籍。加大政协工作的外宣力度，根据政协工作进度，及时在报刊发表工作动态文稿80多篇。政协机关的宣传栏，确保每季一更换，做到了宣传、展示不断档。我们还利用“芮城政协微信公众平台”及时传达贯彻上级会议精神，发布政协工作动态，展示委员履职风采，全年在平台上发布稿件100多篇，因其传播快、受众广、形式新，成为服务政协、宣传政协、了解政协的一扇窗口，展现了协商成果，扩大了芮城影响。

3.热心公益彰显责任。为帮助更多的贫困白内障患者复明，县政协向全体政协委员发出倡议，第二次开展由政协常委、清泉寺住持释果恩发起的清泉复明捐款活动，共捐款17700元，为33位白内障患者发放善款，人均达到500多元，用于帮助解决患者个人支付部分，大大减轻了贫困白内障患者的家庭负担，在社会上引起了强烈反响。在县政协的精心组织和大力倡导下，委员们崇德向善，积极参加社会公益活动。姚兴茂、常林阳、王帅等风陵渡片区政协委员，共为贫困户、大学生和社会公益事业捐助钱物累计达 10 余万元；吕红娟委员带领芮城爱心协会先后开展关爱空巢老人、留守儿童、残疾人公益活动 47 次，呼吁社会爱心人士、志愿者为贫困大学生筹集善款近 4 万元；牛绪茹委员呼吁社会各界为因病致残的风陵渡北曲村贫困户刘建国捐赠爱心款物 5 万余元；石泽平、王国杰委员，情系我县特殊教育学校的孩子，为他们送去了 5000 元现金和 100 余套洗漱用品；张林平、葛传达委员放弃了休息日，在临近年关之际，到贫困村为群众义写春联，送去新春祝福。一桩桩、一件件的善心义举彰显了人民政协为人民的正能量，赢得了社会各界的广泛赞誉。

4.交流联谊凝心聚力。县政协常委会注重加强与上级政协及县外政协组织的交往与联系，开阔工作视野，推动交流合作。全力配合省市政协来芮对我县集雨节水灌溉工程、城乡教育一体化改革落实情况、社会主义核心价值观建设、深化行政审批制度改革、文化旅游产业发展、宗教场所规范化管理工作、全域旅游发展情况等进行专题调研，形成了有情况、有问题、有分析、有建议的调研报告，得到上级政协的充分肯定。先后组织委员到四川成都邛崃市、陕西白水、洛川、延安安塞区、宝塔区、山东寿光市、栖霞市、牟平区等地进行考察学习交流。认真做好内蒙古喀喇沁旗政协、河南省新安县政协、我省吕梁市离石区政协、晋中市灵石县政协、平遥县政协、我市夏县政协等来芮学习考察的接待工作，在交流合作中架起了联谊桥，获取了新经验，提高了芮城对外知名度。

各位委员！成绩来之不易，经验弥足珍贵。一年来，县政协工作成绩的取得，是县委正确领导、重视关心的结果，是县人大、县政府和社会各界鼎力支持、热情帮助的结果，也是政协各参加单位、全体政协委员团结协作、共同努力的结果。在此，我代表县十届政协常务委员会向为政协工作作出积极贡献的广大政协委员，向所有关心、支持政协工作的各级领导、各界人士，表示衷心的感谢并致以崇高的敬意！

在肯定成绩的同时，我们也清醒地认识到工作中存在的问题和不足，主要表现为：有的协商议政活动实效性还不够明显；民主监督的方法还需进一步探索；联系委员还不够紧密，个别委员履职主动性、履职能力还有待进一步提高；政协机关效能和创新能力还有待进一步增强。这些都需要我们认真研究，并在今后的工作中切实加以改进。

2018 年工作安排

2018 年，是贯彻党的十九大精神的开局之年，是改革开放 40 周年，是我县创建国家生态文明先行示范区、决胜全面建成小康社会的关键之年。县政协常委会工作的总体要求是：全面贯彻落实党的十九大精神，以习近平新时代中国特色社会主义思想为指引，加强党对政协工作的领导，认真贯彻落实县委十二届四次全会暨经济工作会议精神和各项决策部署，紧紧围绕创建国家生态文明先行示范区和决胜全面建成小康社会这一总体目标，凝聚思想政治共识，增强协商议政实效，强化民主监督职能，提高自身建设水平，努力开创政协工作新局面，为促进全县经济社会持续健康发展贡献智慧和力量。

一、贯彻新思想，筑牢共同思想政治基础

做好新形势下的政协工作，确保人民政协事业沿着正确的方向前进，必须牢牢把握、始终不渝坚持党的领导，筑牢共同奋斗的思想政治基础。县政协常委会要把学习贯彻党的十九大精神，特别是习近平新时代中国特色社会主义思想，作为当前和今后一个时期的首要政治任务和实践任务。牢牢把握“8个明确”的主要内容和“14个坚持”的基本方略，深刻理解党的十九大对人民政协工作的新部署新要求，提高政治站位，牢固树立“四个意识”，更加坚定“四个自信”，把旗帜鲜明讲政治落实到学习贯彻工作全过程和各方面，坚决维护以习近平为核心的党中央权威和集中统一领导。坚定不移以习近平新时代中国特色社会主义思想统揽政协工作。抓好集中学习和培训，引导委员把思想和行动统一到习近平新时代中国特色社会主义思想上来，把智慧和力量凝聚到县委确立的各项目标任务上来，切实把习近平新时代中国特色社会主义思想转化为我们行动的先导，谋划工作的思路、推动工作的动力和服务经济社会发展的能力。

二、把握新时代，着力服务全县中心工作

新时代新征程，必须始终坚持围绕中心服务大局，聚焦事关全县改革发展稳定的重大问题咨政建言。要坚持以新发展理念为引领，为贯彻落实县委决策部署凝心聚力，瞄准抓重点、补短板、强弱项，紧扣高质量发展、创新发展、乡村振兴等重点工作献计献策，做到政治协商聚焦大事、民主监督紧盯难事、参政议政关注实事，充分发挥政协组织在服务芮城发展中的重要作用。

1.*搞好调研助力发展*。调查研究是人民政协履行职能的基础，也是提升建言质量、服务改革发展的关键。今年，我们要紧紧围绕县委、县政府的中心工作，着眼于乡村振兴、全域旅游发展、生态文明建设、推进经济高质量发展，重点搞好四项调研：一是围绕花椒产业发展进行专题调研，力促花椒产业提质增效，提高农民收入；二是围绕病死畜禽无害化处理进行专题调研，促进畜牧产业健康发展，保障农村生态环境安全；三是围绕全域旅游发展进行专题调研，促进我县全域旅游向纵深发展；四是对我县招商引资情况进行专题调研，助推我县经济又好又快发展。通过深度调查研究，专业论证，努力提出有见地、有分量、有价值的意见建议，为全县经济社会发展贡献智慧、精准献策。

2.*重点视察服务大局*。今年我们要围绕全县工作大局，着眼于区域经济协调发展、新型城镇化建设和事关全县发展重点工程建设，组织政协委员进行四次重点专题视察：一是对开发区与县域经济融合发展进行视察；二是对精美县城建设进行视察（包括小区建设）；三是对县公安局规范化建设及管理进行视察；四是对重点工程建设进行视察，要把经济工作会议上确定的“十大转型发展工程”“十大民生改善工程”作为视察监督的重点，组织政协委员进行专题视察，促进有关项目早日竣工、投产达效，助力县委、县政府重大决策部署落实到位。

3.*强化监督促转作风*。进一步加大民主监督力度，特别是要把民主评议监督和提案办理情况作为监督的重要方式和重要内容。今年，我们将选择四个有代表性的行政执法单位、条管单位、公共服务部门、社会管理部门进行民主监督，通过准确定位，把握尺度，实事求是反映问题、认真负责开展批评、切合实际提出对策建议，督促被监督单位整改落实，改进工作，推进我县政风行风建设、促进相关问题解决。在提案办理上，要通过主席参加县委常委会议、副主席参加政府常务会议和政协常委会议协商、主席会议协商以及主席会议成员督办等方式，充分发挥富有中国特色的政协民主监督在推进经济发展和社会治理中的作用，促进重点提案办理和成果转化落实，使“软监督”发挥“硬作用”。

4.社情民意再创一流。要积极做好反映社情民意信息工作，充分发挥社情民意信息“直通车”作用，为党委分忧，为百姓解难。要加强社情民意的收集反馈，鼓励委员深入基层，深入群众，倾听民声，有计划、有组织、有侧重地收集各自所联系界别、行业的社情民意，并及时传递和反馈重要的民意信息。要通过不定期地邀请相关专业领域的委员、专家，共同分析研判，集中集体智慧力量，形成对策建议。全体政协委员和政协机关干部要同心协力，力争使今年信息报送达120篇以上，全国政协采用3篇以上。

三、寻求新举措，努力提升政协服务水平

加强政协自身建设是政协履行职能的基础，是做好政协工作的前提。我们要通过加强政协自身建设，不断提高履行政协职能的本领、工作能力和水平，促进政协工作再上新台阶。

1.提升委员素质，进一步发挥委员主体作用。要培养委员大格局意识和忧国忧民情怀，提升委员的使命感、责任感、荣誉感，促使委员把责任扛在肩上，把事业放在心上，全面增强履职本领。一要加强委员学习培训，让委员了解和掌握政协知识，明确职责和义务，掌握履职方式方法，使委员履职有方向，履职得要领，履职有成效。二要通过组织视察、调研、民主监督、界别联系等活动形式，力争让每一名委员都能参加一次活动，并在深入基层、深入一线中摸透实情、掌握真知，提升发现问题、分析问题、精准建言促进问题解决的能力，在实践中增长才干。三要为委员搭建知情明政的平台，定期不定期以各界别为单位向委员传达各级重要会议、领导讲话精神，利用“芮城政协微信公众平台”向委员传送县情动态，帮助委员开拓视野，知情明政。四要适时推出“委员讲故事”活动，搭建平台让委员讲述自己的履职故事，提升委员履职和服务社会的积极性，交流履职经验，达到相互学习、相互借鉴、共同提高的目的，打造一支有担当、有作为、人民群众满意、县委放心的委员队伍。五要探索委员量化考核新机制，加强委员管理。要对委员履职情况作出统计，把委员履职“晒”出来：有无出席全会，是否撰写提案、社情民意，办实事情况，是否参加调研、视察、民主监督等，制成表格，一目了然，激发委员履职的积极性和主动性。

2.从严管理干部，进一步加强机关各项建设。政协机关作为服务委员履职的综合机构，在政协工作全局中居于重要位置。要全面落实十九大精神和省、市、县委决策部署，明确两个责任，强化纪律规矩，把全面从严治党要求贯彻落实到机关各项工作中。要在“两学一做”学习教育活动中,扎实认真开展“不忘初心,牢记使命”主题教育,坚定理想信念,筑牢思想基础,驰而不息纠正“四风”,严肃党内政治生活,不断推进党的建设和各项工作。要着力加强“三基”建设,推动基层组织全面加强,基础工作全面进步,基本能力全面提升,为政协各项事业发展提供坚强保证。领导干部要以上率下,带头提高政治站位,带头廉洁自律,带头践行“三严三实”,带头做好各项工作,不断提升政协机关服务大局、服务委员、服务基层、服务群众的能力和水平。

3.完善工作机制,进一步增强工作的规范性。要以习近平新时代中国特色社会主义思想为指引,认真组织学习好宪法修正案,坚持以宪法为根本准则,在宪法和法律范围内履行职责、开展工作。要认真组织学习新修订的政协章程,更加准确把握人民政协的性质定位、工作特点,着力把握协商民主的原则、要义、方法,不断提高参与协商的思想水平。要认真贯彻落实好中共芮城县委《关于加强人民政协协商民主建设的实施意见》和《关于加强人民政协民主监督工作的实施意见》,进一步规范政协协商议题的提出、协商计划的制订、协商成果的采纳落实和反馈等环节,推动完善政协协商与党委、政府工作有效衔接的机制,政协委员与所代表的界别群众密切联系机制,广大群众反映民情民意的机制等,积极推进社会主义协商民主广泛、多层、制度化发展。

各位委员,同志们!党的十九大开启了更加壮丽的征程,赋予了人民政协更加光荣的使命。拥抱新时代,践行新使命,我们要以习近平中国特色社会主义思想为统领,以新修正的宪法为准则,以新修改的政协章程为遵循,在中共芮城县委的坚强领导下,牢记使命,勠力前行,在芮城发展大潮流中和人民政协舞台上,定格人生坐标,留下精彩故事,以昂扬奋进的精神面貌和扎实高效的工作业绩为人民政协事业增光添彩,为建成国家生态文明先行示范区、决胜全面建成小康社会谱写新篇章!

2017 年

1 月

3 日，召开全县脱贫攻坚推进暨干部驻村帮扶工作会议，贯彻落实山西省省长楼阳生、运城市市长陈振亮在省、市脱贫成效考核评估工作部署会议上的讲话精神，安排部署全县脱贫攻坚暨干部帮扶工作，保障精准扶贫精准脱贫政策措施到村到户。

3 日，县大气污染防治工作领导组发布关于《关于启动重污染天气(一级)红色预警的通知》，对 3 日至 5 日出现的重度污染天气进行红色应急响应。

5 日，中共芮城县委十二届三次全委(扩大)会议召开。会议由县委书记董旭光主持，并向全委会作工作报告，会议分组讨论并表决通过了《县委常委会工作报告》和《县委全委会工作规则》；推荐提名山西省出席党的十九大代表初步人选。

6 日下午，召开县政府全体(扩大)会议。24 个县政府工作部门汇报了 2016 年工作完成情况和 2017 年工作打算；15 个承担县“双十工程”和“50 件为民实事”的部门汇报了工程、为民实事完成情况。县长张建军全面总结 2016 年各项工作，安排部署 2017 年重点任务。

8 日，芮城县总商会北京商会成立并在北京举行第一次会员大会。会议通过了《山西省芮城县总商会北京商会章程》《芮城县总商会北京商会机构人员名单及商会运作办法》；选举产生了商会班子成员，景蕊平当选会长，陈文健当选执行会长，赵亚荣当选监事长，杨社忠当选秘书长，肖治合为名誉会长，鲁庆成为总顾问。

9 日，共青团芮城县第十六次代表会议在县城召开。

10 日，由山西经济日报社发起的第 30 届(2016)山西十大经济新闻暨 2016 山西年度创新企业、创业人物系列评选结果正式揭晓。山西恒圣通集团董事长、大禹渡旅游开发有限公司总经理李小五荣获“2016 山西年度创业人物”称号。

10 日，“五城同创”再推动暨志愿服务活动在县会展中心前举行。

11日,芮城县文学艺术界联合会第二次代表会议在县城召开。会议审议通过了《芮城县文学艺术界联合会章程(草案)》,听取并通过了芮城县文学艺术界联合会第一届委员会《工作报告》,选举产生新一届委员会主席团成员,郭昊英当选县文联主席。

12日,市委督察组对芮城县贯彻落实中央八项规定精神暨党风廉政建设“两个责任”情况以及“深化学习找差距,转变作风促发展”专题活动开展情况。

12日,运城市第四届道德模范举行颁奖典礼,学张乡韩张村村民张当义被评为“助人为乐道德模范”;风陵渡镇赵村村民尚成麦被评为“见义勇为道德模范”;双龙木器有限公司总经理杨怀成被评为“诚实守信道德模范”;古魏镇太安村村民孙银聪被评为“孝老爱亲道德模范”;永乐镇岳崖村村民吕陆虎获“诚实守信道德模范提名奖”;陌南镇东峪小学教师李宏乐获“敬业奉献道德模范提名奖”。

12日,在全国税务工作会议上,县地税局荣获国家税务总局颁发的“先进集体”荣誉称号。

13日,市安委会考核组对芮城县2016年度安全生产工作进行全面考核,主要涉及道路交通、危险化学品、非煤矿山、消防、旅游景区、建筑施工等安全生产目标责任完成情况。

16日,运城市委常委、组织部部长齐海斌,副市长乔登州到芮城督察运宝黄河大桥、同济药业、县中小微企业创业孵化基地、亚宝药业集团、宏光医药包装、大汉隆城置业等“三个一百”企业和项目推进工作落实情况,并看望慰问了部分省劳模、省优秀共产党员、中华人民共和国成立前党员、“五保户”、优抚对象。

21日,运城市政协副主席张学会、市文明办副主任仇官有带队到芮城慰问助人为乐道德模范张当义和孝老爱亲模范孙银聪。

23日,省工商局发布2016年度著名商标认定公告,芮城县亚宝药业集团股份有限公司商标“亚 yabao”、山西杜庄橡胶制品有限公司商标“天亮及图”、山西东盛塑胶管道有限公司商标“东盛 dongsheng 及图”、山西飞达塑胶有限公司商标“永乐宫及图”、山西同济药业有限公司商标“南济堂”、山西省芮城县科龙兽药有限公司商标“芮添 rt 及图”、山西爱尔家纺有限公司商标“千面娇”等7件商标为山西省著名商标。

24日,芮城县在芮城大酒店举行新春茶话会。

本月,南卫乡东张村村民、民间艺人张群洁,历时4个月,以刀刻画的形式,创作完成了古代经典作品《清明上河图》。

2月

6日,芮城县取消老年优待证,不再办理老年优待证,老年人持身份证即可享受各项老年优待服务。此前颁发的老年优待证有效期截止到2017年6月30日。

10日,中共芮城县十二届纪委第二次全体会议在县城举行。

12日,召开全县经济工作会议。

13日,召开全县非公企业“两个覆盖”集中推进暨选派党建联络员和指导员驻企开展党建工作动员会。全县共划分为21个网格,其中城区11个,乡镇10个,由选派的党建联络员担任网格长,联系指导网格内非公企业开展党的建设工作;对无党员的非公企业,每户选派一名党建指导员进驻企业开展党建工作。县委组织部从全县领导班子和干部队伍中择优选派21名党建联络员和149名党建指导员。

14日,运城市人大常委会副主任贾爱珍带领市政府、市中级人民法院、市人民检察院相关人员到芮城,征求芮城县市人大代表对即将召开的市人大四届二次会议有关工作报告(征求意见稿)的意见和建议。

14日,在运城市总工会、运城日报社、运城市广播电视台、运城市公安局交警支队联合举办的运城市首届"百姓最喜爱的交警"颁奖晚会上,县交警大队刘波荣获了全市"百姓最喜爱的交警"称号,荣立个人一等功,尚江华荣获了"百姓喜爱的交警"称号。

15日,召开全县美丽宜居示范村设计方案汇报会。听取了两家规划公司的设计方案,根据现场投票,确定中国建筑设计院有限公司城镇规划设计院为芮城县美丽宜居示范村总体规划设计单位。

18日,《芮城信息》报道,在近日召开的全市转型综改工作考核会议上,芮城县被表彰为2016年度转型综改先进县。

23日,县城至大王镇等部分城乡公交线路开通。

27日,运城市质量大会暨质量技术监督工作会议隆重召开,会议对获得运城市首届市长质量奖的组织和个人进行了表彰,亚宝药业集团有限公司和山西宏光医用玻璃股份有限公司荣获"运城市市长质量奖'质量管理奖'"。

28日,山西省中华职业教育社专职副主任闫晓红带领省民营企业走访调研工作领导小组第十一组工作人员,深入亚宝芮城工业园、宏光医用玻管公司和大禹渡旅游开发公司走访调研,了解民营企业发展现状、困难问题、诉求建议和企业负责人对企业的发展信心,了解企业被列为省级重点工程项目的进展情况、存在困难,征求企业对优化投资营商环境的意见建议。

3月

2日,风陵渡经济开发区召开干部大会,市委任命董旭光为风陵渡经济开发区党工委书记,市委常委、常务副市长王瑞宝出席会议。

2日,肯尼亚蒙巴萨郡郡长先遣团郡政府友城项目主任萨尔玛·努尔·谢赫·侯赛因及郡政府法律顾问约瑟夫·姆瓦辛巴·马特拉奇在亚宝药业集团考察工业园建设,参观了亚宝芮城工业园展厅和提取车间、软膏脐车间。

6日晚7时许,县环保局应急办接到群众举报,东垆乡西南村滩地出现大面积"三烧"。事后,县环境保护工作领导小组对举报人给予200元现金奖励,为芮城县首例环境举报奖励。

7日,在全省农机化工作暨党风廉政建设会议上,芮城县荣获2016年"全国主要农作物生产全程机械化示范县""农机安全生产目标责任考核先进单位""农机深松整地工作先进单位"三项殊荣。

10日,县人大常委会组织部分省市县人大代表对县农商银行服务当地经济发展情况进行调研。

12日,全国首届香椿产业现状与发展规划研讨会在河南许昌召开,鑫峰调味品公司加入全国香椿产业联盟成为常务理事单位。

18日,“走遍中国前列县(腺)大型公益活动第四期——诊疗泌尿疾病,关爱老年健康”公益活动在县人民医院举行。

21日,涉及大王、阳城、陌南、西陌、古魏5个乡镇31个建制村1000人(其中建档立卡贫困人口800人,同步搬迁200人)全县2017年易地扶贫搬迁项目正式开工。在大王镇新兴村易地扶贫搬迁项目点举行正式开工仪式。

22日,县检察院举行首批12名入额员额检察官宪法宣誓仪式。

22日,县“七五”普法讲师团成立,承担全县“七五”普法宣传教育专题讲座工作。

24日至26日,县政协十届二次会议召开。

25日至27日,县人大十六届二次全会召开。

27日,县监察委员会正式成立并召开第一次干部大会。

27日,县工商联(总商会)第十三次会员代表大会召开。

28日,运城市政协副主席张学会一行在芮城调研集雨节水灌溉工程。

30日,山西省政协副主席张璞带领的省政协调研组在风陵渡经济开发区,围绕“发挥开发区在全省转型综改试验区建设中的主引擎作用”进行专题调研。

4月

1日,运城市政协副主席翟冬鸿带领是“三个一百”督察组在芮城督察落实市委“三个一百”工作推进情况。督察组先后到温氏畜牧西陌镇奉公养殖场、光伏基地学张220KV汇集站、同济药业、宏光一级耐水药用玻璃扩建项目、大汉隆城、天之润枣业等实地察看项目进展情况。

10日,省发改委重大项目稽查办在芮城督察2017年省级重点项目(国家光伏领跑技术基地一期建设项目、大禹渡景区改造提升项目)建设项目。

14日,省委组织部、省非公及社会组织党建处一行3人就芮城县推进非公企业和社会组织党的建设工作进行调研指导。

18日,由山西省体育局局长、第二届全国青年运动会筹委会秘书长兼办公室主任苏亚君,太原市副市长、第二届全国青年运动会太原执委会副主任兼秘书长王爱琴带领的第二届全国青年运动会筹备工作组在副市长陈竹琴,县委书记、风陵渡经济开发区党工委书记董旭光等相关部门负责人的陪同下,来到西侯度就第二届全国青年运动会圣火采集筹备情况进行考察调研。

21日,国家发改委稽查办和省重大项目稽查特派员办公室在芮城对县中医院综合楼建设项目和生活垃圾填埋场垃圾渗滤液处理工程两个2016年中央预算内投资项目实施情况进行督查。

25日,县委召开纪念芮城解放70周年座谈会。

25日，在第六届山西省道德模范授奖仪式上，本县张当义、尚成麦二人分别荣获“助人为乐模范”和“见义勇为模范”。

25日，县“创客之家”在东茂商业街北街成立，这是县人社局为创业精英打造的一个本土化创业孵化社区。

26日，县管领导干部学习贯彻十八届六中全会精神专题研讨班在县委党校开班。

27日，运城市市长陈振亮、副市长乔登州带领市农委等有关部门负责人到陌南镇窑头村河滩和大王镇沿山小池村实地察看小麦病虫害防治工作，到学张乡神西村东方日升项目工地和学张乡桥头村220KV光伏汇集站察看光伏建设项目建设情况。

27日，芮城县党员干部理想信念教育基地在南卫乡东山底村开工建设，同时启动全县党员“戴党徽，亮身份，作表率”活动。

本月，运城市国土局等部门组成的永久性基本农田划定领导小组相关专家对芮城县永久性基本农田划定成果进行初验。县永久基本农田划定任务为604050亩（1亩≈667平方米，以后等同），实际划定604350亩。

本月，“天芝润”枣业荣获国家级红枣种植标准化示范区项目，成为山西省6家获批企业之一，运城市唯一一家获批的企业。

5月

8日，县首家花椒产业协会在风陵渡镇成立。

9日，山西省质监中心专家对芮城光伏领跑技术基地线路塔基前和电器设备安装前的基础设施工程进行质监检查和指导。

10日，县委在会展中心广场开展“戴党徽　亮身份　作表率”主题党日活动。

13日，全县维护稳定“护城河行动”动员会召开。会议动员全县上下进一步明确形势任务、增强忧患意识、强化工作举措，集中6个月时间，从严从实从细抓好保稳定、护安全、促和谐各项工作落实，为党的十九大胜利召开创造安全稳定的社会环境。

13日，全县推进“两学一做”学习教育常态化制度化、开展维护核心见诸行动主题教育动员大会召开。

16日，民政部副部长宫蒲光一行在南卫乡石门村日间照料中心和石门联村党员活动室等地调研社会救助和全国地名普查工作。省政府办公厅副主任武健鹏，省民政厅副厅长尹也刚，运城市委常委、副市长陈杰，县委书记、风陵渡经济开发区党工委书记董旭光等陪同调研。

18日上午，中共芮城县教育委员会第一次党员代表会召开。

23日，市委联合督查组一组在芮城县就改革办机构设置、人员配备、办公场所、办公设施等改革基础性工作进行督查。

24日，全县中小学“学党史、知党情、颂党恩、跟党走”主题实践活动在南街小学启动。

25日，为期一个月的第一期乡科级领导干部、中青年干部主体培训班在县委党校开班。

29日，学张乡桥头村举行《桥头村志》首发座谈会。

31日，召开全县干部大会，传达贯彻省委常委、组织部部长吴汉圣5月22日在全市领导干部大会上的讲话精神和市委书记刘志宏5月25日在市委常委(扩大)会议上的讲话精神。市委常委、组织部部长齐海斌就贯彻会议精神进行指导。

31日,运城市委常委、组织部部长齐海斌先后到学张东方日升发电场址和桥头220KV汇集站进行实地察看,并全面了解光伏基地项目的建设推进情况、承建单位的人员技术设备配备情况、带动相关产业发展及助推扶贫情况。

6月

2日,运城市委书记刘志宏在芮城调研全域旅游、重点项目、工业运行和基层党建等工作。

6日,运城市人大常委会副主任张守相带领部分市人大代表及市有关部门负责人,先后到运宝黄河大桥、温氏100万头生猪养殖项目、大禹渡景区改造提升项目、黄河综合整治工程、光伏领跑技术基地、宏光公司一级耐水药用玻璃容器扩建等项目现场,调研芮城县黄河综合整治和重点工程项目推进情况进行专题调研。

7日,全县参加高考共3031人,其中应届生2487人,往届生544人。

9日,万科集团创始人、董事会主席王石在山西省文物局副局长刘正辉、运城市副市长卫再学的陪同下,先后到城隍庙、广仁王庙、永乐宫等地考察芮城县古建筑。

9日,县委书记、风陵渡开发区党工委书记董旭光,县委副书记、县长张建军,县委常委组织部部长杨建庭和理想信念教育基地办公室工作人员、高文毓先进事迹专题片摄制组成员在右玉县先后参观了右玉精神展览馆、右玉干部学院、造林丰碑、苍头河生态走廊。

13日,在国家卫生计生委指导下,由人民网、健康时报、中国医药报、中国医师协会科学普及分会共同主办、好医生药业集团支持的2016年度最美好医生颁奖典礼上,县醒师诊所医师景醒师荣膺“2016年度最美基层好医师”。全国获评100名,山西省7名,运城市1名,

14日,运城市政协副主席张东婷带领市政协常委、委员一行10人,先后到西陌幼儿园(党政北园农村一体园)、党政北园、芮城四中、七一小学东区、七一小学总校区等调研芮城县县域内城乡义务教育一体化改革落实情况。

20日,全县2017年“三夏”结束,小麦51.97万亩,共收获1.79亿公斤;油菜3.4万亩获得丰收,亩产达180公斤,总产612万公斤。

21日,据统计,截至当日全县百岁老人13人,90岁至99岁465人。

23日,山西大禹生物工程有限公司董事长闫和平和中国工程院院士李德发在中国农业大学国家饲料工程技术研究中心共同签署《山西大禹生物工程股份有限公司建立李德发院士工作站合作协议书》。10月12日上午,在山西大禹生物工程股份有限公司举行院士工作站挂牌仪式。标志着山西省的首家农业微生物院士工作站正式落户芮城。

25日,光伏领跑技术基地桥头220KV汇集站竣工投产。

27日,县召开学习传达习近平总书记在

山西考察调研重要讲话精神大会。6月21日至23日，中共中央总书记、国家主席、中央军委主席习近平来到山西省进行了为期3天的考察调研，就扎实做好改革发展稳定各项工作发表了重要讲话。

27日，根据山西省中小企业局通知要求，县开展首个“中小微企业日”宣传活动。

28日，运城市委常委、组织部部长齐海斌带领市委组织部相关科室负责人在芮城县看望慰问因公牺牲党员家属、困难老党员、农村“两委”卸任主干以及因病致贫的特困群众。

29日，省医改督导组一行6人由省人社厅副巡视员韩国田带队，先后深入县人民医院、县中医院、南卫乡卫生院实地查看，并就医改工作进行指导。

30日，全县优化营商环境暨城乡环境集中整治攻坚大会在会展中心召开，主要任务是安排部署优化营商环境工作和城乡环境集中整治工作。

6月28日至7月4日，国家旅游局、国家体育总局公示拟认定30个单位为“国家体育旅游示范基地”创建单位，33个赛事为“国家体育旅游精品赛事”。最终，芮城圣天湖景区成功入选“国家体育旅游示范基地”创建单位，为山西省唯一获此殊荣的单位。8月10日，国家体育总局公布第一批运动休闲特色小镇试点项目名单，圣天湖景区运动休闲特色小镇项目入选。

7月

5日，全县改革推进会议召开。会议的主要任务是深入贯彻习近平总书记视察山西时的重要讲话精神，传达贯彻全市改革推进会议精神，按照省委“改革决不能落后”和市委“改革抢先机，发展站前列，各项工作创一流”的总体要求，通过汇报表态、交流点评，进一步明确改革任务，增强改革意识，突出工作重点，凝聚发展合力，推进全县改革工作向纵深发展。

8日，县委党史研究室编撰的《中国共产党芮城县历史纪事(2001–2016)》出版发行。

8日至9日，在国家卫计委卫生发展研究中心和解放军总医院(北京301医院)在北京国际会议中心联合举办的“中国卫生健康创新发展高峰论坛暨第四届国际远程与移动医疗技术健康服务大会”上，县人民医院荣列301医院远程会诊“十佳合作医院”。

19日，山西省总工会副巡视员朱红升在运城市人大常委会党组成员、市总工会主席裴良杰的陪同下，先后到山西金水河金属材料公司和阳城镇西尧发电场址慰问一线职工。

19日，根据《山西省全面推行河长制实施方案》的工作要求，公布芮城县县乡两级河长名单。

20日，山西省交通开发投资集团有限公司副总工程师、山西交通高速公路有限公司董事长尚照民一行5人，对芮城县进行以推进全域旅游健康发展，打造民俗文化创意园战略与对策研究为主题的调研活动。

25日，中残联组联部主任、全国动态更新办副主任曹跃进，国家统计局人口和就业统计司原副巡视员胡英带队的中残联动态更新工作督导组，在运城市副市长陈竹琴陪同下，深入社区残疾人家中，现场观摩县社区信息采集员上门调查残疾人基本服务状况和需求信息数据动态更新工作。

26日,四届运城市委第三轮巡察芮城县动员会在党政大楼亚宝厅召开,根据市委安排,市委第二巡察组对芮城县开展为期两个月的巡察。

31日,全国中小企业股份转让系统有限责任公司出具股转系统函,同意山西大禹生物工程有限公司股票在全国中小企业股份转让系统挂牌。

本月,山西省国土资源厅组织相关单位专家对县永久基本农田划定成果进行验收并同意通过验收,全县共划定基本农田604350亩。

本月,在运城市农业标准化示范区项目立项评审现场会上,田康果蔬公司顺利通过立项。

8月

1日,县召开建档立卡农村贫困人口健康扶贫"双签约"服务启动大会。

10日,金广丰风力发电有限公司9.9万千瓦风电开工仪式在大王镇大王村举行。

10日,省委政研室副主任、改革办、综改办副主任张荣章带领省委全面深化改革办督察组一行10余人,先后到学张乡光伏基地、恒瑞达食品公司、大禹渡旅游风景区等地,通过实地查看、听取汇报等方式,就文化旅游体制、新能源发展、农业供给侧结构、景区"两权"分离体制等领域的改革情况进行督察。就全面深化改革工作推进情况进行督察指导。

14日,在首届全省职工"推动供给侧结构性改革、促进创业就业"手工艺品展评活动中,县城镇集体工业联合社与县总工会共同选送的作品获得多个奖项。其中由韩新娥、赵丹共同完成的刺绣作品"郭子仪诞辰祝拜图"荣获二等奖,沈华的刺绣作品"虢国夫人游春图"、王婉刺绣作品"永乐宫壁画香炉玉女"、杨亚琴布艺作品"瑞狮"、张雅婷、任淑娥布艺作品"瑞虎系列"荣获三等奖,李引珠剪纸作品"孝"荣获优秀奖。

15日,运城市市政协副主席刘国义一行先后到永乐宫吕公祠、九峰山纯阳上宫、大禹渡合林寺实地调研宗教场所规范化管理工作。

24日至25日,香港道教联合会副会长、香港省善真堂原主席黄汉翰,香港国际弘道会会长王有德考察九峰山纯阳上宫复建项目建设情况。

28日,县召开贯彻落实全市8.25脱贫攻坚会议精神阳城现场推进会。

29日,省委外事工作领导小组办公室主任、省政府外事侨务办主任武绍忠一行,先后到西侯度遗址、天之润枣业有限公司、福尼斯英语学校调研指导工作。运城市副市长卫再学,县委书记、风陵渡经济开发区党工委书记董旭光陪同调研。

30日,县人民政府与山西二建集团PPP项目战略合作框架协议签约仪式在党政大楼华泰厅举行。会前,与会人员深入县城北公园、永乐宫等,对拟合作项目及周边建设进行了实地踏勘和调研。

30日,县委系统聘请法律顾问工作会议召开,县委系统14个部门与1名法律顾问签订了聘用合同并颁发聘任书。

31日，县委书记、风陵渡经济开发区党工委书记董旭光主持召开县委常委会议，研究全县人才工作、风陵渡开发区社会事务移交有关事项及有关人事事宜，听取2017年扶贫工作汇报、开展公益诉讼工作情况报告等工作。

31日，县青少年教育基地授牌仪式暨工作座谈会在县烈士陵园召开，为了强化未成年人思想道德建设，为县文明城市建设和生态文明建设凝聚强大力量，永乐宫文物保管所、西侯度遗址和匼河遗址文管所、广仁王庙和古魏城遗址文管所、中庄革命老区抗战纪念馆、史永正烈士陵园、早期革命烈士纪念馆、芮城县烈士陵园、中条山抗日英雄纪念园、大禹渡风景区、运宝高速公路建设管理处、光伏领跑技术基地、党员干部理想信念教育基地、图书馆、博物馆、廉政警示教育基地等15家单位被授予芮城县青少年教育基地。

9月

6日，运城市委常委、组织部部长齐海斌在县委常委会上专题传达了8月30日市委常委会议精神，同时对芮城县1至8月份完成指定目标责任考核情况和"三基建设"工作进行专项督察。会后，齐海斌深入永乐镇蔡村、古魏镇西关村、大禹生物工程股份有限公司、蓝通星辰芮城分公司、芮城协鑫光伏领跑工程项目部，中广核芮城风力发电公司就企业运营和项目进展情况、基层党建工作等进行了调研。

6日，协鑫新能源山西芮城光伏领跑者示范基地100兆瓦光伏发电项目全容量并网发电，为全国第二批光伏领跑者八大示范基地中首个全容量并网的百万兆级电站。

9日，由山西大禹生物工程有限公司承办的2017年全国绿色养殖发展大会在北京国家会议中心举行。

13日，"特色农业看运城——全国网络媒体运城特色农产品采风行"活动走进芮城，来自全国各地40余家重点网络媒体围绕县特色农业、文化旅游等产业进行了采风。

13日，运城市政协副主席胡宝带领调研组一行，先后到圣天湖、大禹渡、印象风陵、西侯度遗址，通过实地察看、听取汇报等方式，全面了解芮城全域旅游发展情况。

14日，秘鲁代表团对水峪苹果基地进行考察，考察内容涉及种植管理、病虫监测预防、采后加工、储藏运输以及检验检疫监督管理等方面。学张乡水峪村苹果基地是此次秘鲁考察团在山西考察的唯一一个苹果生产基地。

15日，运城市人大常委会副主任贾爱珍、副市长陈竹琴带领"一法一办法"检查组成员，先后到永乐宫广仁王庙、城隍庙和县博物馆，检查消防、监控、保护、开发、利用等方面情况，对芮城县《文物保护法》贯彻落实情况进行执法检查，并就如何利用科技手段加强文物保护和让文物"活"起来服务现代经济进行了交流探讨。

15日，由省供销社副主任王彤宇带队的省委脱贫攻坚第七督导组一行，在随机抽查、不打招呼的情况下先后到古魏镇王窑村和阳城镇永丰村就芮城县脱贫攻坚工作进行调研督导。

16日至20日，在由农业部、国际贸易促

进委员会、山西省人民政府主办的第五届中国(山西)特色农产品交易博览会上,芮城县共有5家参展企业展出4大类20多品种,现场销售额11.25万元,5笔意向性购销合同10.5万元,天之润枣业和南澳弗林德斯大学现场签约了投资1700万元的中药功能食品研发项目,红枣饮品获得“山西功能农产品”称号。在休闲农业和乡村旅游精品线路、精品点主题推介活动中,大禹渡、印象风陵两个省级休闲农业示范点上榜,全省共推出的33条精品线路和近200个精品点,展会期间,天之润系列产品、芮城花椒、芮城苹果、焦芦粉条、芮城麻片等产品,赢得了各级巡馆领导一致好评,深受外地客商青睐。

19日,省土地确权办公室第六督查组组长卫启云一行到县督查农村土地确权工作。督查组通过查看资料、实地抽检、专家质询等方式,对全县农村土地确权的整体工作情况、机房建设情况、数据汇交情况进行了全面检查。

20日,由县委、县政府主办,县委宣传部承办的“‘喜迎十九大,点赞新芮城’十八大以来芮城县辉煌成就主题图片展”在县会展中心举行。

22日,县召开休闲农业和乡村旅游发展规划编制汇报会,并安排申请全国休闲农业和乡村旅游示范县。

25日,县召开群团改革推进会,对中央、省委、市委群团改革有关精神进行传达贯彻,对全县群团改革工作进行安排部署。

26日,山西省教育厅厅长吴俊清一行在副市长陈竹琴,县委书记、风陵渡经济开发区党工委书记董旭光,县长张建军等陪同下,先后到西陌幼儿园、芮城四中、七一示范小学、条山街幼儿园,就芮城县被帮扶成果展示、幼儿游戏活动,义务教育城乡一体化、学校发展共同体、教育信息化管理进行调研。

26日至28日,全省第三期学前教育行动计划部署会暨优质幼儿园帮扶工作会和全省优质幼儿园帮扶工作交流暨内涵发展促进会在运城召开。会议期间,省教育厅党组成员、正厅级督学张卓玉,省学前教育专家指导组高校专家在市教育局局长路胜利、县长张建军陪同下,分两路先后观摩了南卫东张幼儿园、西建金茂城幼儿园、新世纪幼儿园、阳城东任幼儿园和南卫坑北幼儿园、西陌幼儿园、西建博立幼儿园、条山街幼儿园等8所幼儿园的游戏活动。张卓玉指出,芮城学前教育质量好、理念先进,使幼儿在自主游戏中学习成长。芮城作为国家、省学前教育改革发展实验区,在“城乡一体化”管理模式中,做到普及和均衡同时发展,要把芮城幼儿园作为山西省学前教育的先进典型和先进经验推向全国。

27日,芮城温氏畜牧有限公司总部大楼在县物流城北举行开工仪式。

30日,全国第四个“烈士纪念日”,县在革命烈士陵园隆重举行烈士纪念日公祭活动,缅怀革命先烈,凝聚发展力量。

10月

9日,县委法治建设领导小组召开第一次全体会议,认真贯彻落实习近平总书记全面依法治国系列重要讲话精神,总结盘点法治芮城建设工作,安排部署下阶段工作。

10 日，国家质量监督检验检疫总局发布公告，芮城县生态原产地产品保护示范区成功获批，受保护产品包括芮城苹果、“文興昌牌”芮城梨、“文興昌牌”芮城葡萄。

11 日，县政府举行第二轮《芮城县志》首发式。

14 日，运城市委副书记王瑞宝，市委常委、常务副市长陈杰带领市委宣传部、市住建局、环保局、卫计委、水务局、农委以及各县（市、区）委副书记，先后到圣涧垃圾处理有限公司、学张乡水峪村、古魏镇王窑村实地察看全县农村环境整治工作。

15 日至 17 日，在由水利部、人力资源和社会保障部、中华全国总工会联合主办的第五届全国水利行业职业技能竞赛泵站运行工决赛中，大禹渡扬水工程管理局职工张增康代表山西省参加决赛，获得全国第五名的好成绩。

18 日至 19 日，运城市委常委、宣传部部长王志峰带领宣传文化等有关部门负责人，先后到国家光伏领跑技术基地协鑫场址及 220KV 汇集站和新能源展厅、广仁王庙、寿圣中心公园、古魏刘原村永乐桃木雕刻文化产业园、大禹生物公司、古魏太安村孙银聪家、文博馆、电视台、报社，调研芮城县重点工程、旅游文化产业和宣传思想文化工作。

20 日，中共芮城社会组织综合委员会成立暨第一次党员代表大会在民政局召开。

21 日，省公安厅副厅长张立刚一行，先后到陌南治安检查站、东垆派出所和县公安局督导调研芮城县十九大安保工作。

21 日，古魏镇南关村第五居民组复转军人马东亮经过三年反复改进试验，研制出自走式全自动籽粒装车机，不需人工费力，可将晾晒地上的玉米、小麦、豆子、谷子装入车厢，并获得国家新型专利证书。

23 日，县召开村（社区）“两委”换届选举工作动员会，按照先村（社区）党组织、后村民（社区居民）委员会的顺序进行，到 12 月 20 日前结束。

25 日，运城市人大常委会副主任侯伟建带领驻运部分省人大代表、市人大常委会部分工委主任等一行 18 人，先后到温氏西陌奉公养殖场、芮城国家光伏领跑技术基地、宏光医用玻璃公司等对芮城县生态文明建设进行调研。

28 日，在山西省第十一届职业院校技能大赛中，县第一职业学校派出的 25 名参赛选手参加了 9 个项目的角逐，共夺得 4 个一等奖、8 个二等奖、12 个三等奖、1 个优秀奖的优异成绩，参赛获奖率高达 96%。

31 日，省委、省政府第四环保督察组组长因新中一行，先后到温氏奉公生猪养殖基地，光伏领跑技术基地，新能源展厅，亚宝集团，宏光医玻，圣天湖，陌南镇畜禽养殖散养户、规模户，鼎盛建材厂等，督查芮城县畜禽粪污处理、大气污染防治、新能源和新医药发展等有关环保工作，并根据实际情况提出指导性的意见和建议。

本月，省农业开发办主任赵建生为组长的省政府督查组对芮城县高标准农田建设项目进展情况进行督查。

11 月

2 日，市“十大专项行动”第一督查组组

长李晓良一行5人,先后到印象风陵、永乐镇蔡村、宏光医玻、光伏领跑技术基地等地,就芮城县文化旅游产业专项行动、脱贫攻坚专项行动、工业经济专项行动、优化营商环境、招商引资、项目建设专项行动等“十大专项行动”进行实地督查。

6日,正在参加第二届山西(运城)国际果品交易博览会的省农业厅副巡视员张红星一行6人,深入县果品生产加工企业、正在采收的果园以及出口苹果基地调研芮城果业生产。

8日,中央电视台CCTV-7《美丽乡村快乐行》栏目组在全国第一批运动休闲特色小镇——陌南镇圣天湖举行了大型文艺节目展演录制活动,多角度多层次向全国人民集中展示了芮城县厚重的历史文化、丰富的旅游资源、优美的生态环境以及独具地域特色的美食。央视网等十三家网络媒体进行了现场直播。

9日,第六届全国道德模范及提名奖获得者名单由中国文明网权威发布,芮城老人孙银聪荣膺“孝老爱亲”类“全国道德模范”,为本届山西省唯一获得者,运城市获此殊荣第一人。

15日,杨森包装有限公司与中北大学、西安理工大学举行产学研合作基地挂牌仪式。

16日,农业部第四督导调研组刘毅一行在省农机局总工张本源陪同下,先后来到东恒农机专业合作社和给力农机专业合作社,了解合作社的基础设施、经营状况、机具配置等情况,并现场观摩了机械化收获、秸秆还田、深松、播种一条龙作业。调研芮城县全程机械化服务能力建设工作。

16日,山西省旅发委主任盛佃清、体育局局长苏亚君一行,先后来到广仁王庙、全民健身中心、大禹渡、圣天湖,通过实地察看、亲身体验、听取汇报等方式,调研芮城县全域旅游工作开展情况。

17日,风陵渡镇匼河村民刘高铎和浙江人张东周合伙在匼河黄河嫩滩上试种的一万亩水稻喜获丰收,标志着“南稻北栽”成功。

23日,农业部公布2017年全国休闲农业和乡村旅游示范县名单,芮城县被认定为全国休闲农业和乡村旅游示范县。

23日,晋中市人大常委会主任冯建平一行7人,在运城市人大常委会党组副书记、副主任杜自立陪同下。先后到永乐宫、广仁王庙考察芮城县古建筑文化遗产保护工作。

27日,县管领导干部学习贯彻十九大精神理论培训班在县委党校开班。

28日,运城市委书记刘志宏到芮城县宣讲党的十九大精神,并先后到南通星辰芮城分公司、县中小企业创业孵化基地、西侯度遗址就芮城县经济转型发展进行专题调研。

29日,市人大常委会副主任贾爱珍一行7人,先后深入到印象风陵、西侯度遗址、永乐镇李湾新村、圣天湖景区等地,调研芮城县全域旅游创建和新农村环境综合整治建设工作。

30日,山西省农业厅副巡视员赵安泽一行对芮城县农民增收工作进行了调研,并深入天之润枣业,就功能食品开发、农业供给侧结构性改革,农产品市场供给等基本情况进行调研。

12月

1日，县召开落实市委第二巡察组巡察芮城反馈意见整改动员会。

1日，山西省机关事务管理局副局长李世军一行调研指导县机关事务管理工作。

1日,2017年教育部·中国电信“人人通”专项培训中小学校长160余人在芮城县观摩学习。

2日，国家发改委市场与价格研究所副所长、研究员刘泉红一行7名专家,先后来到大禹渡景区、大禹生物工程股份有限公司、宏光医药包装有限公司、永乐宫景区、光伏领跑技术基地、圣天湖景区等地,就运城市“一区五带”规划编制工作进行调研。

5日，县在北京黄河京都大酒店3楼会议室召开在京芮商芮才“凤还巢”计划恳谈会。县长张建军出席会议,会议由芮城县北京商会会长、北京永利隆经济技术公司总经理景蕊平主持。参加会议的有:北京商会名誉会长、北京大学经济学院副院长肖治合,北京商会总顾问、中非发展基金会副总裁鲁庆成,北京商会执行会长、北京顺义市政基金常务副董事长陈文建等芮城籍商会企业家、在京工作人士、在京创业企业家共计30余人。

5日，山西省卫生计生委副主任刘中雨带领的省卫生计生考核组一行五人，考核芮城县2017年度医改、卫生、计生、爱卫工作目标责任完成情况。

9日，运城市政协主席张润喜一行先后来到圣天湖景区、西陌奉公温氏养殖场、南通星辰新材料公司、光伏领跑技术基地、宏光医玻有限公司、中小企业孵化基地、寿圣公园、文体公园等地,对芮城的工业、农业、光伏产业、中小企业、全域旅游和城市基础设施建设进行实地走访调研。

9日和10日,运城市人大常委会主任安雅文带领市人大常委会专题调研组，先后深入西侯度、印象风陵、天之润枣业、南通星辰新材料公司、光伏领跑技术基地、广仁王庙、温氏集团西陌养殖基地、大禹渡、中小企业孵化基地、大禹生物、亚宝集团以及宏光医玻有限公司等地进行实地考察，对芮城县法治环境进行专题调研。

19日，山西日报报业集团党委书记、社长郭玉福,山西日报报业集团党委委员、山西日报传媒集团董事长李伟一行，先后到圣天湖、永乐宫、广仁王庙、城隍庙、大禹渡、光伏领跑者示范基地,通过实地察看、亲身体验、全面调研芮城县全域旅游工作开展情况和光伏领跑技术基地。

19至20日,芮城县总商会西安商会、杭州商会成立暨“凤还巢”行动恳谈会分别在西安、杭州召开。

21日,运城市人大常委会副主任杜自立一行,先后来到陌南镇、古魏镇人大代表活动室、古魏镇王窑村、学张乡水峪村代表活动小组、光伏领跑技术基地项目等地,就代表工作在芮城调研。

22日,运城市委常委、组织部部长齐海斌先后到县医疗集团县人民医院、陌南镇中心卫生院、陌南镇朱吕沟砖厂、县体育馆等地，就环境污染治理和县乡医疗卫生体制改革等工作进行调研,

29日,中国共产党芮城县委十二届四次全体(扩大)会议召开。

自然概貌

【位置　面积】 芮城县地处山西省西南端，运城市西南角，晋、秦、豫三省交界，黄、渭、洛三河交汇的黄河大拐弯处。东以湹水涧为界，与平陆县接壤；南与河南省灵宝市隔河相邻，西南与陕西省潼关县隔河毗邻，西与陕西省大荔县隔河相望，北与永济市以中条山为界，东北与盐湖区相连。地理坐标为北纬 34°35′16″~34°50′22″，东经 110°14′30″~110°57′34″。县境东西最大距离 66 千米，南北最大距离 25 千米，为一东西向狭长地形。全县总面积 1175.55 平方千米。

【气候】 2017 年，芮城县总的气候特点是：年平均气温和四季平均气温都比历年偏高，特别是 7 月份日最高气温超过 35℃的日数达到 20 天，连续多日发布高温橙色预警；总降水量为 553.8 毫米，比历年同期值偏多 48.3 毫米，且各季分布不均，冬季降水量与历年基本持平，春季前期（3 月）降水偏少，4—5 月正常略偏多，夏季前期（7 月）降水又显著偏少，有一定旱象，9—10 月降水明显偏多；光照略偏少；无霜期为 203 天，比历年略少 3 天；全年大风日数较少，仅 2 次，雾霾、扬沙、浮尘天气较多，累计达 83 次，对交通运输、设施农业和生态环境造成了一定的不利影响，但未造成灾害。

气温　年平均气温为 13.9℃，较历年同期平均值 13.0℃偏高 0.9℃，属气温偏高年份。年极端最高气温 40.6℃，出现在 7 月 24 日；年极端最低气温-11.4℃，出现在 12 月 17 日。

降水　全年总降水量 553.8 毫米，比历年同期值 505.5 毫米偏多 48.3 毫米，属于雨水正常略多年份。同时各月降水分布不均，1—2 月降水与历年同期持平，3 月份正值小麦返青、拔节生长需水关键期，但降水偏少，可能造成一定的不利影响；4—6 月降水充足，未出现干热风天气，但在西陌镇 6 个自然村出现了冰雹天气，造成 100 万元的直接农业损失；7—8 降水偏少，出现了一定的干旱，对玉米生长不利；9—10 月降水明显偏多，对红枣收获、苹果成熟着色造成一定的不利影响，但对冬小麦播种很有利。

日照 全年日照时数为2071.2小时,比历年同期值2185.9小时偏少114.7小时,能满足作物需求,但10月份阴雨日数较多,对苹果着色、大棚设施农业不利。

霜冻、大风、扬沙、大雾等 本年度无霜期为203天,比历年偏少5天。初霜日出现在11月12日,比历年晚了15天,终霜日出现在4月22日,比历年早4天,说明今年低温出现得晚而结束的特别早;年内共出现2天大风;雾霾天气较多,全年出现了83次,除短时对交通运输有一定影响外,对农业生产的影响不大。

【行政区划】 全县公共辖7镇3乡1城镇社区管理委员会,下辖172个建制村,713个自然村,9个社区居委会。7镇:古魏镇、风陵渡镇、陌南镇、西陌镇、大王镇、永乐镇、阳城镇。3乡:东垆乡、南卫乡、学张乡。

【人口情况】 据2017年人口抽样调查,年末全县常住人口为410708人,比上年末增加2080人,其中城镇常住人口205922人,占总人口比重(城镇化率)为50.14%,比上年末提高1.42个百分点;乡村常住人口204786人。

表1 2017年年末人口数及其构成

指 标	年末数(万人)	比重(%)
全县常住人口	41.07	
其中:城镇	20.59	50.1
乡村	20.48	49.9
其中:男性	20.91	50.9
女性	20.16	49.1

全年出生人口4445人,出生率为10.85‰;死亡人口2365人,死亡率为5.77‰;自然增长率为5.08‰。男女性别比为103.76(女性为100)。

国民经济和社会发展

【综 合】 初步核算,全年地区生产总值完成822235万元,按可比价格计算,比上年增长6.5%,其中第一产业完成230827万元,增长0.3%;第二产业完成236542万元,增长11.8%;第三产业完成354866万元,增长7.0%。第一、第二和第三产业增加值占地区生产总值的比重分别为28.1%、28.8%和43.1%。

人均地区生产总值达20069元,首次突破两万元,比上年增长5.9%。

图1 2013-2017年地区生产总值及其增长速度

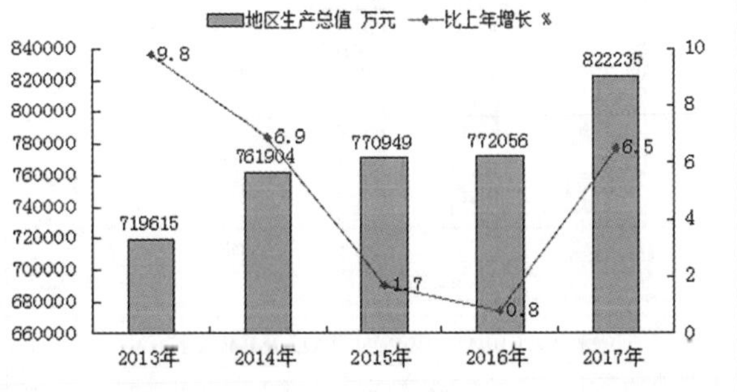

年末全县城镇新增就业4992人;创业带动就业1172人;失业人员再就业1320人;城镇下岗失业人员再就业培训1136人;技能人才培养1558人;农村劳动力转移5356人;农村劳动力技能培训6429人。

全年商品零售价格比上年上涨1.3%;居民消费价格比上年上涨1.4%;工业生产出厂价格比上年下降2.6%。

表 2　2013—2017 年主要价格指数

上年 =100

价格种类	2013 年	2014 年	2015 年	2016 年	2017 年
商品零售价　格	101.2	101.1	100.9	101.9	101.3
居民消费价　格	102.3	101.6	101.3	102.1	101.4
工业生产者出厂价格	97.7	97.4	95.0	95.9	97.4

全年全县财政总收入完成 65821 万元，比上年下降 4.0%(县内完成 56003 万元,增长 3.4%；开发区完成 9818 万元，下降 31.9%)。全县一般公共预算收入完成 32248 万元，比上年下降 1.2%(县内完成 27515 万元,下降 1.1%;开发区完成 4733 万元,下降 2.0%)。全县一般公共预算支出达 193267 万元，比上年下降 5.1%(县内支出 185828 万元,下降 6.3%;开发区支出 7439 万元,增长 42.3%)。

图2 2013-2017年财政总收入及其增长速度

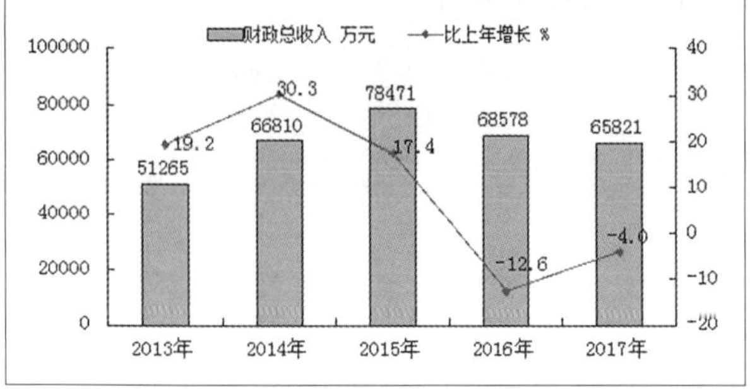

图3 2013-2017年一般公共预算收入及其增长速度

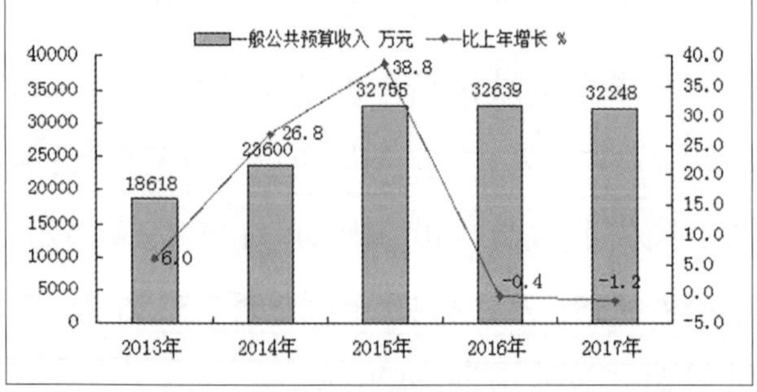

【农业】 全年农林牧渔业总产值 449218 万元,按可比价格计算,比上年增长 1.0%。农林牧渔业增加值完成 249596 万元,增长 0.7%,其中农业 190027 万元,下降 5.9%;林业 2637 万元,增长 20.9%;畜牧业 36698 万元,增长 42.8%;渔业 714 万元,增长 14.8%;农林牧渔服务业 19520 万元,增长 9.5%。

图4 2013-2017年农林牧渔业总产值及其增长速度

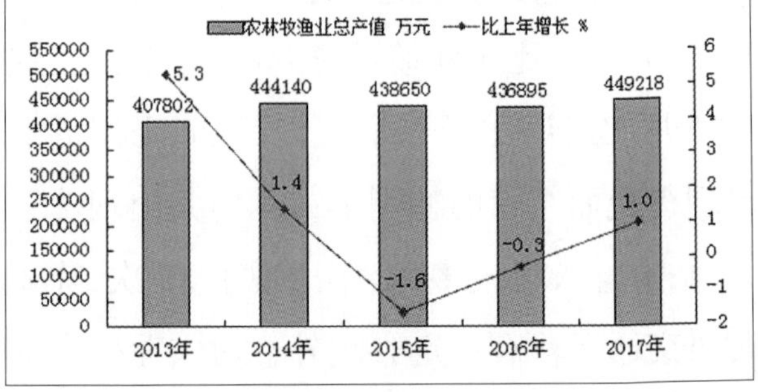

全年粮食种植面积 63968 公顷，比上年下降 1.6%，其中小麦种植面积 33245 公顷，下降 0.7%;秋粮种植面积 30723 公顷,下降 2.5%。棉花种植面积 69 公顷,下降 70.2%。油料种植面积 1746 公顷,增长 4.1%。水果面积 16047 公顷,比上年下降 3.3%,其中苹果园面积 10636 公顷,下降 12.3%。

全年粮食总产量达 34.14 万吨，比上年下降 3.3%，其中夏粮产量 17.71 万吨，下降 0.3%;秋粮产量 16.43 万吨,下降 6.4%。棉花产量 97 吨,下降 77.6%。油料产量 3402 吨,增长 1.6%。水果总产量 55.43 万吨,比上年下降 4.4%，其中，苹果产量 42.06 万吨，下降 12.8%。

图5 2013-2017年粮食总产量及其增长速度

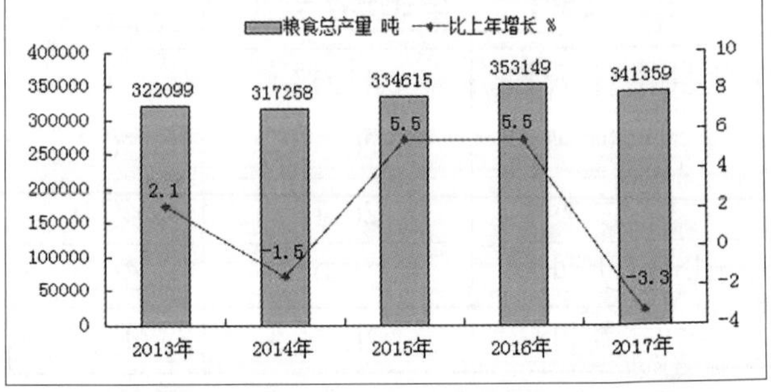

表3　2017年主要农产品产量及其增长速度

产品名称	计量单位	产量	比上年增长(%)
粮　食	万吨	34.14	-3.3
#夏粮	万吨	17.71	-0.3
秋　粮	万吨	16.43	-6.4
棉　花	吨	97	-77.6
油　料	吨	3402	1.6
水　果	万吨	55.43	-4.4
#苹果	万吨	42.06	-12.8

全年猪牛羊禽肉类总产量达30370吨，比上年增长49.8%，其中猪肉产量26948吨，增长58.3%；牛肉产量268吨，下降16.8%；羊肉产量1027吨，增长15.5%；禽肉产量2127吨，增长4.2%;牛奶产量1278吨，下降80.1%；鸡蛋产量6136吨，增长4.1%。

全年鱼类总产量达1237吨，比上年增长13.5%。

全年共完成造林面积2.87万亩；当年零星植树95万株。主要林产品中核桃产量2323吨，比上年增长7.7%；花椒产量4963吨，比上年增长17.4%。

全年农村用电量15628万度，比上年增长6.9%。

【工业和建筑业】 全年全县规模以上工业企业共27家(县内20家，开发区7家)。规模以上工业总产值464892万元，比上年增长14.5%(县内完成310730万元，增长25.4%；开发区完成154162万元，下降2.6%)。规模以上工业增加值完成159847万元，比上年增长18.4%(县内完成118614万元，增长21.2%；开发区完成41233万元，增长9.5%)。实现利税42539万元，比上年增长39.7%(县内完成64647万元，增长112.0%；开发区完成22108万元，与上年持平)。规模以上工业企业主营业务收入完成504290万元，比上年增长20.0%(县内完成354164万元，增长30.5%；开发区完成150126万元；增长0.8%)。

全年全县建筑业增加值完成51638万元，比上年增长3.5%。全县建筑业总产值完成107526万元，比上年增长22.7%(县内完成106030万元，增长28.6%；开发区完成1496万元，下降71.3%)。资质以上建筑企业共5家(县内4家，开发区1家)。

【固定资产投资】 全年全县固定资产投资完成额(新口径，下同)532537万元，比上年增长42.4%(县内完成502450万元，增长56.1%；开发区完成30087万元，下降42.1%)，其中工业投资完成386611万元，增长55.0%(县内完成380126万元，增长77.6%；开发区完成6485万元，下降81.7%)；基础设施投资完成36623万元，增长37.4%(县内完成22880万元，增长9.0%；开发区完成13743万元，增长142.9%)；其他投资完成109303万元，增长11.7%(县内完成99444万元，增长14.4%；开发区完成9859万元，下降9.8%)。

图7 2017年按领域分固定资产投资及其占比

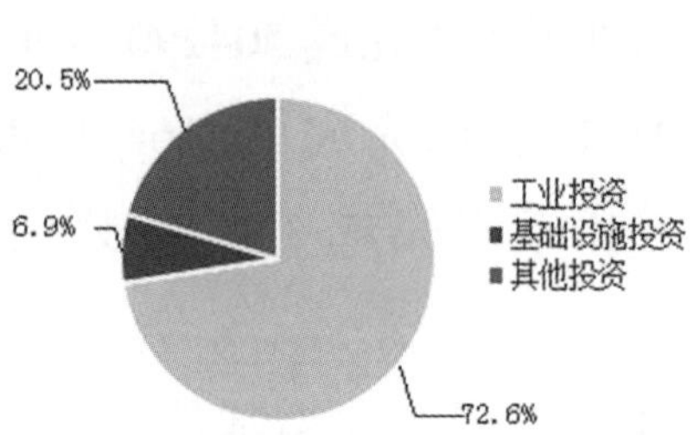

全年全县商品房竣工面积 213477 平方米,比上年增长 20.4 倍(开发区连续两年无竣工面积);商品房销售面积 114038 平方米,比上年增长 30.1%(县内完成 108808 平方米,增长 37.2%;开发区完成 5230 平方米,下降 36.9%);商品房销售额 37122 万元,比上年增长 53.4%(县内完成 35507 万元,增长 57.5%;开发区完成 1615 万元,下降 2.2%)。

【国内贸易】 全年全县社会消费品零售总额完成 349305 万元,比上年增长 7.2%。按规模统计:限额以上消费品零售额完成 128961 万元,增长 6.3%;限额以下消费品零售额完成 220344 万元,增长 7.7%。按经营地统计:城镇零售额完成 283202 万元,占全部社会消费品零售额的 81.1%,增长 7.1%;乡村零售额完成 66103 万元,增长 7.3%。按消费类型统计:餐饮收入和商品零售分别完成 54471 万元和 294834 万元,分别增长 7.3%和 7.1%。

图8 2013-2017年社会消费品零售总额及其增长速度

全县商品销售额完成 898318 万元,比上年增长 12.0%,其中批发业完成 477194 万元,增长 18.9%;零售业完成 421124 万元,增长 5.1%。

【对外经济】 全年全县外贸进出口总额完成 3781 万元,比上年下降 58.1%(县内完成 3134 万元,下降 59.1%;开发区完成 647 万元,下降 52.5%),其中进口额完成 988 万元,出口额完成 2793 万元。

【交通、邮电和旅游】 年末全县公路通车总里程 1526.5 千米,其中国道 94.3 千米(高速 19.3 千米),省道 66.9 千米,县道 252.9 千米,乡道 583.8 千米,专用公路 9.2 千米,村道 519.4 千米。新开通城乡公交线路 10 条,投放电动公交车 25 辆,通车里程达 169 千米,城乡道路交通更加完善。

年末全县民用车辆拥有量 109317 辆,比上年增长 8.0%。

年末全县共铺设有线广播电视传输干线 777 公里。有线电视用户 4.48 万户,其中农村有线电视用户数 3.6 万户,城区数字电视用户 0.88 万户。

年末全县固定电话用户 1.55 万户;移动电话用户 29.70 万户;宽带用户 6.31 万户。

全年旅游总接待 564.5 万人次,比上年增长 27.0%;旅游总收入 44.9 亿元,增长 28.0%。

【金融】 年末全县金融机构各项存款余额达 1055870 万元,比上年增长 7.7%,其中个人存款 859828 万元,单位存款 195897 万元。全县金融机构各项贷款余额达 497469 万元,比上年增长31.9%,其中短期贷款271828万元,中长期贷款225627万元。

【人民生活和社会保障】 全年全县居民人均可支配收入17688元,比上年增长6.2%。按常住地分，城镇居民人均可支配收入27487元，增长5.8%；农村居民人均可支配收入10404元,增长6.1%。

图9 2013-2017年城镇居民人均可支配收入及其增长速度

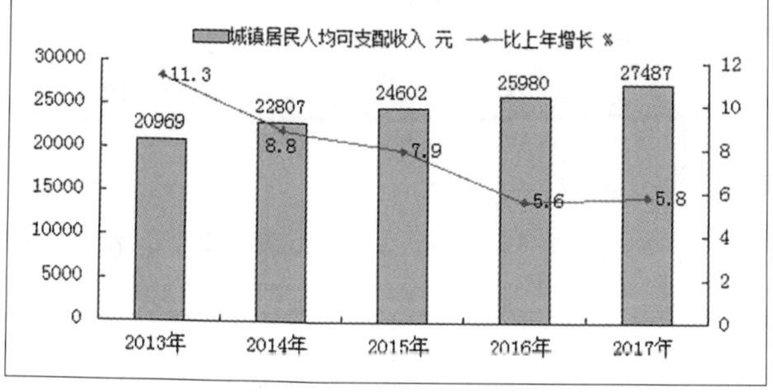

图10 2013-2017年农村居民人均可支配收入及其增长速度

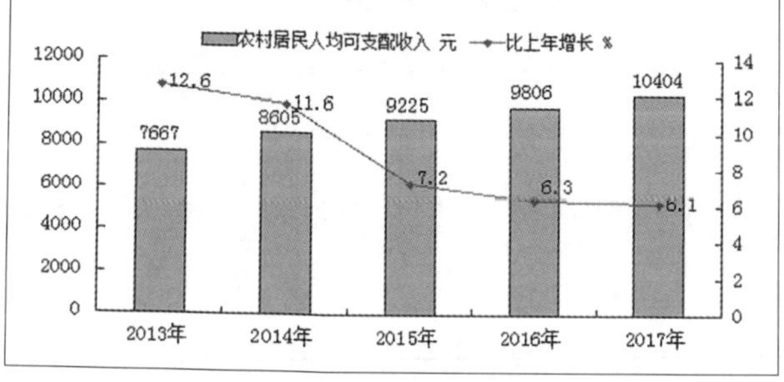

年末全县参加城镇职工基本养老保险人数30890人,比去年增加471人;参加城乡居民社会养老保险人数243076人,比去年减少669人;参加城镇医疗保险人数43934人,比去年减少3273人;参加新型农村合作医疗人数304438人,比去年减少1885人;参加工伤保险人数57469人,与去年持平;参加生育保险人数23065人,比去年减少28人;参加城镇失业保险人数19164人，比去年增加10人。全年社保卡累计发放269763张。新农合参合率达99.3%。

全县城镇低保共4320人，发放低保金1609.7万元;农村低保共9663人,发放低保金2517.5万元；城乡大病救助对象623人，发放救助金195.3万元；临时救助2235人次,共计148.5万元;五保供养对象1187名,集中供养每人每年4800元,分散供养每人每年3200元。

【教育和文化体育】 年末全县共有各类学校52所,其中小学32所,普通中学17所,职业中学2所,特殊教育学校1所。全县在校学生35917人，其中小学16173人，普通中学16879人,职业中学2774人,特殊教育学校91人。幼儿园50所,在园幼儿10064人。

全年县剧团到50个行政村共送戏150场。在全县10个乡镇、10个美丽宜居村以及部分社区、企业、学校等领域进行公益演出40场次。深入全县各村辅导民间小戏和锣鼓编排20余次，组织广场舞免费培训120人次,开设“成人书法免费培训”课堂3期150人次。投资29万元创新农家书屋建设,为全县农家书屋配送十九大系列读本和实用图书5000余册。培训三级社会体育指导员200余人,选派10人参加了市二级社会体育指导员培训,1人参加了省一级和国家级社会体育指导员培训，全县各级社会体育指导员发展到670名，有力地带动了全民健身活动的开展。

【卫生和社会服务】 年末，全县共有县乡两级卫生机构25个。卫生技术人员1724人,比上年增长2.4%；床位数1512张，与上年持平;万人平均技术人员42.1人,万人平均床位数36.9张。

年末,全县共有养老服务机构6个,其中民办养老服务机构3个,公办养老服务机构3个。农村社区老年人日间照料中心59个,老年人活动中心27个。养老服务床位790张。

【资源和环境】 全年全县共有耕地面积68.66万亩,基本农田面积60.44万亩。共出让国有建设用地使用权16宗,面积为313.9亩,总成交价款9903万元。

全年全县规模以上工业生产消费用原煤247.95万吨,汽油84.81吨,柴油610.72吨,天然气551.09万立方米,电力4.77亿千瓦时。全县综合能源消费量为104.80万吨标煤,比上年增长17.44%。全年单位GDP能耗下降3.31%,单位GDP电耗增长1.32%,单位工业增加值能耗下降0.77%。

全年共植树造林2.87万亩,栽植各类苗木200余万株,森林覆盖率由2016年的33.39%提升到34.59%,增加了1.2个百分点。全县湿地面积1.2613万公顷,文化自然遗产保护单位245处,保护单位范围0.0212万公顷,禁止开发区域面积为1.2825万公顷。2017年新增绿化面积9万平方米,绿化覆盖率达到42.2%,绿地率达到37.5%,人均公园绿地面积11.8平方米;铺设城市供气管网16.44公里(1公里=1千米,以后等同),新增天然气入户4205户。

全年减排二氧化硫178吨,氮氧化物50.6吨,化学需氧量76.4吨,氨氮3.2吨。全年二级以上天数为297天,其中一级天数106天。综合质量指数为4.39,县城空气质量趋向良好。

全年全县农作物受灾面积21万亩,其中绝收面积2.5万亩,共造成直接经济损失3370万元。

注释:

1.本公报部分数据为初步统计数。

2.本公报部分数据由相关部门提供。

3.地区生产总值、各产业增加值、农林牧渔业总产值、农林牧渔业增加值及规模以上工业增加值绝对数按现价计算,增长速度按不变价格计算。

4.除注明外,所有增长或下降速度均为同上年相比较。

5.部分数据因四舍五入原因,存在与分项合计不等的情况。

6.国家实施研发支出核算改革,地区生产总值为含研发支出数据。

7.2017年国家统计局确定山西为投资统计改革试点省份,固定资产投资额的统计方法由原来的以形象进度法为主改为以财务支出法为主,并以同样的方法对同期基数进行统计,实现投资增速的同口径比较。

资料来源:

本公报中城镇新增就业、登记失业率、社会保障数据来自人力资源和社会保障局;财政数据来自财政局;对外经济数据来自经信局;公路里程、交通数据来自交通运输局;电信业务数据来自联通、铁通、电信和移动;旅游数据来自旅游文物局;金融数据来自人民银行;低保和特困供养、服务机构数据来自民政局;教育数据来教育局;文化数据来自文化局;卫生数据来自卫生和计划生育局;耕地、国有建设用地供应数据来自国土资源局;林业、自然保护区数据来自林业局；供气管网铺设里程、天然气入户数据来自燃气公司；环境数据来自环境保护局；农作物受灾面积数据来自农委。

机构设置与领导人名单

中共芮城县委

书　　记　董旭光
副 书 记　张建军　　安　奇
县委常委　董旭光　　张建军　　安　奇
　　　　　仇红学　　赵自成　　张应征
　　　　　宁华文　　李跃刚　　杨建庭
　　　　　贠林安
办公室主任　王秀琴

芮城县人大常委会

主　　任　姚广升
副 主 任　高亚平　　李秀民　　谭平川
　　　　　李稳军
办公室主任　董　湛

芮城县人民政府

县　　长　张建军
常务副县长　赵自成
副 县 长　张应征＊　　张　锐＊　　赵芮军
　　　　　赵伟兵　　杜国强　　李建刚
　　　　　姚康宁
办公室主任　宁峰荣

政协芮城县委员会

主　　席　杨　琳
副 主 席　王建业　　时定乾　　刘百威
　　　　　赵伟兵＊
秘 书 长　李高为

芮城县纪律检查委员会（县监察委员会）

县纪律检查委员会
书　　记　宁华文
副 书 记　张　凯（常务）　　任　翮
纪委常委　梁一民　　王林锁　　赵丽琴
　　　　　董海英
县监察委员会
主　　任　宁华文
副 主 任　张　凯　　任　翮
监察委员　梁一民　　王林锁　　侯战民
　　　　　李高波

风陵渡经济开发区

党工委书记　董旭光
党工委委员　李中贤　　麻军荣　　蔡军龙
管委会主任　李中贤
管委会副主任　麻军荣　　蔡军龙

芮城县人民检察院

检 察 长　张梦京

副检察长　张梅雪(常务)　李伟波

张灵宝

纪检组长　薛文彬

政治部主任　李治国

芮城县人民法院

院　　长　张　伟

副 院 长　郭自成(常务)　尚新民

杨国栋

纪检组长　高清波

政治处主任　秦安虎

芮城县人民武装部

部　　长　贠林安

政治委员　郭迎春*　板海静

县委工作部门

县委办公室

主　　任　王秀琴

副 主 任　宗云泽　卢海军　郑峰瑞

县委组织部

部　　长　杨建庭

副 部 长　陈天慈　王亚波　翟自民*

李杰敏　陈　波　杜建亭

县委宣传部

部　　长　张应征

副 部 长　姚振华(常务)　薛生权*

县委统战部

部　　长　李跃刚

副 部 长　张新强(常务)　杜增民

王　辉

县委政法委

书　　记　仇红学

副 书 记　王红军(常务)　翟惠峰

相晓晖

综治办主任　翟惠峰

610办主任　姚建业

县巡察办

主　　任　刘引乐

副 主 任　王恩华

县机构编制委员会办公室

主　　任　候新平

副 主 任　李鸿春　李　萍

事业登记管理局局长　樊文中

县直机关工委

书　　记　李杰敏*　翟自民

副 书 记　郭　飞

纪委书记　吴　贤

老干部局

局　　长　陈天慈

副 局 长　姚淑娥　陈顺雨

信访局

局　　长　李纪省

副 局 长　贺绪强

督查专员　常立炜

县委巡查办

主　　任　刘引乐

副 主 任　王恩华

县委台湾工作(县政府台湾事务)办公室

主　　任　原国庆

县委直属事业单位

县委党校

校　　长　安　奇

常务副校长　薛生权

副 校 长　董耀丰　　曹　强

纪检组长　杨会珍*

党史研究室

主　　任　肖春强

副 主 任　郭耀娥

新闻中心

主　　任　张学晋

副 主 任　肖永杰

芮城报社

总　　编　张学晋

副 总 编　杨　兴　　解世强

县人大常委会工作机构

办公室

主　　任　董　湛

副 主 任　刘　钊*　杨　丹

法制工作委员会

主　　任　乔栋梁

财经工作委员会

主　　任　荆争艳

教科文卫工作委员会

主　　任　尚海元

农村工作委员会

主　　任　姬世强

城建环保工作委员会

主　　任　王彦国

人事代表工作委员会

主　　任　薛亚妮

信访室

主　　任　杨运虎

法律咨询室

主　　任　阴宇飞

副 主 任　杨　丹*　卢　兴

县政府组成部门

县政府办公室

主　　任　宁峰荣

副 主 任　崖海林　　王亚军　　王伟峰

　　　　　方　平

纪检组长　董社宏

县发展和改革局

局　　长　景建荣

副 局 长　刘引剑　　张　刚　　李　林*

纪检组长　谭立强

县经济和信息化局

局　　长　赵惠泽

副 局 长　朱军虎*　薛艳艳　　陈丽萍

纪检组长　王彦荣

总经济师　杨应旭

县教科局

局　　长　杜永建

副 局 长　杨天民　　肖建宏　　李速功

纪检组长　王振峰

县公安局

局　　长　李建刚
副 局 长　路志华　　韩　松　　尉俊峰
纪检书记　李耀武
党委委员　闫大江
交警大队
队　　长　尉俊峰
教 导 员　张建学
副 队 长　张占民　　周卫华
消防大队
大 队 长　吕少松
指 导 员　吴建恒
县司法局
局　　长　崔　宏
副 局 长　张衍庆　　张　革
纪检组长　胡寒筱
党组成员　费建强
县监察局*
局　　长　任　翮*
副 局 长　梁一民*　王林锁*　李高波*
县民政局
局　　长　焦龙生
副 局 长　王春龙　　薛爱虎
纪检组长　张淑爱
县财政局
局　　长　姚三义
副 局 长　尚卫国　　吕芮莉　　党中秋
纪检组长　赵惠芳
总会计师　牛选波
财政国库支付局局长　杨立强
政府采购办主任　李秀丽
县人力资源和社会保障局
局　　长　王亚波
副 局 长　骆新生　　翟东朝　　杨创业
纪检组长　李泽强
县国土资源局
局　　长　李亚强
副 局 长　柴建民*　薛　飞　　李萍萍
总工程师　薛会荣
纪检组长　王彦军
执法大队长　姚向峰
县环境保护局
局　　长　郑　杰
副 局 长　申敏平　　刘占军
纪检组长　李永红
工会主席　王立功
总工程师　柳亚峰
县住房保障和城乡建设管理局
局　　长　杜步奇
副 局 长　杨耐耐　　赵卫国
纪检组长　尉智祥
总工程师　李东平
永乐广场管理中心主任　张晓剑
经济适用房建设管理中心主任　姚宝亮
县交通运输局
局　　长　李　轩
副 局 长　张海文　　许克效
总工程师　高永红
县水利水保局
局　　长　王玉*　王旭鹏
副 局 长　李守义　　范怡兵
纪检组长　刘淑霞
总工程师　关亚荣
县农业委员会
主　　任　郝永峰

副 主 任 李永泽 黄永民 朱牡丹
马双寅
纪检组长 王恩菊
总农艺师 刘凤旭
县林业局
局 长 张振波
副 局 长 杨芮志 刘宏民
纪检组长 张应军
总工程师 杨耀民
绿化办副主任 王化民
县文化局
局 长 苏民武
副 局 长 王剑波 肖建波 阴肖利
纪检组长 任彩莲
县卫生和计划生育局
局 长 姚应社
副 局 长 宋 峰 高立松 林 波
计生协会会长 连小列
党组成员 王忠奎
班子成员 帖卫平
县审计局
局 长 李官智
副 局 长 王 浩 蔡周文
纪检组长 王 晋
总审计师 樊亚云
县统计局
局 长 吉自锋
副 局 长 李自军 段 莉
纪检组长 李敏霞
总统计师 张振涛
县安全生产监督局
局 长 王文革

副 局 长 韩立波 杨沼辉
纪检组长 原明珠
工商行政管理和质量技术监督局
局 长 程建军
党组副书记 燕平国
副 局 长 封晓鹏 阴宏泽 马 凡
总经济师 孙夏宁
纪检组长 王 峰
非公委副书记 王大强
县食品药品监督管理局
局 长 杨 波
副 局 长 周海庆 赵天宝
纪检组长 张迪荣
稽查队长 任海定

县政府直属机构

县机关事务管理局
局 长 王文峰
副 局 长 高伟民 尚亚辉
县政务中心
主 任 南晓祥
副 主 任 吴瑞荣
县农机发展中心
主 任 令狐启华
副 主 任 张 静 李玉波
总工程师 王泽雷
工会主席 翟云宪
县招商局
局 长 朱军虎
副 局 长 姚 华
县农经管理局

主　　任　南金鹰
副 主 任　魏国艳　景建成
纪检组长　王子清
县河滩土地管理局
局　　长　王伟峰
副 局 长　王江峰
县档案局
局　　长　曹　楠
副 局 长　杨　虹　杨　懿
县地震局
局　　长　张鹏军
副 局 长　马黎民　张　萍
总工程师　陈丽萍*　张　莉
县旅游文物局
局　　长　李燕妮
副 局 长　刘海波　景宏波
纪检组长　李　亮
三门峡水库管理局
局　　长　蔡雷军
副 局 长　任自红　冯朝晖
纪检组长　杨丽波*
总工程师　刘　甲
移民办主任　杨会珍*　谢晓宁
县中小企业服务中心
局　　长　苏立义
副 局 长　任孜武　王安宁
纪检组长　谢转移
县农业综合开发办公室
主　　任　姚建鹏
副 主 任　任志强　张行军
纪检组长　廖　廓
县地方志编纂委员会办公室
主　　任　董少峰
副 主 任　樊志华
国际金融组织贷款管理局
局　　长　尚卫国
副 局 长　马亚丽　李会平
纪检组长　孙红妮*
县畜牧兽医发展中心
主　　任　景建宁
副 主 任　张永新　陈登峰
纪检组长　张智勇
总畜牧师　曹生辰
县果业发展中心
主　　任　陈建国
副 主 任　杨泽萍　薛建荣
县工业中心
主　　任　董维涛
副 主 任　王小波
县物资中心
主　　任　苏正平
县商业中心
主　　任　苏正平
副 主 任　张芮高
纪检组长　段强民
县广播电视台
台　　长　薛生权*　姚振华
副 台 长　张亚琴　夏宽忍
总工程师　李凡师
纪检组长　李　宽
县老龄工作委员会
主　　任　王长安
副 主 任　骆作霞
县老龄工作委员会办公室

主　　任　卫亚敏
副 主 任　吴许芳
县社区管理委员会
主　　任　肖　军
副 主 任　肖　军*　阴宇飞*　李艳玉
纪检组长　贺绪强*　梁晨光
县城镇集体工业联合社
主　　任　董学安
副 主 任　李黎明
县供销合作社联合社
主　　任　柳万河
副 主 任　薛九喜　杨　博
纪检组长　杨宏彬
县扶贫开发中心
主　　任　尚亚超
副 主 任　周丽霞
县光伏办
主　　任　李跃刚
副 主 任　梁勤俭　王化民
老区建设促进会办公室
主　　任　周　骏*　李　林
副 主 任　王碧霄*　李小丑
县综合检验检测中心
主　　任　关泽博
副 主 任　董江丽　李荣波
工业产业聚集区管理委员会
主　　任　马彦军
副 主 任　马彦军*　王　磊
县公共资源交易中心
主　　任　牛建平
副 主 任　张伟妮
县河务局
局　　长　史学平
副 局 长　李　莉
县红十字会
会　　长　赵伟兵
专职副会长　柴　欣
秘 书 长　侯艳红
县医疗集团
院　　长　雷　刚
副 院 长　宁朝峰　张延韶　曹明明
纪检组长　宋向阳
总会计师　苏欣平
县人民医院
院　　长　雷　刚
支部书记　宁朝峰
副 院 长　宁朝峰　曹明明
纪检组长　宋向阳
工会主席　张榆生
县中医医院
院　　长　李小进
副 院 长　许转正　李会民　谭鹏飞
县疾病预防控制中心
主　　任　王世英
卫生监督所
所　　长　曹伟民

县政协工作机构

办公室
主　　任　李高为
副 主 任　孙艳妮
科教文卫委员会
主　　任　王亚泽

农业委员会

主　　任　吕彦哲

社会法制委员会

主　　任　许建虎

经济科技委员会

主　　任　焦戟锐

提案委员会

主　　任　杜娟花

学习宣传委员会

主　　任　单玲*　南金鹰

研究室

主　　任　赵　静

副 主 任　任金华

民主党派

民革芮城支部

主任委员　任照国

副主任委员　赵　燕　陈淑芹

民盟芮城总支

主任委员　吕武平

副主任委员　刘　峰　谢　涛

群众团体

县总工会

主　　席　任百安

副 主 席　薛春运

共青团芮城县委员会

书　　记　郭　娜

副 书 记　任阳阳

少工委主任　李春丽

县妇女联合会

主　　席　薛　丽

副 主 席　来梅朔

兼职副主席　张　萍　高丽松　董　静

县工商业联合会

党组书记、常务副主席　王　辉

主　　席　姬世强

副 主 席　张　娟　兰亚朝　吕国章
任　伟　刘忠森　李　英
李彦福　张阳琼　周民朝
贾立军

县科学技术协会

主　　席　鲁晓琴

副 主 席　董玉霞

县文学艺术工作者联合会

主　　席　郭昊英

副 主 席　王芮娟

兼职副主席　张　燕　许振红　许　泽

县残疾人联合会

理 事 长　薛雅琴

副理事长　李会平*　孙红妮

垂直部门

县国家税务局

副 局 长　王　择　张海民　景耀福

纪检组长　白平安

县地方税务局

局　　长　卫　波

副 局 长　韩红兵　李伟华

纪检组长　裴英民

县烟草专卖局

局　　长　胡志军
副局长　肖　军　张　涛　郭小敏*
　　　　赵　挺

县气象局
局　　长　董转霞
副局长　藏　曦　张　硕

县公路管理段
段　　长　郝小伟
支部书记　王跃峰
副段长　潘国华　赵凯峰

县供电支公司
经　　理　田　斌
党支部书记　孙海荣
副经理　任增伟　许　辉　尹彦强
工会主席　许　辉

县石油公司
经　　理　董宁辉
副经理　姚东高

中国人民银行芮城县中心支行
行　　长　杨富生
副行长　张智斌　韩飞鹏
纪检组长　徐　杰

芮城银监会
主　　任　摆丽娜

中国工商银行芮城分行
行　　长　潘晓华
副行长　周丽芳　张晓亮
专职纪检员　姚晋辉

中国农业银行芮城分行
行　　长　宁良权*　景晓林
副行长　张东辉　罗永鹏

中国农业发展银行芮城分行
行　　长　李国强*　李　鹏
副行长　薛晓宁

中国建设银行芮城分行
行　　长　黄建峰
副行长　李军祥

中国邮政储蓄银行股份有限公司芮城分行
行　　长　屈　晖
副行长　宁　刚

芮城县农村商业银行
董事长　杨志敏*　刘宏军
行　　长　薛建荣*　程智勇
监事长　张国栋
副行长　刘明波　董兴芳*　王　霞

中国人民财产保险芮城支公司
总经理　张国平
副经理　牛秋莉　郑金龙

中国人寿保险公司芮城支公司
经　　理　周黎青
副经理　宁旭东　张荣强　毛晓东

中国人寿财产保险公司芮城支公司
经　　理　杨　平

新华书店
经　　理　朱金水
副经理　薛德峰　张振奎

永乐宫文管所
支部书记　席九龙
董事长　李会民
副所长　刘移江　李　杰
副书记　王　毅
所长助理　刘晓霞

邮政局
总经理　王学伟

副总经理　李伟平

中国电信芮城分公司

经　　理　赵耀利

副 经 理　常朝辉

中国移动芮城分公司

经　　理　李海江

副 经 理　王　鹏*

中国联通芮城分公司

总 经 理　张建光*　陈哲平

副总经理　高建军*　宁　鹏

运城市交通执法局芮城分局

局　　长　刘百鹏

副 局 长　姚广平

运城市大禹渡扬水工程管理局

局　　长　董曾武

党委副书记　尚立民

党委委员　刘新波

局长助理　张伟峰

运城市芮城县住房公积金管理局

主　　任　方革委

学　校

芮城中学

校　　长　杨　霄

书　　记　盛东波

副 校 长　吕武平　张世威　曹逸文

纪检组长　杨俊青*

风陵渡中学

校　　长　安宏斌*

副 校 长　宁怀让　王建军

纪检组长　李顺廷

陌南中学

校　　长　冯建平

副 校 长　薛广智　张庆华　许建伟

博立中学

校　　长　吕武平

副 校 长　吴晋普　张红丽

芮城县第一职业学校

校　　长　张爱国

副 校 长　任安良　任忠佐　刘卫泽

纪检组长　吕亚芳

注:2017 年 12 月 31 日前调离岗位者在姓名后右上角标注*

中国共产党芮城县委员会

县委常委会议

1月5日，县委书记董旭光主持召开县委常委会议，会议听取并研究了《县委常委会工作报告》《全委会工作规则》和县委全委会筹备情况；干部任免有关事项和《关于完善干部驻村精准帮扶机制的实施意见》；全县推荐提名的山西省出席党的十九大代表候选人初步人选遴选情况；全省信访工作电视电话会议精神；全县2016年信访工作完成情况和2017年信访工作重点、以及全国和全省“两会”及春节期间信访工作安排；县乡村三级团组织换届工作进展情况；芮城县第二次文代会筹备情况；关于确定芮城县首批美丽宜居示范村的意见（讨论稿）；关于成立芮城县光伏项目运维中心的建议。

1月23日，县委书记董旭光主持召开县委常委会议，听取县人大、政府、政协、法院、检察院党组汇报，传达全省组织部长会议精神。

2月8日，县委书记董旭光主持召开县委常委会议。会议听取并研究了中共芮城县委《关于深入实施“三动三新”战略，助推全市“三市一中心”建设的实施意见》；研究讨论通过了县党政领导班子年度工作总结暨个人述职述廉报告、全县经济工作会议有关事项、县纪委十二届二次全会有关事项；出台研究关于县工业企业、农业生产、文化旅游产业的考核表彰方案及2017年全县巡察工作要点和巡察计划等。

2月16日，县委书记董旭光主持召开县委常委会议。董旭光传达学习了中共山西省深改小组《关于党政主要负责同志亲力亲为抓改革扑下身子抓落实的通知》。听取并研究了全县党务工作会议有关事项，即全市组织工作会议精神及县贯彻落实情况；全国、全省、全市宣传工作会议精神及贯彻意见；省、市统战工作会议精神及县贯彻落实意见；全县组织、宣传、统战工作会议筹备情况；县贯彻落实全市党校工作会议精神的有关情况；关于成立芮城县城乡建设发展有限公司的建议；关于拟定土地征收价格有关情况。传达了全市信访工作会议精神及2017年全县信访工作谋划；中央、省、市政法工作会议精神和县贯彻落实意见及全县政法信访工作会议筹备情况;全市环保工作会议精神和全县2016年环保工作与2017年重点工作。

3月4日，县委书记董旭光主持召开县委常委会议。听取并研究了芮城县人大、政协“两会”有关事项:《政府工作报告》《人大工作报告》及人代会筹备情况;《政协工作报告》及政协会筹备情况、《法院工作报告》《检察院工作报告》和《关于芮城县2016年财政预算执行情况和2017年财政预算草案的报告》。

3月12日,县委书记董旭光主持召开县委常委会议，会议宣布了中国共产党运城市委员会关于张应征等同志任免职务的通知。经中共运城市委常委会议2017年2月26日讨论决定:张应征同志任芮城县委常委;提名赵伟兵、杜国强同志为芮城县人民政府副县长人选;提名免去张应征、张锐同志芮城县人民政府副县长职务；提名免去赵伟兵同志芮城县政协副主席职务。会议宣读了中国共产党芮城县委员会文件，任命张应征同志为县委宣传部部长。会议听取并研究了县人代会、县政协会人事安排有关事项;《关于芮城县2016年国民经济和社会发展计划执行情况与2017年国民经济和社会发展计划（草案）的报告》。

5月12日,县委书记、风陵渡经济开发区党工委书记董旭光主持召开常委会议。董旭光在会上传达学习了省委书记骆惠宁在省委十一届三次全体会议上的讲话精神。会议研究了《推进“两学一做”学习教育常态化制度化、开展维护核心见诸行动主题教育实施方案》(讨论稿)以及《关于加强农村基层组织建设、着力整治村霸问题的实施方案》《关于成立整治“村霸”领导组的通知》《芮城县村“两委”换届前期准备工作清单》(讨论稿);《关于拟成立中国共产党芮城县教育系统委员会以及中国共产党芮城县非公企业委员会组建情况的报告》(讨论稿);研究《关于推进“两学一做”学习教育常态化制度化、开展维护核心见诸行动主题教育宣传报道实施方案》(讨论稿);研究《芮城县关于开展维护稳定“护城河行动”的实施方案》;研究《2017年法治芮城建设工作要点》(讨论稿);研究《芮城县国有林场改革实施方案》(讨论稿)。县委常委、纪委书记、监委主任宁华文传达学习了骆惠宁在省委书记专题会议听取十一届省委第一轮巡视情况汇报和省委常委会研究部署巡视工作时的讲话精神。

6月16日,县委书记、风陵渡经济开发区党工委书记董旭光主持召开县委常委会议。会议传达学习了《关于甘肃祁连山国家级自然保护区生态环境问题督查处理情况及其教训的通报》,并研究讨论芮城县针对中央环保督查反馈问题长效整改意见；听取并研究了芮城县2017年深改工作要点;研究了芮城县贯彻落实5·25市委常委扩大会议精神《实施方案》及《2017年行动计划》。

6月27日,县委书记、风陵渡经济开发区党工委书记董旭光主持召开县委常委会议。会议研究通过了《关于评选表彰全县优秀农村党组织书记的通知》《关于开展巡视整改自行“回头看”的实施方案》。传达学习了《关于参加第一期全国巡察干部培训班情况的报告》。

7月6日,县委书记、风陵渡经济开发区党工委书记董旭光主持召开县委常委会议。

会议研究讨论了《关于在推进“两学一做”学习教育常态化制度中加强“三基建设”的实施方案》和巡视整改自行“回头看”三个清单。会议确定了推动基层组织全面加强、基础工作全面进步、基本能力全面提升等22个方面98项重点任务，分三年逐步完成。巡视整改“回头看”问题清单包括三大类17个问题及整改措施、目标成效、整改时限、牵头领导和责任人。

7月17日，县委书记、风陵渡经济开发区党工委书记董旭光主持召开县委常委会，会议研究通过了《风陵渡经济开发区改革创新发展实施方案（草案）》《芮城县鼓励投资政策（2017年版）》和《芮城县招商引资工作考核办法》《关于以四大班子名义送花圈、挽幛及县级以上领导干部遗体告别仪式的有关规定》及有关人事问题，并听取了上半年扶贫攻坚工作及光伏扶贫电站有关情况书面汇报。

8月14日，县委书记、风陵渡经济开发区党工委书记董旭光主持召开县委常委会议。会议研究通过了《芮城县深入学习贯彻习近平总书记视察山西重要讲话精神行动计划》《关于在推进学习教育和主题教育中贯彻落实习总书记视察山西重要讲话精神和市委“四大讲、四增强”工作要求的实施方案》《县委中心组学习习总书记视察山西重要讲话精神的意见》等。

9月28日，县委书记、风陵渡经济开发区党工委书记董旭光主持召开县委常委会议。会议研究并讨论了县级党校达标建设工作情况；群团改革有关情况：《中共芮城县委群团改革工作方案》《芮城县总工会改革实施方案》《共青团芮城县委员会改革实施方案》《芮城县妇联改革实施方案》和关于撤销企业工委事项。会议传达了全省综治中心建设会议精神并研究召开芮城县法治建设领导小组第一次全体会议有关情况。

10月19日，县委书记、风陵渡经济开发区党工委书记董旭光主持召开县委常委会议。研究并讨论了《风陵渡经济开发区内设机构“三定”方案规定》《关于风陵渡经济开发区管委会增加编外用人的意见》《芮城县工业企业“龙腾虎跃”转型发展推进方案》《芮城县发展“五小企业”创新创业计划（“群星灿烂”育苗计划）》《芮城县在外务工人员关心关爱计划（“凤还巢”计划）实施方案》；通用机场建设项目进展情况和省市有关会议精神及全县下一阶段环保重点工作意见有关情况。

11月2日，县委书记、风陵渡经济开发区党工委书记董旭光主持召开县委常委会议。会议研究了县委、县政府《关于贯彻落实中央八项规定精神的实施细则》和中共芮城县委关于学习宣传党的十九大精神实施意见；会议传达了全市农村“两委”换届领导小组会议精神、全市三基建设会议精神、党费收缴工作专项检查中清理收缴党费的情况。

11月30日，县委书记、风陵渡经济开发区党工委书记董旭光主持召开县委常委会议。会议研究并讨论了《市委第二巡察组巡察芮城反馈意见整改落实方案》《关于对县管干部进行提醒、函询和诫勉的实施办法（试行）》和《县委组织部关于对县管干部进行提醒、函询和诫勉的日常操作流程》。

12月13日，县委书记、风陵渡经济开发区党工委书记董旭光主持召开县委常委会议。研究并讨论了《市委第二巡察组巡察芮城反馈意见整改落实措施》、芮城县纪委监委派驻机构全覆盖工作。传达学习了中央办公厅印发习近平总书记关于进一步纠正“四风”加强作风建设重要指示的通知和省委巡视办印发《关于推进市县巡察统筹工作的实施意见》。

12月26日,县委书记、风陵渡经济开发区党工委书记董旭光主持召开县委常委会议。研究讨论《县委常委会工作报告》,传达市委全面从严治党主体责任督查情况反馈意见,传达学习市委书记刘志宏在深化监察体制改革试点工作会上的讲话精神以及有关人事安排,安排部署县参加2018年“古中国·大运城民俗文化旅游年”大型灯展系列活动实施方案,分别听取县人大、县政府、县政协和县法院、县检察院党组履行职责和自身建设情况汇报,研究风陵渡经济开发区改革有关事项等。

县委办

【党建工作】 2017年,明确全年党建工作指导思想、目标要求,安排十大主题活动,构建起运转有序长效机制。圆满完成支部换届,进一步配齐配强支部领导班子;坚持每月至少召开两次支部委员会议,研究安排党建工作;按照“八有标准”建立党员活动室,强化阵地建设;5—12月,坚持每月组织开展一次主题党日活动,实现“两学一做”制度化常态化。

【文稿起草】 2017年,始终把综合文稿质量放在首要位置,树立精品意识,力求深入浅出、文风清新,确保思想性、时代性、针对性和可操作性。全年共完成各类领导讲话、综合汇报等材料160余篇。特别是高标准完成了县委经济工作会议、县委全委会工作报告、中纪委调研汇报、贯彻落实十九大精神专题调研报告等材料。进一步健全完善了《中共芮城县委常委会工作制度》《中共芮城县委全委会工作规则》等重要制度,制定了县委《关于贯彻落实中央八项规定精神实施细则》。严格把好文件审核政治关、政策关、文风关、格式关,不断提升党内文件的科学性、规范性,维护公文的严肃性和权威性。全年共下发县委文件33件,县委办文件80件。规范性文件备案工作扎实开展,全年上报市里备份35份,各乡(镇)、各单位上报备案225份,实现了党内文件规范统一、严肃有效。

【信息工作】 2017年,坚持广度深度并重的原则,建立全员办信息制度和覆盖全县的信息采集网络,拓展信息工作渠道,挖掘信息资源,力求深层次、多角度反映重点工作落实情况,及时向上级党委报送各类信息,为领导科学决策提供第一手资料。为解决信息报送渠道不够畅通问题,制定印发了《关于加强全县党政信息报送工作的通知》(芮办发〔2017〕73号),并于11月24日召开了全县党政信息工作大会,对全县126个单位(包括乡镇)分管信息工作的负责人和信息人员进行了再明确,建立了“全县信息报送工作”微信群,及时将每期《芮城信息》内容及采用情况在微信群予以公布。全年共编发信息31期73条,撰写调研报告5篇,被省委、市委采用调研报告1篇,信息11条。另外,圆满完成全年《县委大事记》编撰存档工作。

【督促检查】 2017年，不断改进工作方法，创新工作方式，通过专题督查、联合督查、明察暗访、回访检查等多种形式，推动了县委、县政府重大决策部署的贯彻落实。全年共开展重大节假日期间应急值班督查、信访督查、环保督查、脱贫攻坚督查、对中央、省委、市委和县委重要会议精神、重大决策部署在全县的贯彻落实情况督查等共计50余次；共办理社情民意件29件，其中省市转办件8件，已全部回复、反馈，15件领导批示办理件已全部办理结束，另外6件正在调查核实处理。

【会务活动】 2017年，制定出台了一系列会议会务活动规章制度和流程，全力做好各项会议的组织筹备工作，没有出现一次纰漏。同时，认真做好各类会议的把关、精简工作，促进了全县各级会议的作风转变。全年共组织各类会议活动70场次，圆满完成12次上级领导视察、调研等工作。

【机要保密】 2017年，全力做好党的十九大召开期间密码通信服务保障工作，精心组织以紧急重要电报译传办理工作，严格执行核心密码和核心密码装备管理制度，并及时完成了密码通信主渠道网络升级改造和装备更新工作，完成了党务内网保密测评的全部工作，完成了商用密码通信系统的200多个数字证书更换工作，确保了密码的绝对安全和信息畅通。同时，顺利完成了高考、中考保密任务，为打造本县的“平安高考”做出了贡献。全年共收发电报813份，其中明传电报567份，密码电报246份。

【应急值班】 2017年，实行全员值班制度，坚持全体人员24小时轮流值班。同时，以县委值班室为龙头，以各乡镇、各单位值班室为纽带，各村为基础，层层相连、环环相扣的重大事件上报、反馈、处置链条，确保了报送渠道的有序畅通，实现了重大突发事件报送的快捷、及时。全年共处理上报值班快报12期，全部实现了快速反应、及时报送、妥善处置。

【深化改革】 2017年，对县委全面深化改革领导小组、办公室组成人员进行了调整，印发了责任清单，对16名县级领导的改革任务进行了详细分解；建立了县级责任领导的“三个三”台账，做到以“三个搞清楚”夯实工作基础，以“三个分析”找准工作差距，以“三个层面”统筹工作任务，进一步推进改革工作落实，切实提高改革质量；将今年38项改革工作要点进一步细化为112个小项，列出责任清单，要求对照清单，抓好落实，年底交账；先后组织召开了2次改革工作会议，迎接了3次上级检查工作，均对本县给予高度评价；本县以多数量、高质量上报改革信息、研究文章获得市委改革办好评，排名全市第一，受到通报表扬。

【后勤保障】 2017年，坚持以人为本，把保障机关运行和干部职工切身利益作为工作出发点和落脚点，切实维护干部职工切身利益，为办公室凝心聚力、各项工作高效开展，提供了坚实保障。今年以来，新增4名公益性岗位人员和3名一般干部，并按规定对5名干部工资进行了调整，为3名一般干部办理了调离手续，2名干部办理了转正手续，2名职工办理了退休手续。圆满完成了干部职工的工资、福利发放和县委接待工作任务。

【驻村帮扶】 2017年4月，县委办的帮扶村调整为学张乡阳院村，该村共有贫困户30户111人，其中低保户8户。工作队由王秀琴担任帮扶领导组组长，黄军平担任帮扶队长，具体负责帮扶工作事宜。23名党员干部与贫困户结对，全年多次入户，分析致贫原因，研究帮扶策略，制定帮扶计划，落实帮扶责任。精准把握贫困户情况，重新建立贫困户档案30份。及时了解贫困户动态，重新纳入贫困户6户20人，退出3人，漏报补录6人。为30户贫困户免费办理了大病及意外保险，解决了全村2公里道路硬化资金和村美丽乡村建设墙面粉刷资金2万元，完成了2户危房改造。全年完成脱贫2户6人，

巡　察

【常规巡察】 2017年，开展了三轮巡察工作，共巡察了7个乡镇党委和11个县直单位党组织，同时延伸巡察了14个村级党组织，累计发现问题364个（其中党的领导弱化问题111个，党的建设缺失问题128个，全面从严治党不力问题125个），立巡立改问题103个，发现各类问题线索81件，已按规定全部移交县纪委和县委组织部。2017年，共立案12件，给予党纪政纪处分21人，移交司法机关2人。

【巡察整改】 2017年，县委巡察始终把推动问题解决作为巡察工作的着力点和衡量成效的标尺，从严抓实立巡立改、全面整改，持续深化拓展巡察效果，助推县域发展提速增效。通过“双反馈”压实整改责任，“双报告”促进整改落实，“双公开”发挥震慑效应，由领导小组成员带队向被巡察单位反馈32次，公开巡察反馈意见18份，向被巡察党组织反馈问题364个，不断推动巡察反馈问题整改到位。截至2017年底，被巡察单位共制定整改措施548项，问题整改到位285个。同时编织三重谈话“密网”，确保整改压力层层传导、整改责任级级夯实、整改任务件件落实，帮助被巡察单位及其负责人端正态度、认识问题、完善制度、堵塞漏洞、推动工作，促进单位效能整体提升。

【巡察整改“回头看”】 为了准确掌握巡察反馈问题整改情况，督促被巡察单位整改落实，巩固扩大巡察监督成效，今年年初，成立了“回头看”专项巡察组，对已经完成巡察整改的11个单位存在的167个问题分3个批次进行巡察整改“回头看”。专项巡察组通过“四查四看”，共发现巡察反馈整改不到位不彻底问题22个，新发现问题22个。针对整改不到位和新发现的问题，由县委巡察工作领导小组向分管县级领导下发了《关于县级领导督促落实巡察整改责任的函》，向13个党组织下发了督办函，确保巡察整改不挂空挡、不留死角。

【巡察成果运用】 2017年，县委常委会议、

中心组先后4次学习巡视巡察工作的新精神、新要求,县委巡察工作领导小组听取巡察组专题汇报3次,县委书记专题会听取巡察汇报3次,县委书记董旭光作出重要批示18次。为确保巡察成果运用到位,县委巡察机构务实重行、创新手段,对已巡察的25个被巡察单位存在的共性问题进行综合分析、总结提炼,梳理汇总出16类带有普遍性、规律性的突出问题,并提出处置建议,为县委决策提供参考和依据。

【队伍建设】 2017年,县委巡察机构不断强化队伍管理,提高巡察队伍规范化建设水平;严把“三关”,完善巡察“三库”建设,确保巡察工作人员切实做到政治过硬、思想过硬、能力过硬、作风过硬、纪律过硬、廉洁过硬,严格遵守巡察“四不”原则和“六严禁”“六不准”,用铁纪锻造忠诚坚定、担当尽责、遵纪守法、清正廉洁的巡察干部干部队伍,确保巡察能够依规、依纪、依法进行。

【巡视整改自行“回头看”】 县委高度重视巡视整改自行“回头看”,先后2次召开县委常委会专题研究部署巡视整改自行“回头看”工作,进一步统一思想认识,提高政治站位,做实做细“三清单一制度”,并结合实际,完善出台了《贯彻落实中央八项规定精神的实施细则》。全县11个处级单位在对照问题梳理清单基础上,分别组织召开了专题组织生活会和警示教育会议,围绕思想蜕化等十种流毒表现形式及危害认识不深刻和“事已过去、与己无关、淡漠责任”三种错误倾向,全面开展肃清流毒警示教育。同时严格比对“六个对照”,共查摆出党的领导弱化方面11个问题,党的建设缺失方面47个问题和全面从严治党不力方面51个问题,共计109个问题,已有81个问题初步整改到位,28个问题需持续加力,长期坚持,修订汇总各类规章制度84项,构建了堵塞漏洞、解决问题的长效机制。

组　织

【概述】 2017年,县委组织部以迎接党的十九大召开和学习贯彻党的十九大精神为主线,以严肃党内政治生活和强化党内监督为重点,坚持稳中求进总基调,秉持“六个理念”,紧盯“六个问题”,聚焦主责主业,强化担当作为,全面提升了新形势下全县组织工作水平和在全市的影响力,为芮城县推进“五大工程”、建设“五个芮城”提供了坚强有力的组织保障。

【基层组织建设】 *落实党建主体责任* 2017年,全面落实基层党建主体责任,县、乡、村三级党组织书记逐级签订基层党建目标责任书,县直各部门(单位)党组书记分别就履行管党治党目标责任作出承诺,强化各级党组织书记主业主责意识,明确“第一责任人”责任清单,压实工作责任。按照《芮城县基层党组织建设问责措施》要求,加大追责问责力度,全年共下发《问责通知单》1个,函询乡镇党委6个,约谈党组织书记和基层党委组织委员20余人次,切实以严的标准和实的作风推动各项工作任务落地生根。以“六大主题实践活动”为载体,激发党员干部发挥作用、展示作为;开展“规范组织生活,立起党员形象”活动,实现组织生活“从党员中来、到党员中去”。把县级党员领导干部和基层党(工)委书记所在的30个党支部确立为“三会一课”示范点,进一步规范组织生活,辐射带动各基层党组织规范制度执行;正视党员老化问题,开展“讲好入党故事、牢记入党初心”主题活动,唤醒党员党性意识,增强党员的自豪感和责任感。

2017年4月14日,省督查调研组督查指导县非公企业和社会组织党建工作

加强三基建设　2017年,逐条细化分解“三基建设”3大类95项任务,制定完善措施、明确时间节点,确保责任到人、措施到位;对照省委13项重点任务和市委“树标杆、做示范”专项行动10项重点任务,编制“三基建设”口袋书,建立备案销号制度,逐月召开“三基建设”协调推进会,以“时限倒逼进度”,推动“三基建设”各项工作任务迅速启动、均衡推进;建立“三基建设”长效督查考核机制,专门成立四个督查(联络)组,加大督查落实力度,实行旬报、月查及不定期通报等办法,对全县10个乡镇和14个责任单位“三基建设”推进情况进行督查、考核、评比,推动工作有效落实,47项重点任务全部完成。

农村基层组织建设　2017年,对全县村级组织活动场所和农村基层党组织存在问题进行大摸底大排查,建立健全工作台账。全县172个农村基层党组织对照软弱涣散10种情形,开展“对表对标查找提升”活动;采取进村问诊、逐条对诊、逐村下发整改建议书等方式,集中开展16个软弱涣散村级党组织整顿提升工作,实现重点整顿与普遍整顿同推进。坚持县级领导带头、乡镇党委书记牵头、农村党组织书记领头、县委县政府有关部门聚头、先进村引路出头等“五措并举”方式,推动全县172个村级集体经济全部实现“破零”。按照“一乡一策”“一镇一图”要求,在市财政为每个乡镇补助10万元基础上,县财政配套85.52万元资金支持“五小”设施建设,推动乡镇“五小”设施建设基本完成。落实省委普惠性政策,年初全县236名农村“两委”主干岗位报酬全部实现2倍标准。成立村“两委”换届前期分析研判督导组,扎实做好换届前期分析研判工作,共梳理出21个换届重点村,并建立专门工作台账,为推进村“两委”换届打好基础。研究制定农村(社区)换届选举工作方案,严肃村“两委”换届选举工作纪律,成立了以县委书记为组长的换届领导小组,对全县269名村(社区)“换届”选举相关人员进行了全覆盖培训。圆满完成全县172个村和9个社区“两委”换届工作,村级党组织换届进度全市排名第二。

机关党组织建设　2017年,按照市委“一抓双促强三基”工作要求,以机关党建“六个集中整治”为抓手,对机关党组织不按期换届、党费缴纳不及时、组织关系结转不规范以及“三会一课”制定执行不到位等“灯下黑”问题进行了集中整治，进一步提升了机关建党工作科学化、规范化水平。结合全县中小学校实际，以县教育科技局为依托，成立县教育党委，为推动全县教育事业蓬勃有序发展提供了坚实组织保障。坚持“四个强化”推动离退休干部党建工作取得新成效，并在全省做了发言，经验做法在《山西组织工作》予以刊发。

非公和社会组织党建　2017年，系统总结近年来在“四城联创”街道路巷发展党员、社区和非公党建网格化推进等工作实践，年初在全省率先组建了县非公党委；按照“一条线领导、多网格推进、一个面覆盖”的方式，实现全县非公和社会组织党的组织和工作“全覆盖”，其经验做法在全市非公和社会组织党建工作推进会上作了经验介绍，省非公和社会组织党建工作督查调研组对芮城县网格化管理模式给予高度评价，并在《晋组信息》进行专题报道；年末又借鉴外地经验，在全省率先成立了“小个专”党建联盟，创新形成了机关、社区、两新组织等各类党组织之间“有序融合、有效融合、互联互通、互联互动”的工作思路，在党建引领城市建设的能力水平上实现了新突破，这一思路也在全市城市基层党建现场推进会上做了经验交流；参照平南县先进经验，先后5次与工商质监局、中小企业局实地勘测，讨论研究设计方案，设立工业园区党群服务中心，基础设施改建正在进行中。

【党员管理】　2017年，集中2个月时间，完成全县546个党组织和14996名党员信息采集工作，先后集中培训4次、督促督查2次，对全县党员档案进行了全面核查，实现了党员管理底数清、情况明；建立了生活困难党员台账、中华人民共和国成立前老党员台账、党员参加社会组织台账、发展党员《四本台账》、党员组织关系接转电子台账、流动党员台账等，为党员精准化管理奠定基础；春节累计走访慰问困难党员138人，“七一”累计走访慰问农村困难党员、城市下岗失业人员党员223人，进一步彰显党内关怀的温暖和成效；督促指导各基层党(工)委按照《发展党员工作细则》要求，把政治标准放在首位，注重在国家生态文明先行示范区主战场上发展新党员，全年累计发展新党员175人，全面完成市委组织部下达指标。

【干部教育】　2017年，紧盯“有信仰、缺信念”的问题，以“两个教育”为载体，党员干部教育工作形成新常态。以“六验”推动“两个教育”落地见效。认真落实“8+5”工作任务，“学、做、改、带、强、促”六方面都用“验”来落实。编印《推进“两学一做”学习教育常态化制度化、开展维护核心见诸行动主题教育应知应会知识问答》“口袋书”，组织应知应会知识闭卷测试、1.4万余名党员干部群众参加全省“两学一做”系列知识竞答，丰富“学”的形式；全县546个基层党组织1万余名党员开展了“捧读讲话、诵记党规”活动，增强了党员干部学习党章党规、学习系列讲话的仪式感、敬畏感；开展“三级书记”学用习近平总书记系列重要讲话精神主题交流研讨会、“学讲话、强三基、立形象”大讲演、大比赛活动，达到学理论、议大事、出思路、谋共识、促发展的目的，全县党员干部“学”的效果进一步深化拓展。先后选树高文毓、王根梨、吕赞芳等不同领域、不同行业先进典型,树立全县党员干部比学赶超的标杆;建立县级党组织和基层党组织"两个教育"任务清单,实行挂图作战,通过提醒、函询、诫勉等措施,强化各项工作任务落实。结合"四大讲、四增强"活动,380余名党员领导干部先后深入基层单位讲专题党课,解决突出问题563件;按照"文以贯道"思路,120余名基层党组织书记撰写学习贯彻党的十九大精神、推动"两个教育"开展等调研报告和思考性文章,进一步提升基层党组织书记发现问题、解决问题的能力;县直离退休第八党支部书记王效宽先后进乡镇、农村、企业讲主题党课30余节,2000余名党员受到精神洗礼,形成了"效宽党课进支部"品牌。

分两期举办了乡(科)级领导干部学习贯彻十八届六中全会精神专题研讨班,实现全县631名乡(科)级干部培训全覆盖,并邀请县委书记、纪委书记等县级领导登台授课,进一步提升培训成效。集中对280名县直机关企事业单位党务干部和乡镇组织委员进行党务知识和习总书记系列讲话精神集中培训,进一步提升党务干部基本能力。对拟任职的42名党员领导干部进行了任前党内法规知识考试,进一步提升党员干部政治意识、法规意识。按照从严管理、打造精品的干部培训思路,举办了为期一个月的第1期乡(科)级领导干部主体培训班和第1期中青年干部主体培训班,县委常委、各基层党(工)委书记等30余名领导干部登台授课,讲稿都经县委书记、组织部长"双审",讲课完成后由全体学员对领导干部讲课的态度、内容、方式、效果进行百分制评价,切实将所学、所悟贯彻落实在推动基层党建和各项事业发展中;结合我县发展实际,组织主体班100名学员、10名乡镇长共110人,到陕西杨凌开展为期三天的延伸培训,进一步增强干部推动发展的能力素质。党的十九大召开后,按照市委干部理论学习要求,举办芮城县县管主要领导干部学习党的十九大精神理论培训周,分五大专题对党的十九大精神进行全面解读,切实推动主要领导干部政治素养和理论水平提升;分四期对县管其他领导干部、后备干部、股级干部专题轮训,通过专题讨论、理论测试等方式,真正树立核心形象,全面理解会议精神;推动领导干部结合本职工作深入思考、走上讲台集中宣讲党的十九大精神,切实落实总书记学懂、弄通、做实的要求。

高标准推进全县党员干部理想信念教育基地建设,基地主体建设已完工,内部布展设计方案正在修改完善中,预计2018年2月上旬完成布展并投入使用;完成全县172个村的农村党员干部现代远程教育终端站点改版升级工作,并在社区覆盖率达到100%,全县远程教育终端站点呈现网络、设备"双升级"的大格局;拍摄全省优秀共产党员高文毓先进事迹《足迹》和《我要做这样的人》、东垆镇东吕村支部书记南金星讲述入党故事为题材的专题片《乡情》等系列作品,进一步丰富党员教育电视片内容,实现了用身边人身边事教育广大党员群众的目的。

【干部选任】 积极树立科学选人用人导向

认真落实好干部标准和市委"五看用人导向"和"四个坚决不能用"工作要求,严把标准关、人选关、审批关、纪律关、监督关,确保科学选人用人。2017年共研究调整干部9

次，涉及科级干部176人，为推进“五大工程”、建设“五个芮城”提供了坚强的干部保障；先后选派72名干部到乡镇基层挂职锻炼，并针对工作实际开展精准化培训，进一步拓展干部锻炼渠道；严把资格审查关、程序关，顺利完成我县8名出席省第十三届人民代表大会代表候选人初步人选推荐工作；坚持严管厚爱，新录用公务员管理、教育、培养工作取得新突破。

讲“学思干”评价工作广获好评。紧盯了解识别干部方式不多、办法不新等问题，创新把讲“学思干”工作作为日常管理干部的有效抓手，作为检验干部用习近平新时代中国特色社会主义思想武装头脑、推动工作的平台载体，先后分三个层面在全县开展了干部讲“学思干”工作。6月中旬至8月底，在全县94个单位658名科级干部中开展了讲“学思干”工作，期间共接触干部群众919名，共评选出优秀科级干部55人； 9月份集中在61个单位的108名副科级后备干部和197名优秀年轻干部中开展了讲“学思干”工作，期间共接触干部群众866名，共推选出优秀干部124名；十九大前夕，在报社、电视台开设“干部学思干、喜迎十九大”专栏，对推选出的优秀科级干部进行讲“学思干”大赛讲活动，在全县营造出维护核心，干事创业的浓厚氛围，得到全县党员干部的一致好评和认可。该经验做法分别在《山西日报》和《山西组织工作》予以刊发报道。

【干部监督】 2017年，健全完善干部监督体制机制，制定出台《关于对县管领导干部进行提醒、函询和诫勉的实施办法》和《操作规程》，把提醒、函询和诫勉工作扩大到组织部各科室，要求每年开展提醒、函询和诫勉不少于3次，把“责”贴上“问”的标签。大力推进“12380”举报网站建设，进一步拓宽干部监督渠道；紧盯“中梗阻、不正为”的问题，深入抓好干部经常性监督管理；及时处理相关干部信访举报案13件，确保把干部监督工作抓在日常。

科级干部选任监督　严格落实“四凡四必”、一票否决等制度，先后对市委考察的3名干部、102名拟提任对象以及参加市委组织部选调的8名人选征求了八部门意见，1名拟提任干部因在纪检处分期内及1名同志因计生问题被一票否决；对拟调整的36名股级干部征求了三部门意见，1名同志因计生问题被否决。对拟提任对象本人、配偶及共同生活子女共计2301名核对对象进行了房产核查和经商办企业核查，按规定对1名漏报房产面积、3名漏报子女经商办企业的同志进行了批评教育，并让其作出书面检查。对76名拟提任人选，在电视台、芮城信息等媒体进行五个工作日公示，对发现的问题立即进行了核查。同时，及时做好借调人员清理、经济责任审计、社团兼职等工作，切实把干部选人前的各项工作做在平时、严在经常。

股级干部监督管理　以县水利局、县农机发展中心为试点，利用三个月时间，在认真调研基础上，采取解剖麻雀的办法，从规范股级干部选拔任用、解决干部队伍中存在的突出问题入手，加强干部队伍作风整顿，配齐配强两个单位的中层干部。在此基础上，以点带面、全面推开，规范全县股级干部选任工作，先后对18个单位的86名股级干部进行了考察任免,其中平职调整 8 人,副股提正股 10 人,一般提副股 53 人,一般提正股 15 人。

【人才工作】 2017 年,按照深入实施“从大局出发、受大局检验、为大局服务”的思路,突出“政策、需求、问题”导向,创新人才发展机制,优化人才发展环境,加快引进培育各类人才,推动召开了 13 年来首次全县人才工作大会,对在生态文明建设、经济发展、社会各项事业中做出突出贡献的五类 206 名优秀人才授予荣誉和命名表彰,有力激发了各类人才“热爱芮城、共谋发展”的激情,并作为特色工作在全市组织部长会议上做了交流发言。

本土人才队伍建设 积极创新“人才+扶贫”“人才+产业”等多种机制模式,深入开展专家人才走访慰问活动,在全县建立了 5 个人才工作联系点,建立了“芮商芮才与县委县政府交流”微信平台;以“双百行动”为依托,先后选派 6 名县内外高、中级农业科技人才到专业示范区进行科学技术服务,协同教育、农业部门实施素质提升工程,打造本土人才队伍,以县职校为阵地,全面提升各类人才队伍素质,真正发挥了本土人才的示范引领作用;结合农村土专家和农村非物质文化遗产等进行专题调研,分类建立本土人才信息库,其中农业技术人才 6 名,乡村医生 10 名,非物质文化遗产传承人 16 名,特殊人才 1 名。

在外人才队伍建设 探索农村经济发展经营新模式,积极开展“芮商芮才回乡行”活动,3 次邀请北京、西安在外人才回乡调研指导,助推村级集体经济发展和全域旅游发展项目;依托“古魏大讲堂”,邀请在外知名学者、专家讲授了大数据、国学等知识,有效发挥在外人才“智慧库”“信息库”作用,为助力全县经济社会发展发挥了积极作用;积极采集和发现各行业、各领域涌现出来的各类优秀人才,健全完善人才资源信息库,并收录印制了包含 573 人的在外人才通讯录,为全县在招商引资、发展县域经济等方面提供了基础信息资源。

招才引智工作 按照全县“十三五”规划要求,持续加大招才引智力度,2017 年共引进 19 名高学历及紧缺人才;以博士服务团成员挂职锻炼为契机,邀请全市博士服务团成员来芮城参观学习,先后形成了《芮城县“关于全面加强基层组织建设”研究计划》《强化基层党组织政治功能研究课题报告》;为天津科技大学香椿研究专家刘常金颁发了《芮城县柔性引进人才聘任证书》;大禹生物联合中国工程院院士李德发挂牌成立了“生物院士专家工作站”;中北大学和西安理工大学与杨森包装有限公司强强联手,建立了产学研和实习基地,为本县进一步引进聚集高层次人才探出了新路子,对县域经济创新转型发展产生积极的推动和示范效应。

【考核工作】 充分发挥目标责任考核的“风向标”“指挥棒”和“助推器”作用。健全完善考核指标任务责任体系,建立一个项目“一个实施方案、一个组织机构、一个进度安排、一个保障措施”的“四个一”责任落实制度,确保市定各项考核指标扎实推进。健全完善差异化考核指标体系,将部分单纯的总量考核指标变为增长率考核指标,进一步体现考核的客观公正；对重点工作任务，特别是中央、省、市强调的绿色政绩、法治能力等，进一步加大赋分权重和分值。强化结果运用，突出个人奖励导向，激发各级干部干事创业的积极性；在一定范围内通报考核结果，对工作完成差的主要负责同志进行诫勉谈话，并取消评优资格，积极构建能者上、平者让、劣者汰的干部管理工作格局，切实营造“以实绩定进退、以干事论英雄”的干事创业导向。

【干部驻村帮扶】 2017年，及时调整全县干部驻村帮扶工作领导小组成员，研究制定《芮城县加强干部驻村帮扶工作六项措施》，建立“四学”工作机制，推动落实“红黑名单”制度和对帮扶干部及派出单位负责人“双问责”制度，干部驻村帮扶工作有序推进；将部分帮扶单位后备干部调整为第一书记，并为驻村帮扶第一书记每人每年发放1万元工作经费，确保驻村工作队员和第一书记安心工作；从县管党费中为17个贫困村每个村拨付5000元党建工作经费，支持贫困村党支部和社区党支部组织开展党员教育和党日活动，干部驻村帮扶工作实现有序化推进。

宣　传

【理论学习】 2017年，始终把学习习近平总书记系列重要讲话放在首位，巩固全县广大干部群众思想认同。突出抓好县委中心组这一“关键少数”，全年共组织集中学习16次，集中研讨交流8次，为全县的理论学习示范带动、树立标杆。十九大召开后，先后在报纸、电视开设“学习十九大　走进新时代”“新时代　新气象　新作为”等专题专栏，对十九大精神进行深入解读。组建县乡两级宣讲团，把十九大精神与习近平总书记视察山西重要讲话精神相结合，30余名县处级领导干部、百余名科级干部和285名基层理论宣讲员广泛开展“七进”大宣讲，用老百姓听得懂的话，把老百姓关心的事讲清楚，全年共开展党的十九大主题宣讲350场次，累计受众20余万人。十九大精神逐步在古魏大地入脑入心、落地生根。

【舆论引导】 2017年，舆论引导强劲有力，全面讲述芮城精彩故事。内宣工作主题鲜明，电视报纸同频共振，文稿荧屏图文并茂，推出真实客观、深接地气的《砥砺奋进的五年》《向人民汇报》等一系列专题专栏；策划举办了“喜迎十九大　点赞新芮城”十八大以来辉煌成就和《邀请太阳　点亮芮城》图片展，特别是“喜迎十九大　点赞新芮城”十八大以来辉煌成就主题图片展，8大板块500多张图片1万余字，把生态文明建设五年来的生动场景、各行各业的突出成就真实展现给广大人民群众，鼓舞激励全县人民坚定自信、奋力前行。外宣工作亮点频闪，头版头条专版特稿接连不断，芮城声音身影屡现央视频道、山西卫视，大美芮城出新出彩，奏响了发展最强音。全年在中央台发稿9条、省台发稿37条；市级以上报纸刊登专版8个，头版头条新闻10个，其中，选送的《春耕新图景　田野新希望》在中央台《新闻联播》播出。9月13日40余家主流网络媒体走进风陵渡花椒基地采访报道芮城县特色农业，11月8日央视七套《美丽乡村快乐行》在圣天湖景区进行节目录制。舆情监管扎实到位，对256家网站进行了集中清理筛查,有针对性地采取跟帖引导、及时回复等应对措施解决网络舆情，有力确保舆情安全。网信办被评为运城市“2017年度网络意识形态工作先进单位”和“2017年度网络管理工作先进单位”。

【精神文明创建】 2017年,芮城县精神文明创建深度推进,全县好人好事自发自觉、层出不穷，成为芮城前行的强大正能量,“芮城好人”引领时代新风尚。古魏镇太安村95岁老人孙银聪照顾瘫痪儿媳28年,成功入选“第六届全国道德模范”，为山西省唯一入选者，也是运城市获此殊荣第一人；陌南镇东峪小学乡村教师李宏乐坚守山区教育20余载,被评为2017年9月份“中国好人”;学张乡张当义和风陵渡镇尚成麦分获山西省第六届助人为乐类和见义勇为类道德模范，运城市获此殊荣仅此2人;芮城“魏之峰”公益救援车队雪天义务救助被困车辆,央视《朝闻天下》进行了宣传报道。精心打造“好人公园”,拓展道德引领新阵地，不断加大户外公益广告投放力度,将学府西街打造成“讲文明树新风”公益广告一条街,将陌南至县城一级路、亚宝北路建设成为社会主义核心价值观主题大道,让社会主义核心价值观成为行动自觉。坚持“五城同创”,文明县城创建持续推进,以周二环境卫生整治督查为突破口,坚持记者跟拍,舆论曝光,全年共发出督查通报31期;深入推进农村环境卫生整治，广泛开展“四好家庭”创建活动,芮城县获得“山西省文明城市提名城市”称号。寻找新乡贤代表634名,重点上报107名，成立了县乡村三级乡贤理事会,发扬光大乡贤文化。

【文化惠民】 2017年,宣传工作突出文化惠民主线,激发文化创造活力。持续开展送戏、送电影、送文艺、送图书“文化四送”活动,全年送戏演出267场。全民健身中心竣工开馆,全县文化体育硬件设施实现了质的飞跃。群众文体活动蓬勃开展,“我有拿手戏”群众文艺大展演活动,10个乡镇从东到西欢声笑语,氛围浓烈,“夏青杯”朗诵大赛全县4万余名选手参赛，多名选手在省市赛场取得优异成绩。图书《晋国通史》获运城市第七届精神文明建设“五个一工程”优秀作品奖。组织开展了非遗进校园活动，认真组织实施文化产业普查工作。一年来,芮城县先后获得“中国楹联文化县”和“全国体育旅游目的地”称号,西侯度遗址正式确定为第二届全国青年运动会圣火采集地，圣天湖景区被国家体育总局正式公布为“国家体育旅游示范基地”创建单位和“全国第一批运动休闲特色小镇”。

【文化产业】 2017年,全县非物质文化遗产项目挖掘保护成效显著，非遗项目达到130余个（其中线腔和永乐桃木雕刻为国家级非遗项目),带动了民间艺术和本土文化的长足发展。国家级非遗“永乐桃木雕刻”、省级非遗“布扎布艺”参加了第十三届深圳文博会、第三届山西省文化产业博览会、2017北京国际服务贸易交易会、第六届成都国际非遗展上分别荣获金、银、铜奖。同时为摸清文化产业家底,根据省委、市委宣传部安排部署,召开了全县文化产业普查调查动员会，明确普查范围、普查对象和责任分工，做好文化产业顶层设计基础工作。

【机关建设】 2017 年，以锻造“能讲、能写、能干”的宣传队伍为重点，机关自身建设明显提升。把“两学一做”学习教育常态化制度化和全省宣传思想文化系统开展的“两提一创”大讨论活动相结合，立足素质提升，坚持问题导向，全系统实施“三五三”工程，即围绕“三能”（能讲、能写、能干）、聚焦“五事”（思维迟钝、经验办事，标准不高、应付差事，本领恐慌、办不好事，精神不振、不想干事，制度缺失、容易出事）、争做“三者”（政治上的清醒者、业务上的拔尖者、形象上的引领者），开设“宣传大讲堂”，人人登台授课，同时邀请各方学者专家补课充电，共开展县情县史、经济、文化等各类讲座 50 余课次。十九大闭幕后，又以通读抄写十九大报告原文，背诵重点章节、交流学习心得等方式加深对十九大报告的理解和认识。通过日常的学习和工作中的历练，宣传干部个个努力提升自身素质，展现良好形象，推动了各项工作的落实。

统　战

【加强统战工作】 2017 年，县委加强对统战工作的领导，县委主要负责人带头履行统一战线工作，县委常委会除专题研究部署统战工作外，每次县委常委会前，都征询统战部门有无上会议题；2 月 20 日，召开了全县统战工作会议；明确工商联党组书记由统战部副部长担任，落实了统战委员全覆盖，全县 22 个党委统战委员全部配备到位；将统战工作纳入党政领导班子工作考核内容；统战理论课程纳入到县委党校课程之中，在全县中青年干部培训班上，县委常委、统战部部长李跃刚作了《围绕中心，凝心聚力，着力构建基层统战工作新格局》的报告。

【凝聚共识】 2017 年，开展“凝聚共识行动”，进一步筑牢了共同思想政治基础。始终坚持把增进共识作为统一战线的首要政治任务，以“两学一做”和“双学一跟”活动为抓手，不断引深统一战线系列主题教育活动。先后在各民主党派中深入开展“不忘合作初心、继续携手前进”主题教育活动；在非公经济人士中开展“爱国、敬业、诚信、守法、奉献”为主题的理想信念教育实践活动；在各民主党派、工商联、无党派和宗教界代表人士及新社会阶层人士中举办了学习贯彻十九大精神专题研讨班；在全县统一战线成员单位中组织召开了学习贯彻落实十九大精神专题交流会；在各民主党派成员中开展“忆先烈、跟党走、做奉献”红色教育主题实践活动；在统一战线集中开展了“学党史、看项目、讲廉政、谋发展”主题党日活动等。全面贯彻党的宗教工作方针，认真做好宗教团体和宗教场所自身建设，对全县 47 个宗教活动场所开展了社会治安风险隐患大排查行动。通过系列活动，进一步加强了政治引导，凝聚了思想共识。

【参政议政】 2017 年，开展“建言献策行动”，进一步汇聚了生态文明先行示范区建设合力。健全完善了《党外人士座谈会及情况通报会制度》《民主党派和工商联对口联系制度》《党外干部联系制度》《民主党派工作制度》,建立各项制度落实台账,实现统战工作的规范化、制度化建设;组织各界代表人士到光伏领跑技术基地、农林光互补油牡丹种植基地、工商联副主席(副会长)企业进行观摩调研;组织党外人士对日间照料中心运营和我县苹果产业进行实地调研;召开党外干部履职交流暨脱贫攻坚建言献策座谈会,先后提出提案议案 78 条,立案 63 件,议政材料 18 篇,被相关部门采纳 5 篇,尤其是《关于部分非公企业工业锅炉煤改气问题的建议》《关于天津科技大学用科技助力香椿产业发展的建议》等调研报告,引起县委、县政府的关注。

【岗位建功】 2017 年,开展“岗位建功行动”,进一步展示了统一战线良好形象。紧扣生态建设大局,立足岗位建功立业,在统一战线上下营造比发展、传经验、晒业绩的干事创业浓厚氛围。工商联副主席、亚宝集团副总裁任伟荣获“中国两化融合杰出管理者”称号;工商联副主席、西建集团董事长助理刘忠森荣获“全国优秀中小企业家”称号;工商联执委、恒圣通大禹渡旅游开发公司总经理王晶荣获“2017 年度山西经济人物、山西新锐人物”称号;县民革芮城支部在民革市委举办的“不忘合作初心,继续携手同行”知识竞赛暨诵读活动中荣获二等奖;县民革主委、农委植保站站长任兆国带领的站室荣膺“省农业厅植保工作先进集体”;县民革副主委、审计局副科级干部赵燕撰写的社情民意《脱贫景点之风当刹》被市政协采纳;县民盟芮城支部在民盟市委举办的“将改革进行到底”主题演讲比赛中荣获优秀奖;县教科局杨明园、农委刘凤旭、畜牧中心曹生辰等一批党外代表人士在各自工作岗位上履职尽责成为各自领域内的业务精尖;完善建立党外代表人士数据库和信息库,把党外代表人士的教育培养纳入全县干部队伍建设总体规划,注重党外代表人士政治安排,县级领导班子配备 4 名党外干部,政府工作部门配备党外副科级以上干部 14 名;圆满完成了县工商联(总商会)、民革芮城支部、基督教的换届工作;按照省委统战部安排部署,共入户走访 2 个乡镇、4 个行政村和 2 个社区 500 余户,圆满完成了 140 名新的社会阶层人士问卷调研工作,摸清了底数,为开展新的社会阶层人士工作打下了坚实基础。

【非公经济】 开展“非公经济健康发展行动”,进一步助推了县域非公经济的转型发展。组织非公经济人士参加全省、全市创新能力提升培训班、浙江大学优秀企业家创新转型研修班、井冈山中青年民营企业家理想信念教育轮训班等,全年各类学习培训交流活动 9 次共计 320 余人,引领新生代民营企业家健康成长;拓宽非公经济融资渠道,积极搭建融资平台,为大禹生物、天之润枣业等 6 家非公企业协调融资 1800 余万元,解决了部分企业融资难问题;开展非公企业“放管服效”专题集中调研行动,建立非公企业“工商联直通车”,进一步优化营商环境;先后组建北京、西安、杭州异地商会 3 个,组建了风陵渡镇、阳城镇、大王镇、学张乡、陌南镇基层商会 5 个,缔结陕西省潼关县外省友好商会 1 个,召开北京、上海、杭州、西安“凤还巢”计划恳谈会4场(次),达成回乡创业意向投资项目6个。县工商联紧扣“两个健康”工作主题,坚持“广联互通、创优服务”,创新思路发挥优势,坚持不懈汇聚合力,同心协力主动作为,打造品牌彰显价值,提升了工商联工作科学化水平,经过层层推荐,逐级筛选,成功荣膺“全国五好县级工商联”,风陵渡商会荣膺“省级四好基层商会”。圆满完成了台北市山西同乡会和中华文化基金会举办的“台湾青少年传统文化芮城行”活动,助推两岸文化交流。

【脱贫帮困】 2017年,开展“脱贫帮困行动”,进一步创优了统战工作的精准服务。开展“百企帮百村”精准扶贫活动,积极推广“企业+基地+农户”的亚宝帮扶模式,分别在大王镇尚村、永乐镇历山村、风陵渡镇东章村实施红香椿产业帮扶项目,种植650余亩产生效益达800余万元,形成产、供、销、研一体化模式,受益农户达295户678人;西建集团、丰海果业、惠丰果业、同济药业等企业依托产业优势,开展了“一对一”的产业帮扶、教育帮扶、就业帮扶等多种形式精准扶贫,为促进农民转产增收做出了积极贡献;非公经济人士参与工商联“金秋助学”活动累计为310余名贫困学子捐款80余万元;工商联副主席企业大禹生物组建“爱心公益志愿者协会”开展30多次爱心公益活动,先后捐款捐物100余万元,资助贫困学生、孤寡老人290余人次;积极开展“侨爱心、光明行”活动,协助市爱尔眼科医院对4个乡镇90余名眼病患者进行白内障筛查,共筛查出41名白内障患者,对其中28名白内障患者进行了免费手术;先后3次召开民主党派人士座谈会,加强对脱贫攻坚工作民主监督,加强协商沟通,以民主监督保障全县脱贫攻坚工作稳步推进。9月份,全市工商联系统“百企帮百村”精准扶贫现场会在芮城召开,这项工作受到省、市工商联一致好评。

【机关建设】 2017年,开展“抓学习提素质行动”,进一步强化了统一战线自身建设。扎实推进“两学一做”学习教育、维护核心见诸行动主题教育和弘扬红船精神主题党日活动;全面推进“三基建设”,修订完善了各项制度,制定工作目录、管理手册、办事流程、服务指南等基础性工作,提升了机关规范化管理水平;统战三项工作方面,信息工作在全市荣获二等奖,县委书记董旭光撰写的《山西非公有制经济人士年轻一代教育培养措施研究》在《山西统一战线》杂志上刊发,荣获全市理论研究优秀成果奖;宣传工作,建立了“芮城统战”“芮城县工商联总商会”微信公众平台,在《全联通》《中华工商时报》《山西统一战线》《晋联通》《运城日报》刊登了《芮城县工商联精准扶贫出实招获实效》等40余篇报道,统战工作在全市综合考评中实现了争先晋位。

台湾事务

【两岸文化交流】 2017年6月4日,台北市山西同乡会理事长、监事及会员一行29人在市台办领导和县委常委、统战部长李跃刚陪同下对永乐宫、大禹渡进行参访、交流。7月22日,台办接待了台北市山西同乡会和财团法人中华文化基金会举办的“台湾青少年传统文化运城行”一行30人在永乐宫参观访问,在交流中,深入贯彻落实了中央对台方针政策和习近平总书记关于推进两岸文化交流、青少年交流的讲话精神,增进了台湾青少年对山西的了解和对传统文化的认同。11月29日,省台办副主任徐爽志、宣传处处长张杰、市台办主任郑爱民等一行9人在县委副书记安琦及工作人员的陪同下,调研吕祖文化与两岸交流工作及台资企业运营情况。

【深化对台服务】 2017年,在台办协调下,给予台胞吕新临先生的“乐河生态奇石观光苑”项目一批苗木,用于项目扶持;另外,协调解决了外围连接公路230余米的硬化。针对台胞提出的困难和问题,台办及时协调解决,做到引进来,更要重长远,持续推动,为台商办实事,维护台商的合法权益。

机构编制

【制度建设】 2017年,编办为适应行政管理体制改革、机构改革和机构编制管理工作需要,县编办经过反复征求市编办领导及相关科室、县委主要领导及相关部门的意见建议,制定出台了《芮城县机构编制委员会工作规则》,对机构编制管理原则、编委会职责、会议制度、办事机构、审批权限、办事程序、人员增减办法、文件审批、管理制度及工作纪律作了明确的规定,确保县机构编制委员会各项工作规范、科学、有序进行,进一步提高机构编制管理水平和办事效率。

【科学配置资源】 2017年,县编办向市编办申请成立县纪委监委信息技术中心、烈士陵园管理中心和县在外务工人员管理服务中心等机构3个。为信访局和人才工作领导组办公室核定领导职数。为农委、扶贫开发中心、县委办、考核办、政务中心、团委、农机发展中心、公共就业和人才交流服务中心、县水利水保局等行政事业单位调整内设股室36个。成立芮城县学府东街小学事业单位1个。为公安局刑事大队技术中队加挂“司法鉴定中心”牌子。理顺了统计调查监测中心的机构编制,由市统计局直属调整为县统计局管理,正科级变更为正股级。给县政法委核定县委法制建设领导小组办公室核定1名专职副主任。将县医疗保险管理服务中心和县新型合作医疗管理中心整合为县人社局下属全额股级公益一类事业单位。撤销了县监察局及检察院的反贪污贿赂局、反渎职侵权局和职务犯罪预防科,相关职责整合至新组建的县监察委员会。成立了县医疗集团、县在外务工人员管理服务中心。

【云平台建设】 2017年,县编办及时更新退休、调出、死亡和调动、调入、考录等人员编制。为进一步提升机构编制信息化建设水平,稳步推进“互联网+机构编制”云平台建设,县编办根据上级工作要求扎实开展了机构编制基础数据录入工作,助推政府职能转变。

【行政审批制度改革】 2017年,承接市政府取消、下放行政职权事项。共取消行政职权45项,承接行政职权5项,清理行政审批中介服务事项1项。向风陵渡经济开发区下放行政职权。编办下发了《关于印发<芮城县经济技术开发区简政放权工作实施方案>的通知》(芮审改办发〔2017〕4号)文件,采取摸底梳理、汇总审查、征求意见、编制行政职权事项目录等四个步骤，最终确定向风陵渡经济开发区下放行政职权事项317项。开展减证便民专项行动。编办下发了《关于开展减证便民专项行动的通知》(芮政办发〔2017〕70号)文件，对行政审批前置材料进行全面清理规范,大幅度精简申请材料、相关证照的年检和与之挂钩的政府指定培训；确认减证便民事项共有367项,涉及28个单位,其中前置申请材料数量为2391项、年检数量为21项、政府培训数量为4项。推进行政许可标准化建设。编办牵头下发了《关于加快推进县政府部门行政许可标准化建设工作的通知》(芮政办发〔2017〕28号),要求有行政许可的26个县直单位认真制定《推进行政许可标准化建设工作实施方案》,并在县审改办备案;依据县本级权责清单，认真核查各单位报送的行政许可事项的“职权名称、设定依据、承办机构、实施对象”等,确定有行政许可事项177项;规范行政许可流程、服务、行政许可受理场所建设与管理、监督检查评价;制定县级《行政许可事项目录》和《行政审批中介服务事项目录》,并在县政府门户网站公示。加强权责清单管理。为有效解决县级权责清单“职权数量不均衡、纳入单位数量不一致”等问题,进一步加强县级权责清单动态管理，做好机构编制云平台数据录入基础工作,下发《关于做好权责清单动态调整的通知》(芮审改办发〔2017〕4号)，对38个单位的权责清单逐一核对，将清单事项名称和流程图进行了规范统一。经审核,最终确定涉及37个县直单位有权责清单，核查前芮城县有行政职权事项2652项,核查后调整为2755项。

【事业单位登记管理】 2017年,编办开展了2016年度事业单位法人年度报告报送工作。2017年，全县共提交年度报告的事业单位177家,未提交年度报告的事业单位3家,新设立的事业单位5家，变更登记的事业单位33家,注销登记的事业单位1家,证书补领的事业单位1家。开展县直机关、群团赋码工作。全县县直机关、群团赋码共50家,2017年赋码15家。中文域名注册管理工作。2017年,全县中文域名共444家,中文域名续费行政机关31家,事业单位158家,已由县财政局审核并统一支付，圆满完成全年中文域名续费工作。

【“三基建设”基础工作】 2017年,县编办共涉及9项牵头或负责的工作任务，分别是基层组织方面三项任务、基础工作方面四项任务、基本能力方面两项任务。其中,基础工作方面的四项任务是重中之重、关键所在,涉及全县各乡(镇)党委、县直单位共计88个。

县编办先后制定下发了《芮城县编办关于认真抓好“三基建设”有关重点任务 着力推动基础工作全面进步的实施方案》(芮编办发〔2017〕59号)、《芮城县编办关于印发<关于党政群机关事业单位制定基础工作目录和工作运行流程图的指导意见>等意见的通知》(芮编办发〔2017〕69号)、《中共芮城县委“三基建设”领导小组办公室 芮城县编办关于印发<芮城县党政群机关事业单位基础工作达标指导意见>的通知》(芮编办发【2017】70号)文件,对基础工作4项重点任务进行了具体部署,明确主要任务、具体要求和完成时限。组建了芮城县"三基建设"县编办重点工作微信群,为日常工作督导、工作交流搭建了平台。与市编办、县"三基建设"领导小组办公室沟通对接,做好有关工作的协调;随时为各单位的具体负责人释疑解惑,随时通过微信工作群发送图文形式的辅导资料图片、有关具体工作要求、工作的方法步骤,积极解答大家提出的工作问题,帮助理清工作思路。截至12月底,基础工作的4项重点任务初稿基本完成。

县直机关党建

【抓学习 提素质】 2017年,工委把十九大精神纳入干部教育培训计划,组建了县直工委十九大精神宣讲团,到商业中心总支及下属的7个支部和经信局总支及下属的6个支部进行了宣讲,积极组织机关党员干部参加县委组织的各种专题培训和宣讲报告会,县

县直工委新发展党员集体进行入党宣誓

直机关各党(总)支部3000余名党员参加了学习培训。举办十九大精神专题培训班,分批分层次抓好机关干部十九大精神的培训和轮训工作。充分发挥微信微博、手机短信、党务干部微信群等传播方式,不断扩大宣传的覆盖面和影响力。向支部赠送十九大精神相关学习资料6000套,印发学习笔记本3000本。充分发动广大机关党员踊跃参加"两学一做"系列知识竞答活动,县直机关党员和发动群众参与答题人数达到30000余人。

【尽职履责,规范管理】 2017年,工委年初研究制定全年党建工作目标,召开机关党的工作会议,安排部署全年工作,不断加大党建工作考核力度,强化考核结果运用,推动各基层党组织书记履行好第一责任人职责。实施"六个集中整治",着力破解机关党建"灯下黑""两张皮"问题。做好党员信息系统录入工作,完成了150个县直机关基层党组织和2490名党员信息录入,确保党员组织关系管理规范化。严格党员发展和党费收缴工作,开通了党费银行专户,制定下发《县直机关关于正式启用并规范使用党费专户电子平台交纳党费的通知》,为县直机关党费收缴和管理规范化提供有力保障。2017年纳新党员71名,转正党员24名。督促指导县直机关38个党(总)支部按期换届,对班子组成人员进行任免。不断完善各项党内政治生活制度,对"三会一课"示范点单位进行了检查,督促指导所属党支部对"三会一课"制度执行情况进行了一次"回头看",规范了各基层组织党员活动室,及时发现解决问题,查缺补漏,补齐短板。

【丰富载体，凝神聚力】 2017年，工委按照县委“六大主题”实践活动要求，在县直机关开展了“找差距、转作风、亮身份、作表率”活动，将为所有基层党组织配置一面党旗，要求相关活动必须悬挂党旗，增强党组织活动的仪式感，营造良好政治生活氛围。统一发放了党员桌牌和党徽，要求党员干部上班摆放桌牌，在规定时间内佩戴党徽，主动亮明身份，督促机关党员真正把党徽戴起来，把权利义务扛起来，把党员形象树起来。开展“捧读讲话、诵记党规”先进典型评选活动，推选出13名县直机关党员参加全县的诵读比赛。积极组织县直机关参加全国第五届“夏青杯”朗诵大赛，住建、交通、财政、文化等24个单位78名干部职工参加了比赛，12名选手脱颖而出赴运城参加晋南赛区的比赛，展示了机关党员风采和精神风貌。举办了县直机关新党员集体宣誓仪式暨党性教育活动，与新党员进行集体谈心谈话，到县廉政警示教育基地接受廉政警示教育，为心灵和思想接种“抗病疫苗”，增强拒腐防变的“免疫力”。

【精准扶贫，注重实效】 2017年，工委做好抓党建促脱贫攻坚工作，工委班子成员多次到帮扶村湾里村进行调研，给15户困难户登记造册，分户到人，制定措施，千方百计帮助困难户脱贫，全年9户19人实现了脱贫。协调投资47万元铺设水浇地埋管道3000余米，已完工投入使用。筹集资金对西关自然村进行自来水改造，实现了自来水在湾里村全覆盖，彻底解决了全村人蓄吃水问题。

党　校

【培训任务】 2017年，党校坚决以中央、省委、市委、县委会议精神为指引，围绕国家生态文明先行示范区建设、芮城全面建成小康社会、脱贫攻坚、光伏发电等内容，举办了农村（社区）“领头雁”培训、两个主体班、普通党员进党校学习十九大精神培训轮训等共计24期培训班，培训学员5207人次，充分发挥了理论宣传主阵地、干部培训主渠道、党性锻炼大熔炉作用。

【创新工作】 2017年，党校培训最大的亮点是举办了为期35天的第一期乡科级领导干部、中青年干部主体培训班，使得春秋两期主体培训班实现规范化、常态化。同时依托“流动党校”平台，重点围绕党章党规、习近平总书记系列重要讲话精神和十九大、十八届六中全会、“两学一做”学习教育制度化、常态化、“三基建设”等内容，组织骨干教师到深入基层开展宣讲，讲授党课46次，培训干部群众5971人次，真正落实了党课进机关、进学校、进社区、进乡村、进企业的流动办学。

【科研工作】 2017年，党校紧扣全县中心工作和重大决策部署，坚持“教学出题目、科研做文章、成果进课堂”的教研原则，组织骨干教师撰写系列理论文章。2016年承担山西省委党校行政学院课题《浅谈践行绿色发展理念　助推山西经济转型升级》，于2017年12月结项。同时，骨干教师先后在《消费导刊》《人力资源管理》《芮城信息》发表理论文章

28 篇。参加省委党校十九大精神理论研讨会的论文荣获二等奖，向市委党校报送的调研文章 5 篇，其中 1 篇获一等奖、1 篇获二等奖、3 篇获三等奖。

【队伍建设】 2017 年，县委高度重视党校师资队伍建设，通过引进高学历人才途径，为党校引进了 4 名全日制硕士研究生，充实了教师队伍。党校落实了骨干教师学习培训和蹲点调研制度，选派了 4 名教师到乡镇党校挂职锻炼；选派骨干教师到省委党校学习，到市委党校跟班听课。同时为提升教师整体素质，制定完善了教师试讲、练讲评价细化操作方案对骨干教师专题辅导实行定期公示、列表督察。1 名教师被县委、县政府评为芮城县优秀高级专业技术人才。

【后勤保障】 2017 年，党校对阅览室、空置宿舍进行了布置完善，配备了相关设施，达到了 50 名学员封闭式教学条件。

此外，2017 年，党校教职工较好完成人大代表团全体会议、事业单位人员招聘面试、妇联女性文化学堂等多项服务工作。

老干部管理

【宣传教育】 2017 年，老干部局局机关工作人员、县直离退休干部各支部、老年大学各团队进一步加强学习“双先”表彰大会和 3 号文件精神。老干部局把 3 号文件中提出的“四个更加注重”制成版面，进行悬挂，加强宣传。召开了学习宣传党的十九大精神暨离退休干部党支部书记培训会，下发了学习宣传贯彻十九大精神文件，发放了《党的十九大报告学习辅导百问》《十九大报告》及新《党章》等学习资料 500 余册。老干部局利用“效宽党课进基层”这一形式，组建党的十九大精神宣讲团，深入全县 10 个乡镇进行宣讲。

【增添正能量活动】 2017 年，老干部局组织县级退休干部赴彭真故居、红色大寨、武乡八路军纪念馆等红色教育基地进行为期 3 天的学习教育。组建了“唱芮城、赞先进、增添正能量”文艺宣传队赴美丽乡村进行慰问演出。老年大学夕阳红健身队、合唱团、戏曲班、老干部艺术团、健康教育协会等在会展中心广场、文博馆广场等，举办 5 场消夏晚会，通过演出不仅满足了百姓的精神文化需求，而且展示出了芮城近年来创建生态文明县建设的骄人成绩。组织老干部开展“畅谈十八大、建言十九大”问卷访谈活动，汇总整理意见、建议 67 条，表达出了老干部心系国家发展的真挚感情。

【老干部思想政治工作和党组织建设】 2017 年，老干部局强化思想教育引导。在离退休干部党员中开展了“推动‘两学一做’学习教育常态化、制度化，开展维护核心见诸行动主题教育”活动。县直离退休干部党总支在学习宣传党的十九大精神过程中，开展了“三谈三赛”活动，即谈学习、谈体会、谈打算，赛笔记、赛心得、赛测试成绩活动。强化主题活动牵引。清明节期间，开展了“不忘初心、缅怀先烈”为主题党日活动，组织离退休干部党员代表到烈士陵园开展祭扫，缅怀革命先烈丰功伟绩,牢记党的光荣使命;组织离退休干部党员代表参观高文毓植树基地及党员理想信念基地,参加了芮城县党员理想教育基地奠基仪式暨党员“戴党徽、亮身份、作表率”启动仪式;召开了纪念建党96周年表彰大会,大会对4个先进基层党组织、8名优秀党务工作者、78名优秀共产党员、8名优秀“五城同创”监督员和32名文艺宣传带头人进行表彰;为县直380余名离退休干部党员发放“不忘初心、为党增辉”的警示牌;举办“学习讲话、维护核心、喜迎七一”书画展,使“推进‘两学一做’学习教育常态化制度化、开展维护核心见诸行动主题教育”活动更加深入人心;县直离退休干部党总支开展了“百人进千户、宣讲十九大”活动,县直400余名离退休干部党员包联非党员户及行动不便的离退休干部党员,讲解宣传党的十九大精神。强化党组织建设。老干部局做到“四个强化”,强化班子建设,配强配齐总支、支部班子成员;强化思想教育,做到统一思想、维护大局;强化制度完善,完善“三会一课”制度,严肃党内生活;强化党费收缴,达到每名离退休干部党员自觉、按时、足额交纳党费,增强党性观念。本县强化离退休干部党组织建设的做法,受到了省委老干部局的肯定。在全省党建工作忻州现场会上,芮城县进行了典型发言,发言材料在《山西组织工作》第十期上进行刊登。

【提高老干部的生活幸福指数】 2017年,老干部局全面落实老干部的生活待遇。理顺了离休干部医药费单独统筹工作,将离休干部医药费报销工作移交给县人社局,协调相关部门和医疗机构落实好离休干部看病就医工作,缩短医药费报销周期,解决个人垫付医药费问题。完善两个阵地建设。投资4万余元完成了老干部活动中心楼顶修缮、壕沟清理工作,投资3万余元为老年大学各表演团队购置了服装、道具,通过后勤保障,确保老同志活动舒心、宣传演出无后顾之忧。重阳节前,老干部局开展了“喜迎十九大　重阳送温暖”活动,对全县以及外地居住的90余名离休干部进行了走访慰问,同时,在运城市慈铭医院对30余名实职副县级以上退休干部和全体离休干部进行高标准体检。

信　访

【信访流量】 2017年,信访局接待来访群众189批367人次,其中初访112批271人次,复访77批96人次,程序性受理65批151人次。不予受理20批32人次。坚持预防在先,深入排查各类矛盾纠纷361起,除了涉法涉诉和涉纪的,涉访的285件均已化解。另外,还受理网上投诉信访事项60件,受理来信85件。与去年相比,全年信访流量下降了58%,并及时控制、疏导政府门口群体聚集上访11批500余人次。

【交办案件】 2017年,省、市交办本县7件信访重点积案,认真落实领导包案,明确五包措施,划定结案时限,拿出具体措施,在上级信访部门规定的时限内,全部化解到位。

【积案化解】 2017年,信访局对长期积累的重点案件集中梳理,因案施策,逐一化解。对信访疑难案件实施集中攻坚，集中解决和化解一批信访积案,共化解疑难案件18件。同时，信访联席办发挥协调督导作用，确保涉军、教育系统、电力系统、移动系统等集体上访隐患排查化解管控到位。从7月开始至11月底,在全县开展了为期四个多月的“重点信访问题源头化解”暨“信访突出问题大整治”活动,做到“四个落实”,即落实部署交办、落实包案化解、落实检查验收、落实总结研判。全县共排查各类矛盾纠纷305件，及时化解263起,剩余42件其后全部进入程序性办理中。开展思想疏导50余批次,排查出信访突出问题,包括教育系统1起10人、农电工1起8人、重点涉军人员7人、个人信访问题13人、困难救助类4人,全部由责任单位化解到位。

【信访秩序】 2017年,信访局让上访人明白反映问题要心平气和、依法逐级走访,越级上访不利于问题解决,还要受到依法处理。对批转到乡镇、县直单位办理的案子,说服当事人配合解决问题,不能缠访闹访,更不要希望通过越级上访满足自身不合理要求，彻底改变上访人谩骂基层干部、抹黑政府的状况。提升依法说服教育能力,落实聘任法律顾问制度,做到跟着法律顾问学法、在办信接访中普法、在开展工作中用法。坚持沟通联系。首先信访部门与上访人加强沟通联系，其次信访部门与责任单位加强沟通联系，第三信访部门与监督执法部门加强沟通联系。在国家重大政治活动期间，促进全县的信访形势和信访秩序持续好转。坚持依法打击。依法判决2起3人、训诫17人次、拘留11人。

【节点稳控】 十九大期间，把信访维稳工作作为首要政治任务,加强领导、强化措施、忠诚担当、落实责任。做到压力传导到位、稳控措施到位、信息上报到位、包联责任到位、劝返处置到位，以实际行动确保十九大期间全县社会大局稳定。严格落实“四定”“五包”责任,实现“三个确保”“三个不发生”和“零非访”目标,实现全县和谐稳定。

【驻村帮扶】 2017年,信访局将帮扶工作作为最大的政治任务全力做好。帮扶工作队摸透陌南寺前村的村情、贫困户实情，精准施策,2017年有2户脱贫。帮助联系交通局、三管局,分别争取130万元,硬化道路3.14公里。协助争取上级扶贫资金90万元,建机站1座、修渠2公里,扩浇土地760亩。围绕思想扶贫讲党课,介绍贵州省塘约村经验,建议村里走合作化道路,做强种植、养殖、建筑、运输等产业,变单打独斗为抱团发展,走出一条现代农村发展的新路。

【支部建设】 2017年,信访局党支部深化党的意识和党员意识,把党建放在第一位,以党建带动单位全面工作。首先，将党建版面上墙,巩固党建阵地。坚持抓班子先抓好支部班子,进行了支部选举,严格落实“三会一课”制度。坚持带队伍先带好党员队伍。结合“两学一做”常态化和维护核心见诸行动活动,把思想政治建设放在突出位置，把旗帜鲜明讲政治作为重中之重,着力解决了单位团结涣散、工作消极、缺乏战斗力的问题。发挥党员先锋模范作用，党员领导干部带群众，先进带后进，支部凝聚力、战斗力明显增强，单位向心力、执行力与合作意识明显增强，形成了团结一致、人心思进的良好局面。

党史研究

【重点工程】 2017年，党史研究室组织编写《芮城红色旅游博览》一书，邀请市委党史研究室副主任张建国作指导，组织编撰人员到芮城党组织活动地点、抗日战争地下游击队活动地点、解放战争烈士就义地点，进行走访群众和实物取证；对凤凰嘴、西侯度、檀道庙等地进行了针对性的考察，同时还到陕西潼关等地调查有关情况，在掌握丰富的、大量的史料基础上进行编撰。

【"134"工程】 2017年，党史研究室以资政育人为宗旨，积极实施"134"工程，拓展了工作领域，促进党史工作实现了新跨越。"134"工程是一基地，就是完成了中共芮城县委县政府旧址的修复布展工作。三本书，就是组织力量编撰了《中国共产党芮城县历史纪事(2001-2016)》，编撰了《芮城红色旅游博览》《中国共产党芮城县历史》(一卷本)。四项活动就是开展了纪念长征胜利80周年知识竞赛、建军90周年宣传展、纪念芮城解放70周年座谈会和联合三部门在广大中小学生中开展了学党史、知党情、颂党恩、跟党走主题实践活动。

【纪念长征胜利80周年知识竞赛】 为弘扬长征精神，2017年9月22日至10月22日，党史研究室开展了为期两个月的知识竞赛活动，县委专门召开了纪念长征胜利80周年知识竞赛总结会议，来自全县33名获奖代表参加了会议，有5名代表获奖，这次活动对于了解党的历史，激发干事创业热情，促进芮城建设具有较强的教育意义。

【建军90周年宣传展】 2017年，党史研究室经过认真工作共筛选整理出100多幅人民军队90年发展变化的珍贵资料，进行文字编写，制作25块版面，培训讲解员，组织全县1000多名干部职工参观学习，得到市、县领导和参观者的一致好评。

【"党史进校园"】 2017年，党史研究室为了搞好党史教育，联合了团县委、机关工委、教科局等部门，在中小学生中开展了"学党史，知党情，颂党恩，跟党走"主题实践活动，在南街小学举办了启动仪式，县委副书记安奇，县委常委宣传部长张应征及团县委、教科局领导和1000多名少先队员参加了这一活动，活动影响之大，受教育人数之多，达到了较好水平。

人民代表大会

【芮城县第十六届人民代表大会第二次会议】

会议于2017年3月25日至27日在会展中心举行。大会应到代表187人，实到代表179人,符合法定人数。大会听取并审议县人民政府工作报告；审议县人民政府关于芮城县2016年国民经济和社会发展计划执行情况及2017年国民经济和社会发展计划（草案）的报告；审查批准芮城县2016年国民经济和社会发展计划执行情况的报告和2017年国民经济和社会发展计划；审议县人民政府关于芮城县2016年财政预算执行情况和2017年财政预算（草案）的报告；审查批准芮城县2016年财政预算执行情况的报告及2017年财政预算；听取并审议芮城县人大常委会工作报告；听取并审议芮城县人民法院工作报告；听取并审议芮城县人民检察院工作报告；会议选举宁华文为芮城县监察委员会主任，补选赵伟兵、杜国强为芮城县人民政府副县长，补选王玉为十六届县人大常委会委员。

人大常委会会议

【芮城县第十六届人大常委会第三次会议】

3月8日，县第十六届人大常委会召开第三次会议。本次会议应到常委会组成人员33人，出席会议的有27人，符合法律规定。会议审议通过了《关于召开芮城县第十六届人民代表大会第二次会议的决定（草案）》《芮城县人大常委会工作报告（初稿）》《芮城县人大常委会关于接受姚炎斌等二同志辞去县人大常委会委员职务和赵伟兵等四名同志辞去县人大代表职务的议案及说明》，听取和审议了县人民政府《关于芮城县第十六届人民代表大会第一次会议代表建议办理情况的报告》。

【芮城县第十六届人大常委会第四次会议】

3月21日，芮城县第十六届人大常委会第四次会议召开，本次会议应到常委会组成人员31人，实到29人，符合法律规定。通过相关事项和相关人事任免。会议听取审议并通过了《芮城县第十六届人民代表大会常务委员会代表资格审查委员会关于代表变动及代表资格审查情况报告》《芮城县第十六届人民代表大会第二次会议相关名单》《芮城县人大常委会关于<芮城县监察委员会副主任、委员任命和宪法宣誓程序>的决定》和《芮城县人民政府关于2016年预算执行情况和2017年预算(草案)的报告》。

【芮城县第十六届人大常委会第五次会议】

3月27日，县第十六届人大常委会第五次会议召开。本次会议应到32人，实到32人，符合法律规定。会议听取了宁华文关于监察委员会副主任及委员任命名单的提请。通过相关事宜和相关人事任免。

【芮城县第十六届人大常委会第六次会议】

4月28日，县第十六届人大常委会第六次会议召开。本次会议应到32人，实到27人，符合法律规定。会议听取审议并表决通过了新修订的《芮城县人民代表大会常务委员会议事规则》和《芮城县人民代表大会常务委员会人事任免办法》两个修正案，听取了县人民政府关于芮城县城乡设施管理使用情况报告、芮城县土地供应和使用情况报告。

【芮城县第十六届人大常委会第七次会议】

7月11日，县十六届人大常委会召开第七次会议，本次会议应到常委会组成人员32人，实到30人。会议表决通过了新修订的《芮城县人民代表大会常务委员会讨论决定重大事项的规定》修正案，听取并审议了县人民政府关于“六五”普法工作情况的报告和《关于在全县深入开展第七个五年法治宣传教育的决议(草案)》的议案说明；对2016年财政决算（草案）和2017年上半年财政预算执行情况进行了审查；听取并审议了2016年预算执行情况及其他财政收支情况的审计报告；听取并审议了县人民政府关于土地供应与使用情况的整改报告和城市公共服务设施管理与使用情况的整改报告。会议还进行了人事任免。

【芮城县第十六届人大常委会第八次会议】

9月6日，县第十六届人大常委会召开第八次会议。本次会议应到常委会组成人员32人，实到26人。各乡(镇)人大主席以及10名县人大代表和10名旁听公民列席会议。会议表决通过了《芮城县人大常委会关于完善县人大代表联系人民群众制度的意见（草案)》《芮城县人大常委会关于加强和改进人大代表工作的意见(草案)》《芮城县人大常委会关于加强国家机关工作人员任期监督的意见(草案)》《芮城县人民代表大会常务委员会专题询问办法(草案)》；听取并审议了芮城县人民政府关于芮城县第十六届人民代表大会第二次会议代表建议办理进展情况的报告；听取并审议了芮城县人民法院关于实施量刑规范化工作的报告。

【芮城县第十六届人大常委会第九次会议】 10月27日，县第十六届人大常委会召开第九次会议。会议应到常委会组成人员32人，实到29人。会议表决通过了本次会议议程；听取并审议了县人民检察院检察长张梦京作关于民事行政检察工作的报告；听取并审议了县人大常委会法工委主任乔栋梁作关于民事行政检察工作的调查报告。

【芮城县第十六届人大常委会第十次会议】 12月28日，县第十六届人大常委会第十次会议召开。会议应到常委会组成人员32人，实到30人。会议听取审议并通过了县人民政府关于环境保护工作和2017年度环境保护目标任务完成情况的报告，县人民政府2017年预算调整方案(草案)的说明，县人民政府关于2016年预算执行审计发现问题整改工作的报告。对承担"双十工程"和96个重点项目单位的述职进行满意度测评，会议还听取审议并通过了人事任免的议案。

常委会工作

【依法履职】 2017年，县人大常委会围绕县委中心工作和生态文明先行示范区建设，开展监督。围绕人代会作出的决议决定开展监督。对人代会上做出的全年"双十工程"和96个重点项目进行跟踪监督。年初承担任务的各部门在新闻媒体上向全县人民和人大常委会做出完成目标、措施、时限的承诺，对各重点部门完成"双十工程"和重点任务情况，在12月28日县十六届人大常委会第十次会议上各有关单位负责人进行述职并接受满意度测评。常委会组织代表对"三个发展计划"开展情况、城市公共服务设施管理与使用情况、土地供应与使用情况、医药产业发展引导子基金项目运行情况、光伏领跑技术基地项目技术情况、脱贫攻坚工作进展情况、食品安全县城创建工作、全域旅游创建工作、环境保护工作和环保指标完成情况进行了视察调研。配合市人大对我县贯彻实施文物保护法"一法一条例"和安全生产"一法一条例"情况进行了执法检查。审查报备规范性文件41件。扎实做好人大信访工作。全年共受理接待群众来信来访39件，50余人次。依法行使人事任免权，一年来，先后依法任免国家机关工作人员29人，其中任命24人，免职5人。

【人大代表工作】 完善工作机制 2017年，人大常委会健全了关于开展"三联"工作的意见、关于完善人大代表联系人民群众制度的实施意见和关于加强和改进人大代表工作的若干意见。积极指导各乡镇人大和市县代表活动小组按照"六有"建设目标，开展代表小组活动室规范化建设。向代表通报"一府两院"工作情况，年终邀请代表听取"双十工程"和96个重点项目完成情况报告，邀请代表列席常委会会议、参加调研视察和执法检查活动，推荐代表参加政风行风评议、旁听法院庭审活动。

健全保障措施 2017年，县人大常委会全年举办代表培训班3次，培训人数达600余人次。为代表订阅《人民代表报》和有关刊物，发放有关履行职责、法律法规等方面学习资料，为代表建立履职档案，帮助代表解决生产、生活及履职中存在的困难和问题。

加大督办力度 2017年，县人大常委会将县十六届人大二次会议上收到的106件建议交由县人民政府办理。在督办过程中，常委会由分管副主任牵头，分别召开了由代表建议承办单位负责人、人大有关委室负责人、提建议代表参加的座谈会，对代表建议办理进展情况进行了面对面答复督办。常委会还召开专题会议，听取了县人民政府关于代表建议办理进展情况的报告，有力地促进了代表建议的办理落实。

开展特色活动 2017年，县人大常委会成立了民生福祉、全域旅游、果业富民、脱贫攻坚等特色人大代表活动小组，围绕主导产业、旅游兴县、改善民生等主题，积极开展调查研究。

【帮扶工作】 2017年，人大从办公经费中挤出了2万元，完善了帮扶村牛皋村里党员活动室的建设；协调供电支公司为村里更换了1台100kv的变压器；与有关部门协商，筹措资金40余万元修好了长约1公里的进滩路，彻底解决了群众出行难和农副产品外销的问题；积极与县交通运输局联系，投资10余万元完善牛皋村的休闲文化广场的排水道建设、路面修整；配合协调做好沿黄扶贫线牛皋段的道路铺设；争取县级“一事一议”项目资金5万元，完成村口道路两旁排水道建设、环境整治等工作；在发展2名党员的基础上，又培养了1名入党积极分子，进一步充实了党支部建设；引导村民在北坡二级台阶上发展200余亩的花椒，进一步优化了村里的产业结构，为村民增收致富打下坚实基础。

县政府常务会议

【县政府第六次常务会议】 1月6日，县长张建军主持召开县政府第六次常务会议。会议研究讨论了《关于在全县开展法治宣传教育的第七个五年规划（2016-2020年）(送审稿)》《芮城县关于加快推进美丽宜居示范村建设的意见》《芮城县老龄事业发展“十三五”规划》《关于抓好政策对接推进重大项目工作的意见》，部署全县法治宣传教育、加快推进美丽宜居示范村建设、老龄事业发展、抓好政策对接推进重大项目等工作。

【县政府第七次常务会议】 1月18日，县长张建军主持召开县政府第七次常务会议，会议听取了关于国有林场改革实施方案、关于开通运城至芮城景区旅游观光巴士相关事宜、关于县城控制性详细规划编制情况、关于县政府党组2016年履行职责和自身建设情况。

【县政府第八次常务会议】 2月15日，县长张建军主持召开县政府第八次常务会议。会议听取并研究了县食药监局汇报的关于市食品安全目标责任考核组对我县食品安全工作反馈问题的原因分析及整改报告；县财政局汇报的《芮城县党政机关差旅费管理办法》；县环保局汇报的全市环境保护工作会议精神和芮城县环境保护工作有关情况；县住建局汇报的《芮城县国有土地上房屋征收与补偿实施细则》；县安监局汇报的2016年全县安全生产表彰方案及拟表彰名单。

【县政府第九次常务会议】 2月27日，县长张建军主持召开县政府第九次常务会议。会议听取了县国土局汇报的《芮城县人民政府征收土地方案公告2017年1号》和《县国土资源局征收土地补偿安置方案公告》；县财政局汇报的《2017年财政收支预算情况》；县绿化委办公室汇报的《关于2017年春季全民义务植树活动实施方案》。

【县政府第十次常务会议】 3月12日，县长张建军主持召开县政府第十次常务会议。会议听取并研究了县发改局汇报的《关于芮城县2016年国民经济和社会发展计划执行情况与2017年国民经济和社会发展计划（草案）的报告》；县卫计局汇报的《关于对<芮城县县域农村生活垃圾治理专项规划>批复的请示》《关于农村垃圾治理试点县报送建设计划的工作汇报》；县招商局汇报的“十三五”招商引资工作思路。

【县政府第十一次常务会议】 4月16日，县长张建军主持召开县政府第十一次常务会议。会议讨论通过了县住建局《关于将会展中心等资产划入芮城县大美古魏城乡建设发展有限公司的情况汇报》《芮城县工业污水处理设施建设及生活污水处理厂提质改造及运营方案》《芮城县铁家庄中心广场建设项目招商方案》；听取县国土局《关于切实加强耕地保护和补充耕地工作的汇报》，县交通局《关于撤并建制村通硬化路计划调整的请示》，以及县水利局关于水利水保工作思路的汇报。

【县政府第十二次常务会议】 5月13日，县长张建军主持召开县政府第十二次常务会议。会议听取并研究了县环保局《关于中央环保督察精神及我县近期工作的开展情况》的汇报；县旅游文物局《关于解决圣天湖景区建设用地所涉税款问题的报告》的汇报；县国土局《关于实施新的补充耕地指标交易价格情况汇报》以及县政府办关于《芮城县突发事件应急体系建设“十三五”规划编制情况汇报》。

【县政府第十三次常务会议】 6月30日，县长张建军主持召开县政府第十三次常务会议。会议听取县卫计局《关于将农村垃圾治理项目资金列入县财政预算的情况汇报》《关于将农商行金柏瀚大楼用作县妇幼计生服务中心业务用房的情况汇报》，县农委汇报的《农村环境集中整治方案》，县住建局汇报的《推进“五城同创”县城区专项实施方案》《工业产业聚集区污水处理建设及县污水处理厂改造工程PPP项目实施方案》，县政府办汇报的《优化营商环境实施方案》，县环保局汇报的《全县燃煤锅炉煤改气煤改电工作实施方案》，县经信局《关于2016年度企业技术创新财政予以补贴的报告》，县畜牧中心汇报的《关于成立畜禽养殖污染防治长效监管工作领导组的通知》，县人社局汇报的干部任免事项等10个方面的工作汇报。

【县政府第十四次常务（扩大）会议】 7月28日，县长张建军主持召开县政府第十四次常务(扩大)会议，传达贯彻市经济工作会议精神，听取了全县上半年经济运行情况、环保督查、农业产业化等工作汇报，审议通过了《关于农业废弃包装物回收与处理办法》《芮城县国家资源型经济转型综合配套改革实验2017年行动计划》《土壤污染防治工作方案》《景观大道林木管护方案》《县政府领导班子工作规范30条(试行)》等。

【县政府第十五次常务会议】 8月30日,县长张建军主持召开县政府第十五次常务会议。会议听取了审计局关于《关于做好财政预算执行和其他财政收支审计查出问题整改工作的建议》;财政局关于《芮城县扶持村集体经济资金分配方案》;民政局关于《关于成立芮城县陌南镇梧桐社区居民委员会的请示》;卫计局关于《芮城县医疗县乡一体化改革方案》;商业中心关于《关于引进浙江安厨电子网络科技有限公司在物流城创建农业电商公共服务中心进展情况》;旅游文物局关于《关于县城内景点对本地居民减免门票的情况》;政务中心关于行政审批电子平台建设相关情况;扶贫办关于《芮城县"十三五"异地扶贫搬迁基本情况》及全县脱贫攻坚基本情况;招商局关于《关于环保设备(垃圾热解炉)生产基地项目情况》;住建局关于《建设上海任得环境科技有限公司试验场的情况》等10方面情况汇报。

【县政府第十六次常务会议】 9月18日,县长张建军主持召开县政府第十六次常务会议。会议听取财政局汇报《芮城县财政局扶持村集体经济发展试点资金管理暂行办法》;交通运输局汇报《芮城县"四好"农村公路建设规划编制情况》;扶贫开发中心汇报《关于组建芮城县扶贫开发投资有限公司的请示》。县人社局汇报干部任免事项等方面的工作汇报。

【县政府第十七次常务(扩大)会议】 10月12日,县长张建军主持召开县政府第十七次常务(扩大)会议,县财政局、发改局、经信局等14个部门负责人汇报了各自承担的重点项目、重点工作进展情况。

【县政府第十八次常务会议】 11月16日,县长张建军主持召开县政府第十八次常务会议,就宣传贯彻十九大精神和党风廉政建设进行了安排部署;通报了前三季度全县经济运行情况;研究了赋予风陵渡经济开发区管委会部分县级行政管理权;农村生活垃圾治理、污染水治理,机关事业单位养老保险制度改革等事项。

【县政府第十九次常务会议】 11月29日,县长张建军主持召开县政府第十九次常务会议。会议传达了市委书记刘志宏调研芮城重要讲话精神,研究讨论了建设污水预警溯源系统、整顿规范民办非学历教育机构、实施专利奖励以及加快残疾人小康进程发展规划等事项。

【县政府第二十次常务会议】 12月28日,县长张建军主持召开县政府第二十次常务会议。研究讨论了风陵渡经济开发区《绩效工资制实施方案》和《绩效考核办法(讨论稿)》;听取了民政局关于《芮城县健全完善特困人员救助供养制度的实施方案》;农委关于2017年推进农业供给侧结构性改革工作的情况汇报;国土局关于黏土砖企业所缴纳土地复垦费纳入项目管理的情况;住建局关于《芮城县域移动通讯站布局专项规划》、2017年棚户区改造贷款项目县政府配套资金情况、农村危房改造补助资金发放标准情况；交通局关于《关于调整“四好农村路”建设工作领导组成员的通知》《芮城县“四好农村路”建设推进方案(2017-2020年)》和《芮城县“四好农村路”项目PPP融资实施方案》。

政府办公室

【机关党建】 2017年,政府办党支部通过强班子、强队伍,积极履行职责,狠抓党建工作。扎实推进“两学一做”学习教育常态化制度化、积极开展维护核心见诸行动主题教育;认真落实“三会一课”制度,“七一”期间县长张建军围绕习近平总书记视察山西时的重要讲话精神给办公室党员上了一堂精彩的党课;深入学习宣传贯彻党的十九大精神;不断加强办公室“三基”建设,完成了牵头的12项“三基”建设任务;全面落实从严治党责任,推进党风廉政建设和作风建设。

【驻村帮扶】 2017年,办公室驻村帮扶阳城镇西任村,确定帮扶对象69户95人。通过调整帮扶队伍,细化责任,精准施策,年底完成脱贫46户66人,荣获阳城镇帮扶工作“先进工作队”称号。

【法治建设】 2017年,积极开展法制审查,共审查政府、政府办各类文件100余份,其中,规范性文件43份;做好行政复议和行政应诉工作,办理行政复议案件2起,受理行政诉讼案件3起;开展好法治政府建设工作,对313名行政执法人员进行培训,并组织资格认证考试;组织试点单位推行行政执法“三公示制度”,在全县建立县、乡、村三级法律顾问制度,实现法律顾问全覆盖。

【文稿起草】 2017年,起草文稿80余份40万余字,编写和整理资料汇编26本;全年记录县政府常务会议14次,印发会议纪要14次,记录县长办公会议22次,印发会议纪要16次,记录印发县政府工作协调会13次;定期向《运政信息》等上级刊物报送最新信息和调研文章共计85篇,被国家、省、市采用刊发30余篇。

【督查督办】 2017年,加强“双十工程”和96个重点项目的督查,尤其是对国务院第四次大督查中群众反映的事项及市政府11件民生实事等事项深入现场搞督查,查实情、办实事,确保事事有回音、件件有着落;对各单位值班情况、应对重污染天气落实情况、重点项目谋划等工作进行了督促落实;突出抓好13710督办系统的高效运行,共接收完结市“13710”督办工作任务39项,下发督办任务共74项。

【建议提案办理】 2017年,共收到县人大建议106件、县政协提案63件,全部进行了交办和答复;加强日常联络,先后组织协调并参与了人大文物保护法执法检查、重点项目视察、生态文明建设调研,政协全域旅游视察等活动。

【政府信息公开】 2017年,完善工作机制,突出政府信息实效性;严格执行领导审批制度,加强保密审查工作,全年主动公开文件39份,依申请公开文件2份,人事任免公告6条,重点工程信息4条,其他类信息2条。

【公文办理】 2017年,全年共审核、校对文件404份;处理国务院、省级、市级各类文件4000余份,传阅文件8000余次,查阅文件2000余次;承接、办理明传电报248份,平件240余份,值班室传真、来电120份,承办“两办”文件60余份,电子公文传输系统发文28份,都做到了安全可靠,无一纰漏。

【会务承办】 2017年,共组织全县性会议7次,政府常务会议14次,县长办公会22次,部门性会议123次,参与协调县委牵头全县性会议32次;组织协调省、市、县领导下乡调研、活动90余次。

【应急值守】 2017年,坚持重点宣传和日常宣传相结合,发放地质灾害等宣传资料25000份;协调组织相关部门开展隧道救援、防汛、地质灾害、森林防火等演练15场次;在各种媒体及时发布霜冻、大风、冰雹、大雪等预警信息20条;制定完善新的应急值班运行机制,做好突发事件处理和信息报送工作,上报突发事件信息32条。

【后勤接待】 2017年,对办公室的所有财产进行了澄清登记;完善车辆管理制度,没有出现公车私用现象,没有发生任何交通责任事故,车辆没有违章记录;严格执行中央《八项规定》《芮城县党政机关公务接待管理暂行办法》,公务接待中没有超标准安排住宿、用餐、旅游娱乐等问题。

【人防工作】 2017年,共办理行政审批项目11个,建设人防工程1个(金茂城安置北区人防工程2017.51㎡);缴纳易地建设费的项目3个,共征缴易地建设费67.1173万元,全部足额上缴国库;批准人防工程设计条件3个,批准人防工程面积8000㎡;印制发放防空防灾知识科普挂图2500套,开展了9·18人防警报试鸣活动。

【民族宗教】 2017年,争取省民族宗教委员会少数民族发展资金26万元,用于学张乡神西村的道路建设;强化清真食品生产经营管理,对全县11个清真食品经营门店进行全面检查;落实清真食品生产经营安全主体责任,规范清真食品生产、销售等工作;开展和谐寺观创建活动;对全县47个宗教活动场所进行了社会治安风险隐患大排查。

【金融工作】 2017年,制定了《关于提示农村地区防范非法集资风险宣传教育工作方案》《关于开展2017年防范打击非法集资宣传月活动的通知》，组织开展了非法集资风险排查整治工作；对接中小微企业，培育企业上市，山西大禹生物工程股份有限公司在全国中小企业股份转让系统成功挂牌上市；制定了《关于严密防控金融担保链加大企业恶意逃废债处置力度的通知》《关于芮城县化解企业债务风险促进经济社会发展的实施意见》，组织对全县重点企业和中小企业进行了摸底排查。

政务服务

【塑造一流政务环境】 2017 年，政务中心积极落实上级关于放管服改革的要求，建立动态调整机制，做好行政许可事项的承接、取消、下放工作以及证明盖章类材料的取消调整工作，及时组织相关窗口工作人员进行学习培训，熟悉承接事项的法律依据、审批条件、审批流程等，提高工作人员的业务能力，确保下放的许可事项“接得住、管得好、用得活”。按照“两集中、两到位”改革要求，全面梳理大厅进驻事项，开展审批流程标准化建设，对工作流程进行全面优化提升，对办理时限进行精简压缩，确保所有事项在政务中心办理时间最短、流程最优、环节最少、效率最高。通过流程优化，进驻大厅的所有行政许可和公共服务事项承诺时限比法定时限缩短提速率达 35%。创新整链条办理模式，实现“到一个窗口办多件事”。以民生事项链条办理为突破口，探索实施二手房买卖交易和餐饮业企业设立事项整链条办理模式，整合申请表格、办理条件、申报材料等，绘制了流程图，将分散在各部门的办理环节变为一个事项多个办理环节，将多个服务指南优化为一个整链条办理服务指南，实现全部材料“一口进、一口出”，解决事项互为前置、群众多跑腿的难点，实现群众到一个窗口办多件事。

【打造审批服务“高速路”】 2017 年，政务中心围绕“提速增效”目标，扎实做好重点项目服务工作，提供行政审批“绿色通道”优质服务，对重大项目实行特事特办、全程代办和跟踪督办，加速审批、加力服务，使办理时限比原承诺时限再缩短 30%以上。为优化投资建设项目审批流程，促进项目早落地、早投产、早见效，制定了《芮城县投资建设项目联审联批流程图》，对建设项目审批涉及的用地审批、发改立项、施工许可、竣工验收四个阶段实行分段并联审批，绘制分段流程图及服务手册，推行“咨询阶段联合告知、审批阶段联审联办”二级推进模式和“初审确认、容缺办理、疑难会商、协助报批”保障机制，加快实现投资建设项目“一窗受理、同步审查、并联办理、限时办结、统一收费、统一发证”，切实实现审批提速、服务提质。

【行政审批电子平台建设】 2017 年，政务中心按照国家和省“互联网+政务服务”建设要求，依托全省电子政务外网，运用信息技术手段，打通部门网络数据壁垒，构建统一规范、部门协同、数据共享、上通省市、下联乡村的网络审批平台。逐步实现县乡两级全程网办,为公众和企业提供“一站式”网上政务服务。高标准对接。中心先后与多家网络公司进行对接,实地查看,就平台的规划设计、信息共享、网络融合等问题进行了多次深入探讨。目前,已初步确立了建设方案,力争9月底通过财政评审,完成招标等程序。高质量施工。按照县政府要求,严格把握时间关、质量关、进度关。按照受理、审核、决定三环节优化网络审批流程,准确录入办事指南、流程图、受理要件和办件时限,让群众对事项办理情况清清楚楚、明明白白。确保年底投入运营,最大限度方便群众。

机关事务管理

【围绕中心,服务大局】 2017年,机关事务局对10个单位的办公用房进行了调整安置,为县综检中心和老促会安置了办公用房。为县两会和光伏基地等重点工程建设提供细致周到的服务,确保县两会的成功召开和重点工程的顺利推进。协调财政、发改等部门,推进乡镇车改工作落实到位,为每个乡镇调整配置了一辆公务用车,处置了一批公务用车,改变了乡镇公务用车乱象。

【政府大院基本设施】 2017年,机关事务局在做好水电设施的日常管理与维护工作的同时,建立了新的配电室,5月1日投入使用。纪检委成立监察委员会之后,大楼科同志对西三楼内外墙面重新粉刷,保证纪检委及时入驻,顺利办公。9月对7楼会议室和10楼会议室重新装修,顺利完成了西三楼卫生间和政府大院前后华灯的改造。全年对锅炉维护2次,对软水设备修理更换了罐体2个,更新了树脂。清洗过滤器、过滤网60余只。疏通化粪池管道4次,后院排水管2次,清理大院污水管道1次。维修更换电梯、办公照明灯70个左右,修换门锁35把。加强电梯维修保护工作,每十天对电梯维护1次,尽量做到事前消除故障隐患。夏季来临前,安排专人对大楼落水管、排水管进行检查疏通。

【平安机关建设】 2017年3月,机关事务局以政府办的名义向各乡镇,县委各部委,县直各单位发了《2017年县委县政府车辆通行证的通知》,对机关大院内的公务用车经审核相关证件后发放通行证,私家车根据单位人员编制和实有车辆数按比例发放,所有车辆凭通行证出入,对出入车辆严格检查。加强人防,制定了昼夜值班巡查机制,突出重点部门,风险岗位和隐患部位排查。加强技防,充分利用先进的电子监控系统,加强技术监控和防治,10月份在大院加装1个摄像头,18个摄像头真正做到监控无死角,并实现手机实时监控,安排安保人员定期对大楼内的消防设施进行检查,更换不合格的灭火器149个,8月份与防暴队联合购买防暴器材(其中包括防狼手套2副、盾牌3个、催泪弹2盒、警棍4个、钢叉1个),做到有备无患。

【维护信访秩序】 2017年，机关事务局全年共疏导10人以上的群体上访对象15起500余人次，其中情节严重的有4起，大王街道拉石子起冲突上访2次，安居东区60余人因小区门前道路硬化问题上访1次，百梯山农民工因老板拖欠工资来访5次，风陵渡因换届选举引起纠纷来访1次，接待个人来访2500余人次，一年来，安全保卫工作实现零火灾、零偷盗、零事故，确保了机关大院、政务中心、西院和过渡性用房的安全。

【全县办公用房清查管理工作】 2017年，机关事务局制定全县办公用房管理制度和实施细则，9月份，联合纪委对全县机关、各乡镇人民政府办公用房进行了一次检查，检查中发现个别县直单位和乡镇存在四个问题：办公室设有卫生间；一把手有独立的卧室；大件办公用品用途不明确；大会议室闲置。检查组对检查中发现的这些违反中央八项规定精神的问题向直接责任人提出了整改意见，并要求其尽快将整改情况报机关事务管理局。另外全年对过渡用房各户维修累计70余次。

【政府大院绿化保洁工作】 2017年，机关事务局积极创建省级园林单位，加强日常保洁，确保了大院良好的卫生环境，按时做好机关花木养护工作，有效提升了院内的绿化景观效果。开春施肥、科学养护、修剪整形、绿化美化，对园林进行喷洒农药6次，浇水7次，对绿篱、树木全面整形修剪1次，施肥2次。

【公务用车服务平台】 公务用车服务平台成立以来，车队相继制定了派车单、审批制度、加油制度、服务守则，服务平台运行有条不紊，全年共服务县级领导用车700余次。

【公共机构节能工作】 2017年，机关事务局按时上报了公共机构能源消耗制度，全县公共机构节能指标逐年下降，各项工作在全区连续5年名列第一，保持了全国首批公共机构节能示范单位荣誉称号。6月13日节能体验日当天在大楼前悬挂“节能有我，绿色共享”的宣传标语，传播节能理念，推动绿色生活。把“每天少开一小时空调”作为一项节能制度，倡导大家以低碳的办公模式和出行方式体验能源紧缺，支持节能减排。11月份派专人赴太原进行了为期两天的公共机构能源资源消费统计制度暨能耗统计系统软件业务培训，并于2018年1月18日对全县有关单位的能耗统计人员进行了二次培训。

【会议服务保障能力】 全年会议科共承接大小会议306场，不论是3月份的“两会”，光伏办晚上的会议，还是县委办的信访会议，会议科同志都尽心做好会议服务工作。全年视频会议较多，工作人员都会提前一个小时到亚宝厅调试好音频设备，以保证会议的正常进行。提前做好会议室卫生清洁，积极创造良好的会务环境。

【精准扶贫】 2017年，机关事务局结合石门联村贫困户年老体弱、没有劳动能力、干不了重体力活的实际,确立了发展好管理、栽苗、采摘、运输都方便、公司加农户有保障的朝天椒产业,使贫困户从根本上摆脱贫困。10月中旬,经与有关部门协调,把价值5万元的500余袋化肥送到了贫困户的家中。贫困户李腾尧去世后,单位组织全体同志捐资1000元送到其家属手中用于处理老人后事。

脱贫攻坚

【概述】 芮城县扶贫开发中心成立于2015年5月,主要为全县扶贫开发工作提供服务保障;负责全县扶贫开发工作的组织、协调、综合指导与管理。两年来,县扶贫开发中心认真贯彻落实中央、省、市、县关于扶贫开发工作的指导精神及县委、县政府交办的各项工作,按照“四年脱贫、一年巩固,全面脱贫、力争小康”的目标任务和有计划、分梯次脱贫摘帽原则,以脱贫攻坚为核心,以建档立卡“回头看”摸清底数为基础,制定发展规划,健全扶贫机制,强化扶贫责任,2017年共完成1203户2980人贫困人口脱贫,风陵渡镇王瑶村、阳城镇江口村、大王镇陈常村3个贫困村脱贫摘帽的目标任务。

【组织领导】 2017年,成立了脱贫攻坚领导小组,实行党政主职责任制。同时还成立了由张建军县长担任组长的易地扶贫搬迁领导小组和光伏扶贫工作领导小组,由杨建庭部长担任组长的干部驻村帮扶工作领导小组;针对金融扶贫成立了金融扶贫工作领导小组及风险补偿金管理委员会。各乡镇书记、乡(镇)长与县脱贫攻坚领导小组签订脱贫攻坚责任书,各单位与帮扶村签订帮扶责任书。通过双签“军令状”,层层传递工作压力,确保责任到人,落实到位。党政“一把手”担负起第一责任人职责,切实把脱贫工作放在心中、抓在手上,亲自研究部署、督查推进、协调落实;各相关部门发挥各自职能,密切协同配合,形成工作合力,实行联动攻坚。

【干部驻村帮扶】 2017年,坚持县、乡、村三级联动,驻村干部和贫困户结对帮扶全覆盖。四大班子领导每人包联一个贫困村联系2个贫困户,县直部门抽调270名党员干部组成87个驻村帮扶工作队;352名乡镇包村干部、30名农村第一书记和1000余名村干部,三支力量和贫困户结对做亲,实现“一村一组、帮扶到户”的精准扶贫。同时成立了干部驻村帮扶工作督导组,通过定期组织督查、明察暗访,对干部驻村工作进行全督查,专门对各乡(镇)、县直各驻村帮扶单位驻村帮扶工作、保障措施落实情况进行定期督导,发现正反两方面典型,全年就干部驻村帮扶工作通报了5次“黑红名单”,确保干部驻村帮扶工作有序推进。

【挂图作战】 2017年,扶贫办通过深入调查、充分摸底,对全县17个贫困村、部分贫困人口多的非贫困村制作了挂图作战任务图;贫困户配合帮扶干部填写了《运城市脱贫攻坚入户手册》《运城市脱贫攻坚帮扶手册》、结对帮扶责任状，悬挂了贫困户结对帮扶责任牌和政策牌，进一步把脱贫任务和责任落实到各村、各帮扶单位，脱贫措施落实到户、到人，明确了扶持谁、谁来扶、怎么扶等问题，确保各项措施有的放矢，精准发力。

【易地扶贫搬迁】 2017年，全县易地扶贫搬迁的市定目标为700人，按照“政府主导、群众自愿，量力而行”的原则，前期经过各乡（镇）对搬迁对象摸查核准后，实际完成了8个乡（镇）940人的搬迁任务，超额完成了240人，包括建档立卡贫困户344户740人、同步搬迁48户200人，共建设了集中安置点15个，其中整自然村搬迁2个，涉及搬迁人口277人。

【产业扶贫】 2017年，以增加群众收入为核心，采取“公司+合作社+贫困户”“合作社+基地+农户”等合作方式，扶持壮大全县农业产业，共投入财政资金215.6万元帮助5个贫困村200余户群众发展花椒交易、生猪养殖等项目。利用精准扶贫到户项目，在10个村投资114.97万元扶持300余户贫困群众发展养牛、养羊、养鸡、菊花种植等项目，切实带动贫困户通过增加收入脱贫致富。

【金融扶贫】 2017年，在农村商业银行、邮储银行投入风险补偿金300万元，支持扩大金融扶贫投放力度，通过“公司+基地+农户”发放贷款738万元，间接带动500余人脱贫致富，同时为525户贫困户发放小额贷款2397.25万元，贴息36.6万元，完成市定任务的122.3%，用于贫困户发展种、养殖业等产业类项目，有效解决了贫困户产业发展资金匮乏的问题。

【教育扶贫】 对2016年审核通过的110名接受中职中技、高等职（专）业教育的贫困学生，每人补助2000元，发放补助22万元；2017年“雨露计划”目前正在报名阶段。同时对参加2017年普通高考并被录取，就读二本B类以上普通本科院校的43名大学生，补助资金21.5万元。通过实施雨露计划教育扶贫等，解决贫困户因学致贫问题，确保贫困代际传递得到有效遏制。

重要会议

政协第十届芮城县委员会第二次会议

2017年,3月24日上午，中国人民政治协商会议第十届芮城县委员会第二次会议在党政大楼西三楼会议室隆重开幕。会议应到委员163人，实到委员158人，符合规定人数。县委书记、风陵渡经济开发区党工委书记董旭光代表中共芮城县委向大会的胜利召开表示热烈祝贺。董旭光对政协工作者和全体政协委员提出四点希望:一要坚持围绕中心、服务大局,在推动经济发展上贡献政协智慧。二要坚持情系群众、履职为民,在推进民生改善上彰显政协力量。三要坚持解疑释惑、团结鼓劲,在促进社会和谐上发挥政协优势。四要坚持善谋善为、创新发展,在加强自身建设上展现政协活力。县政协主席杨琳向大会作工作报告。县政协副主席王建业向大会作十届一次会议以来提案工作情况的报告。

政协第十届芮城县委员会常务委员会

政协第十届芮城县委员会常务委员会第二次会议于3月14日召开，县政协主席杨琳,县政协副主席王建业、刘百威、时定乾及秘书长李高为、县政协常委等出席会议。政协专委会主任、机关工作人员列席会议。会议由王建业主持。会议协商讨论并通过了2017年政协常委会工作要点以及有关人事任免,审议通过了政协第十届芮城县委员会常务委员会工作报告、提案工作报告及第二次会议有关文件。

政协第十届芮城县委员会常务委员会第三次会议于3月23日召开,表决通过了《关于接受赵伟兵同志辞职请求的决定草案》。

政协第十届芮城县委员会常务委员会第四次会议于7月21日召开,会上,县委党校副校长董耀丰对习总书记视察山西讲话精神、省委十一届四次全会精神和“5.25”市委常委(扩大)会议精神进行通俗易懂、结合实际的学习辅导。王建业作《关于畜禽粪污处理调研报告》情况说明。政协常委围绕调研报告进行认真讨论,并提出诚恳的意见和建议。县政协主席杨琳、县委常委、常务副县长赵自成,政协副主席王建业、刘百威、时定乾及秘书长李高为、县政协常委、专委会主任、机关工作人员参加会议。畜牧、环保、农委等部门负责人列席会议。刘百威主持会议。

政协第十届芮城县委员会常务委员会第五次会议于9月7日召开，贯彻学习市委四届三次会议和市政协四届三次会议精神,围绕光伏领跑技术基地农光互补种植油牡丹项目建言献策。县政协主席杨琳,县委常委、统战部长、光伏基地领导组副组长兼办公室主任李跃刚,县政协副主席王建业、刘百威、时定乾及秘书长李高为,县政协常委、专委会主任及农经、果业、发改、东方日升项日部等有关部门负责人参加会议。时定乾主持会议。政协第十届芮城县委员会常务委员会第六次会议于11月14日在华泰厅召开。县政协主席杨琳，副县长杜国强，具政协副主席王建业、刘百威、时定乾及秘书长李高为等出席会议。县政协常委,部分政协委员,政协专委会主任,部分乡(镇)长,果业专家、果农代表参加会议。刘百威主持会议。会议协商通过并讨论了《中共芮城县政协党组关于学习宣传贯彻党的十九大精神的实施意见》,观看了县政协苹果产业发展调研的专题片,听取了《关于推进我县苹果产业发展的调研报告》;与会人员围绕我县苹果产业提质增效这一主题，积极讨论、建言献策,提出了有关加强沟通、引进新品种、加大宣传力度、抓好落实等方面的意见和建议。

常委会工作

【党建工作】 2017年,县政协常委会始终把加强思想政治建设放在首位,抓好理论学习,坚持正确的政治方向。自觉以中央大政方针和省委、市委、县委决策部署统一思想,汇聚力量,引领事业。按照中央、省委、市委要求和县委的安排部署,深入推进“两学一做”学习教育常态化制度化、开展“维护核心见诸行动”主题教育活动,落实“四大讲、四增强”工作要求,严肃认真抓好系列讲话、党规党纪的学习,通过集体学习、辅导培训、交流研讨、干部在线学习、微信答题、主题活动、诵读《党章》、重温入党誓词等形式,进一步规范党组织和党员行为,增强了“四个意识”和党性修养。一年来,共组织集体学习60多次,主题研讨8次,学习通报、展览14次,微信考试20多次。

县政协党组始终坚持党对政协工作的领导,狠抓党建职责的落实。政协机关支部制定了《党建工作要点》《“三会一课”示范点创建工作方案》,明确了丅作目标,进行了责任分解。扎实推进“三基建设”,编制形成了《县政协岗位责任书》《县政协制度汇编》《县政协应知应会手册》等,基础工作更加规范。开展了“六个集中整治”活动,机关“三会一课”按制度落实,党费及时足额收缴,党员信息重新采集,接转组织关系手续规范。先后召开了10次支委会,8次党员大会,4次党课,做到了规划在前、议题突出、资料齐全,实现了党建工作的全程留痕。

认真组织学习贯彻习近平新时代中国特色社会主义思想和党的十九大精神。制定学习方案,采取主席班子“会议学”,常委委员党校老师“辅导学”,机关党员“畅谈学”,发放学习资料“原文学”,党组成员“宣讲学”,微信平台“空中学”等多种形式,通过反复读、立体学,真正在学懂、弄通、做实上下功夫。自觉用习近平新时代中国特色社会主义思想,武装头脑、指导实践、推动工作。不断增进政治认同、思想认同、情感认同,提高政治站位,强化政治意识,增强政治定力。

【民主监督】 2017年,县政协充分发挥提案监督作用,采取政协领导领衔督办重点提案、提案委员会全面督办等方式,促进提案的办理落实。一批社会关注的重点、热点问题和群众较为集中的利益诉求得到了有效解决。特别是结合贯彻党的十九大精神,根据中办发〔2017〕13号文件《关于加强和改进人民政协民主监督工作的意见》及省委、市委有关文件精神和县政协年度工作安排,县政协组织由各民主党派、工商联和政协委员以及社会人士参加的三个民主监督工作小组,深入县人力资源和社会保障局、县工商和质量监督管理局、县公安消防大队三个单位,开展民主监督工作。通过在网络媒体征询、召开会议、进行座谈、书面问卷、实地走访等方式,对被监督单位进行认真调查了解和分析评判后,形成民主监督意见,并召开民主监督意见反馈会进行了通报。县政府分管副县长参加反馈会并对分管单位提出整改要求。这次民主监督社会反响良好,达到了推动县委、县政府决策部署落实,促进行政执法单位改进工作作风、依法行政,维护群众利益、解决实际问题的目的。

【调研视察】 2017年,县政协紧紧围绕县委、县政府工作中心,以调研视察为履职抓手,认真研究,精心选题,深入开展调研视察。先后组织人员就芮城县日间照料中心和县中心养老院运行情况、精准扶贫工作、光伏领跑基地项目建设、全域旅游工作进行视察,提出了许多具体可行的意见和建议,助推了这些工作的开展。按照“求精品、重实效”的要求,通过听取汇报、实地查看、外出考察等形式,对关系全县发展大局的畜禽粪污处理、农光互补种植油牡丹、苹果产业发展等进行专题调研,形成了《关于畜禽粪污处理的调研报告》《关于光伏领跑技术基地农光互补种植油牡丹项目的调研报告》《关于推进我县苹果产业发展的调研报告》等调研成果,报送县委、县政府决策参考。

【提案办理】 县政协十届二次会议以来,广大政协委员和政协各参加单位,以服务发展为第一要务,围绕县委、县政府的工作中心,结合本县经济社会发展情况以及人民群众普遍关心的问题咨政建言、献计献策。十届二次会议共收到提案112件,根据《政协提案工作条例》规定,经大会提案审查委员会审查,立案71件,并案6件。其中团体提案3件、委员个人提案54件、联名提案14件,作为建议和社情民意转送有关部门41件。特别是从经济发展、文化教育、城市建设等方面,经过认真协商讨论，有10篇立意新颖、主题突出、文风短实的建议在大会上作了议政发言。开展了重点提案跟踪督办。七至八月份，提案委员会组成人员在分管副主席的带领下，深入到果业中心、住建局、民政局、教科局、移动公司、卫计局、交通局、公路段、风陵渡镇政府等重点提案的办理单位进行督办。通过召开座谈会、听取办理情况汇报、征求提案人意见、实地查看落实情况、主动介入协调提案办理过程中的困难和问题，搭建了政协委员和职能部门之间相互沟通理解的平台，确保了提案办理的落实率，提高了提案办理的满意率。截至2017年12月底，所交提案全部办理完毕。从收到的反馈意见看，委员对办理结果均为满意或基本满意。提案建议的采纳和落实为促进发展、改善民生发挥了积极作用。提案中的意见和建议，对县委、县政府精准施策提供了有益参考。

【社情民意信息】 2017年，县政协着力培养广大政协委员的国家情怀、大局意识，树立忧国忧民的思想，从全市、全省、全国着眼，撰写了一批较好的社情民意信息。全年共收集编写报送社情民意信息115篇，其中省政协单篇采用1篇，报送全国政协8篇，转送1篇，市政协采用78篇。特别是《建议修改<辞海>中吕洞宾相关词条》《建议将西侯度遗址作为第二届全国青年运动会圣火采集地》《农村集体资产进入农民专业合作社存在困难》等5篇信息被全国政协单篇采用或综合采用，开历史先河。对于把西侯度确立为2019年全国第二届青年运动会圣火采集地起到了积极作用。社情民意信息工作在省市政协系统排名处于领先地位。

【精准扶贫】 2017年，县政协把助力脱贫攻坚作为重大政治责任，倾心倾力精准扶贫工作。政协机关所包的大王镇陈常村，依托传统谷物种植优势，成立了“秀餐谷物专业合作社”，共向上级争取扶贫资金50万元，自筹资金80万元，完成了钢结构厂房建设、场地硬化、加工设备安装调试，共加工谷物40吨，产业扶贫迈开新步。同时，携手亚宝药业落实香椿种植面积214亩、中药材种植面积223亩，为农民增收拓宽了渠道。积极争取三管局移民资金30万元，整修村级道路，方便了群众生产生活。2017年，该村共有44户111人脱贫。县委、县政府授予政协驻村帮扶工作队“模范工作队”。县政协干部、驻陈常村第一书记焦戟锐，荣获全市“干部驻村帮扶农村模范第一书记”荣誉称号。运城电视台《第一时间》对政协帮扶工作进行了关注报道。同时，县政协副主席王建业同志所包的大王镇金盆村成立了“运强香椿专业合作社”，吸纳贫困户参与，免费为贫困户发放树苗，现已发展香椿1100余亩。副主席刘百威同志所包的西陌镇上庄村，投资230万元成立了芮城县天基正方农业发展有限公司，发展养羊产业，吸纳11户贫困户参股分红，并且实现了集体经济零突破。副主席时定乾同志所包的陌南镇石坡村发展花椒基地1300余亩。

【对外宣传】 2017年，县政协为宣传芮城悠久历史、厚重文化，按照年初工作计划，组织编撰对外宣传书籍《古中国核心地——芮城》一书。通过广泛征求专家和各界人士的意见建议，经过反复讨论酝酿，形成编撰工作方案,并组织力量围绕县域概况、旅游景点、农特产品、人文轶事、古魏名人、非遗文化、文物古迹等12个部分进行撰写,目前编辑工作基本完成,年内即将出版发行,力争使这本书成为"县志的浓缩版",成为本地人熟知芮城、热爱芮城,外地人了解芮城、欣赏芮城的实用型书籍。加大政协工作的外宣力度,根据政协工作进度,及时在报刊发表工作动态文稿80多篇。政协机关的宣传栏,确保每季一更换,做到了宣传、展示不断档。县政协还利用"芮城政协微信公众平台" 及时传达贯彻上级会议精神，发布政协工作动态，展示委员履职风采,全年已在平台上发布稿件100多篇,因其传播快、受众广、形式新,成为服务政协、宣传政协、了解政协的一扇窗口，展现了协商成果,扩大了芮城影响。

【公益事业】 为帮助更多的贫困白内障患者复明,县政协向全体政协委员发出倡议,第二次开展由政协常委、清泉寺主持释果恩发起的清泉复明捐款活动，共捐款17700元,为33位白内障患者发放善款,人均达到500多元,用于帮助解决患者个人支付部分,大大减轻了贫困白内障患者的家庭负担，在社会上引起了强烈反响。在县政协的精心组织和大力倡导下,委员们崇德向善,积极参加社会公益活动。姚兴茂、常林阳、王帅等风陵渡片区政协委员,共为贫困户、大学生和社会公益事业捐助钱物累计达10余万元;吕红娟委员带领芮城爱心协会先后开展关爱空巢老人、留守儿童、残疾人公益活动47次,呼吁社会爱心人士、志愿者为贫困大学生筹集善款近4万元；牛绪茹委员呼吁社会各界为因病致残的风陵渡北曲村贫困户刘建国捐赠爱心款物5万余元;石泽平、王国杰委员,情系我县特殊教育学校的孩子,为他们送去了5000元现金和100余套洗漱用品;张林平、葛传达委员放弃了休息日,在临近年关之际,到贫困村为群众义写春联,送去新春祝福。

【交流联谊】 2017年,县政协常委会注重加强与上级政协及县外政协组织的交往与联系,开阔工作视野,推动交流合作。全力配合省市政协来芮对本县集雨节水灌溉工程、城乡教育一体化改革落实情况、社会主义核心价值观建设、深化行政审批制度改革、文化旅游产业发展、宗教场所规范化管理工作、全域旅游发展情况等进行专题调研，形成了有情况、有问题、有分析、有建议的调研报告,得到上级政协的充分肯定。先后组织委员到四川成都邛崃市、陕西白水、洛川、延安安塞区、宝塔区、山东寿光市、栖霞市、牟平区等地进行考察学习交流。认真做好内蒙古喀喇沁旗政协、河南省新安县政协、本省吕梁市离石区政协、晋中市灵石县政协、平遥县政协、本市夏县政协等来芮学习考察的接待工作，在交流合作中架起了联谊桥,获取了新经验,提高了芮城对外知名度。

中国共产党芮城县纪律检查委员会

纪律检查

【全面从严治党】 2017年，县纪委监委牢牢牵住全面从严治党主体责任的“牛鼻子”，通过压实主体责任、全面履行监督责任和严肃问责追责三项措施，开创了全面从严治党新局面。县委23次召开常委会议、书记专题会议，加强对党风廉政建设和反腐败斗争重点工作的组织领导、研究部署和推进落实。县委中心组先后组织开展了9次关于习总书记全面从严治党重要论述、党纪法规知识的学习研讨活动。县委书记董旭光与9名县委班子成员分别进行谈心谈话，参与约谈28人次。县委常委班子成员对其分管范围内的单位一把手进行提醒谈话，对相关责任人约谈共计89人次；全县各级纪检监察机关全年对10个乡镇、64个县直单位，5366人次党员干部进行了廉政审查，提出否决意见72人次；全县共有60名党员领导干部因落实责任不力被问责，给予党纪政务处分24人，组织处理36人。其中，单位“一把手”31人。同时加大对环保领域问题的问责力度，保证党中央重大决策部署的贯彻落实。全年共查处6案25人，给予党纪政务处分19人，组织处理6人。

【落实“中央八项规定”精神】 2017年，县纪委监委紧盯重要时间节点，持续组织开展落实“中央八项规定”精神的监督检查活动，持续加大对违规操办婚丧外宴请不正之风的整治力度，深挖细查“四风”问题。全年抽调人员160余人次，开展“四风”问题检查55次。协调组织办公用房、公务用车、接待用酒集中排查整治工作，立案查处3件。发现工作作风懒散、工作纪律松弛、“中梗阻”式腐败问题线索14个，给予党纪处分9人，问责2人。县委书记、纪委书记对14个单位“一把手”进行集体约谈。全年共查处违反中央八项规定精神案件5起，给予党纪政务处分10人，组织处理24人，在市县两级公开通报典型案例3起。

【廉政教育】 2017年,县纪委监委充分发挥廉政警示教育基地作用,积极利用现代信息技术,拓展教育范围,提升教育效果。全年接受基地和网络教育的党员干部达到8960人,其中农村"两委"班子成员880余人。并先后开展了家规家训楹联展、廉政书画主题展、廉政视频征集联播、预防职务犯罪知识展览等活动。在部分机关单位和乡镇分别建立了廉政文化长廊和以廉政、德孝、家风为主题的廉政广场、廉政街巷,进一步增强了廉政文化的感染力、渗透力。

【"群腐"问题治理】 2017年,县纪委监委始终把查处侵害群众利益的不正之风和腐败问题作为增强群众满意度、获得感,厚植党执政根基的"民生实事"来抓。通过畅通信访举报渠道,规范线索处置,对涉农资金项目、扶贫项目进行大起底、大排查和加强重点问题线索的督办查办等工作,深挖细查"群腐"问题、扶贫领域形式主义、官僚主义和腐败问题。全年共立查"群腐"案件118件,给予党纪政务处分118人次;立查扶贫领域案件6件,给予党纪政务处分22人,通报批评4人。严肃查处了大王镇磨涧村向易地扶贫搬迁户违规收取费用的问题,11名乡村组干部被追责问责。

【执纪工作】 2017年,通过集中办案、周汇报、月通报、现场督办、约谈警示、定期研判等措施,县纪委监委加大执纪审查力度,全年共处置反映问题线索443件,同比增长20.71%。其中,立案244件,同比增长59.48%;结案224件,同比增长53.42%;给予党纪政务处分221人,移送司法机关3人。腐败存量进一步减少,腐败增量得到有效遏制。同时积极践行"四种形态",把谈话函询作为问题线索处置的重要方式,灵活运用谈话、函询、谈话+函询三种形式,提高问题线索处置的效率和质量。全年谈话函询143件,给予组织处理50人。

县纪委约谈相关单位负责人

【巡察工作】 2017年,县委巡察办共开展了三轮巡察,完成了11个县直单位、7个乡镇、14个建制村的巡察工作,启动了第四轮6个县直单位的巡察工作,累计发现被巡察党组织各类问题356个,其中立巡立改问题103个、问题线索81件,共立案12件,给予党纪政务处分21人,移交司法机关2人。同时成立了"回头看"专项巡察组,对已经完成巡察整改的单位分3个批次进行了巡察整改"回头看",通过查责任落实、查问题整改、查建章立制、查群众评价,发现巡察反馈整改不到位不彻底的问题23个,新发现问题25个。通过县级领导亲自抓分管单位的整改工作,压紧压实整改责任，保证问题见底、整改到位。

监　察

【监察体制改革】 2017 年 3 月 27 日，芮城县监察委员会正式挂牌成立，与芮城县纪律检查委员会合署办公。新增 2 个执纪审查室，13 名涉改转隶人员顺利到位并投入工作。改革后，反腐败力量更加集中统一、权威高效，立案查处数量、处理人数都较去年同期实现了大幅度增长，且查结两起涉法案件，两案 3 人全部移送司法机关，法院均已依法作出有罪判决，开局实现了“1+1>2”的效果。同时按期完成了县乡纪检监察机构“全覆盖”工作，组建了 13 家县级派驻纪检监察组，赋予 22 名乡镇专职纪检干部监察员身份，设置了 172 名村级监察联络员，打通了国家监察“最后一公里”。

【队伍建设】 2017 年，县纪委监委始终坚持打铁必须自身硬的要求，坚持问题导向，坚持严字当头，坚持刀刃向内，从思想政治建设、业务能力提升、组织创新和自我监督四个方面全面加强纪检监察队伍建设。组织和督促全体机关干部通过集中学习、专题研讨、知识测试、个人自学等方式，深入学习“4 个一”工作制度、“1+4”10 项制度体系和执纪审查工作安全规范。同时制定完善执纪监督监察工作制度，严格执行集体研究决策、全过程审核把关、请示报告等制度，明申“三条禁令”，明确“八小时之外”行为规范，用高标准严要求打造出了一支忠诚坚定、担当尽责、遵纪守法、清正廉洁的纪检监察干部队伍。

民革芮城支部

【维护核心】 2017年,民革芮城支部全体党员加强政治理论学习、全面提升民革党员的政治素质,坚决维护中国共产党的领导,坚持“四个自信”,不断增强“四个意识”,把思想和行动统一到县委、县政府的决策部署上,为芮城生态文明建设尽职尽责。2017年,在民革市委组织的“不忘合作初心、继续携手前进”征文暨诵读活动中,民革芮城支部获得集体二等奖,党员杨明园获得征文一等奖,任照国获得二等奖。

【队伍建设】 2017年,民革芮城支部坚持做到内强素质,外树形象,要求每位民革党员在加强政治学习前提下,积极投身本职,服务社会。同时,不断吸收政治站位高、工作能力强、热爱统战工作的年轻人进入民革组织,2017年吸纳了3名新党员。

【参政议政】 2017年,全体民革党员围绕县委县政府决策部署,关注社会经济、扶贫、民生、医疗、教育等热点和难点问题,积极建言献策,为社会和谐发展尽心尽责。市政协委员、县政协常委任照国主委提出《关于精准扶贫工作的几点建议》《关于收割机作业中粮食浪费的建议》,县政协委员杨明园提出《市容整治中应体现人文关怀》,得到有关部门高度重视。支部主委任照国8月14—18日在县政协组织下赴陕西汉水、洛川、安塞及山西吉县等苹果产区开展调研并积极配合纂写调研报告,服务“三农”,服务社会。

【服务社会】 2017年,支部全体党员在各自工作岗位上默默奉献,积极投身公益事业,服务社会。律师蔡红卫在每个开学季到南街小学等积极开展法律课堂讲座,普及法律知识,利用节假日及公休日为群众提供免费咨询,解决法律纠纷;任照国多次在县委党校免费为村委“两干”等讲授农业现代科技等等。任照国、蔡红卫两位党员同志荣获芮城县委、县政府2017年“优秀高级专业技术人才”称号。

【祖统工作】 2017年支部党员任照国与杨明园在民革市委组织下赴重庆和四川成都参加“访故居,走多党合作之路”接受爱国统一战线教育，感受民革先辈们的爱国情怀与实现祖国和平统一心愿，支部每位党员都积极订阅《团结报》,手机下载安装“团结网”,加强学习和掌握统战工作动态，为早日实现祖国统一做出贡献。

民盟芮城总支

【参政议政】 2017年,民盟芮城总支组织盟员学习十九大报告和习近平总书记系列讲话精神。并指导盟员书写学习十九大心得体会。2017年,指导民盟芮城总支成立书画摄影兴趣小组。2017年,在统战部领导带领下,学习参观本县光伏基地建设，了解其工作原理和建设概况。

【建言献策】 2017年,民盟芮城总支组织盟员深入调查研究,走访有关部门,广泛听取人民群众的意见和建议,提交了《关于我县公厕管理的建议》《关于脱贫攻坚的思考》《关于在县城内严禁燃放烟花爆竹的建议》《加强校园文化建设,打造高品位的学习乐园》等提案。积极参与芮城“四城联创”“生态文明县”等调研工作。深入体察民情,积极反映社情民意。各支部盟员撰写的《对停车难的思考及建议》《关于促进教育公平、合理配置教育资源的建议》《关于大力推进文化旅游产业发展的建议》《对我市精准扶贫工作的建议》《对抓好我市“三去一降一补”工作的建议》等信息上报给县政协或盟市委。

芮城县工商联

【商会组建】 2017年3月,完成了第十三届县工商联(总商会)的换届工作,选举产生了新一届工商联(总商会)领导班子和执委;组建风陵渡镇、阳城镇、大王镇、学张乡、陌南镇基层商会5个，成立芮城县总商会北京、杭州、西安外埠商会3个;按照“团结、服务、引导、教育”会员发展的方针,共有会员356人,吸收非公经济领域的各类代表人士80余人,拓宽健全基层商会组织网络，夯实商会发展基础,切实提高会员队伍质量,呈现出较快增长和量质并举的良好态势。

【基础调研】 2017年，省工商联副主席、省非公和社会组织工委副书记梁荣，市委统战部副部长、市工商联党组书记刘增辉调研非公企业党建和“五好”县级工商联建设工作。

【服务企业】 2017年,工商联针对全县非公经济企业普遍存在的融资难、融资贵的问题,积极协调银企关系,搭建融资平台,为大禹生物、天之润枣业等6家非公企业协调融资

1800余万元，解决了部分企业的融资难题。召开了“芮城县工商联(总商会)十三届一次、二次主席会长(扩大)会议”,邀请专家辅导，及时疏导和引导兽药企业学习国家新的政策,组织专题培训,邀请芮城籍在京人才、大北农集团董事长赵亚荣为相关兽药企业讲解政策，及时化解和解决兽药行业中因政策不清、盲目蛮干、恶性竞争的问题;为加强年轻企业家之间的交流，使非公经济人士有获得感，通过组织引导企业家参加市联组织的非公企业家红色教育以及年轻一代企业家理想信念教育培训班、十九大精神浙大培训班,引领新一代年轻民营企业家的健康成长，强化做好传帮带工作,营造了优商、营商、培商的良好氛围。

【精准扶贫】 2017年,运城市“百企帮百村”精准扶贫现场会在芮城召开。亚宝药业集团分别在大王镇尚村、永乐镇历山村、风陵渡镇东章村实施红香椿产业帮扶项目，种植650余亩,产生效益达800余万元,形成产供销研一体化模式,受益农户达295户678人;西建集团、丰海果业、惠丰果业、同济药业等企业依托产业优势,开展了“一对一”的产业帮扶、教育帮扶、就业帮扶等多种形式精准扶贫。

【金秋助学】 2017年,副主席企业大禹生物组建的“芮城县爱心公益志愿者协会”,发展会员200多人，开展了30多次爱心公益活动,还组织广大员工奉献爱心,先后共捐款捐物100余万元,资助贫困学生、孤寡老人500余人次;县工商联、亚宝集团共同举行2017年“金秋助学”助学金发放仪式,为24名贫困大学生发放助学金5.1万元。

【形象展示】 2017年,县工商联荣膺“全国五好县级工商联”,被县委、县政府评为“先进单位”“凤还巢”工作先进单位。风陵渡商会荣膺“省级四好基层商会”,与陕西省潼关县缔结为友好商会,召开异地“凤还巢”恳谈会4场次,通过系列活动,进一步加强政治引导,凝聚思想共识。

群众团体

芮城县总工会

【基层工会组建】 2017 年，县总工会持续推进“三告知、两报告、一宣誓”标准建会程序的落实，新建工会 2 个，发展会员 182 人；行政事业单位工会，组织建设逐步完善，工作走向规范；企业工会达标升级，作用发挥越来越明显；特别是乡、村两级工会，统一配置了版面、牌子，明确了工会主席，逐步实现了工会组织全覆盖和工会会员电子化档案管理。

【维权工作】 2017 年，县总工会参与签订集体合同和工资集体协商 82 家，占应签订的 83%；通过职代会这一有效形式，推动企事业单位厂务公开和民主管理逐步普及完善，县工会荣获全省厂务公开民主管理先进单位；加大与财政部门协调配合，建立了农民工讨薪应急救助金，到位资金二十万元，全力保障农民工权益；与人社部门联合调查，督促检查，推动了职工带薪休假制度的落实；规范完善了工会会员应该享受的福利待遇，制定下发了相关文件，工会组织作用愈加明显，有效地调动了广大干部职工的工作积极性。

【职工心理健康室】 2017 年，县总工会积极参与全县重点项目“职工心理健康室”建设，截至 6 月 30 日，投资 12 万元的职工心理健康室，已按照设计要求全面竣工，提前半年时间达到预期目标。

【服务职工】 2017 年，县总工会深入基层开展工作常态化、制度化，先后深入 11 个企业，走访职工 120 户，发送《中华经典》口袋书和安全知识宣传扑克 3000 副。

【脱贫帮扶】 2017 年，县总工会 12 次深入包联的杜家村，通过调研摸底，制定了《杜家村 2017 年驻村帮扶计划》，对村级经济破零进行了 3 万元资金扶持，全村 40 户贫困户建立了帮扶台账，实行了党员干部结对帮扶，实现稳定脱贫3户6人。

【工会改革】 2017年,县总工会结合芮城实际,起草了《芮城县总工会改革实施方案》,实现了全市9月底以前完成改革方案制定的进度要求。按照能改即改、先易后难的方法和思路,进一步修订完善了《芮城县总工会机关干部联系职工制度》《芮城县总工会机关干部深入基层调研制度》《芮城县总工会学习制度》《芮城县总工会财务收支管理制度》等。在内设机构改革中,按照"向上对口、朝下适应"的原则,提出了保留办公室,增设维权部、组织部、经济技术部三个部室的改革构想,并向县编委上报了增设机构编制的报告。优化县总领导班子结构。按照改革要求,领导班子成员拟配备3名兼职副主席和1名挂职副主席,并根据县委要求进行了人选推荐。

中国共产主义青年团芮城县委员会

【团建工作】 2017年,共青团芮城县委开展团干部大走访大调研活动,走访全县10个乡镇、县直8所初高中学校,深入了解农村、学校、企业等团组织工作状况。严格团员发展工作,统筹团员发展县域管理,全年全县新发展团员1000名。同时强化团员教育管理,加强团前教育,严格入团仪式。广泛开展团员青年学习教育,重点在团员青年中开展"学习总书记讲话 做合格共青团员"教育实践活动,切实增强团员意识,发挥团员先锋模范作用,强化团员的先进性和光荣感。

【共青团改革】 2017年,团县委研究制定了《共青团芮城县委改革实施方案(草案)》,经县委常委会讨论同意后,于9月28日正式印发。12月12日召开全县团少系统改革推进会,下发年度考核方案,重点围绕思想建设、组织建设、团属阵地建设等7个方面进行考核,同时要求各中小学对团队衔接、团员档案管理、团学活动开展等工作进行自查和整顿。

【青少年思想政治引领】 2017年,团县委在全县团员中组织开展了"学雷锋""清明祭英烈 共铸中华魂""我的中国梦""寻找向上向善好青年""德孝文化进校园""十八岁成人礼""纪念一二九运动"等各类主题教育活动,引导团员青年积极践行社会主义核心价值观。五四期间,开展"高举团旗跟党走,立足岗位献青春"系列活动。4月28日,在县体育场隆重举办纪念五四运动九十八周年入团仪式集中示范活动、优秀青年先进事迹报告会和图片展系列活动。图片展包含了全县43个团组织的74块展板,内容分为光荣的历程、青春的誓言、习近平总书记对青年的寄语三大板块。5月4日,以"学团史、知团情、坚定信心跟党走"为主题,邀请市委党校教授和优秀教师在县会展中心为县直4所高中的800名团员学生上团课。七一期间,开展"知党情感党恩跟党走"主题党日活动,组织团干部赴阳城镇韩王村、中庄村缅怀革命先烈,听老党员讲英雄事迹,接受革命传统和党性教育。党的十九大召开后，在全县团少系统开展了十九大精神宣讲活动。

【助学助困】 2017年,团县委在阳城镇杜庄辖区开展“七彩假期”关爱留守儿童活动,聘请了两名优秀教师对辖区内共计50余名留守儿童进行了为期15天的学业辅导。8月份,为本县10名家庭特困大学新生争取希望工程助学金共计5万元。10月份,在阳城镇三星希望小学建成本县第一间三星智能教室,配备平板电脑、笔记本电脑、打印机、投影机、电脑桌椅等,帮助农村学校提高数字化教育水平。12月份,为10名特困中小学生争取到希望工程奖学金共计1万元。

【服务青年】 2017年,团县委联合县农委,依托大美条山农业开发有限公司(京东芮城馆)网络平台，对33名农村青年进行电商培训。同时全年共推荐50余名农村青年参加市、县人社局举办的创业+电商培训项目。“七夕”佳节到来之际,团县委联合县总工会、县妇联在

团县委在阳城镇三星希望小学建成全县第一间三星智能教室

丽都大酒店五楼宴会厅举办“七彩缤纷 难忘今夕”青年联谊交友活动,共有100余名单身青年男女报名参加，为广大青年朋友搭建了交流互动的平台。

【青春志愿服务】 2017年,团县委组织30余名青年志愿者在柴涧村敬老院开展了“学雷锋——敬老爱老送真情”志愿服务活动。全县各级团组织在团县委的号召下，相继开展了环境保护、敬老爱老、爱心义卖等多种形式的青年志愿服务活动。植树节期间,团县委在陌南镇圣天湖开展“共建青年林 保护母亲河”义务植树活动，共栽植苗木300余株。4月份,组织13名青年志愿者陪护特殊教育学校儿童在寿圣公园开展社会实践。高考期间,组织60余名青年志愿者开展“爱心助考——为梦想护航”青年志愿服务活动,为全县考生及家长提供饮用水、应急文具、免费医疗等便捷服务，爱心助考车随时随地为考生提供免费接送服务。7月份,在全县农村环境集中整治中，团县委发出招募刷写乡村文化墙志愿者倡议书,共招募志愿者50余名,为阳城镇政府、风陵渡镇三焦村、北曲村、中基村、候峰村设计与刷写乡村文化墙共计1000余平方米。11月8日,CCTV-7“美丽乡村快乐行”在本县圣天湖进行节目录制,团县委招募20余名青年志愿者,为栏目组提供服务。

【青少年维权】 2017年, 团县委积极协调公安、司法、教育等部门开展好法治进校园活动、未成年安全自护教育,切实增强青少年的

法制意识和安全意识，预防校园欺凌。全年在全县初高中持续推行“守护青春”山西省青少年法治广播节目，每周一期在校园广播中播放。印制未成年人保护“两法一条例”宣传手册1000份面向学校、社会发放。

【少先队工作】 2017年，六一期间，团县委与县党史办联合在全县中小学开展“学党史、知党情、颂党恩、跟党走”主题实践活动。七一期间与县教科局联合举办“喜迎十九大——我向习爷爷说句心里话”主题演讲大赛。同时建立健全校园黑板报、宣传栏、红领巾广播站、少先队室等活动阵地，以少先队主题队日、主题班队会等形式，全年先后开展了“学习雷锋好榜样”“清明祭英烈 共铸中华魂”“颂歌”中国梦·航天梦大赛、“六一”系列活动、“红领巾向党——少先队员展风采”“我是光荣的少先队员”建队节活动、“我的红色报国梦”、《少先队改革方案》宣传学习等一系列丰富多彩的活动，引导少年儿童铭记历史使命，坚定理想信念，听党话，跟党走。

芮城县妇女联合会

【巾帼建功】 2017年，县妇联招募巾帼志愿者300余人开展“助力五城同创 彰显女性魅力”生态文明号——巾帼志愿者服务活动，开辟纪念第107个“三八”妇女节电视专题栏目，传播女界声音，弘扬女性精神；联合县纪委对全县乡镇党政“一把手”、县直重要岗位领导干部家属进行“争当廉内助 共树好家风”警示教育活动，加强对领导干部的教育、监督和管理；举办“展巾帼风采 建生态芮城”大型文艺活动，激发女性干事创业的激情和活力。举办“最美家庭、最美家风”事迹报告会，通过发现“最美”、寻找“最美”、传播“最美”，大力弘扬社会主义核心价值观。全县涌现出“全国道德模范”1人；省级“平安示范家庭”1户；三晋最美家庭1户；省级“三八红旗集体”1个；省级巾帼建功标兵1个；市级“最美家庭”8户；“最美女性”22人；县级“最美家庭”44户；“最美女性”52人。

【巾帼关爱】 2017年，六一期间，县妇联在西陌镇沟北小学、阳城镇阳祖小学、大王镇九峰山小学开展了关爱贫困、留守儿童活动，为83名孩子送去了学习用具等；在贫困母亲“两癌”救助活动中，为全县37名患“两癌”的农村妇女争取到每人1万元的救助基金；在“恒爱行动”活动中，招募爱心妈妈30人，编制爱心毛衣、围巾、帽子等，为边疆山区残疾困难儿童送去温暖；在“爱心架起春蕾桥”活动中，联合北京爱心人士资助本县5名贫困儿童，并为其送去生活用品和爱心捐款4000元；在“相伴共读 书香润德”亲子阅读活动中，举办“阅读伴成长 书香飘万家”亲子阅读讲座5场、“梦想起航”家庭教育公益巡回讲座2期。

【巾帼维权】 2017年，县妇联共接待群众来信来电来访18起，经调解，已经息诉罢访案件

县妇联开展“阳光照进山区 真情温暖童心”关爱留守儿童活动

14起,建议其他部门解决1起,建议走法律途径3起;在广大妇女中开展普法宣传教育活动,“三八”期间,县妇联牵头,组织20多个相关单位开展妇女法律维权周宣传活动,广泛宣传男女平等的基本国策和妇女有关的法律法规,强化妇女的法律意识,提高妇女依法维权能力。

【巾帼创业就业】 2017年,县妇联在全县10个乡镇举办8期家政服务月嫂、厨师就业技能培训班;举办了5期女性文化学堂讲座;组织县乡村妇联干部和各类型妇女带头人50多人分次参加省市妇联组织的就业创业技能、晋嫂家政服务、“三晋巧姐”巧手脱贫、巾帼电商创业等,提升基层妇联干部的能力和素质;在市妇联举办的香包脱贫手工技能、“河东家嫂”母婴行业技能等培训和评选大赛,个人荣获一个三等奖,县妇联荣获两个优秀组织奖。

【脱贫帮扶】 2017年,县妇联在学张乡韩张村开展驻村帮扶工作,帮贫困户出主意、想办法、提建议,2017年实现5人脱贫;开展“送温暖 献爱心”慰问困难群众活动,为他们送去了生活用品及春节的祝福,并为该村行动不便的老年人免费义诊和理发;对该村贫困家庭开展了"家庭卫生整治巾帼在行动"爱心志愿“四送”服务活动;“七一”前夕,到西陌石湖、板桥村和学张韩张村慰问贫困家庭26户,妇女老党员5名。

【妇联系统改革】 2017年,县妇联制定出台了《芮城县妇联改革实施方案》,把方案分解为60项具体工作,全面推进妇联“六大改革”,破解“四化”问题。形成了“纵向巩固,横向拓展,统筹城乡、覆盖广泛”的妇女基层组织网络。其中纵向上:县、乡、村三级妇联专兼主席193人,专兼副主席417人,执委3095人,解决了妇联工作力量上多下少的“倒金字塔”问题。横向上:县直妇委会105个、当年新建15个;非公经济组织中建妇委会46个,社会组织中建妇委会22个,织就了一张纵横交错、立体化、多层面的妇女工作网络。

【新媒体建设】 2017年,全县共建微信群260多个,织成了一张妇联工作大网。在“芮城半边天”公众平台发布信息200余条,今日头条发布信息20条。

芮城县文学艺术联合会

【文化下乡】 2017年,文联在春节前开展了文化下乡活动，先后组织书画家60余人,集中8次深入村、镇、企业送春联6000余幅。

【创作成果】 2017年,文联开展作家深入一线生活创作,郭昊英、张继平蹲点全国美丽乡村——陕西礼泉县袁家村，创作了大型室内情景体验剧《再现袁家村》;郭昊英作词、孔云峰作曲并制作成Mp3歌曲《醉美芮城》,在芮城内外广泛传唱，已进入QQ音乐库和百度音乐库；县政法委书记仇红学创作并出版了长篇非虚构文学作品《法佑苍生》,在县内外引起强烈反响;李俊、郭斯航、李康松、相翔等创作并拍摄了普法教育微电影13部,郭斯航编导的微电影《在路上》三天点播量超过16万,李俊《山上有棵树》获宝鸡微电影大赛一等奖。

【业务培训】 2017年,文联邀请《山西文学》主编鲁顺民、《晋国通史》作者李尚师培训授课。郭昊英到县人大、农商银行、芮城中学开展文学讲座。

【文学采风】 2017年8月份,文联先后两次组织县作协、诗联学会、青年作家20余人到光伏领跑项目基地一线进行采风活动，推出了一批反映光伏建设事迹风采的文学作品。邀请垣曲县文联艺术骨干、河津市文联艺术骨干、河南新安县文联骨干、潼关县文联骨干到芮采风。

【“中国楹联文化县”创建】 2017年,文联经过五个月时间的创建活动,10月13日,中国楹联文化县考察验收团莅临芮城县，对全县的“五个一”(圣天湖景区、南街小学、永乐镇诗联文化墙、文化街、府前公园)楹联标志性工程进行了实地查看,通过考察团的验收,11月17日,授予芮城县“中国楹联文化县”的称号。

芮城县科学技术协会

【产业协会发展】 2017年,芮城县成立了农产品开发协会和花椒产业协会。协调邮政储蓄银行和电力部门解决花椒协会会员资金紧张和加工用电问题,带动营养保健行业协会、韩国梨协会、林明果业新技术推广协会、金鹏水产养殖技术服务中心开展活动。全年,营养保健行业协会举办讲座88场,韩国梨协会举办技术培训13次,林明果业新技术推广协会组织观摩1次，金鹏水产养殖技术服务中心举办养殖技术研讨会1次,其中,林明果业新技术推广协会荣获第四批“山西省优秀农村专业技术协会”荣誉。

【科普志愿者队伍成立】 2017年,为了充分调动全县科技工作者和科普爱好者参与科普工作的积极性和主动性,弘扬科学精神,倡导科学方法，科协向全县科技工作者发出号召组建科普志愿者队伍,对响应积极、专业素质过硬的优先纳入，并对初步人选进行考察了解,对确定的正式人选进行培训学习,从而进一步夯实了全县科普工作人才需求的基础，为提高全民科学素质，构建和谐社会，创造美好生活贡献力量。

【全国科技工作者日】 2017年5月30日，作为国务院确定的第一个全国科技工作者日，科协积极响应，参加了市科协组织的学习培训，并对全县各条战线的科技工作者进行了情况调查，充分了解了本县科技工作者的现状，为以后的工作打下了坚实的基础。

【中国流动科技馆芮城第二次巡展】 2017年，4月25日到6月25日中国流动科技馆进驻芮城县进行了为期两个多月的巡展活动，“中国流动科技馆”再一次走进芮城，为公众参与科普、学习科技、体验科学搭建了平台，是广大群众共享科普成果，提升全民科学素质的一次好机遇。科协积极联系有关单位落实场地、安装设备、培训讲解员、营造巡展气氛，坚持日常展览维护，周末节假日不休息，积极协调组织人员参观，有力地保证了巡展正常进行。共组织全县中小学生参观260批次13000余人，县直单位干部职工1500余人，社会公众10000余人。

【扶贫工作】 2017年，科协深入包联扶贫单位神西村，做到科技扶贫、健康扶贫、教育扶贫、产业扶贫。集中时间，深入109户，进一步澄清了神西村贫困户和贫困人口、异地搬迁和深度贫困人口情况，并把500余份有关生产生活扶贫政策宣传页送到每家每户，结合实情积极寻找适宜该村脱贫的产业，结合本村旱地多、适宜花椒种植的实际情况，带领县花椒协会到该村举办花椒种植技术讲座；针对该村光伏占地面积大的实情，引导贫困人口在光伏产业中务工；积极引导18周岁以上的青年参加餐饮服务和互联网培训，从而实现高薪就业。

芮城县残疾人联合会

【残疾人事业推进】 2017年，县残联承担的政府民生实事是350名残疾预防重点干预和残疾儿童抢救性康复项目，1347名残疾人精准康复服务行动任务及市政府对261名有康复需求的残疾儿童和持证残疾人提供康复救助等工作。残疾儿童重点干预和残疾儿童抢救性康复项目：对30名初筛0–6岁儿童提供复筛和残疾诊断服务已完成41名，完成率136.67%；对78名残疾儿童提供抢救性康复服务已完成84名，完成率107%；对240名疑似残疾人提供残疾评定服务已完成724名，完成率301.67%。

2017年，残联针对2016年动态数据库中有需求的残疾人再次进行调查，填写康复需求入户调查表。通过入户调查，精准康复需求总人数为4896人，已为3360人提供了基本康复服务，服务率68.638%提供辅助器具1372人，残疾人基本康复任务1065人，各康复机构已完成任务；为贫困肢体残疾人安装假肢15例，为3名0—17岁肢体残疾儿童安装了矫形器,助听器验配15例。

【重度残疾人护理补贴】 2017年,县残联为3483名一、二级残疾人发放上半年护理补贴104.49万元,下半年在上半年人数上剔除死亡4人、失联2人,共为3477人发放护理补贴104.31万元,两次均通过打卡形式发放到位。

【"一店三基地"建设】 2017年,县残联依托新世纪残疾人实训基地进行了两期草编培训,培训残疾人60人,依托竹之缘竹艺制品有限公司残疾人就业基地,安置21名残疾人就业。

【残疾人"阳光家园"】 2017年,残联继续实施"阳光家园计划"项目,共为50名就业年龄段的智力、精神、肢体残疾人发放居家托养补助3万元。依据市残联文件精神,对承担残疾人托养的西关老年公寓、寿圣社区永乐残疾人托养中心、东垆乡敬老院、西陌镇西陌村日间照料中心、陌南镇东夭村日间照料中心等

2017年8月25日,县残联进行"残疾预防日"宣传活动

逐一进行检查,分两次下达托养任务67人,补贴资金10.05万元。

【残疾人培训】 2017年,残联结合当地农村产业结构调整,开展种植、养殖等实用技术培训,于7月6日至9日在丽都大酒店为残疾人举办了两期苹果树、枣树、核桃树、花椒树、玉米、小麦、鹅的养殖与管理等实用技术培训,培训就业年龄段的残疾人77人。于9月18日至10月25日在县残联三楼举办了为期30天的首届残疾人按摩、小儿推拿、足疗培训班,共培训就业年龄段残疾人30多人,经考试为成绩优秀的20人颁发结业证书。推荐残疾人参加市残联组织的职业技能培训,其中学习盲人按摩5人、电脑商务2人、厨艺与化妆各1人、美容美发美甲美睫1人。

【残疾人教育就业】 2017年,残联完成城乡实名制残疾人就业和职业培训任务,就业实名制录入526人。2017年实际培训人数107人,新增培训人数83人。新增就业任务92人,实际完成102人。

【临时救助】 2017年,残联利用春节、爱耳日、助残日等残疾人节日对特别贫困的残疾人进行慰问,为他们发放米、面、油或慰问金等共计8万多元。

【信访维权】 2017年,残联共接待来信来访122人次,均给予了妥善处理。办理上肢残疾人报考驾照8人,根据运城市残联要求确定

了三名肢体残疾人，每人补贴2000元共6000元。积极与司法局协调,在残联设立了残疾人法律援助工作站,更加方便了残疾人。

【残疾人机动轮椅车燃油补贴】 2017年,残联共为1690名残疾人申报了残疾人机动轮椅车燃油补贴项目,补贴资金43.94万元,已通过打卡形式发放到每名残疾人手中。此项工作从2009年至2017年在全省一百多个县中名列前茅。

【第27次全国助残日】 5月19日，残联结合精准康复服务组织开展了残疾人辅助器具发放活动，发放各类轮椅30辆，坐便器30台,助行器6个,洗浴凳18个,共为76名需要康复辅助器具的残疾人解决了出行和生活困难。5月20日与芮城县书法家协会、芮城县美术家协会、芮城县爱心公益志愿者协会、芮城县特教学校联合，在会展中心广场前开展了以“真情帮扶、阳光助残”为主题的庆祝第27次全国助残日暨爱心义卖活动,由爱心公益志愿者协会对书画名家捐赠的作品和特教学校学生亲手制作的手工艺作品进行义卖,共筹集资金15720元,全部捐助县特殊教育学校的学生们。

【第十一次全国特奥日】 2017年7月20日由县残联与特教学校联合举行主题为“开展特奥活动,健康促进小康”的特奥日活动。组织40名残疾人一同去圣大湖景区参加趣味体育竞赛、乘景区小火车游览圣天湖全景、乘游轮欣赏水中全景等一系列活动。

【文化进社区】 2017年,残联挑选5名重度残疾人参加了市残联文化进家庭“五个一”项目,即读一本书、看一场电影、游一次园、参观一次展览及参加一次文化活动，使他们更好地融入了社会。7月17日至7月26日,同电影放映公司分别在学张乡社区舞台、新世纪竹编学校、古魏新村、阳城江口、南卫东张、陌南东峪、西陌石湖等10个乡镇放映生活片《爸爸妈妈我爱你》和蒲剧《山村母亲》两部影片，各乡镇的残疾朋友都积极观看影片并进行讨论。

【残疾人运动会】 2017年，残联选拔14名肢体、听力、视力残疾人由专业人员进行训练,9人参加了为期3天的残联第四届残疾人田径锦标赛,比赛中共获得9枚金牌、5枚银牌、4枚铜牌。积极推荐特奥运动员参加省第五届特奥运动会，其中特教学校学生王灯在比赛中获得田径项目男子16—21岁组铅球第一名、田径项目男子16—21岁级C组800米第三名、田径项目男子16—21岁级C组400米第一名，有力地推动了残疾人特奥运动的开展。推荐一名一级肢体残疾人张帅参加了市里为期三个月的集训，并参加了省残联组织的轮椅击剑比赛。

【残疾人证办理】 全县共12403人办理了第二代残疾人证,2017年办理残疾人证869人,其中入户办理46人。规范档案管理,用一年的时间把以前的档案以行政村为单位重新进行了分类,并配专人进行管理,做到查询程序严格审批,做好相关保密工作。要求乡镇残联及时上报死亡残疾人的相关手续及死亡时间并做好档案分类和注销工作。

【加强专门协会】 2017年,残联在全国第八个“肢残人活动日”当天,指导肢残协会开展“康复器材体验,积极参与康复”活动,组织10余名肢体残疾人来到县残疾人康复中心参观康复器材并进行体验,由康复人员为他们讲解康复方面的知识,鼓励他们积极参与康复训练,收到良好的效果。10月28日,县智力残疾人亲友会联合城镇社区居委会在寿圣社区的金果幸福院,为他们送去老年朋友喜闻乐见的文艺节目,并由寿圣社区卫生服务站工作人员为老人量血压、血糖,发放健康宣传资料,提供健康咨询。通过县残联的指导,各个协会的工作更加积极,更加规范,开展活动更加活跃。

芮城县红十字会

【红十字会成立】 2016年2月2日县编办下发《关于调整县红十字会管理体制的通知》,决定将县红十字会由县卫生和计划生育局代管改由县政府领导直接联系单位。县人民政府副县长张锐为红十字会会长。4月29日县人民政府下发芮政干字〔2016〕3号文件,任命柴欣为县红十字会专职副会长。县红十字会为参公全额事业单位,核定编制5人,在编在岗4人,办公室设在县卫计局3楼。

【工作职责】 红十字会是以发扬“人道、博爱、奉献”的红十字精神,保护人的生命和健康,促进人类和平进步事业为宗旨。其主要工作职责是“三献、三救”以及红十字志愿服务工作。(三献为开展捐献造血干细胞的宣传动员、组织工作,开展无偿献血的宣传推动工作,依法开展和推动遗体、器官(组织)捐献工作;三救为开展应急救护和防病知识的宣传、普及、培训工作,开展备灾救灾工作,开展社会救助及相关服务工作,对易受损人群进行救助,为困难群众提供服务)

【思想政治建设】 2017年,县红十字会全面落实党的十八大和十八届三中、四中、五中、六中全会精神,深入学习贯彻习近平总书记系列重要讲话精神和治国理政新理念新思想新战略。强化党的十九大精神学习贯彻,认真贯彻省第十一次党代会及二、三、四和五次全会精神,抓好理论武装,牢固树立“四个意识”,人人做好学习笔记和心得体会,为更好地开展工作奠定基础。

【救护培训工作】 2017年,县红十字会分别为县财政局、文化局、大王镇政府、学张乡政府、县委第一期青年干部培训班、运管所、亚宝集团及全县各村卫生室等单位进行了应急救护知识的普及培训活动。全年共举办了十二期应急救护知识培训普及活动,1136人接受了培训。

【“红十字博爱送万家”活动】 2017年,县红十字会共慰问200余户困难家庭，惠及全县10个乡镇因各种原因致贫的家庭。救助因病致贫困难家庭7户,每户1000元,共计7000元。

【红十字项目】 2017年,县红十字会完成了中国红十字基金会对本县陌南镇韩家小学“阳光博爱小学”援建项目终期勘验的审核；申请到中国红十字基金会“新站·新健康”对本县永乐镇永乐行政村投资15万元的红十字博爱卫生站的援建项目，项目前期准备工作已经完成，等待中国红十字基金会最后的项目确认。

【基金募捐】 2017年,县红十字会联合芮城县中医院在县政协委员中发起“清泉复明工程”,主要为全县贫困老年人患者进行免费白内障手术。在县政协十届二次会议闭幕会上,县政协全体委员在政协主席杨琳及各副主席的带领下进行了现场捐赠，共捐赠善款17700元,善款已经通过中医院发放到30名贫困老年白内障患者手中，通过手术让他们重见光明,树立起生活的希望。

【博爱助学】 2017年,县红十字会积极协调县教育科技局在新世纪幼儿园举行了“向雷锋同志学习”纪念活动,为新世纪幼儿园的留守儿童送去书包。

【天使阳光基金救助】 2017年,县红十字会为陌南镇东峪村6岁心脏病患儿进行天使阳光救助的申报，资料正在等待中国红十字基金会的审核。

【宣传红十字精神】 2017年10月份，在成都举办的中国红十字会报刊宣传表彰大会上，芮城县红十字会宣传报刊获二等奖的荣誉称号，柴欣本人获得了报刊宣传三等奖的荣誉称号；联合芮城县卫生和计划生育局在9月份集中开展器官捐献、造血干细胞捐献、应急救护知识的广泛宣传活动。活动主要通过印刷通俗易懂的器官捐献、造血干细胞捐献、应急救护知识宣传海报,海报全部张贴到县城广场、各公立医院、卫生室设立的健康知识宣传栏内。共印制宣传海报800份,发放宣传折页40000份。11月在副县长赵伟兵的统筹下,由西安电影制片厂资深摄影师、导演孙波的指导下,拍摄完成微电影《我们在路上》。

【贫困帮扶】 2017年,县红十字会对大王镇磨涧村村民蔡桂香家进行慰问帮扶。根据了解到的情况为老人送去轮椅，在入冬前为老人送去了米、面、油等生活必需品。最终采用低保方式帮助老人脱贫,完成脱贫工作。

武装

【概述】 2017年，人武部以“建设提质，功能增效，全面跃升，特色突出，跻身先进部团行列”为目标，狠抓政治建设、战备训练、作风建设、兵役工作和安全管理等工作，在省军区部队调整改革落地的关键之年，单位建设取得了新发展，各项工作取得了新进步。

【“两项重大教育”】 2017年，人武部开展“维护核心、听从指挥”主题教育活动和“两学一做”学习教育常态化、制度化。人武部坚持把两项教育并在一起，作为思想政治建设的重要内容和重要抓手，以教促进思想政治建设，以教固化思想政治建设成果。并结合单位情况和人员实际，强化理论武装不放松，搞好思想辨析不走过场。

【战备训练】 2017年，人武部在军事训练上，开展练体能、强技能、增才能活动；调整的民兵常备分队到城建局，加强了常备民兵应急分队的训管作用。加强专武干部和民兵骨干的业务培训，组织了为期一周的集中培训，坚持并落实每月一次的专武干部例会制度，以会代训，促进了民兵工作在基层的高标准落实。按照保障重点、兼顾一般的原则，紧贴县域防火、防汛任务重的实际，补充完善了防火、防汛器材，对民兵应急分队背囊进行统一配备，装备器材基本达到了齐备先进的要求。

【作风建设】 2017年，人武部坚持把严谨的作风贯穿全年工作，纠治“四风”，巩固深化作风建设成果。在肃清郭、徐流毒影响清查整治过程中，坚持把思想清查整治作为重点，引导官兵从思想认识、作风纪律、工作标准、自律意识上认清意义、查纠不足、明确标准、纠偏正向。在枪弹专项清查整治过程中，坚持主官亲抓主管，不放过任何一个有可能遗漏的环节和人员，并与每名同志都签订了责任书和承诺书，确保了枪弹排查无死角无盲区。在经费专项清查整治过程中，坚持按制度、按规矩、按原则办事，做到无预算的不开支，没审批的不开支，不符要求的不开支，坚持主官当面联审联签制，对每月的经费开支进行审核把关，确保每花一分钱，都合法合规。

【“争创安全年”】 2017年，人武部坚持把争创安全年、实现安全年作为部队安全稳定的重要政治责任。在机关设立安全倒计时牌、办公桌摆放警示牌、个人发放提示牌，制作安全版面摆放醒目位置；组织所属人员结合岗位职责写出承诺书，对诺践行；在机关内部开展安全短信编写评比活动，召开党委会、支部会等形式，开展我为安全献一计和谈心交心活动，在强化人人参与中恪守安全之责；设立了安全巡视员，职工每天轮流值班，检查安全工作，纠治安全隐患。把争创安全年工作细化量化具体化，确立了政治、人员、营院、枪弹安全等11项具体内容，做到每项内容有目标、有责任主体、有具体措施。制定和落实了早操、查库、请销假、值班值勤、营院巡查、提醒约谈、应急演练、学习教育、安全分析、车辆派遣动用等13项制度，多措并举，让制度硬起来、落下去、严到位。坚持主官带头，及时讲评，压实责任，确保安全工作时时处处事事都有人管、有人抓，确保了芮城县在政治之年、改革之年、大事之年的绝对安全。

【征兵工作】 2017年，芮城县的兵役登记率在全市第一家完成100%，经验做法被军分区转发。人武部加强征兵工作组织领导，落实包联责任制，大抓征兵宣传发动，严密组织征兵体检，细致进行政治考核，开展了预定新兵役前训练，严格落实廉洁征兵零报告制度和监督员制度等各项举措，开展了役前训练，淘汰了不合格新兵，把合格兵员输送到了部队，没有出现一例身体原因和思想原因的问题，实现了军分区首长提出的“五率排名争第一，廉洁征兵无问题，杜绝退兵创新史，大学生入伍高比例”的征兵目标要求。

【国防教育】 2017年，人武部加大了国防教育力度和深度。依托党校实现了科级干部国防教育全覆盖，推动了国防教育进校园进课堂并形成制度。以国防文化主题公园为主阵地，在县城中心广场和学府路十字路口制作国防教育路灯宣传栏，发挥报刊电视、国防教育微信平台等传统和新兴宣传媒介的作用，常态宣传了拥军优属的先进典型，宣讲了国家安全形势，凝聚起了全社会崇军尚武、拥军优属的正能量，强化了全民热爱军队、支持国防建设的思想行动自觉。

【扶贫攻坚】 2017年，人武部预算扶贫资金共计14.5万元，支援陌南镇东峪村的主巷道路面硬化拓宽和延伸工程；投入1.5万元，援助学张乡水峪村卫生室购置部分医疗器械和卫生用品，温暖了贫困群众的心灵，拉近了军队和老百姓的距离。

中共芮城县委政法委员会

【综 述】 2017年，芮城县政法系统在习近平新时代中国特色社会主义思想的指引下，按照县委的决策部署，认真履行“维护社会大局稳定，促进社会公平正义，保障人民安居乐业”三大职责，深入推进“平安芮城、法治芮城、过硬队伍”三大建设。圆满完成十九大安保任务，防控打击成效显著，综治基础不断夯实，平安创建卓有成效，法治芮城稳步推进，执法规范持续深入，队伍建设扎实有力，司改工作有序推进，政法各项工作取得全面进步。荣获2017年度运城市社会治安综合治理先进县称号，同时县委书记董旭光、县长张建军和县委常委、政法委书记仇红学等5位同志被授予2017年度运城市社会治安综合治理先进个人称号；荣获“山西省无邪创建达标县”；在全省群众安全感和满意度调查中，芮城县综合排名全省第19名，比上年度提升了三个位次。

【十九大安保】 2017年，政法机关围绕党和国家的系列重大政治活动和重要敏感节点，加强安保维稳工作，圆满完成了全国、全省、全市、全县“两会”、党的十九大等系列重大活动的安全保卫工作。十九大安保期间，抽调警力在全县主要路口设置了道路交通安全检查站。全县四个检查站共排查车辆53561辆，盘查人员111605人，累计上传信息87405条，查处交通违法行为329起，查处非法携带管制刀具治安案件22案22人，查处吸毒案件7案7人，收缴管制刀具22把、假车牌11副，抓获外省上网在逃人员1人，劝返重点稳控对象35人，处置肇事肇祸精神病人4人。通过开展维稳“护城河”行动，确保了党的十九大召开期间全县安全稳定，实现芮城县十九大期间赴京“零上访”、在京“零滞留”的目标。

【严打整治】 2017年，政法机关围绕全县社会治安存在的突出问题，以“1+8”专项行动为契机，先后开展了打击电信诈骗和“两抢一盗”等系列专项行动，对各类违法犯罪活动进行了严厉打击。2017年，公安机关共立刑事案件 567 起，破获 312 起，破案率为 55.02%，破获现发命案 1 起，破获漂白身份逃匿 18 年的命案积案 1 起，破获电信诈骗案件 3000 余起；共立行政案件 1165 起，处罚违法人员 423 人。年末连续抓获 6 名逃犯，破获涉黑涉恶案件 1 起，查处盗窃等治安案件 12 起；妥善处置化解涉及重点项目建设的矛盾纠纷 52 起，破获涉及项目的刑事案件 3 起，查处涉及项目的盗窃、打架等治安案件 18 起，依法拘留干扰阻碍项目施工的违法人员 6 人，有效保障了全县光伏等重点项目建设的顺利施工。县法院共受理各类案件 3233 件，结案 3222 件，结案率为 99.7%，收结案均创历史新高。县检察院共批准逮捕 142 人，依法提起公诉 157 件 217 人，有力维护了社会稳定。

【邪教防范】 2017 年，重新评估认定“法轮功”重点防控对象；对已转化“法轮功”人员实施解脱工作；对全县邪教人员开展入户调查，进一步摸清底数；积极开展防控和打击工作，先后查处实际神、法轮功等邪教案件 3 起，收缴邪教系列宣传资料 12 份。广泛开展反邪教宣传工作。对全县首批 57 个行政村逐个安装了反邪教宣传版面，印制了各种宣传品 3 万余份，在农村、社区和集市发放，有效地遏制了邪教人员在基层农村传播邪教的蔓延态势，牢牢掌握了工作的主动权。

县委常委、政法委书记仇红学检查指导看守所工作

【平安建设】 2017 年，政法委结合美丽宜居示范村建设，经过细致调研考察，确定了 20 个平安村建设试点，制定了平安创建实施方案，提出了“六句话”创建目标，即：加强组织建设、健全村规民约、强化法治宣传、划小管理单元、化解矛盾纠纷、达到“一好十无”。先后组织召开了两次平安村建设推进会议。年底经考核验收，对 2017 年度 15 家平安创建示范村（社区）命名授牌，各乡村的法治宣传、划小单元、村规民约、两会一队、一村一警、矛盾化解等工作均已全面开花，亮点纷呈，平安村创建卓有成效。

【法治建设】 2017 年，政法委根据上级精神，结合芮城实际，年初制定下发了 2017 年法治芮城建设要点。县委法治建设领导小组及组成人员调整到位，领导小组办公室设在县委政法委，配备了专职工作人员，下设两个专项小组，分别是依法行政专项小组、公正司法和法治社会建设专项小组。法治办完善了县法治建设的领导体制和工作机制，已经全面履行统筹协调、督查考核、调研指导等职责。召开了县委法治建设领导小组第一次全体会议，对法治建设作出全面部署。协调县委考核办，在以往领导干部述职述廉的基础上，全面推行领导干部述法制度，并将述法作为领导干部考核的一项重要指标。加强法学会建设，增加吸收了 50 名法学会会员；参加了省、市组织的各类法学论坛,3位同志论文获奖。严格落实"谁执法、谁普法、谁出资"的普法责任制,法治宣传深入推进。拍摄法治宣传微电影11部,印制法治宣传口袋书15000册,受教育人数15万人次。全县广大干部群众依法行政、依法维权、依法办事的意识明显增强,法治芮城建设有效推进。

【队伍建设】 2017年,政法委以推进"两学一做"学习教育常态化制度化、开展维护核心见诸行动主题教育为契机,大力加强干警思想政治教育,教育和引导广大政法干警,坚定维护以习近平同志为核心的党中央权威和集中统一领导,在任何情况下都做政治上的明白人。通过坚持和完善政法系统和政法各部门两个层次的政治轮训制度,全县560名政法干警学习习近平总书记重要讲话,切实增强了"四个意识",真正把绝对忠诚、绝对可靠铭刻在灵魂中、熔铸在血脉里。把政治纪律和政治规矩挺在前面,做到纪律严明、令行禁止。出台了《关于贯彻落实十八届六中全会精神强化全县政法系统党内监督的意见》,受到了市委政法委和县委领导的肯定,被市委政法委全文转发至全市各县(市、区)学习参考。市委政法委在转发中指出:该《意见》内容全面、责任明确、要求具体,对于加强党对政法工作领导、规范政法工作行为和强化政法系统党内监督有着十分重要的意义。面对司法体制改革的新形势,不断强化政法部门领导班子和中层干部队伍建设,配合县委组织部考察任用干部,配齐配强了县公安局领导班子和科、室、所、队负责人,调整配备了县法院中层科室负责人。全年调整充实政法部门领导班子成员6人,副科级以上干部30余人,股级干部16人,班子和干部队伍活力进一步增强。

【执法监督】 2017年,政法委开展执法司法规范化建设,在推进制度规范化建设、办案流程化管理、公开常态化机制等方面取得积极成效。开展领导干部干预司法活动、插手具体案件处理的记录、通报和责任追究工作。强化执法巡查和案件评查,完成了涉法涉诉信访案件处理化解工作,对群众反映强烈的7件司法案件进行了三次督办。完成司法救助3案。承办了市政法委批转督办贪污和滥用职权案1件,完成了县纪委交办的贪污案线索核实1件,上报了待评查案件5案,查处违法干警6案6人,其中4人党内警告处分,1人严重警告,1人开除党籍。

【综治工作】 2017年,政法委推进完善多元化调解工作。健全县、乡(镇)、村三级人民调解组织,全县10个乡镇已全部成立了调委会,每个乡镇聘请了专职调解员,全县161个行政村、7个社区全部建立了人民调解委员会,成立了12个专业行业调委会。对于行业性、专业性调解组织,在过去"6+3"(征地拆迁、村企矛盾、劳动关系、环境污染、交通事故、医患纠纷+物业纠纷、商业合同、校园纠纷)九大行业专业调委会的基础上,2017年又组建了3个行业专业调委会。分别是食药局负责的食品药品安全调解委员会、安监局负责的安全生产调解委员会、旅游文物局负责的旅游纠纷调解委员会,形成"6+6"工作格局。全年各级调解组织共排查矛盾纠纷2350

起，调处成功2303起，调处成功率98%。12个行业专业调委会运行规范渠道畅通，调处各类矛盾纠纷58起。组织开展了社会稳定风险隐患大排查大整治。重点围绕农村（社区）突出治安问题、校园及周边环境、命案防控等十项专项治理。全县共排查出一般隐患246起，整治了219起。加强社会治安防控体系建设，摸清了农村天眼工程使用现状，组织人员花费一个月时间，对全县10个乡镇300多个自然村的871个探头和城区95家单位430个探头进行了维护建档工作，每个探头采集数据51条。在专项治理行动中，强化责任意识，确保取得实效，严格督导检查，落实综治责任。校园周边环境治理上，校园及周边的流动摊点、减速带、交警维持秩序等工作都取得了明显改观。积极推进综治中心规范化建设。县、乡及70个村综治中心已全部挂牌。全县建立社会治安综合治理宣传栏900多个，印制2000个巡逻袖标，组织2000名巡防队员开展了“红袖标”巡逻，“一村一警”“一村一律师”活动持续深入，让群众遇事找法成为常态。加强铁路护路工作。县护路办加强了“春运”“两会”期间铁路护路安保工作，开展了三次集中爱路护路宣传，开展了铁路沿线安全稳定风险隐患重点整治活动，共排查出六个涉路问题。目前牵头部门已按照风险隐患重点整治活动实施方案的要求，积极进行了整改，确保辖区线路安全畅通。不断规范信息平台高效运转。及时接受网格长上报信息，并限时督办，对于县综治办转办的各类信息，相关单位全力配合，切实提高了解决问题的能力。2017年县信息平台工作正常运转，多次受到省市通报表扬。在精细化管理中综治办坚持将矛盾纠纷和不稳定因素化解在网格内，形成“网中有格、按格定岗、人在格中、事在网中”的新格局。网格员通过手机上报信息28555条，处置26075条，化解矛盾纠纷10892起。

【司法改革】 2017年，政法委作为监察体制改革试点工作小组成员，立足把握政治方向，协调各方职能、统筹政法工作的职能定位，发挥统筹协调和指导推动作用，领导政法各单位健全工作机制，加强工作衔接，支持和配合监察体制改革试点工作。成立工作专班，建立联席会议制度；抓好培训工作，妥善应对监察体制改革试点工作中出现的新问题；加强督导协调，推动各职能部门出台相关制度；提高政治站位，严格执行“1+4”10项制度。聚焦转隶这个关键任务，开展“一冻结”“四清理”活动，2017年3月份如期完成了三部门编制人员转隶工作。7月27日，检察长直接办理并出庭支持公诉了芮城监察委移交的首例案件，实现了检察机关与监委会办理职务犯罪案件的有序衔接。截至2017年年底，共办理职务犯罪案件2件3人。县检察院严格按照司改时间表和路线图，全面发力，多点突破，统筹推进各项司改任务细化落实。原有13个内设科室精简为5个部，精减幅度达62.5%。实行检察官员额制，10名员额检察官全部回归办案本位并实行轮案制，全年共办理案件320件。县法院在全市率先启动审判、执行团队投入办案，遴选出22名员额法官，设置了10个审判、执行团队和9个综合部门，使全院的审判力量分布趋于平衡，审判效率得到提升。严格遵循省高院司改文件中关于院庭长办案设置的标准,并成立了审判特别小组。县法院院长审理案件5件，入额庭长亦按要求比例承担了相应办案任务。2017年,法院的审判、执行结案率均排全市法院第一,得到了各级领导的肯定和人民群众的好评。

公　安

【概述】 2017年,公安局围绕“12345”工作思路和目标,以党的十九大安保“1+8”专项行动为主线,积极履行反恐维稳、打击犯罪、治安管理、矛盾纠纷化解和安全生产监管的职能,全力维护社会稳定,实现了党委政府和人民满意。全年共在中央级、省级、市级新闻媒体及网络发表新闻稿件360余篇。

【维护稳定】 2017年,公安局加强安保维稳工作,实行机关、派出所民警到治安检查站轮岗轮值,圆满完成了全国、全省、全市、全县“两会”、文化旅游旺季、党的十九大等系列重大活动以及“1719”团、“7.19”党和国家、省领导来芮调研视察期间的安全保卫工作。

2017年，公安局围绕社会稳定大局,做实做细各项工作。先后查处实际神、法轮功等邪教案件3起,依法治安拘留9人、批评教育11人,收缴邪教系列宣传资料12份;接待来信来访群众32批29人次，化解疑难信访案件2起,化解各类社会矛盾12起,依法果断处置群体性闹事件苗头1起；处置网络舆情事件3起,上报删除有害信息219条,未发生群体性事件和网络舆情事件。

2017年,公安局围绕全县经济发展的中心大局，以保障国家级重点工程光伏领跑项目为重点，先后妥善处置化解涉及项目的矛盾纠纷52起,查处涉及项目的盗窃、打架等治安案件18起,依法拘留干扰阻碍项目施工的违法人员6人，保障了全县重点项目建设的顺利施工。

【平安芮城创建】 2017年,公安局全年立刑事案件567起,破获刑事案件312起,破案率为55.03%;通过侦查破案,抓获犯罪嫌疑人207人,逮捕124人,移送起诉232人。查处行政案件1165起，处罚违法人员423人,拘留202人(并处罚款24人),罚款218人,警告3人。其中:破获现发命案1起,破获18年前命案积案1起，协破永济市公安局命案积案1起;打掉盗窃犯罪团伙5个,抓获涉案成员16人,累计破获盗窃摩托车、电动车、入室盗窃等案件86起,追回摩托车、电动车等赃款赃物共计约60余万元；先后侦破了公安部、省厅督办的“2016.10.16”特大电信诈骗案件以及宋利祥、李象仲、钱婷等7起电信诈骗案件,特别是“2016.10.16”案件,破获外地案件2000余起,被公安部评为“全国十佳典型案例”;先后破获信用卡诈骗,合同诈骗等案件5起,为企业、个人挽回经济损失80万元;先后破获非法经营、贩卖食盐等案件8起,依法刑事拘留2人,行政拘留8人,维护了群众“舌尖上的安全”。全年刑事案件立案数与去年同期相比较,减少31起,下降了5.18%,行政案件立案数比去年同期下降了9.46%。

缉枪治爆　2017年,公安局累计签订责任保证书286份,收缴枪支2支、子弹63发、管制刀具19把,手榴弹26个,雷管23枚,有

县委书记董旭光在治安检查站指导十九大安保工作

效清除了社会治安隐患。

交通管理整治 2017年,公安局交警大队查处城市道路重点违法行为211起。查处公路重点违法行为10746起。交通事故共接处警1800起,与去年同期相比,增加4.2%,受案1002起,同比下降2.8%,死亡41人,同比上升41.4%,受伤540人,同比下降18%,经济损失39万元,同比上升21.9%。

消防安全管理 2017年,公安局检查单位104家,发现隐患209处,整改隐患201处,临时查封1家存在隐患单位,责令"三停"2家,罚款处罚1家,拘留处罚1家。2017年,全县发生火灾事故10起,直接经济损失2万元,没有发生有影响的重特大火灾事故。

【公安改革】 2017年,公安局改变刑侦打击格局,组织专业队打持久战、打攻坚战。划分陌南、古魏、风陵渡三个中心区,实行案件中心区集中侦破;组建"打击电信诈骗犯罪专业中队""打击盗抢侵财类犯罪专业中队""攻坚命案积案专业中队""现发命案攻坚中队"等四个专业中队,人员相互穿插,不受编制中队限制,取得了突出的破案成绩。改变查控机制,治安检查站实行轮岗轮值,取得明显成效。启动受立案制度改革,开展执法源头整治。借用执法记录仪等设备,严密执法程序,规范执法行为,最大限度地减少了执法问题的发生。强化队伍管理,夯实公安工作根基。认真贯彻党的十八届六中全会精神和党的十九大、习近平系列重要讲话精神,加强从优待警,严肃党内政治生活,狠抓党风廉政建设,打造了风清气正、纪律严明的公安队伍。推进重点项目建设。全年完成了看守所、西陌派出所建设,其中看守所于11月11日搬迁使用,西陌派出所于12月28日搬迁使用。

检 察

【综述】 2017年,检察院共受理提请审查逮捕案件105件158人,审查后批准逮捕130人,批捕案件的准确率达100%。受理移送审查起诉案件157件235人,审查后依法提起公诉126件168人,经过法院审理有罪判决率达100%,有力打击了严重刑事犯罪;贯彻落实宽严相济刑事政策,依法不批准逮捕27人,不起诉9人,通过办案妥善化解社会矛盾;严格落实法律援助、社会调查、附条件不起诉等各项司法保护制度,成立"青少年观护帮教基地",接待群众来访80余人次,全力化解社会矛盾纠纷,没有发生一起接访安全事故。

【诉讼监督】 2017年,检察院强化刑事立案、侦查和审判活动监督,实行公诉刑事案件量刑建议全覆盖,提出量刑建议种类由"两高”统一规定的23个罪名拓展到全部公诉案件,逐案发出量刑建议;监督公安机关应当立案而未立案3件4人,监督撤案9件9人,依法纠正侦查活动违法42件,适时介入引导侦查3次,纠正一批审判活动违法、漏诉、漏罪案件,对确有错误的刑事判决提出抗诉3件;全面铺开公益诉讼工作,介入芮城7.28重大事故调查,督促行政执法机关依法正确履行职责,向相关行政执法机关发出检察建议,监督纠正审判程序违法与执行活动违法22件;落实省检察院“互联网+阳光百姓工程”要求,利用系统平台对全县涉农资金拨付及使用情况的有效监督;强化刑罚执行和监管活动监督,共发出纠正违法通知书59份,并督促全部得到纠正;依法开展羁押期限检察,纠正超期羁押案件8件,办理羁押必要性审查案件9件,提出变更强制措施9件;开展监外执行检察工作,纠正司法机关违法案件27件;加强财产刑执行监督,纠正财产刑执行违法16件。

【两大体制改革】 2017年,检察院深入推进司法体制改革,完善司法责任制,实行检察官员额制。经过考评选拔,12名检察官进入员额,并全部下沉一线办案并实行轮案制,实现了检察官依法独立办案;完成检察官、检察辅助人员和司法行政人员三类人员分类定岗,将绝大多数检察人力资源配置到办案一线,检察官队伍结构进一步优化;建立完善了检察官考评工作机制,保证了检察人员公正司法。同时,检察院紧密配合监察体制改革,聚焦转隶任务,全面梳理机构、编制、人员、装备等情况,开展“一冻结”“四清理”活动,对反贪、反渎、预防三部门人事立即冻结,先后开展自侦案件积案清理、案件线索清理、涉案款项清理及资料清理归档“四项”清理活动;先后三次组织干警参加省市县检察院职务犯罪检察工作培训,多次召开会议研究职务犯罪检察工作受案流程、规定等最新要求,实现了检察机关与监委会办理职务犯罪案件的高效、有序衔接。

【队伍建设】 2017年,检察院扎实推进“两学一做”学习教育常态化、制度化,开展维护核心见诸行动主题教育,党组成员带头讲党课,组织干警到红色教育基地接受教育,重温入党誓词,开展“七一”升国旗活动;举办了“讲好入党故事,牢记入党初心”和“喜迎十九大,岗位做贡献”主题演讲比赛,对照中央八项规定全面梳理存在问题,深刻进行自查自纠。制定培训制度和培训计划,组织开展“检察大讲堂”活动,组织开展为期一个月的集中岗位练兵活动,提升了干警在电子检务平台专线的办案能力和效率;组织员额制检察官及公诉部门干警到庭审现场旁听观摩,并召开庭审评议会,全面提升公诉水平。细化量化年度目标与措施,先后4次召开目标运行分析会,召开业务部门述职会,发挥优势,补齐短板,精细管理,精准创优。

【促进司法规范】 2017年,检察院坚守底线,严格落实八项规定精神,完善了财务管理制度、考勤制度、“三基建设”落实方案等各项管理制度,实现廉政谈话全覆盖;实行检务公开,通过邀请代表视察、与代表座谈、为代表订阅报刊等形式,将检察工作置于人大及其常委会的监督下；开展“防止校园欺凌，护航未成年人成长”检察开放日，向代表、委员、人民监督员、媒体等通报检察工作重大事项；公布案件程序性信息400次、重大案件信息50条、有效法律文书120件，发布检察信息100余条，开展辩护与代理网上预约，接待律师阅卷；扎实开展“执法司法规范化建设年活动”，主动查摆司法瑕疵，纠正了一批司法不规范问题，对25起案件进行全程管理、监督、预警，组织开展案件质量评查工作，对存在的问题及时督促整改。

法 院

【概述】 2017年，人民法院以司法体制改革为契机，围绕“努力让人民群众在每一个司法案件中感受到公平正义”的目标，共受理各类案件3233件，结案3222件，结案率99.7%，收结案均创历史新高。

【司法改革】 2017年，人民法院按照“深化司法体制综合配套改革，全面落实司法责任制”的要求：设立员额法官办案制，2017年，遴选出员额法官22名，并进行了就职宣誓仪式，在全市率先启动审判、执行团队投入办案，全院共设置了10个审判、执行团队和9个综合部门；岗位设置上，采取以案定额、按岗设员、双向选择、组织确定的办法，实现了人员配置最优化、办案效能最大化；团队配备上，增设了第五民事审判团队（陌南法庭）和审监团队，弥补了基层法庭力量不足的短板，使全院的审判力量分布趋于平衡，提升了审判效率；加强当事人诉权保障，解决告状难。2017年，实现了乡镇群众可在所辖基层人民法庭预约立案，减轻了当事人的诉讼负担，解决了人民群众的告状难；实行每月一周的院领导在立案大厅值班接访制度，随时解决群众反映的问题；强化诉讼服务措施，在诉讼服务大厅醒目位置，摆放院长致当事人的一封公开信，向人民群众作出承诺，并留有院长和纪检组长的电话号码；到案发地开庭审理，扩大教育面。民事审判涉及的所有“三养”案件，一律到案发地公开开庭审理，将法治教育贯穿于审理的全过程，并注重调解结案。

【审判工作】 2017年，人民法院刑事审判工作：坚持以审判为中心，全年共受理201件，结案201件，结案率100%。狠抓审限管理，注重快审快结，刑事案件的平均审理期限均在一个月左右；把追求法律效果与社会效果的统一作为量刑目标；参与社会治安综合治理，选择典型案例，公开审判，以案释法，震慑犯罪，教育群众。民商事审判工作，坚持能调则调、当判则判的基本方针，全年共受理2111件，结案2104件，结案率99.7%。针对邻里纠纷、婚姻家庭等民事案件，始终把调解放在首位，力争达到案结事了；多管齐下，充分发挥镇、村基层民调组织的作用，发挥诉调对接机制的优势，化解纠纷，调解撤诉率为53%；开展金融案件审理，对农商银行借贷案件，做到专庭、专人、快审、快结、快执，通过拍卖、折抵等措施，有效实现了县农商银行的5960万元债权。

【执行攻坚】 2017年，人民法院以“用创新执行谋特色,以亮点工作带全面”为执行工作主线,全年共受理921件,结案917件,结案率99.6%,实际执结率达71.79%,名列全省法院前列。从抓责任制落实入手,院长除负责全面工作外,又把执行工作纳入主管之内;把接待来访群众作为发现问题的重要环节,针对申请执行人反映的一些疑难案件,院长签发“督办卡”,限期结案;落实绩效考评,实行刚性的考核指标,把各类执行案件的实际执结率和年底结案率层层分解,同员额执行法官和执行员逐一签订岗位目标承诺书;严把

芮城县法院法官集体宣誓

执行案件质量关,坚持每周五由院长同执行局相关人员召开专题例会,集中研究疑难案件和终结本次执行案件,严控终本案件的报结,确保了执行质效达标;严厉打击“老赖”出重拳,2017年,召开执行工作联席会议,与检察院、公安局联合出台了《关于依法惩治拒不执行判决裁定犯罪行为的工作意见》,联合惩戒体系构建以来,共移送公诉案件25案30人,自诉案件33案39人,司法拘留77案78人;以执行会战为突破口,全年先后采取“夏季会战”“秋季会战”“年末会战”集中执行活动,共执行完毕案件185件,标的达600余万元,有力地震慑了被执行人,自行履行率达30%以上;开展司法救助,为符合救助条件的24案24名当事人,发放救助资金10万元,有力地缓解了执行难。

【党建工作】 2017年,人民法院“把党的建设摆在首位”,在“两学一做”学习教育常态化制度化和开展维护核心见诸行动主题教育活动中,以党建带队伍,以“活动”促审判。加强司法能力建设,要求全体党员在工作时间必须戴党徽、亮身份,争做表率;在庆祝建党96周年之际,举行了“升国旗、重使命、展新貌”主题活动,重温入党誓词,时刻不忘初心;坚持每天由法警大队组织升降国旗及每周一全体干警集体升国旗和做广播操;签订了党风廉政建设责任书,认真落实“一岗双责”,提高了干警的廉洁自律意识;组织专题知识测试和笔记展评,提高干警政治定力和政治素质;设立了党员活动室,为党员提供一个规范的学习教育场地,建立党员微信群,方便了学习和交流。

【基础建设】 2017年,人民法院加强司法基础建设,院党组改善和提升了干警的办公和生活环境。新建了体育活动中心;重建了院史荣誉室;修缮了审判大楼,法院的办公条件和环境得到了改观;改善了基层办公条件,安装了取暖设施,解决了两个基层法庭近三十年来没有暖气的现状。

【法治宣传】 2017年,人民法院把法治教育宣传向乡镇延伸,按月规划了各审判、执行团队利用乡镇集市日时间,深入到十个乡镇所

在地进行法治宣传教育的路线图；把法治教育向案发地延伸，选择典型案例到乡镇、村组案发地进行公开庭审活动，并邀请人大代表、政协委员参加，向群众释法明理，扩大教育面，真正体现案件的法律效果和社会效果；把法治教育向学校延伸，全年组织了两次赴学校进行法治教育。

【精准扶贫】 2017 年，人民法院在帮扶工作中，为陌南镇上坡村筹集资金 6000 元，帮助铺设引水管道，解决了 800 亩耕地的灌溉问题；注重产业扶贫，指导 22 个贫困户种植了花椒、苹果、香梨等 68 亩；解决了 25 户 73 人的异地搬迁问题；加强基层党建工作，通过讲党课、抓宣传，提高了上坡村党员干部的自身素质，确保了“两委”换届顺利进行，为扶贫攻坚打下了良好的基础。

司法行政

【普法宣传】 2017 年，司法局从全县各司法、行政执法单位选聘 20 余名法律骨干，组建芮城县“七五”普法讲师团，找准重点领域，明确宣讲主题，对准重点人群开展精准普法，进驻全县农村、企业、厂矿、学校、单位进行广泛宣法。在全县各学校开展“法治大讲堂”6 次，受教育学生和老师共计 6000 余人。

【法治宣传】 2017 年，司法局在每个乡镇建立以司法所为主体的法治宣传站，坚持每月一次在乡（镇）集市发放各类法治宣传资料和普法读物；组织律师、人民调解员进行面对面解答。与相关部门密切配合，利用各种法治宣传日开展了各种形式、规模不等的法治宣传教育活动 20 余次。

【广泛宣法】 2017 年，司法局按照“谁执法、谁普法”的普法责任制要求，创新法制宣传方式方法，组织全县 28 家司法执法单位结合工作实际，精选典型素材，拍摄成法治微电影，在全县法治微电影已成功拍摄 10 部，上传到腾讯视频及在县电视台、东茂广场电子显示屏巡回播放，点击率达 500 万人次。

【法治文化】 2017 年，司法局坚持连续编印普法口袋书，对新修订的民法总则进行编排，编印民法总则口袋书 10000 余册下发全县各乡镇、学校。对县委、县政府确定的全县 10 个美丽宜居村及 10 个综合治理示范村法治示范点，充分利用新媒体及综治宣传栏等宣传形式，定期开展法治宣传。利用县城主街道法治宣传栏做了环保专题、民法总则、国家安全法、十九大报告精神等共计八期宣传专题。12·4 宪法宣传日期间，组织全县 20 余家司法行政执法单位在街道两侧举办以“学习宣传十九大精神全面推进依法治国”为主题的法治宣传活动，受教育人群达 5000 人次。为青少年、农民工，妇女开设专题法制讲座，在县电视台开通普法栏目。

【普法针对性与时效性】 强化领导干部公职人员学法用法。组织公务员集体学法培训，“12·4”宪法宣传日期间，聘请山西大学法学院教授、省宪法法学会会长何建华在会展中心对全县副科级以上领导干部做了宪法专题讲座，完成全县500余名国家工作人员学法用法考试。

【人民调解】 2017年,建立芮城县矛盾纠纷调解中心,完善人民调解机构网络建设,全县174个行政村、8个社区及开发区全部建立了人民调解委员会，县乡调解中心规范化建设基本完成,每个乡镇建成2个规范化调委会。十二大专业行业调委会也正在规范建设之中。专职人民调解员驻扎基层一线,开展矛盾排查调解,每月定期对比较突出、多发的矛盾纠纷进行汇总分析，最大限度地将各类矛盾纠纷解决在基层,解决在萌芽状态。每月定期对调解员进行政治业务培训，提高人民调解员的政策、理论和法律水平,提高调解技能,全县各级调解组织共排查矛盾纠纷2140起,调处率达100%;调处成功2097起,调处成功率达98%。

【法律服务】 完善公共法律服务体系 2017年,司法局有效整合基层法律服务资源,组织律师、公证员、基层法律工作者等担任法律顾问，基本实现县乡村三级政府法律顾问全覆盖,法律顾问结合各法律援助站点联络员,实现了对基层群众法律需求的“电话能咨询”“预约能上门”“贫困能援助”目标,最大限度解决了“群众打官司难”问题。建立了芮城县公共法律服务中心,法律援助、公证处临街便民服务窗口,全部完善制度、工作流程,实现最大限度便民利民。组建“重点项目法律服务团”,对重点工程项目进行“法律体检”,为重点项目、重点工程提供法治宣传、法律咨询、纠纷预防化解等法律服务。组织律师事务所、公证处定点联系辖区内重点工程项目，确定法律服务联络员,发放法律服务联系卡,畅通法律服务机构与服务对象联络渠道，帮助企业和项目承担单位避免和减少因涉法问题造成的不必要经济损失或矛盾纠纷，为政府依法行政科学决策、重大项目落地建设发挥参谋助手作用;全年,律师、公证处、基层法律服务所、鉴定中心办理案件623件,挽回经济损失2000余万元。

完善法律援助工作站及联络点 2017年,全县免费法律援助实现全覆盖,司法局按照要求,及时调整部署全年工作,在全县十个乡镇、十大行业、两个律师事务所、三个法律服务所、两大企业集团建立法律援助工作站。在两个律师事务所、三个法律服务所建立法律援助受理点。在174个行政村和所有城镇居委会建立法律援助联络点,做到有牌子、有人员、有电话、有场所等“四有”,标识统一,实现免费法律咨询全覆盖，法律援助机构全覆盖。完善援助律师参与信访工作机制,积极参与涉法涉诉信访工作和社会矛盾纠纷化解工作,引导群众依法合理表达诉求。全年已办理援助案件中诉讼案件112件，其中刑事15件，民事97件，公证援助案件18件，代书220余份,接待群众咨询2650余人次,非诉讼调解案件220余件。

【社区矫正】 2017年,司法局建立芮城县社区矫正管理中心,依据《山西省拟适用社区矫正对象社区影响调查评估暂行办法》的文件要求,结合本县实际,以文件形式下发本县拟适用社区矫正调查评估程序及要求，从委托调查评估函接收、调查评估小组组成、调查笔录制作、调查内容、所要调查对象及要求等进行明确,规范评估程序,对委托机关交付的调查材料调查率已达100%。全年,共参与拟适用社区矫正调查评估128人。建立社区矫正电子监管平台,创新社区服刑人员管控手段,通过手机定位、人脸指纹签到系统、社区矫正电子监管平台进行严格监控,加强对社区服刑人员的日常监管力度,最大限度地避免发生脱管漏管。加强与公检法三部门联系,确保信息互通,确保委托调查评估、人员交付衔接、进入特定区域场所、外出、居住地变更、警告、提请治安处罚、提请撤销缓刑(假释)、提请收监执行、提请减刑、解除社区矫正、终止社区矫正、入矫解矫宣告等流程依法落到实处。全年接收矫正人员128人,解矫89人,目前在册138人,无脱管漏管,无重新犯罪。

【安置帮教】 2017年,司法局安置帮教刑满释放重点人员,以“放出有人接、接回有人管、就业有人扶、创业有人帮、困难有人助”为总体目标,坚持把“教育、感化、挽救”这一工作方针作为安置帮教工作的一项重要内容,在南卫乡棕垫厂建立安置帮教基地,加强刑释解教人员安置帮教工作,解决他们的临时过渡安置问题,切实缓解刑释解教人员的就业和生存压力,减少不安定因素,促进社会和谐发展。

【精准扶贫】 2017年,司法局扶贫工作队坚持每月深入帮扶村开展帮扶,在走访调研的基础上,对已核查落实的贫困户情况,通过入户调查,与各户村民的交流、查看家庭情况、咨询左邻右舍的意见等多种方式,摸清贫困户在农业生产中需要协调联系解决的实际困难,制定有针对性的帮扶措施,要求结对帮扶党员对所包贫困户一周一电话,一月一入户,做好登记,详细了解贫困户日常生活情况。通过和教育局联系解决李存亮之子李博伦因监护人缺失而不能上学问题,通过做工作,由李存亮兄长李存珍为监护人,并安排李博伦进五中就读,解决其上学问题。解决岳村自然村刘建中贷款难问题。刘建中因要购买大棚卷帘机,急需贷款1万元。经过多方协调,贷款得到圆满解决。李天虎儿子李华因白血病要在运城每天透析,开始在市人民医院,每月租房费用600多元,经过协调,解决了其看病住宿问题,减少了租房费用,实现了就近就医。

发展和改革

【生态文明创建】 2017年，本县创建国家生态文明先行示范区以来，生态文明各项指标不断攀升，49项指标任务，40项已基本完成，9项指标完成了阶段性目标，其中经济发展质量和资源能源节约利用类指标得到了大幅提升，非化石能源占一次能源消费比重由2013年的1%提高到9.6%，战略性新兴产业增加值占GDP比重由2013年的6%提高到12.28%。118个重点项目有序推进，已完工的项目39项，正在有序推进的项目32项，其中总投资88亿元的芮城生态文明光伏领跑技术基地项目，一期项目已完成投资42亿元，实现了经济效益、社会效益和生态效益最大化。两大课题进展顺利，在环境信息公开方面，本县环境信息公开平台已通过省环保厅验收并正式运行；在探索建立水资源产权制度和用途管制制度方面，2017年10月份，已召开了评审会，并在陌南镇窑上村进行了灌区水权用水制度试点工作，取得初步成效。编写了3期信息动态，共计24篇。并将本县生态文明先行示范区建设工作进展情况及时上报国家、省、市发改委。

【通用机场项目】 2017年，县委、县政府专门成立芮城县通用机场建设领导小组，由县委书记董旭光、县长张建军亲自担任组长，主抓通用机场建设，形成了“政府主导，发改牵头，部门配合”的工作机制。9月20日，中部战区空军参谋部与山西省人民政府正式签署《新建山西省运城市芮城通用机场协议》。9月27日，《芮城县通用机场选址报告》顺利通过评审。

专家领导考察通用机场选址

【谋划和五年规划】 2017年，发改局配合县委、县政府谋划2018年重点项目及未来五年规划项目，此项工作从2017年10月下旬开始，在经过县长办公会开会上报，各单位反复修改，各分管领导多次审核13稿，谋划完成芮城县2018年“双十”工程和40个重点工程，总投资130.8亿元，芮城县未来五年（2018-2022年）期间项目11大类共186个项目，总投资410.4亿元。

【项目资金争取】 2017年，发改局争取项目11个，共争取中央预算内资金9200万元，是历年来争取力度最大、资金最多的一年。

【在线审批监管平台】 2017年1月26日，总投资17万元的在线审批监管平台建设顺利运行。所有非涉密投资项目，储备、立项、报建、开工、建设、投产阶段的审批事项，一律通过平台开展网上受理、办理、监管一条龙服务，建立起透明、规范、高效的投资项目纵横联动、协同审批监管机制，为申报企业简化了审批程序，节省了时间成本，提高了办事效率。2017年，发展和改革局通过审批平台办理审批、核准、备案等项目共计104项，总投资41亿元。

【转型综改试验区建设】 2017年，发改局编制完成了《芮城县综改2017年行动计划》，经县政府常务会议研究审议通过，以芮办发〔2017〕38号文件下发到各相关单位。行动计划对2017年转型综改任务进行了责任分解，共部署了十八项重大改革任务，十项重大推进事项，两个省级重点推进项目。

【风力发电自愿减排项目】 投资4.8亿元的中广核芮城风力发电场一期工程并网后，发改局牵头组织项目单位实施自愿减排计划。2017年，中广核风力发电一期自愿减排项目已在国家发改委备案，成功在北交所第一次签发减排量，签发量为10万吨二氧化碳配额，等待交易。按目前国内市场交易价格每吨30元计算，每年可获利300万元。投资1.8亿元的中广核风力发电场二期工程并网后已进行了减排量第一次现场审定，二期自愿减排报告已编制完成并向国家发改委申报备案，等待获批。

【市场价格稳定】 2017年春节、中秋期间，发展和改革局利用财政资金60万元，集中时间、集中地点对群众生活必需品价格进行补贴，发挥价格调节作用；先后组织实施了节日市场价格、农资价格、电力价格、旅游服务收费、涉农涉企收费等专项检查，及时纠正不正当价格行为；对本县部分景区门票价格、公交票价进行了批复，对涉及本县的行政事业性收费项目进行清理，降低2项，取消6项，停征4项，规范了收费行为；对本县7家光伏企业的电价申请，以最快的速度向省发改委提出了请求批复电价的说明，为本县的经济发展提供政策依据；制定了市场价格异常波动紧急预案，每月准时上报市场价格变动情况，为上级部门决策提供依据；开展了各类价格鉴定51起，涉案金额280余万元，为维护社会稳定提供了客观、公正的法律依据。2017年，全县市场价格基本稳定。

【考核指标】 固定资产投资　2017年市下达本县固定资产投资任务增速为7%、基础设施投资任务7.2%、其他投资任务8.5%。全年累计完成固定资产投资50.25亿元，同比增长56.1%，其中：基础设施投资完成2.29亿元，增速9%，其他投资完成9.94亿元，增速14.4%。全市排名第一。

地区生产总值　全年目标78.6亿元，增速3%，2017年完成82.22亿元，可比增长6.5%。

服务业增加值　全年目标增速7%，2017年完成35.49亿元，可比增长7%。

居民消费价格涨幅　本县居民消费价格总水平涨幅月平均为1.3%，控制在3%以内，达到预期目标，市场价格基本稳定。战略性新兴产业增加值占工业增加值比重目标任务为57.1%，2017年1—12月份为85.4%。高技术产业增加值占工业增加值比重目标任务为58.5%，2017年1—12月份为85.2%。

国土资源管理

【市定目标责任考核】 2017年，全县市定目标责任考核工作任务涉及国土局有2项，分别为万元地区生产总值用地量下降5.84%；为耕地保护率不小于100%、违法占用耕地比例低于15%、2017年市人民政府下达本县耕地保有量任务63.6926万亩，全县10个乡（镇）共签订耕地保护任务68.6584万亩，超额完成任务。2017年，市政府下达本县违法占用耕地比例考核指标为低于15%，依据地籍变更成果，全年下达本县卫片疑似图斑324个地块，经过核查对照，违法占用耕地比例为3.85%。耕地保护和违法占用耕地比例这两个市定目标考核指标，圆满完成。

【学府东街小学建设】 2017年，国土局对学府东街小学建设项目占地进行了规划调整和土地回购，完善了用地手续。财政局拨付了该项目相关费用后，国土局及时从土地供应网出具该项目划拨决定书，完成土地划拨。

【耕地改造】 2017年，共实施5个耕地改造项目，项目区涉及大王镇、风陵渡镇、阳城镇、学张乡、东垆乡5个乡镇等13个行政村，建设规模1074.21亩，新增耕地775.41亩，总投资1039.11万元。全部由县级财政投资建设，10月份项目建设内容全部完工，11月底通过专家验收并报备入库。

【城乡建设用地增减挂钩项目】 2017年，实施的《城乡建设用地增减挂钩永乐镇等六个乡镇项目》拆旧区涉及5个乡镇，10个行政村面积613.2亩，建新区包括永乐宫文化创意园、育英南路、西矿北路、古魏北路、中石化加油站等项目。项目《调整方案》和《复垦方案》3月份通过市国土局评审并下达了批复，5月份在县公共资源交易中心进行了公开招投标，6月份开始施工建设。

【地质灾害搬迁】 2017年，国土局对全县10个乡镇地质灾害高危户进行全面排查，并聘请山西省第八地质勘查院专家深入农户家中进行现场调查和勘测评估，根据现场隐患情况确定了2017年50户地质灾害搬迁户，公示无异议后进行建房。共涉及6个乡镇，13个行政村。50户房屋主体已全部建成。

【国土开发】 2017年,本县国土开发强度目标值要求控制在9.52%,根据2016年变更数据库,本县共有国土面积117554.82公顷,共有建设用地面积10759.65公顷,国土开发强度为9.15%。

【耕地保有量】 2017年,芮城县耕地保有量目标值为不低于4.58万公顷。今年,本县耕地保有量面积为4.5839万公顷,圆满完成市政府下达的耕地保有量以及国家生态文明先行示范区建设的目标任务。

【单位建设用地生产总值】 2017年芮城县单位建设用地生产总值目标值为1.052亿元/平方公里。根据2016年变更数据库,本县现有建设用地面积107.6平方公里,根据统计局提供的2016年县内生产总值76.8168亿元,单位建设用地生产总值为0.71亿元/平方公里。

【禁止开发区域面积】 2017年,全县禁止开发区域面积目标值为2.06万公顷。本县禁止开发区域种类分为湿地自然保护区、文化自然遗产保护区和森林公园,现有湿地面积1.2613万公顷,共有文化自然遗产保护单位245处,国保单位12处,市保单位1处,县保单位232处,保护单位范围0.0212万公顷,禁止开发区域面积为1.2825万公顷,待城郊森林公园(0.08万公顷)和中条山森林公园(0.4534万公顷)实施后可增加森林公园0.5334万公顷,禁止开发区面积将达到1.7359万公顷。

【土地开发整理】 2017年,东垆乡等3乡(镇)高标准基本农田整理项目,建设规模42198.15亩,总投资5131.37万元,完成了工程建设任务的所有后续工作,验收前的复核和审计已全部结束。古魏镇、永乐镇2镇董村等7村高标准基本农田整理项目,建设规模44049.45亩,总投资6961.32万元,建设工期24个月,土地平整工程、灌溉与排水工程、田间道路工程已全部完工,农田防护与生态环境保持工程已完成总工程量的50%。西陌镇、古魏镇两镇十村耕地开发专项资金省级项目,建设规模2326.5亩,新增耕地1897.5亩,总投资1853.41万元,土地平整工程完成总量的80%,灌溉与排水工程已完成总量的75%,田间道路工程已完成总量的90%。学张乡等5乡镇学张村等14村市级耕地开发项目,建设规模892.8亩,新增耕地686.7亩,总预算投资692.69万元。补耕造地取得的这些耕地指标,在保障本县社会经济发展的前提下,积极支持山西综改试验区建设,为太原高新技术开发区补充耕地交易指标883亩,直接为县财政增收1.6亿元。

【土地报批工作】 2017年,国土局组件上报1个批次土地征收资料251.47亩,完善了中医院、陌南中学等民生工程项目的用地手续。同时,为全县追加了规划指标8000余亩,核减了我县基本农田保护指标42000亩。

【永久基本农田划定】 2017年,国土资源局参照和结合全县"十三五"期间拟建设重点项目的用地情况,将光伏列阵项目、温氏集团种猪场、散养合作养殖户、风陵渡黄河大桥以及连接线等各类重点项目用地进行了调整补划。全县共划定基本农田60.4350万亩。

【土地出让】 2017年,全县共出让国有建设用地使用权16宗,面积313.9亩,总成交价款9903万元,其中商住用地9宗,商服用地3宗,工业用地4宗。

【地质灾害防治】 2017年,国土局落实地质灾害防治目标责任制,制定了《芮城县突发性地质灾害应急预案》及《芮城县2017年度地质灾害防治方案》,发放地质灾害防灾工作明白卡145份,防灾避险明白卡900份,签订地质灾害监测防治目标责任书130份,制定地质灾害隐患点监测方案145份,通过演练提升广大人民群众的防灾避险意识和各级各部门的应急处置能力,并在陌南镇东峪村成功举行了地质灾害应急演练,参加此次演练和观摩人员共计达500余人。通过此次演练活动,充分检验了各级各部门的应急协调指挥能力、应急突发事件的处置能力,收到了良好效果。

地质灾害雨季巡查

【巡查监管】 2017年,国土局严厉打击国土资源违法行为。对全县的土地矿产违法及非煤矿山安全生产情况强化监督检查,对督查中发现的各类国土资源违法违规行为及时给予制止和查处。全年执法巡查督查500余人次,制止和查处各类土地违法行为70起,其中立案22宗,收缴罚款90978元,申请人民法院强制执行3起。强化促进安全生产监督监管。安全责任重于天,按照县政府的安排部署,积极履行职责,强化监督监管,对非煤矿山实行基层巡查,机关督查,发现问题及时予以关停整改。全年共下达整改通知书11份、查封非法采矿点5处、申请电力部门停电2处;推进环境整治工作持续有效开展。全县14家石料矿山企业,历经3个月时间,全面完成了《开发利用方案》《矿山地质环境保护与恢复治理方案》和《土地复垦方案》"三合一"方案的编制工作,要求各矿山企业严格按照编制的方案,推进恢复治理。全县14家石料矿山企业深入推进矿山环境恢复治理工作,完成覆土5000立方、植树3万余株、恢复面积达200余亩,并对石场道路和周边环境进行生态修复治理,顺利通过国家环保督查验收。积极开展土地矿产卫片执法检查。对照全国二调成果,现场实地核查图斑,准确摸清各类各项图斑底数,对违法占地按要求严格处理、整改到位。全面建立国土资源联合执法机制。通过政府的组织协调,建立了严格有效的土地违法多部门联合执法机制和查处制度,进一步整顿和规范了国土资源管理秩序,使本县的国土资源管理工作走上了依法、严肃、健康、有序的高速轨道。

【土地供后监管】 2017 年 4—8 月，国土局配合县人大对土地供应与利用情况调研企业进行资料整理和实地查看。通过对企业用地的容积率、建筑密度、绿化率、投资强度及容积率控制指标情况进行实地调研后，人大代表、企业负责人及相关职能部门负责人对土地的闲置原因、低效使用情况以及存在的问题和解决办法进行了多次分析座谈，提出了符合实际和可具操作的意见建议，国土局及时整改和制定完善了新的土地供应办法和供后监管制度，进一步规范了土地批、征、供、用一条龙工作措施。

【基础工作】 2017 年，国土资源局严格规范

大王镇观庄土地开发整理项目

土地登记，做到土地权属来源合法，界址准确，登记规范，保证土地登记的严肃性和土地权利人的合法性，登记准确率达 100%。切实推进全县农村集体建设用地宅基地确权登记发证工作。全县 10 个乡镇的外业测量，外业调查工作已全部完成，内业整理达到工作量 95%，8 月份已申请市局进行了初验。严格把关设施农用地、临时用地和农村宅基审批程序。对符合村镇规划和土地利用总体规划的各类用地，实地踏勘后，予以批复，做好备案；扎实推进不动产登记工作。国土、住建、林业等档案资料已全部整合到位。共发放不动产证 303 本、不动产证明 180 本；整合房屋登记电子资料 192528 条；建立了不动产登记信息管理基础平台，运营正常，实现了不动产登记工作的稳定性和连续性；开展本县 2016 年度土地变更调查，土地变更调查成果核查，数据库质量检查与更新以及数据汇总、统计与分析上报工作。严格按照土地变更调查与遥感监测实施方案和“一张图”工程的要求，保证图、数和实地一致。2016 年上级下发本县变更调查的地块为 343 个，全部通过市局核查并提交省厅进行审核。

河滩土地管理

【整体规划】 2017 年，河滩局按照“一区五带”总体规划和生态文明先行示范区总要求，把引导优势产业和推动区域特色产业作为滩地发展总目标，形成了以主导和特色产业带动河滩发展总布局。在老滩地发展桃树、山药、洋姜，嫩滩发展水稻、莲藕，宜渔地带发展淡水银鳕鱼、螃蟹、小龙虾、南美白对虾等，初步形成以传统种植为主，特色产业齐头并进的河滩经济发展格局，取得了良好的经济效益和社会效益。

【莲菜基地】 芮城莲菜基地位于阳城镇、永乐镇河滩地，被列为芮城县 2017 年重点项目，在上年发展 600 亩莲池的基础上再建 800 亩。1 月进行摸底调查和基础设施登记、建设规划；2 月完成土地流转；3 月实施土地

平整、莲池开挖及修渠引水;5月开始选种、种植;全年累计投资310万元,建成总面积1400亩、年产2000吨的优质莲菜基地。

【开发服务】 2017年,河滩局服务惠农项目建设,在协调各个项目占地时,注重依据档案,维护好农户切身利益。全年协调了道东村三管局库区管理项目用地、陌南东关大禹渡水渠占地、尤永福国土局修路占地、南卫黄斜大禹渡景区占地等,确保在稳定中开发。

【嫩滩分配】 2017年,河滩局坚持实行嫩滩定期巡查制度。依据嫩滩地裸出和塌落时间不确定、面积随时变化的特点,采取人员、责任双明确,按照到现场眼见为实,在重要时间节点上按期巡查,及时查验裸出和坍塌情况,协同相关乡、村进行细致扎实分配,避免造成矛盾纠纷。全年完成陌南、永乐1300余亩嫩滩分配。

【矛盾化解】 2017年,河滩局在解决河滩土地矛盾纠纷过程中,坚持时间要快、处理依规依法、结果公开三个原则,所有工作人员坚持事实依据、历史依据和档案依据,直面矛盾,说公道话,化解及时。2017年化解了风陵渡杨立民、永乐刘成根、陌南道东一组等矛盾纠纷13起,化解率达到100%,保证了河滩土地的良好发展秩序。

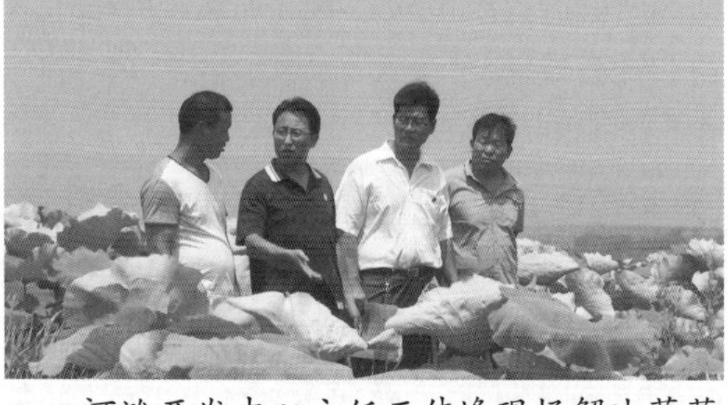

河滩开发中心主任王伟峰现场解决莲菜基地建设中的问题

【驻村帮扶】 2017年4月,河滩局调整到风陵渡镇中基村和北节义村开展帮扶,按照"一户一法"扶贫方针,扎实帮扶。先后从低保户中识别并纳入贫困户12户;识别深度贫困户7户;完成38个贫困户102人的档案资料、信息对照采集、建档立卡、责任牌上墙等工作;发放宣传资料、手册200余份;联合县卫生、民政、残联部门,摸清贫困户家庭受保情况;争取贫困户产业扶持,为姚发胜、杨居奎办理5万元贴息贷款;为北节义村委会购配桌椅10余套;与风陵渡镇扶贫办确定对姚富民、姚军孝两户存在住房安全隐患的房屋进行重建;帮助有劳动能力的贫困户寻找就业门路。2017年实现中基村3户7人、北节义3户12人脱贫。

工商行政管理和质量技术监督

【商事制度改革】 2017年,工商质监局完成多证合一改革和两集中、两到位工作;多措并举,提高市场主体信息公示率;全面推行"双随机、一公开",对检查任性、执法扰民、执法不公、执法不严等问题,营造公平竞争的发展环境,推动大众创业、万众创新发挥积极作用。

【查处经济违法案件】 2017年,工商质监局共查办虚假宣传、商标侵权、不正当竞争、经销劣质成品油、欺诈消费者等各类各种经济违法案件56起，其中万元以上案件5起，市场环境进一步优化，市场秩序明显好转。

【特种设备安全监管工作】 2017年，工商质监局全年共检查特种设备生产、使用、维保单位194个，下达监察指令48份，发现各类安全隐患133个，已消除隐患122个，责令整改11个，实现了全年度特种设备零事故的工作目标。

【规范计量检定】 2017年，工商质监局共为44个加油站，24家企业进行了计量器具的检定，核定压力表347块，加油枪98条，免费为群众检定血压计60台，检定台秤86件，天平17件。6月份查处破坏计量器具准确度案件一起。

【七家企业荣获山西省著名商标认定】 "永乐宫及图""南济堂"等7件商标被山西省工商行政管理局认定为山西省著名商标。芮城县近年来获得山西省著名商标数量最多的一年。

【23家企业被授予"守合同 重信用"企业称号】 2017年，亚宝药业、西建集团、杜庄橡胶等10家企业被国家工商总局认定为"守合同重信用"企业；东娃卤肉、新泰纳米2家企业荣获省级"守合同重信用"企业称号；县市政工程有限公司等11家荣获市级"守合同重信用"企业。这标志着芮城又一批企业在市场孕育中走向成熟，诚信度进一步提高，市场竞争力进一步加强。

【保护消费者权益】 2017年，工商质监局共受理各类消费投诉269起，接受消费者咨询千余次。

【强农富农】 2017年，3月份天之润枣业获得国家级红枣种植标准化示范区项目，成为全省6家获批企业之一；6月份，芮城县田康果蔬有限公司顺利通过运城市农业标准化示范区项目立项评审；9月份，由本县"天之润"枣业公司和果业中心分别牵头制定的《屯屯枣》《屯屯枣栽培技术规程》《芮城苹果生产技术规程》三个标准体系，正式立项为山西省和运城市的红枣、苹果"地方标准"。

【非公企业党建工作】 2017年，工商质监局成立非公企业党委；实行网格化管理；建立网格长群；打造有作为的党支部；打造又一精英云集的党支部，11月22日在全省率先成立了小个专党建联盟。

【扶贫工作】 2017年，工商质监局通过改善水利条件、实施农田改造、实施雨露计划、帮助贫困户异地搬迁和组织村民学习花椒栽培技术，全年共有40000多亩的花椒地，占到全村耕地的95%以上，花椒产业的发展间接带动了农民的脱贫致富。

综合检验检测

【队伍建设】 2017年县委、县政府为中心配齐了班子成员，招进专业技术员2人。通过事业单位公开招考和引进高度学历人才共2

名,为检验检测事业发展提供人才支撑。

【食用农产品的检验检测】 2017 年,根据省市文件精神,芮编办下发〔2017〕79 号文件,中心加挂“芮城县农产品质量安全检验检测中心”牌子,职责是承担农业产地环境和农产品质量安全检验检测、农产品质量安全风险监测、监督抽查等职责。

【检验检测】 2017 年 4 月,县农委移交检验检测装备,中心聘请了专业工程师对技术员进行培训;5 月份,开始了食用农产品检验检测,截至 2017 年底,完成了 566 批次食用农产品的检验检测,263 批次农业用水检测。

【产业扶贫】 2017 年,中心帮扶工作主要是通过产业发展实现扶贫,全年完成脱贫 1 户,贫困户的产业发展主要是发展养殖业和种植业,养殖业 12 户,其中养乌鸡 6 户,养羊 5 户;栽植花椒种植业 1 户。为发展壮大集体经济,制定集体经济破零方案,举行村级集体经济破零启动仪式,中心把发展村级集体经济作为一件大事来抓,在充分调研的基础上,决定把发展乌鸡养殖作为壮大集体经济的突破点,致力打造芮城第一乌鸡养殖村。

审 计

【概述】 2017 年,审计局共组织实施了 8 大类 50 个审计项目。审计查出主要问题金额 55642 万元,归还原资金渠道 174.06 万元,盘活存量资金 769.18 万元,出具审计报告 59 篇,提出审计建议 111 条,核减工程投资额 164.44 万元,提交审计信息 46 篇,其中 21 篇被市级以上审计刊物、网站采用。全年向纪检监察机关和各主管部门移送违规问题线索或案件 16 起,其中,被县纪委处理 6 人。

【财务收支审计】 2017 年,审计局对县委办、政府办、组织部等 6 个单位 2016 年财务收支情况进行了审计,审计发现问题金额 239.64 万元。查出差旅费报销管理不规范,预算编制不合理, 支出与事实不符, 未按规定使用公务卡结算,未及时盘活存量资金等问题。通过审计,规范了财务收支行为,提高了财政资金的使用效益。

【预算执行及专项资金审计】 2017 年,审计局对财政局、地税局、教科局、经信局等 12 个单位 2016 年预算执行及专项资金情况进行了审计。审计发现 5 个方面 16 个问题,涉及违规金额 11640.09 万元。同时根据审计情况向本县人民政府提交了《2016 年度财政预算执行及其他财政收支的审计结果报告》和《关于做好财政预算执行和其他财政收支审计查出问题整改工作的建议》,并受本县人民政府委托向本县人大常委会作了全县财政预算执行情况审计工作报告和整改情况报告。

【全省经济社会发展情况审计和审计调查】 2017 年,审计局抽调 10 人,赴临汾市洪洞县参加山西省政府安排的全省经济社会发展情况审计和审计调查,按照“摸清底数、揭示问题、提出建议、促进发展”的原则,重点对洪洞县财政收支管理、政府性债务管理、资源环境管理、重点项目建设等八个方面情况的真实性、合法性和效益性进行审计和审计调查。揭示了洪洞县经济运行、经济决策、经济管理、经济政策执行中存在的主要问题,客观分析了原因并从体制、机制、制度层面提出建议。

审计人员调查扶贫资金发挥的效益

【政府性投资项目审计】 2017 年,审计局共开展政府投资决(结)算审计项目 11 个,核减工程价款 164.44 万元。通过审查账面,实地测量,聘请造价师计算工程量等方法,发现超算工程价款、未办理项目审批手续等问题,有效防止了偷工减料、虚报冒领等行为,为政府节约了建设资金,提高了建设资金的使用效益。

【民生资金审计】 新型农村合作医疗机构整体移交审计 2017 年,审计局对新农合整体移交人力资源社会保障部门情况进行了审计,重点对新农合参合覆盖及保障情况、经费及基金收支情况进行了审计,发现重复参保,账实不符,财务管理不规范等问题。

住房公积金缴存、使用和管理情况审计 2017 年,审计局对全县 2015 年和 2016 年住房公积金情况进行审计,发现年度目标任务未完成、少计个人利息、隐瞒收入、发放贷款超年龄等问题,查出问题金额 1841.42 万元。

【政策措施落实跟踪审计】 2017 年,审计局开展了政策措施落实跟踪审计。主要涉及简政放权政策落实、财政资金统筹管理、重大项目推进建设、房地产去库存等 7 个方面。审计结果表明,各有关职能部门基本能够积极采取得力措施,履行所承担的职责,全面落实了各项政策措施的实施。同时,审计也发现未及时盘活存量资金,重点工程项目未按时开工、完工等问题。

【金融审计】 2017 年,审计局对本县农村商业银行 2015、2016 年资产负债损益情况进行审计。审计过程中,审计人员明确审计思路,大力采用计算机审计技术,对相关业务数据进行查询分析,将分析筛选出的问题作为疑点和线索,进一步核实取证,取得明显效果。审计共发现问题 15 个,查出违规金额 39764.54 万元,移交违规问题线索 8 起。

【经济责任审计】 2017 年,审计局对 15 个单位(乡镇)15 名乡科级领导干部进行经济责任审计。审计共查出问题资金 25,348.59 万元,违规问题线索移交本县纪委 1 件、主管部门 1 件。审计针对被审计单位在重大事项决策、资产管理及财政财务收支等方面管理的薄弱环节和存在的问题提出了 35 条整改意见和建议。并对风陵渡镇政府、南卫乡政府两位乡(镇)长进行了自然资源资产离任初审,从土地、矿产资源、林地面积三个方面的增减变化情况，分析领导干部任职期间经济决策对自然资产的影响，迈开了领导干部自然资源资产离任审计步伐。

【上级交办的审计事项】 2017年，审计局抽调20余人次，参与省市各类审计项目、市县纪检监察部门对有关经济案件的查办、县巡察办的巡察、扶贫领域不正之风和腐败问题专项治理等工作，累计天数达400余天。

统计管理

【第三次全国农业普查】 2017年，统计局承担的“农业普查项目建设”重点工程项目，是“智慧芮城”建设中“智慧行政”的其中一项。按照普查方案和进度要求，现场登记圆满完成，数据处理集中高效，数据质量抽查科学组织，“两员”报酬足额发放，制作专题片在县电视台进行播放，做好了“向人民汇报”工作。

【统计改革】 2017年，结合芮城实际，政府办文件下发《关于开展全县固定资产投资统计改革先行先试工作的实施意见》(芮政办发〔2017〕36号)，成立全县固定资产投资统计改革试点工作领导组，通过强化方案研究、专题培训、一线督查、严格考核，确保报表单位严格依法合规、实事求是报送统计数据。统计管理体制改革，统计局层层传达学习，明确重大意义、改革方向、时间节点；强化“三基”建设，摸底子，掌实情，为统计改革奠定基础。以“三基”工作规范为重要抓手，以省局制定的《县级统计机构工作规范》《乡镇统计工作规范》为标准，学习要求，定岗定员定责，编制权责清单，规范工作流程，编制了“一个目录、三个手册”，制定了年度工作计划书。

【统计监测】 2017年，统计局做实调研，深度分析。开展全员“下基层、摸实情、出精品”集中调研。做精产品，优化服务。统计年鉴更新改版，内容更加丰富。《芮城经济动态》经县政府常务会议审议通过后印发，报送四大班子领导及有关部门，反响良好。制作《数据话发展，改革谱新篇》专题片，全面回顾总结党的十八大以来全县统计事业发展成绩。城乡一体化住户调查大样本轮换工作扎实开展。以芮政办函〔2017〕49号下发《关于认真做好住户调查样本轮换工作的通知》，对各乡(镇)政府、县直有关单位提出明确要求，作为牵头单位，做好了方案制定、培训指导、督促检查，确保样本框信息核实、调查小区划分、住宅名录编制、住户摸底调查、辅助调查员选聘等各阶段工作环环相扣、无缝连接。

【统计法制】 2017年，统计局在统计开放日、专业统计培训会、全员集中调研等时机，通过制作统计法制微电影、宣传版面、发放宣传册、在《芮城信息》刊登《中华人民共和国统计法实施条例》全文等多种方式开展宣传。组织专业人员送条例“下乡入户”“进企业、进乡镇、进社区”，通过QQ、统计工作微信等加强对基层统计人员、调查对象的教育引导，增强全社会对条例的认知，不断营造法治宣传新常态。

【统计信息化建设】 2017年，统计局集中采购升级统计信息化硬件基础设施，联调联试了县级调度指挥平台、县级高清视频会议系统、统计云盘、统计即时通信系统。为全县各乡镇统计站配置了新的打印机，满足日常统计工作需要。申请注册并开通“芮城统计”微信公众号，实现了统计工作宣传、统计指标答疑解惑、最新统计数据信息的及时发布。

县第三次全国农业普查领导小组组长张应征参加指导农业普查入户登记工作

安全生产监督管理

【安全生产责任体系】 2017年，安监局狠抓重点行业领域安全生产挂牌责任制的落实，非煤矿山、化工、烟花爆竹、工贸、交通运输、建筑施工等重点行业企业悬挂了安全生产责任牌，企业的主体责任进一步得到落实。为了落实2017年安全生产目标考核，对各乡镇和安委会成员单位2016年的安全生产工作进行考核，在2月27日召开的全县安全生产工作会议上对3个乡镇、3个安委会单位和15名安全生产先进个人进行了表彰。

【安全生产大检查】 2017年，安监局在全县打响了安全生产隐患排查整治攻坚战。共成立检查组53个，组织人员400余人次，排查各类生产经营单位256家次，排查整治各类隐患276处，责令停产停业整顿企业11家，取缔非法违法加油站点31处，行政拘留15人。建立了安全生产“四个清单”“五个一批”清单，对关停企业进行了曝光。将重点企业的隐患整改纳入了县政府13710系统进行督促整改。

【提升企业本质安全】 2017年，安监局邀请专家对重点企业的安全进行全面的“安全会诊”，共会诊新宇化工，虹桥医药中间体等重点危化企业8家，整治安全隐患49处。同时将专家会诊工作进行延伸，邀请专家对工贸行业的金冠机械制造厂、中鲁果汁厂等6家重点工贸企业进行了会诊，排查整治安全隐患45条。

【安全生产宣传培训】 2017年，安监局以“全面落实企业安全生产主体责任”为主题，开展安全生产月系列宣传教育活动。服务重点项目建设，为光伏基地的一线员工开设了一堂安全知识讲座，发放安全知识手册和安全宣传物品袋300余套。制作了安全警示教育片《救赎》，在全县非煤矿山、危险化学品、工贸等重点企业进行了播放，将《中国安全生产报》征订工作作为宣传安全知识的重要手段。在汛期等特殊时期，通过企业微信平台向企业发送预警信息，督促企业提前做好准备。开展了平安乡村创建工作，在先行示范乡镇宣讲安全知识，发放宣传品，督促乡镇及村一级完善安全生产相关制度，开展隐患排查治理等日常工作。开展应急救援预案的审核工作，督促各重点企业根据预案开展了应急救援演练工作。

食品药品监督管理

【完善全过程监管体系】 2017年，食药局严抓审批建档工作。落实建档立卡责任。各站对辖区监管单位进行摸底排查，建立了详细档案资料，根据责任目标分解书，明确人员，明确责任，明确区域，监管单位责任到人，落实责任追究制度。提高标准严格审查。在群体性聚餐单位许可审查中，提高标准再认证，指导芮城县群体性聚餐单位、大型饭庄进行规范化整改。严格把好食品行业准入门槛。规范审批。按照县政府“放管服效”工作的要求，根据审改组的要求全面梳理部门行政职权，明确部门权责清单，严格落实“首问责任制”、“限时办结制”“责任追究制”，改善服务质量，提高了工作效率，审批事项按时办结率达到100%。全程监管工作。督促食品药品等经营企业建立健全各项内部管理制度，做到重点制度上墙，落实“五登记一监督”制度，按制度办事；规范执业行为，各领域实施许可管理的单位要求必须持证上岗、两证经营、穿衣带帽；规范监管对象操作程序，生产加工领域要明确加工流程并公示上墙。强化源头管理。各领域严格执行索票索证制度和购进验收等制度，建立产品和业务交往单位档案，把好产品原料进入单位或者环节的入口关，将不合格原料产品拒之门外，保障所生产经营使用产品质量。引导全县36家食品生产企业采取不同方式实现二维码溯源；食品经营单位继续强化落实辖区“一票通”备案制度，无票不能进入市场；对餐饮服务单位落实进货查验、索证索票、环境卫生、操作规范等制度。开展食品小作坊提质达标工程、餐饮服务单位“明厨亮灶”工程，为全县36家食品生产企业制定了统一的信息公示栏；餐饮服务单位完成“明厨亮灶”54家；10家学校食堂进行了改造升级；农村群体聚餐备案审查2073次，重新规范备案农村红白喜事服务队35家。

【强化宣传】 2017年，食药局依托广播电视台、报刊、网络、手机、固定宣传栏等多媒体多渠道宣传食品药品安全法律法规、方针政策。在芮城电视台插播“全民参与、社会共治，创建食品安全县城”宣传标语；组织开展“食品安全宣传周”等活动，参与部门单位39家次，设立咨询台57个次、宣传展板124块，宣传条幅102条，发放宣传材料30000余份，现场群众关注“运城食药监管”“芮城食药监管”微信平台800余人次；在各乡（镇）、示范街、示范小区、示范村设置食品安全县城创建固定宣传栏35块；食品生产经营单位在电子显示屏、报菜单及经营场所醒目位置等媒介张贴创建食品安全县城等宣传标语。并拍摄了芮城食药宣传片一部，广泛宣传了食品药品安全县创建工作经验。

【创建食品安全示范点】 2017年，食药局继续巩固200家各类示范点，切实发挥典型引路、示范引领的作用。12月份，组织对各类示范点进行重新验收，按程序公示授牌。推进乡镇监管站标准化、规范化、专业化“三化”建设，为各乡镇站配备了执法手机和移动便携式打印机，逐步落实上级对乡镇站所“五个一”标准配置要求。接受县人大对芮城局食品安全县城创建的调研指导工作。

【搭建智慧食药信息平台】 2017年，智慧食药软件信息平台基本搭建完成，全县监管单位基本信息采集已完成数据录入，整合了芮城县食药信息资源，规范信息管理，基本实现部门间、区域间的信息互通互享。完成对各单位的平台培训和推广工作，“移动执法”装备监管软件、移动执法终端、便携式蓝牙打印机已全部配备到位，第一期需搭建智慧食药远程监控硬件设施的学校食堂、大型饭庄等共计60家重点单位完成视频接入工作。

【完善检验检测体系】 2017年，食药局组织各站队及9个超市快检人员进行业务培训三次，逐步成立了专业的快速检测人员队伍，实现了检测能力的大跃升；购进了一台大型活动使用的便携式快速检测箱，并为芮城县两会、中高考等食品安全全程保障及接报群体聚餐发生问题进行快速现场处置发挥明显作用；对各乡镇学校食堂、大型饭庄等重点单位

食药监局对散装食品标签检查

蔬菜农残留、食用油中的样品极性值、饮用水、面粉等进行快检。食品药品抽检860批次，快速检测1245批次。抽检结果为2份月饼样品和1份纯净水不合格，其余产品均合格。结果在芮城食药局网站和芮城报上进行了公示。

【专项整治】 2017年，食药局开展食品领域集中整治专项行动。开展了“山东发芽变质土豆”“禽类食品销售”“大桶水整治”“熟肉制品”“病死猪肉”“农村红白喜事聚餐”“农家乐餐饮服务”五类食品小作坊专项整治；学校食堂及周边环境专项整治；无证经营专项整治和非法添加、“5角”食品、过期变质食品、假冒伪劣食品等专项整治。开展药品生产流通领域集中整治行动。“中药饮片”“特殊药品精神麻醉类药品”“药店诊所药品质量安全集中整治”、回收药品等专项整治活动。组织召开了“药械市场监管工作会议”，并监督指导经营使用单位针对药品经营方面的相关问题进行自查，共提交自查整改报告420份，完成整改420家。在药店诊所药品质量安全集中整治中，重点检查回收药品问题，共检查药店62家，诊所卫生室360家，对2家严重违反GSP管理规定的药店进行了关停，立案30起。开展了保健食品专项整治工作。开展“保健食品流域违法经营行为专项整治”“美容美发单位染发产品等特殊用途化妆品专项监督检查”“食品、保健品欺诈和虚假宣传专项整治”活动。为规范保健食品市场秩序，整治保健食品经营环节的突出问题，消除保健食品日常监管盲区，严厉打击保健食品非法营销、虚假宣传等违法行为，组织在全县范围内开

展为期两个多月的保健食品流域违法经营行为专项整治。全年监督检查3436家次,全系统接到食品药品类投诉举报案件40起,已全部结案并进行回复,共查办案件103起,罚没款共计223776.28元。

公共资源交易

【进场交易项目招标】 2017年,公共资源交易中心完成了各项交易活动共228项,其中工程及服务类招标137项(公开招标14项);政府采购货物类91批次,采购总金额为3987.8806万元,比预算的4155.3046万元节省资金167.4240万元,节支率4.03%。每项交易活动从供应商报名、招标、评标至活动结束,芮城县财政局等相关单位监督人员进行全程监督,确保交易活动公开、公平、公正地进行。

【交易平台建设】 2017年,公共资源交易中心按照国家关于印发整合建立统一的公共资源交易平台工作方案的通知,遵循"平台透明化、服务规范化、交易完善化"的发展思路,紧抓场所建设、制度建设、队伍建设、信息化建设四个重点,加强相关交易场所和硬件设施的建设和完善。2017年县交易中心完善了竞争性谈判室及公开招标专家评标室,工作室配备LED屏幕、电子监控等电子化设备,着力向信息化、电子化招标靠拢,以达到国家、省、市对平台建设的要求,同时满足交易工作的需要和发展,提高进场交易的质量和效率,实现"阳光、透明、规范、和谐、绿色环保的公共资源交易市场"这一目标。

风陵渡经济开发区

【概述】 风陵渡经济开发区位于山西最南端,晋、秦、豫黄河金三角腹地,华北、西北、中原三大经济区域的交汇处，是山西的“南大门”和对外开放的“窗口”,地理位置得天独厚,素有“鸡鸣一声听三省”的美称。1992 年 11 月经山西省人民政府批准设立,2006 年 3 月经国家发改委审核公告。根据 2015 年 1 月省政府批复的《风陵渡经济开发区总体规划(2003–2030)》，修编后的规划面积为 21.6 平方公里。建成区面积 8 平方公里。

【经济指标】 2017 年,规模以上工业总产值 15.42 亿元,规模以上工业增加值 4.12 亿元,固定资产投资 3.01 亿元，财政总收入 9817 万元,一般公共预算收入 4733 万元,出口总额 647 万元。入园企业数 319 户，园区经营(销售)收入 68.5 亿元,投资强度 209.4 万元/亩,实际利用省外直接投资 7.69 亿元,研究与试验发展经费 1.03 亿元。

【项目建设】 2017 年,风陵渡经济开发区在建项目 9 个,总投资 13 亿元。山西凯美佳肥业公司年产 50 万吨复合肥项目(二期);北京天嘉食品公司食品加工项目；山西银莹顺公司表面施胶剂项目；深圳市易普乐化工公司年产 800 吨植物生长调节剂项目；印象风陵渡旅游开发公司黄河文化景观园项目（总投资 10 亿元);陕西隆丰能源股份公司 LNG 加气站项目；山西压缩天然气集团公司液化加气站项目;机动车检测中心项目;机动车驾驶员培训基地项目。意向项目 7 个,总投资 15.9 亿元。分别是:陕西中科联新能源公司高清洁汽柴油项目、江苏常州力仁医药科技公司医药中间体项目、山西中天金水实业公司风力发电项目、上海任德环境科技公司垃圾焚烧炉设备项目、陕西恒田化工公司生物农药、原药和剂型加工项目、山西金水河金属材料公司与中国航发集团哈尔滨东安发动机制造公司合作航空轻型材料项目。

【城市建设】 2017 年,风陵渡经济开发区共投资 1.08 亿元，铺开了 5 项市政建设工程。投资 1000 万元对城市集中供热进行扩容,增加外环路工业供热管网 3.81km,集中供热面积达 25 万㎡;投资 2800 万元,新增燃气管道 10km,新建 LNG 加气站 2 座,燃气普及率达到91%;投资3330万元对污水处理厂进行提升改造,工业污水处理厂已经建成运营;总投资7800万元晋龙盛供水工程,完成投资2060余万元,风后西街供水管道已铺设完成;投资1600万元的伏羲街建设工程。城市管理方面。投资625万元完善了城市道路交通标识牌、街道名牌,对照明设施及破损路面进行维修,对商业街口、黄河南路与转盘连接处进行改造硬化;投资120万元对黄河南路蔬菜、瓜果批发市场进行改造升级;对黄河北路及学府街口四家临时建筑进行了拆迁改造;中心广场公厕已经免费开放,东柏台村口公厕正在加紧建设;对辖区主要小区、机关、单位、宾馆酒店等临街建筑实施城市亮化工程,20余家单位、小区已完成亮化任务;整合原规划建设局的城建监察、土地分局的国土监察、环保局的环境监察等职能、人员及有关设施,成立综合行政执法局,集中行使行政处罚权,统一查处各类违法行为。

【改革创新发展】 2017年,风陵渡经济开发区按照省、市、县"三化三制"改革工作总体部署和相关要求,各项改革任务初步完成。社会管理事务已经剥离。原划归风陵渡经济开发区管理的11个村政治、经济、文化、生态等32项社会事务统一划回芮城县管理,原开发区社区办职责由县政府接管,原工作人员由县委统筹安排。机构整合基本到位,设立了综合办公室、人力资源部、产业事业部、建设事业部、行政审批局、综合行政执法局等6个内设机构,共精简整合内设机构8个。人员聘任基本完成,制定了《风陵渡开发区科级干部聘用规则》和《风陵渡开发区一般工作人员聘用方案》,研究聘任了13名正科级干部,公开选拔了15名副科级干部,各单位聘用人员全部签订聘任合同,聘期3年。冗余人员基本消化,制定了《风陵渡开发区冗余人员精简消化工作方案》,采取提前退休、提前离岗、待岗、调离、辞职等方式,共分流冗余人员54名。绩效工资考核方案制定完成,制定了《风陵渡开发区绩效工资制实施方案》和《风陵渡开发区绩效工资制考核办法》,管委会主任办公会及县政府常务会议已经研究通过。

【环境保护】 2017年,风陵渡经济开发区开展大气污染防治专项行动,强化"散乱污"企业整治,着力抓好"控煤、治污、管车、降尘"等措施的落实。继续深入开展秋冬季大气污染综合治理攻坚,确保完成目标任务。强化面源污染控制,严格企业料堆站场扬尘污染,推行"绿色施工"。加强工地和道路扬尘治理,深入开展挥发性有机化合物和油烟型污染专项治理。开展了"铁腕治污"专项行动,对11家企业、1家医院、5个加油站进行了集中整治,关停非法排污企业2家,查封建筑工地3家,取缔石料厂5家,搬迁煤炭经营户9家。毫不放松抓好污水治理。克服资金、技术等一系列难题,通过企业筹资、向上争取资金等办法,工业污水处理厂基本建成,解决了化工企业污水排放问题。

【社会管理】 2017年,风陵渡经济开发区对辖区内2.7万亩耕地加大动态巡查和保护力度,对认定的8起违法图斑全部立案查处,确保实现耕地面积不减少的目标;对金水河公司南侧荒沟进行了填沟造地,共计造地38.6

亩，增加财政收入460余万元。深入贯彻落实安全生产“党政同责、一岗双责、齐抓共管”工作机制，对辖区2708家生产经营单位逐户落实监管责任，对30家企业逐一进行了隐患排查，对存在的问题全部整改到位。连续5年实现安全生产“零”事故目标。切实维护劳动者合法权益。办理劳动用工备案17家，涉及职工1100人；检查用人单位19家，涉及1102人；督查用人单位补签劳动合同545份；处理劳动争议案件7起；受理拖欠农民工工资案件6起，累计为100多名农民工追回工资180余万元。实行信访案件三级负责制，化解各类信访案件17起，十九大期间集中人力加强“矛排”，确保不发生赴京、进省、到市越级信访案例。实行企业第一责任制度，建立“两项制度”电子台账，2017年共查处食品药品违法案件3起，完成了72批次食品抽查检验任务。相继成立了风陵渡开发区书法协会、常青树老年戏迷协会、乒乓球协会、舞蹈协会、合唱协会、管乐协会及爱心志愿者协会等。

【党建工作】 2017年，风陵渡经济开发区共组织召开了15次中心组（扩大）学习会议，班子成员每人撰写了5篇心得体会或调研文章。组织广大党员干部开展了六次“两学一做”知识竞答和三轮“廉洁运城”党纪法规微信在线知识测试。把推进“两学一做”学习教育常态化制度化、开展维护核心见诸行动作为今年党建工作的龙头任务，相继开展了贯彻习近平总书记系列重要讲话精神学习讨论交流、“七一”主题党日活动、党的十八大以来的辉煌成就展、十九大精神演讲比赛等，进一步强化党员的政治意识。按照上级部门部署安排，开展了党员和党组织信息录入、基层党组织换届、党费收缴工作专项检查等项工作，共录入党员信息337人，已全部落实到接入地党组织，机关13个党支部全部完成了换届选举，组织各单位完成工作目录、单位管理手册、办事工作流程、便民服务手册等基础工作，通过对基层组织“两个责任”落实不力、“三会一课”制度执行不到位等开展专项整治，有力地提升了党组织的凝聚力和战斗力。共建立非公经济组织党支部27个，中共党员138名，覆盖非公企业96户。非公党建总结探索出“365”工作法，制作的非公企业党组织规范化建设标准模板，为基层党务工作者提供了可学可用的标准化党建务实操作样本，形成了独具特色的非公党建“风陵样板”。

工业经济

经济和信息化

【市定考核指标】 2017年,县内规模以上企业(小口径)在市定10项考核指标中,除能耗稍有差距外,其他9项指标均完成年度计划,其中3项主要指标实现了大幅增长。具体是,规上企业工业增加值:全年目标为增长3%,实际完成11.86亿元,可比增长21.2%;规上企业实现利税:全年目标为增长5.2%,实际完成6.47亿元,同比增长111.83%;工业投资总额:全年目标为增长3%,实际完成38.01亿元,同比增长89.4%;园区入驻企业:全年目标为35家,实际达到35家;园区主营业务收入:目标为24.1亿元,实际完成28亿元;园区投资强度:目标为200万元/亩,实际完成201.5万元/亩;产学研合作企业所占比重:目标为7.41%,实际完成10%;万元规上工业增加值能耗降低率:目标为降低3%,实际降低0.77%;社会消费品零售总额:全年目标为34.9亿元,实际完成34.9亿元,同比增长7.2%;外贸出口总额:全年目标为出口2630万元,实际完成2793万元,同比增长6.2%。

【生态文明建设指标】 2017年,万元GDP能耗:全年目标为控制在1.18吨标煤/万元以内,实际完成1.8244吨标煤/万元;能耗消费总量:目标值为145.53万吨标准煤,实际完成146.63万吨标准煤;非化石能源占一次能源消费比重:目标值为3%,实际完成3.2%;工业固废综合利用率:目标值为82%,实际完成83%;战略性新兴产业占GDP比重:目标值为9.3%,实际完成12.5%;二级以上能效家电产品市场占有率:目标值为76%,实际完成76.2%;节水器具普及率:目标值为86%,实际完成86.5%;三次产业(工业)增加值比例:目标值为34.57,实际完成11.86亿元。

【重点项目建设】 南通星辰扩产改造项目 该项目是在现有国内首座万吨聚苯醚(PPE)生产设备基础上进行扩建,将产能由1万吨扩大到2万吨。总投资2.2亿元,先期投资9900万元,完成扩产5000吨产能设备安装。

2017年3月开工，目前已建成投产，年增加销售收入2.75亿元，新增利税5000万元。

宏光医玻一级耐水药用玻璃容器扩建项目 该项目总投资10.9亿元，年内完成投资2亿元，在宏光公司新厂区建设三座电熔炉生产线；在老厂区新购进10台安瓿机组，并对安瓿生产车间和烤瓷安瓿生产车间进行升级改造。该项目于2017年1月开工，目前对老厂车间的升级改造和设备购置已完成，正常进行生产；新厂的三座电熔炉也已建成，两台已投运，第三座窑炉正准备点火，十台电熔炉全部投产达效后可新增产值1亿元，实现利税2000万元。

天之润枣业年产3.5万吨红枣深加工扩建项目 该项目总投资2亿元，新建厂房等建筑面积2.4万平方米和年产10万吨罐装生产线一条。年内投资8000万元，原计划2017年1月开工，因前期各项手续办理未及时到位，实际开工2017年3月10日。截至目前，完成投资8000万元，基础回填土方和混凝土浇筑工程已完成，正在进行厂房钢结构安装，主要设备已订购。项目投产达效后年增加销售收入4.27亿元，消化残次果5000吨，减少枣农经济损失800余万元。

同济药业年产1万吨氮肥生产线建设项目 项目总投资9560万元，3月份开工，现已投入生产。该项目年可循环利用原料药所产生的废液10万吨，回收加工氮肥1万吨，实现销售收入1100万元，新增利税705.76万元，成为我县资源循环利用的示范企业。

【风陵渡开发区改革】 2017年，经信局承担风陵渡开发区改革创新任务，工作已取得了实质性进展。理顺了管理体制，配备了领导班子，健全了内设机构，分流了冗余人员，实施了整合扩区，明确了产业布局。风陵渡经济开发区按照“专业分工、协作配套、产品关联、链条延伸”的思路，实施集群化发展。风陵渡经济开发区产业发展定位是：依托亚宝药业集团、宏光医玻股份公司，建设全省重要的医药及医药包装产业基地（芮城工业园）；依托风陵渡地理位置优势，建设黄河金三角区域重要的物流集散基地，依托嘉生医药化工公司，发展精细化工产业。“十三五”末发展目标是：实现工业总产值120亿元，主导产业产值占比75%。其中，现代医药及医药包装产值75亿元，企业数量35家；精细化工产值15亿元，企业数量9家。

【服务企业常态化】 2017年，经信局结合自身实际，制定了《经信局干部入企服务常态化专项行动工作方案》，牵头建立健全了《芮城县服务企业部门联席会议制度》，紧紧围绕企业生产经营和重点项目建设中的问题和诉求，协调有关部门，建立工作台账，一个问题一个问题解决，一件事情一件事情销号。自专项行动开展半年以来，共收集问题12个，已全部协调解决。通过市级层面协调运作，以基金形式为宏光医玻解决流资4亿元；通过与亚宝沟通协商，以提前预付原料药款的形式，为同济药业解决流资480万元；通过项目申报落实经省经贸委论证，先后为亚宝、天之润两个企业的三个项目争取到政策补贴资金345万元；帮助新泰纳米、新宇化工解决了煤改气的管道疏通问题以及杨森包装和兆益生物电力供应和配套设施等问题，以实际行动转变了政府职能，提升了服务效能，激发了企业转型发展、创新发展的积极性、主动性和创造性。

【落实省政府“60 条”减负措施】 2017 年，经信局面对经济下行压力，持续加力，主动作为，组织协调减负办 16 个成员单位，深入企业落实省政府“60 条”减负措施和惠企政策。全年共减轻企业负担 2560.23 万元，其中涉企收费减少 407.95 万元，涉企税收减少 2129 万元，创优环境减少 23.28 万元。

【“放管服效”改革】 2017 年，经信局按照县政府要求重新组建了行政审批股，进一步明确权责清单，完善行政审批流程图和风险防控图，简化审批流程，努力做到审批最少、流程最优、体制最顺、机制最活、效率最高、服务最好的“六最”服务机制，并精简审批事项、办事流程、审批时间，通过网上办理减少企业费用支出和时间支出，大大提高了行政审批效率。

【股改上市】 2017 年，大禹生物股改挂牌是纳入经信局今年考核的一项重点工作。在努力协调下，大禹生物公司经过两年多的运作，于今年 7 月 26 日成功登录“新三板”，成为我县继宏光医玻在“新三板”挂牌上市之后的第二家企业。为此，省、市、县三级奖励企业 200 万元。

【产学研合作】 2017 年 10 月，大禹生物公司院士工作站正式成立，目前正在加紧进行博士工作站、技术检测中心等研发机构的筹备和建设，进一步为企业产品技术服务和更新换代提供强有力的技术支撑；11 月 15 日，杨森包装公司与中北大学、西安理工大学联合创建的“产学研研发基地”和“实习基地”正式挂牌，双方的有机结合，既为企业实现技术快速提升、加快转型升级注入了强劲动能，又为学校社会服务能力持续增强提供了广阔平台。

【“两化融合”】 “十八大”以来，芮城县工业积极走信息化与工业化深度融合的新型发展之路，全面贯彻质量管理、环境管理和职业健康安全管理体系三大国际标准，系统进行技术创新和管理变革，企业核心竞争力显著提升。2013—2016 年，全市荣登国家级“两化融合”管理体系贯标试点企业和示范企业共有 6 家，其中芮城占 2 家；入选省级试点企业的 12 家，芮城占 5 家。2017 年全市名列国家级贯标试点企业 4 家，南通星辰位列其中，“两化融合”工作在全市一直占据领先地位。

电力工业

【企业概况】 国网供电公司成立于 1960 年 6 月，隶属国网山西省电力公司、国网运城供电公司管理，位于芮城县洞宾东街 74 号，现有全民职工 115 人、集体职工 28 人、众辉员工 210 人。公司下设 9 个部门、10 个供电所、集体企业项目部,固定资产 3.63 亿元。

【经营范围】 2017 年,国网供电公司管理芮城县区域 35 千伏及以下电网，经营 10 千伏以下配电网的营销工作,主要担负着 10 个乡镇、173 个行政村、39 万人口的供电任务,供电面积 1178 平方公里。现有电力客户 131789 户,其中第一产业用电户 3664 户、第二产业户 2969 户、第三产业 4804 户、居民用户 120352 户。

【经营状况】 2017 年,国网供电公司完成电网投资 1.544 亿元;售电量完成 6.605 亿千瓦时,同比增长 10.32%;售电均价完成 459.05 元/千千瓦时，同比减少 12.57 元/千千瓦时,比计划增加 4.66 元/千千瓦时;综合线损率完成 6.98%，同比降低 0.28%，比计划降低 1.52%;电费回收率完成 100%。

【电网概况】 县域内电网现有 220 千伏变电站 2 座、容量 90 万千伏安/4 台,220 千伏线路 5 条 157.037 公里;110 千伏变电站 6 座,47.15 万千伏·安;35 千伏变电站 5 座,9.05 万千伏·安;35 千伏线路 20 条、142.798 公里,其中用户专线 6 条、17.931 公里;6—10 千伏公用线路 60 条、1717.5758 公里;0.4 千伏线路 1415 条、1581.8062 公里；配电变压器 3053 台、56.011 万千伏安，其中公变 1669 台、24.507 万千伏安,专变 1384 台、31.504 万千伏安。

【机关建设】 2017 年,国网供电公司坚持以人为本不动摇,着力加强队伍建设,推进公司标准化建设,利用有限的资金,对原有老旧办公桌椅全部更换为标准工位，办公设施进行标配管理,对老旧空调进行维修及更换,使员工的办公条件得到全面改观；建设廉政绿化长廊,加强职工食堂的管理,对公司食堂软、硬件进行整治，更换增添员工餐柜、就餐桌椅,使员工就餐秩序和环境大为改善;将闲置多年的开发公司项目部办公楼彻底整修,恢复其原有的办公功能，项目部办公面貌焕然一新。全面提升物资管理水平，强化仓储管理,对仓储点进行了标准化建设整治,完善了仓储内功能性区域划分,配备了标识标牌,对仓库应急照明安装、消防设施器材配置和仓库视频监控系统接入省公司系统等工作进行了实施。全面提升了仓储管理水平,公司仓储点 10 月份经省公司验收达标。

【电网建设】 2017 年,公司紧盯芮城经济社会发展与重点工程建设,齐心协力,加快推进电网建设步伐。举全局之力推进 220 千伏汇集站工程建设，提前办理汇集站土地征用手续，积极与学张乡政府、桥头村委会进行对接,确保“630”汇集站提前建成投运。投资 1060 万元完成 35 千伏马崖变电站增容改造工程，新增变压器容量 1X20000 千伏安,新建 35 千伏线路 1 条 4.24 千米,新建 10 千伏线路 2 条 6.62 千米,彻底解决了抗旱高峰期马崖变电站过负荷的情况。投资 1091 万元对 26 条 10 千伏线路、11 个中心村、5 个贫困村以及 4 个动力不足自然村进行农网升级改造,新架 10 千伏线路 10.3 千米,新增配变 54

台,解决了 3503 户老百姓用电难的问题。投资 6875 万元对辖区 121 个村的 853 台机井排灌变压器进行改造,全面完成农村机井排灌改造任务。小城镇(中心村)电网升级改造工程共涉及 10 个中心村,总投资 2679 万元。

【经营管理】 2017 年,国网供电公司不断增强经营管理质效持。全面完成营销各项业务工作,全年完成“百线千变”110 个台区的高损治理工作,低压采集成功率 99.79%,一体化表采集成功率 99.88%。组织学习新“三个十条”、《供电营业厅管理规范》,加大对“掌上电力 APP”、电 e 宝等多种线上平台的推广力度,加强与客户的沟通技巧的培训,确认投诉属实对责任人进行严格考核。制定电费回收考核办法,对未达账项及时考核,确保电费颗粒归仓。开展营销普查及违章查窃专项行动,查处违约用电 39 起,追补电量 0.155 万千瓦时,追收电费 1.149 万,收取违约使用电费 24.153 万元,合计追补 25.3 万元。制定和完善了《线损管理考核办法》,明确了各部门职责和分工,设定了考核标准,不定期对线损异常的线路和台区进行突击检查,及时分析存在问题并加以纠正处理。合表打开全面完成 11 个小区 3207 户的改造任务。同时开展对合表打开已改造的小区进行资产移交工作,并于 11 月底已完成 7 个小区的 949.71 万的小区资产移交。通过开展问题清单梳理全覆盖工作,深挖基础管理及设备管理的漏洞,对查出的问题进行专题分析,明确责任人,制定整改措施,落实整改时限,使公司的基础管理得到了提升。加强资产管理,定每年对公司资产设备进行盘点,定期对公司办公设施普查并建立台账,2017 年通过有限资金对公司办公设施进行标准化配置,改善了办公环境;同时,加强仓储标准化建设及物资集约化管理,2017 年物资管理纳入 ERP 系统,10 月份公司仓储中转库通过省公司标准化仓储建设验收工作,为公司生产经营提供了有力的物资保障。

省电力公司副总经理刘人楷到芮城光伏领跑技术基地调研指导工作

【安全生产】 2017 年,国网供电公司坚持“党政同责、一岗双责、齐抓共管、失职追责”,全面提升公司本质安全水平。加强安全教育培训,开展安全警示教育活动,进一步强化各级人员安全责任意识。做好安全制度及文件下发工作,坚持召开安全月例会和季度安委会。电网风险预警管控工作落实到位,严格计划管控,杜绝临时检修,加强计划的刚性执行。严格落实作业现场安全管控及反违章纠察工作,组建反违章纠察队,对春检及各类配网工程改造、技改、大修工程等各类施工作业现场进行安全监督。提升应急管理,开展了应急演练专项活动、消防应急培训及逃生演练,圆满完成十九大,以及县委县政府部署的各项重大政治活动保电任务。截至 12 月 31 日,实现安全生产10637天。

【电力运行与电力市场】 2017年,国网供电公司立足安全可靠供电,规范科学运维管理,实现电网管理新提升,电力市场新拓展。摸清新增产业园区增量试点项目情况,合理确定电网投资规模、结构和时序,提高投资精准性。抓住当前电网发展的战略窗口期,加快推进各级电网协调发展。全面升级配电网,建立快速响应市场的配网精准规划机制,精准布点实施电网项目,提前抢占市场份额。主动对接县域经济、园区经济、新农村建设和分布式电源等的快速发展需要。深入开展电网运行分析,建立以电网年度运行方式为导向的电网完善机制,加强电网安全可靠运行管理,对电网运行实行日统计,周通报,月分析,科学安排电网调度和检修计划,不断提升电网调控能力。规范设备停电检修计划管理。严格月设备统一停电检修计划平衡例会制度,统筹协调电网设备停电检修计划,兼顾电网改造、新建设备启动投运,实行“综合平衡,一停多用”,有效提高供电可靠性。开展防止大面积停电等反事故演练,积极应对强降雨雪等恶劣大气带来的电网故障,在此基础上,认真做好负荷预测,严格控制、合理安排电网运行方式,尽量减少电网无功输送,降低损耗,确保了电力客户端优质有序用电,保证了居民、工农业的正常用电。组织开展2017年度县级调控中心标准化管理建设、县级调控机构安全保障能力评估工作,进一步夯实了调控基础管理。

【企业内质外形建设】 2017年,国网供电公司党委坚持全面从严治党新要求,努力抓党建、带全局、保稳定、促发展,全力凝聚干部员工共同意志,为各项工作开展奠定了坚实的政治保障。党的十九大召开后,公司党支部高度重视学习宣传贯彻工作,迅速行动,在前期集中收看开幕会盛况的基础上,坚持先学一步,学深一步,示范带动掀起学习宣传贯彻十九大精神的热潮。稳扎稳打,扎实做好基础建设年中的“三大工程”,落实党建责任工程,结合工作岗位实际,制作党建工作责任清单和党风廉政建设责任清单。实施完善党建基础工程,打造党组织对标与党员对标的“对标平台”,层层落实考核,签订党员对标考核表58份,促进对标见效,责任落地。彰显党建筑魂工程,打造党建创造价值的“文化平台”。充分发挥互联网+作用,采用线上+线下立体模式,线下党支部书记讲安全、廉政党课,各分管领导就所管领域进行身边风险说讲,线上开展微党课17次,定期在微信群中推送党建公众号7个,好文章、新政策,使理论教育的内在要求切切实实的转化为实际需求。深入贯彻习近平总书记关于进一步纠正“四风”、加强作风建设重要批示精神,巩固和拓展落实中央八项规定精神成果,充分运用监督执纪“第一种形态”。全年共进行履职谈话10次、提醒谈话21次、岗位调换2人次、组织处理2人次、以及婚丧嫁娶谈话6人次,实行全程录音录像。四是组织党员干部深入南曹、北曹村贫困户家中讲政策、办实事、提信心、献爱心。五是开展企业文化建设活动。充分利用办公楼道、走廊等现有资源,将文化格言、雷锋精神、供电服务工作理念、廉政格言、十九大精神等内容制成图板悬挂墙面,图文并茂,力促企业文化传播落地。全年在《电网头条》《山西经济日报》《晋电在线》等媒体发表稿件89篇,提升了公司的社会形象。

工业国有资产经营

【提升服务理念,促进项目建设】 2017年,工业国有资产经营中心在全力做好国有资产保值、增值的同时,贯彻发展新理念,学习企业发展的前沿知识,搞好"对接",认清"子"与"取"的关系问题。加大对企业的跟踪服务力度。金冠机械制造有限公司自中心招商至此以来,年年创新高,在生铁价格上涨的情况下,2017年产值突破3000万元,税收达到150万元。

【工会工作】 2017年,中心建立健全工会组织、完善工会相关制度,并开设独立账户。在困难职工救助工作中,对原241名困难职工经过仔细核查、认真筛选,与已经脱贫人员签订《解困脱困联系卡》,因死亡、退休、脱贫等原因退出困难职工身份的共计69人,符合条件的168人名单已上报总工会,发放工会帮扶救助资金117600元,为4人办理了特困职工救助,救助资金8000元。

【困难职工"救急、救难"】 2017年,中心建立健全了帮扶困难职工长效机制,先后对因重病去世和3名特困职工进行了生活补助1000元,为25名生活困难的职工送去了米、面、油等生活必需品。

【低保工作】 2017年,中心在对原有653户低保户进行年审复核时,将提供未退休证明的年龄提前至男55岁、女45岁,有效防止了提前退休人员领取低保金现象的发生,并要求每户针对自己的A、B、C类别,如期上报收入变化及家庭成员变化情况,从而实现真正意义上的动态管理。经年审核查,符合条件的526户,因退休、个人放弃、学生毕业等原因核销127户,新申报18户。为了实现档案的规范管理,在对电子档案进行系统整理的同时,对所有纸质档案也进行了完善,重新审核了档案的完整性、真实性。

【信访维稳工作】 2017年,工业中心针对关于原工业供销公司职工郑岁虎反映其2000年破产时未得补偿金及要求补缴五险一金问题,多次召开专题会议,针对此次上访案件进行详细分析和周密安排,一方面组织专人查阅相关档案,一方面与人社、民政等部门协商,目前已提出处理方案,同时,与当事人所属辖区镇政府密切联系,及时与当事人进行深度沟通,确保了十九大期间的稳定。另外,通过财政资金支持,供销公司土地纠纷问题也已妥善处理,解决土地遗留问题资金58000元。中心下属改制企业涉军人员16人,中心自筹资金16000元,为每人发放了1000元慰问金,成功营造了稳定局面。

【驻村帮扶】 2017年,工业中心驻村工作队按照“六个精准”要求，每月多次深入帮扶对象大王镇韩卓村扎实开展帮扶工作。在做好帮扶村原17户贫困户完善帮扶措施的同时，对新增加的8户进行了深入的摸底走访，制定详细的帮扶规划及措施，由帮扶责任人认真填写《脱贫攻坚入户手册》相关内容，并在每户院内或门前重新悬挂精准脱贫责任牌，亮明身份，落实帮扶责任，真正做到“一户一档案”“一户一政策”。2017年底，有1户贫困户达到精准退出标准，已办理相关脱贫手续。春节前夕，为原有的17户贫困户送去了粮、油、米等生活必需品。

城镇集体工业

【工美产业发展】 2017年，城镇集体工业联合社组织开展调查研究，制订了芮城县《关于大力发展工美产业，促进工美产业与文化旅游产业融合发展的实施意见》送交县委、县政府主要领导及相关部门，引起重视。2017年3月23日，张建军县长专门就工艺美术与旅游纪念品融合发展议题，开展专题调研，并就下一步工美产业如何发展提出了具体意见，形成了在永乐宫壁画临摹基地建设芮城文化产业园区，吸引广大工艺美术从业者入园创业发展的初步思路。经过省、市级专家评选，芮城工艺美术作品获得多个奖项。7月28日，运城市举行首届工艺美术产品展览交易会，芮城剪纸、布艺、刺绣、桃木雕刻等产品一经亮相就博得大家好评。运城市四大班子主要领导及市直相关部门负责人，莅临展会指导工作，县长张建军、副县长赵芮军亲自到会祝贺。11月5日在第二届山西(运城)国际果品交易博览会上，芮城县城镇集体工业联合社组织参展的传统工艺品受到各界人士的一致好评，并获得多项大奖。城镇集体工业联合社被山西(运城)国际果品交易博览会组委会授予优秀组织奖。

产业帮扶手工艺编织基地

【工艺美术作品获奖】 2017年，城镇集体工业联合社组织木县工美艺人积极参加国家级、省级、市级各项展评会，在山西省首届全省职工“推动供给侧结构性改革、促进创业就业”手工艺品展评活动中，韩新娥、赵丹共同完成的刺绣作品“郭子仪诞辰祝拜图”荣获二等奖，沈华的刺绣作品“虢国夫人游春图”、王婉刺绣作品“永乐宫壁画香炉玉女”、杨亚琴布艺作品“瑞狮”，张雅婷、任淑娥布艺作品“瑞虎系列”荣获三等奖，李引珠剪纸作品“孝”荣获优秀奖。在第三届山西文化产业博览交易会上，李艳军桃木雕刻作品《中国剑—团结》《桃木仙剑》获得“神工杯”银奖，任淑娥、张雅婷布艺作品《威风魏虎》获得“神工杯”铜奖，杨雅琴布艺作品《醒狮》，任淑娥布艺作品《瑞龙》，李艳军、郑烈平桃木雕刻《大刀》获得“神工杯”优秀奖。在第二届山西(运城)国际果品交易博览会上。韩新娥、赵丹共同完成的刺绣作品《郭子仪诞辰拜寿图》、李引珠剪纸《永乐宫朝元图》、吴梅玉剪纸《西侯度圣火》、李艳军桃木雕刻《吕祖桃木剑》、芮城双龙木器有限公司《沙发六件套、传统家具》荣获第二届山西(运城)国际果博会“河东杯”传统工艺精品金奖。姬正祥根雕作品《崖柏茶台》、杨雅琴布艺《刺绣凤头鞋》、张雅婷布《摇头虎》荣获银奖。任淑娥布艺作品《绣球》获得铜奖。

【服务职工】 2017年,城镇集体工业联合社为系统下岗职工审核办理低保户330户,核销42户不符合规定的低保户;对患有大病重病的困难职工,积极为他们申报大病救助,对系统1户下岗困难职工办理了大病救助;对系统54户下岗困难职工给予了困难救助,救助资金5.4万元,确保了系统平安稳定。

中小企业管理

【概述】 2017年,全县中小企业669个,比去年同期增加73个;从业人员19388人,同比增加598人;中小企业工业总产值完成12.6亿元,同比增长9.11%;中小企业营业收入完成18亿元,同比增长9.2%;上缴税金完成1.97亿元,同比增长5.03%。完成孵化小微企业253户。完成中小企业固定资产投资6000万元。

【培育“小升规”】 2017年,中小企业局培育了5个“小升规”企业。芮城县斯普伦迪生物工程有限公司11月底完成销售收入2682万元;芮城县金冠机械制造有限公司到11月底完成销售收入2224万元;山西华剂药业有限公司到11月底完成销售收入2081万元;山西德彭橡塑有限公司到11月底完成销售收入4684万元;芮城县兴茂曲轴有限公司到11月底完成销售收入2002万元。

【搭建政银企服务平台】 2017年,中小企业局助保金贷款工作全面启动,向县邮政储蓄银行推荐中小微企业28家,已向10家企业帮助贷款1818万元;3家企业贷款推荐已进入审批环节,通过“助保贷+”业务可为企业融通资金1342万元。

【经营者素质提升工程】 2017年10月,中小企业局聘请太原市中小企业培训服务中心教授及讲师在芮城丽都大酒店举办了《2017年山西省中小微企业“星火工程”专题培训班(芮城班)》,参加人数达157人。

招商引资

【考核指标】 2017年,招商局招商引资签约项目15个,总投资81.2亿元,完成市定目标80亿元的101.5%,其中风陵渡经济开发区完成3.3亿元。到位资金40.98亿元,完成市定

赴深圳考察新材料产业并召开“山西·芮城PPE改性产业招商引资(广东)对接座谈会”

目标23亿元的178.17%,风陵渡经济开发区完成0.3亿元。当年签约当年开工项目11个,开工率73.33%,超额完成市定35%目标。风陵渡经济开发区完成1个。2011—2016年签约2017年开工的项目完成8个,圆满完成市定目标。风陵渡经济开发区完成1个。30亿元以上省外签约项目1个(PPE下游改性基地项目)。

【“双十工程”和重点工程项目】 2017年,承担的重点工程项目2个,分别为宏光医用玻管项目和油牡丹种植深加工项目。宏光医用玻管项目:该项目土地平整和围墙已完成,厂房施工图设计已完成。“芮医药产业基金”到位资金1.8亿。油牡丹种植深加工项目:该项目已正式签约,目前已完成投资3080万元,华电、中电国际、东方日升、晶科电力、特变电工共5个光伏场址油牡丹种植面积4165.8亩,土地深翻面积8374.74亩。

【国家光伏领跑技术基地项目】 总投资88亿元。一期7个项目,总投资42亿元,规划建设装机规模50万千瓦,7个项目已全部建成并网,完成投资36.978亿元。可实现销售收入6亿元,增加财政收入7500万元,可提供就业岗位300个,年可增加农民收入400余万元。

【PPE下游产业基地项目】 招商局围绕PPE产业链,招引了3个PPE下游产业项目。分别是:

广东瑞能新材料有限公司改性聚苯醚生产线项目。在芮城注册成立了山西聚瑞辰新材料科技有限公司,计划建设两条生产线,达产达效后预计年销售收入8000万元,上缴税金400万元。

南京方强科技开发有限公司改性聚苯醚生产线项目。在芮城注册成立了芮城县峪智新材料有限公司,计划建设两条生产线,达产达效后预计年销售收入1亿元,上缴税金500万元。

东莞市川云塑胶有限公司改性聚苯醚项目,注册成立山西欣兴蓝高分子材料科技有限公司,投资3000万元,计划投资2条生产线,达产达效后,年可新增销售收入1亿元,上缴税金500万元。

【产业链上下游对接招商】 2017年,招商局围绕新医药、新能源、新材料、农产品深加工和全域旅游发展,大力开展产业链上下游精准化对接。先后由书记和县长带队,分别分赴广东、深圳、北京、浙江、江苏、山东、安徽、郑州、上海等地开展招商引资工作20余批次,外出100余人次。接待来芮考察客商130人次。12月份,配合人社局做好“凤还巢”计划,先后协同组织成立了西安、杭州商会,对接芮城籍在外人士60余人。全年对接洽谈项目29个,签订合同的项目12个,已落地开工的项目8个,达成投资意向的项目9个。主要对接了PPE改性企业20余家,新能源(风电、光伏、氢气)新能源企业6家,现代农业企业3家,基础设施建设和文化旅游企业3家。

【委托招商】 2017年,招商局转变招商策略,瞄准重点区域,创新招商方式,提高招商效率。借力中介,大力实施委托招商,借力协会高端规划延伸新材料产业链,实效明显。重点围绕芮城县新材料产业链,发展战略新兴产业和高新技术产业。以南通星辰合成材料有限公司芮城分公司为龙头,利用其聚苯醚(PPE/PPO)产品的供给侧优势,吸引下游改性产品、改性制品生产企业落户芮城,发展新材料产业集群。先后多次南下,与广东、上海、深圳等地塑料协会、高分子材料协会进行对接。4月11日,县委书记董旭光带队赴江苏与南通星辰总部,达成了支持芮城围绕PPE改性发展下游产业的意见,并签订了总投资2.21亿元,建设年产1万吨PPE扩产改造项目协议。经过招商共有3家企业落户。11月底全部投产运行。3家企业全部达产达效后,年可改性PPE5000吨,自身形成改性产能10000—15000吨。加上其他塑料改性,共计可形成5万吨以上产能,到2020年预计年销售收入可达到2亿元以上,上缴税金1000万元以上。

光伏产业

【项目概况】 芮城县光伏领跑技术基地项目,2015年5月18日开始申报,2016年6月3日获国家能源局批复,是八个国家光伏领跑技术基地中唯一的县级获批项目。项目总投资88亿元,总装机容量102万千瓦,涉及全县7个乡镇。分两期建设,期限为2016年9月至2019年10月。一期建设规模50万千瓦,投资42亿元,占地19500亩,涉及阳城、大王、学张、古魏、南卫5个乡镇。二期预计建设规模52万千瓦,投资46亿元,占地约2万亩,涉及南卫、西陌、陌南3个乡镇。

【光伏芮城速度】 光伏领跑技术一期项目2016年9月24日签约,12月23日全面开工建设,2017年9月23日在全国八大光伏领跑技术基地中率先实现全容量并网。特别是220kV汇集站,开工建设至竣工投运,历时仅100天,刷新了电站建设新纪录,在保障质量安全的基础上,创造了芮城速度。

【创优环境】 2017年,光伏办建立了“一个项目、一个领导、一套班子、一抓到底”的工作机制,全力解决项目推进中遇到的困难和问题;建立了“一对一”企业包联责任制,实行项目统一规划、政策统一规范、企业统一管理、手续统一办理、技术统一指导、人员统一办公的“六统一”保姆式服务体制,全力创造了“六最”营商环境,实现了工期建设“零阻工”。

2017 年 9 月 23 日，芮城光伏领跑技术基地实现全容量并网发电

【生态优先、三产融合】 光伏领跑技术基地建设始终坚持绿色发展理念，采用“农林光互补”用地模式，在光伏板的间隙种植油牡丹，实现了立体化发展，既提高了土地综合利用效率，又推进了三产融合，着力打造独具特色的沿山一带新能源、新农业、新旅游融合发展示范区和中条山经济带。

【效益显著】 光伏领跑技术基地建成后，将成为带动“十三五”时期县域经济社会发展的强力引擎。增加财政收入。实现年产值 12 亿元，增加财政收入 1.5 亿元，县域综合实力大幅提升；增加农民收入。项目建设流转土地租金及油牡丹种植劳务用工，为沿山农民增加年收入 2600 余万元。助推金融业发展。参建企业投资资金拓展了当地金融存贷业务，助推县内金融业健康发展，带动全域旅游发展。项目采用“农林光互补”用地模式，光伏板和油牡丹交相辉映，在沿山区域形成新的观光旅游经济带，不仅带动了旅游业的发展，而且实现了经济效益、社会效益、生态效益的共赢。

【光伏芮城精神】 光伏建设从开工到并网九个月的时间，项目涉及的 5 个乡镇村组干部及相关职能部门全力配合，遇到问题事不过夜。光伏基地办人员从开工建设之日起无节假日，坚持每天晚上 8 点工作例会制度，随时随地全力协调解决建设中的问题。光伏基地建设的经验和做法先后被《人民日报》《新华社》《中央电视台》《中国能源报》《山西日报》《运城日报》等报刊网站报道刊登。其中《人民日报》报道 3 次，《新华社》报道 5 次，央视报道 3 次、山西新闻联播报道 5 次，《芮城信息》报道 65 次，极大地鼓舞了建设者士气；全体建设者夜以继日，风雨无阻，形成了“特别能学习、特别能吃苦、特别能奉献、特别能战斗”的芮城精神。

农林水利

农业管理

【粮食生产】 2017 年,全县粮食作物播种面积 95.95 万亩,通过采取一喷三防、高产示范创建、新技术推广等措施,总产 3.414 亿公斤。圆满完成县、市粮食生产目标,连续七年获得中央“产粮大县”称号,奖励资金 1855 万元。

【设施蔬菜建设】 2017 年,全县设施蔬菜建成 3390 亩,设施蔬菜种植面积达 2.06 万亩,总产量 10.3 万吨,总收入 3.09 亿元,纯收入 2.06 亿元,农民人均收入 680 元。

【农村人居环境】 2017 年,农委牵头协调交通、三管、文化、林业、卫计、扶贫办、财政、民政等 8 个单位,整合各项涉农资金 1898.64 万元,建设项目 50 个。争取省财政壮大农村集体经济项目资金 1000 万元,优先 10 个美丽宜居示范村壮大村集体经济。全县 10 个美丽宜居示范村完成实施工程项目 90 个,完成投资 2223.31 万元。

【农村环境整治】 2017 年,农委制定《芮城县开展农村环境集中整治专项行动实施方案》,牵头全县 10 个乡镇开展专项行动,受到了市县领导的表扬和肯定,专项行动取得了阶段性的成果。本县在全省率先推行农业废弃包装物回收与处置制度,县农委牵头起草《芮城县农业废弃包装物回收与处置实施方案(试行)》,以政府文件下发。推行秸秆综合利用,落实农药化肥“零增长”,推广秸秆还田+配方肥、有机肥+配方肥等新技术,全县测土配方施肥技术覆盖率达 95%以上,农业环境治理实现了新突破。乡村文化墙建设。绘制

小麦喜获丰收

乡土文化墙58891米，增添了新亮点，在乡村精神文明建设上实现了新突破。整治成果丰硕。全县先后13万余人次参与环境整治，出动机械17665台次，拆除违建、废弃建筑11890处，腾退、还绿土地11255平方米，取缔占道经营2269处，整治“六乱”（乱搭乱建、乱写乱画、乱贴乱挂）23348处，清理“四堆”61577处，整治“三沿”362899.7米，治理污水794处，减排污水120563.5吨，减少污染面积16171平方米，在集中整治上实现了新突破。

【惠农政策落实】 2017年，农委加强宣传，细化方案，确保农业支持保护补贴与低收入农户冬季取暖用煤补贴及时足额发放到农户手中。2016年农业支持保护补贴5600余万元已发放完毕，核查煤补124328户，对全县25584户农户小麦保险面积190019.62亩，和22227户农户秋粮保险面积161716.48亩，进行抽查核实。

【休闲观光农业】 2017年，农委组织编制《芮城县休闲农业和乡村旅游发展规划》，11月27日荣获“全国休闲农业和乡村旅游示范县”称号，是全省唯一的县。在印象风陵渡成功举办了山西省休闲农业和乡村旅游研讨会暨示范点提升工程培训班。在休闲农业和乡村旅游精品线路、精品点主题推介活动中，本县大禹渡、印象风陵渡两个省级休闲农业示范点上榜。

【农产品品牌建设】 2017年，农委选送的“芮城屯屯枣”被评为全省首批功能农产品，“惠丰苹果”入选为全国名优特新农产品目录。组织参加第五届中国（山西）特色农产品交易博览会，全县共有5家参展企业展出4大类20多品种，现场销售额11.25万元，5笔意向性购销合同10.5万元，天之润枣业和南澳弗林德斯大学现场签约了投资1700万元的中药功能食品研发项目。

【基层农技推广体系建设】 2017年，全县总投资100万元。对5个示范点蔬菜大棚实施种苗补贴面积100亩，购置施用生物有机肥8吨，培训农民130人次。绿康源果树农场苹果示范园建设项目，购置割草机1台、沟施机1台，安装杀虫灯20个，施用有机肥200立方米，培训农民240人次。农技推广补助项目，建设2个科技示范基地，对全县59名乡镇农技人员开展培训，并对接207名农业科技示范主体进行指导服务。此项目为跨年度项目，2018年六月份实施完成。培训职业农民972人。

【农产品质量安全】 2017年，全县没有发生农产品质量安全事故。发放宣传材料30000余份，现场接受群众咨询近4000人次，悬挂条幅12条，制作版面6块，举办专题讲座4场次。加强日常监管，定期对市场“三品一标”产品及蔬菜生产基地进行安全隐患排查，合格率达99.6%。加强农业综合执法，共出动执法车辆105车次，执法人员412人次，检查经营主体180家（次）。共查处违法案件14起，其中立案处罚5起，当场处罚9起，调解处理农资纠纷18起，有力地打击了涉农领域的违法违规行为，规范了农资市场秩序。在2017年度全省农业执法系统案卷评查活动中，本单位推送的案卷被评为优秀案卷。

【秸秆综合利用】 2017年,全县总投资2835.94万元,其中:中央财政补助资金1200万元,农户及企业自筹1635.94万元,已全部建设完成并通过市农委验收和省农业厅的绩效考评。通过实施玉米秸秆直接还田、秸秆饲料化利用、秸秆肥料化利用,每年可消化秸秆35.83万吨,为农户和企业创收1.23亿元;全县秸秆综合利用率由94%提高到96.36%,土壤有机质含量增加了1.73个百分点;社会和生态效益明显,减少了化肥农药用量,改善了土壤质量。

【"三品一标"认证】 2017年,全县认证完成24万亩7个产品,全部按照考核任务数,经过产地产品检测、现场检查等程序,上级评审认证已通过。此项任务在全市、乃至全省面积最大、产品种类最多,排名第一。

【农业现代化】 2017年,全县起草制定了《芮城县2017年农业现代化工作推进意见》和《芮城县现代农业专项行动方案》,建立现代农业建设项目台账,确定项目30个,预算总投资49501.13万元,推荐上报全县农业现代化示范典型项目4个。

【农业供给侧结构性改革】 2017年,农委制定《农业供给侧结构性改革实施方案》,不断引导农民调优产业结构,宜粮则粮,宜林则林,宜果则果,宜菜则菜,提升产品品质,瞄准功能定位,创出特色品牌,增加农民收入。牵头完成了《芮城县藏粮于地、藏粮于技实施方案》《芮城县农业标准化生产实施方案》,并以县委、县政府文件下发。农业供给侧结构性改革、藏粮于地藏粮于技战略、农业标准化生产和粮食生产功能区建设、特色专用小麦示范基地建设工作稳步推进。2017年压减玉米面积4万亩,其他经济作物和杂粮薯类面积增长4.5万亩,种植业供给侧结构性改革出现可喜成果,在风陵渡镇新发展河滩水稻种植10000亩。初步形成番茄、黄瓜、香椿、莲菜、辣椒等地方名优特色蔬菜基地,全县特色蔬菜种植面积2万余亩,创建"芮康、周青、芮绿"等多个蔬菜品牌。

【龙头企业培育】 2017年,全县农产品加工企业销售收入完成11.51亿元,比2016年同期增长7.2%,500万元以上规模企业加工收入完成11.47亿元,比去年同期增长7.29%。组织申报市级龙头企业4家,分别是云丰种业、宋记果业、恒瑞达食品和金馥康药业。

【农产品电子商务】 建设了京东中国特产芮城馆,依托电商主体培训1000余人。推荐了1家电商企业,成功申报了全省农业农村信息化示范基地。组织1家电商企业首次参加了全国双创双新电商博览会。全年新发展12316用户3000名,实现网上交易额1500万公斤以上。

农村经济管理

【农村土地承包经营权确权登记颁证】 2017年,农经中心完成全县172个行政村清查摸底、调查阶段和登记阶段的工作，合同登记率95%。其中，169个行政村完成确权任务，古魏镇西关村、风陵渡镇东柏台村和西柏台村因无耕地未确权；调查农户82474户，调查地块332004块，测绘地块总面积719139.2亩，签订合同份数81296份。通过农业部质检软件村数169个，扫描村数169个，文件命名村数169个，正确性检查169个，通过山西省质检软件村数169个，数据入库村数169个。机房建设已装修到位，达到了全省统一制定的县级机房装修标准，机房相关配套设施全部到位。数据汇交入库软件已调试并投入运行。

【家庭农场】 2017年，农经中心按照省厅《关于认定家庭农场暂行意见》的标准和程序，做好家庭农场申报资料的审核、建档、认定和信息入网工作。贯彻落实好省厅《关于促进家庭农场发展的指导意见》，结合《运城市推进农业现代化实施方案》和市农委《关于培育发展家庭农场的指导性意见》，按照"生产有规模、产品有市场、经营有场地、设施有配套、管理有制度、农户有收益"的"六有"要求，认真开展市级示范家庭农场评定工作。全县共发展家庭农场68家，其中，市级示范性家庭农场13家，县级示范性家庭农场13家。

【农村集体"三资"管理】 2017年，农经中心认真贯彻落实省委办公厅、省政府办公厅《关于进一步加强农村集体"三资"管理规范化建设的意见》（晋办发〔2016〕39号）；抓好农村集体财务会计基础工作，完善农村会计委托代理制度，目前，全县10个乡镇组级账务已纳入委托代理范围。组织开展了农村集体"三资"管理规范化培训，提高了全县农村财务人员的整体素质和工作水平。对全县村组级财务规范化管理情况进行了检查并进行了通报。

【村级集体经济"破零工程"】 2017年，农经中心积极配合组织部、财政局等有关部门，推进农村集体经济发展，按照市委"一抓双促强三基"的要求，加快推进新型村级集体经济发展，加强农村基层党组织建设，推进实施了壮大村级集体经济"破零"工程。全县村级集体经济已顺利实现了"破零"。

【农村财务普审和村干部离任经济责任审计】

2017年，农经中心村级换届经济责任审计的重点是对村干部农村经济责任目标完成情况，财经法纪执行情况，"四议两公开"制度落实情况，农民群众关注的热点问题，如集体资产处置、债权债务管理、土地发包承包、专项资金管理、财务公开等情况进行审计。截至目前，全县161个行政村已全部审计完毕，审计资金总额4万余万元，向县纪委移交案件线索2起。通过农村集体经济审计，进一步严肃了财经纪律，密切了党群干群关系，保护了农村集体经济，维护了农村稳定。

【农民负担监督】 2017年，农经中心根据市减负办《关于开展2017年农民负担专项检查工作的通知》（运农负组办发〔2017〕1号）的文件精神，制定工作方案，精心组织，安排落实。此次检查分自查和重点抽查两个阶段进行。18个涉农单位的各项惠农资金、涉农项目资金的拨付和管理情况进行了一次全面回头看,对发现的问题进行自查自纠,并针对存在的问题制定了整改措施。重点抽查了4个合作社的上级扶持资金管理使用情况和3个村30个农户的扶贫、教育、农机、农村文化建设、民政等惠农资金发放情况。县农民负担监督管理领导组办公室下发了《关于2017年开展农民负担专项治理工作的通知》(芮农负组办发〔2017〕2号)文件,围绕农村义务教育、农民建房、农业用水用电、农机购置补贴和计划生育领域进行专项治理,涉及10个乡镇7个相关单位,结合《芮城县农民负担专项治理部门责任制分解意见》(芮办发〔2016〕33号)文件,按照"谁主管,谁负责"的原则,落实相关主管部门的监管责任和治理任务,加强领导,明确责任,形成了各负其责、齐抓共管的工作合力。要求各单位根据各自的工作职责,先开展自查自纠,县减负办根据自查自纠情况进行重点检查和随机抽查。各责任单位都进行了自查并建立完善了相关规章制度,从源头上遏制了加强农民负担问题的发生。在实施一事一议筹资筹劳管理中,认真执行《山西省村民一事一议筹资筹劳管理办法》(晋政办发〔2007〕129号)文件精神,严格界定筹资筹劳的适用范围,切实履行一事一议监管职责,加强筹资筹劳方案审核,鼓励村民积极筹资筹劳,参与到村级一事一议公益建设中。3月份,减负办对一事一议的一系列政策及筹资筹劳方案的呈报、审核、审批以及项目验收等程序对村级财务人员进行了专题培训。全年有55个村,共实施了80个一事一议项目,村民筹资27.2万元,筹劳折资39万元,财政奖补875万元。

2017年阳城镇高标准农田建设项目

【农民合作社】 2017年,农经局对全县2009—2016年的部、省、市、县四级示范社进行检查,按照"信息公开、三级管理、淘汰落后、择优扶持"的原则,取消运行不规范的示范社8家,保证示范社整体发展的高水平、高标准,以示范创建活动引领农民合作社持续健康发展。全县共有农民专业合作社963家,其中:国家级示范社10家;省级示范社20家;市级示范社15家;县级示范社51家。2017年新增农民专业合作社57家。2017年评定省级示范社5家,市级示范社5家,县级示范社11家。

【工商资本租赁农地备案工作】 2017年,农经局在全县范围内开展工商资本租赁农地监管和风险防范登记备案工作。全县工商资本租赁农地监管和风险防范登记备案工作已基本完成,全县50亩以下涉及企业3个,50亩—1600亩涉及企业5个,50亩以下各乡镇已完成备案,50亩—1600亩资料已完备。

【土地承包经营纠纷调解仲裁】 2017年,农经中心完善了仲裁体系建设。按照《农村土地承包经营纠纷调解仲裁工作规范》规定,建立了一庭三室，聘任人员24人，办公室工作人员7人，保障了工作经费和必要的办公设施；进一步完善农村土地承包经营纠纷调解制度，建立健全乡镇农村土地承包调解委员会，实行村组土地承包经营纠纷调解负责制，完善综治考评指标。通过进村入户、开展法制宣传日活动和组织培训等形式开展对土地承包法律法规政策宣传，引导广大农民群众依法维权；定期召开培训班对县、乡两级工作人员进行培训，提高执法人员的执法水平和业务素质，维护农村的和谐稳定。2017年，共接待农村土地纠纷上访及咨询事件185起，其中咨询事件53起，调解130起，裁决2起。

【阳光农廉网】 2017年，农经中心加大对阳光农廉网络巡查力度，规范阳光农廉网公开内容。每月对县、乡、村三级阳光农廉网的栏目更新及规范公开情况进行巡查。每周对阳光农谦网后台信访投诉进行整治归纳并形成台账，对有明确案件线索投诉及时移交纪检委。2017年安排了14万元预算经费用于确保阳光农廉网工作正常有序运行。县农廉大厅每月及时更新农廉网主页面资料，全年共采编信息256条；各乡镇每月都能做到及时更新，网上公开内容已达到320万余条，特别是在村级财务方面，已全部公开到本年10月底，且逐项逐笔公开收支明细，使公开的内容更清晰、更准确，便于群众查询了解。

林　业

【概述】 2017年，林业局总共完成林业重点工程总任务2.8717万亩(任务2.8717万亩)，共栽植各类苗木200余万株。其中：完成国家天保工程造林0.3万亩，完成通道及两侧荒山造林0.5万亩，完成补贴制造林0.3万亩，完成新一轮退耕还林1.7717万亩，完成新育苗面积0.15万亩，累计育苗总面积达到0.4万余亩。全县林地保有量、森林覆盖率、森林蓄积量、湿地保有量四项指标，分别达到5.54万公顷、34.5%、20.71万立方米、1.26万公顷(不变)。

【富民工程】 2017年，林业局在阳城镇建设标准红枣丰产管理示范园3000亩，完成修剪任务3250亩，喷打石硫合剂8000亩，熬制石硫合剂4.5万千克。同时，对熏枣加工园区进行扩产改造，硬化熏枣加工场地6000平方米，绿化场地120平方米。该项目总投资200万元，其中，合作社农户以工代劳自筹100万元，县财政投资100万元。

花椒改良提质示范项目。投资160万元，在风陵渡镇通过修剪拉枝、病虫害防治等措施实施花椒低产林改造0.8万亩。

【通道绿化】 2017年，林业局完成了芮阳级路21公里通道绿化工程补植补栽任务，达到设计标准，并组织人员进行了项目竣工验收，同时，确定3个新的管护公司进行管护。

【生态林建设】 2017年，林业局完成荒沟荒坡造林0.8万亩，该项目总投资400万元。达到了山上建设生态林，沟坡建设防护林，沟底栽植经济林，沟坝地建设丰产林。流域综合治理全覆盖，建起绿色屏障。

【园林村建设】 2017年，林业局高标准完成了古魏镇城南村、南卫乡山底村、西陌镇夹沟村、古魏镇王夭村4个园林村绿化任务。达到了春有花，夏有荫，秋有果，冬有绿。改善了人居环境，构建了农村美好景观，提高了农民生活幸福指数。

【义务植树活动】 2017年，林业局在大禹渡景区东侧二阶台地和10个乡（镇）组织开展全民义务植树活动。县直机关干部职工6000余人分批次在大禹渡景区义务植树基地进行义务植树活动，共计栽植苗木3万余株。据统计，春季全县参加义务植树人数达到12.5万人次，共计植树55万株。

【生态文明先行示范区建设】 2017年，林业局把生态林业和民生林业完美结合，实现了"三增一稳"目标。林地保有量达到全县林地保有量、森林覆盖率、森林蓄积量、湿地保有量四项指标，分别达到5.54万公顷、34.5%、20.71万立方米、1.26万公顷（不变）。

【天保森林管护】 2017年，林业局对全县31.03万亩天然林保护面积实现管护全覆盖，选聘91名管护员，划定管护面积，确定范围，明确职责和任务；对全县242.5公里主干道路树木实现管护全覆盖。由4家绿化公司承包管护任务，签订管护合同，以路划段，以段定人，核清树木数量，加强中耕除草，修枝打药，清除垃圾，保证通道树木正常生长，巩固了通道绿化成果；对近几年完成的林业重点工程新造林地管护实现全覆盖。

【森林防火】 2017年，林业局在森林防火工作中突出了"四个抓"：一抓预案细化，做到"领导责任，值班瞭望，巡护检查，队伍建设，物资经费"五到位。二抓责任制落实，层层签订责任状，县、乡、村、组纵向到底，局、站、场、人横向到边，逐林区、逐路段、逐山头、逐地块、逐路口、逐坟头具体到人，不留空当、不留死角。三抓宣传多形式，营造森林防火氛围，利用电视、报刊、标语、传单、警示牌等方式进行舆论造势，进一步提高了全民防火意识。四抓队伍防控网。依托乡镇组建巡逻瞭望队伍和森林消防专业队。强化训练，加大演练频次，提高队伍的整体素质，提高森林防火应急和处置能力，实现森林防火山上、山下、移动、固定，网格化防控模式，杜绝森林火灾的发生。全年印发森林防火袋8000个，宣传画、传单8万余份，出动宣传车15次，深入林区，加大巡查力度。

【野生动物疫源病监测、防控保护】 2017年，林业局着力森林资源和野生动植物保护管理，依法严厉打击破坏森林资源和野生动植物的违法犯罪活动。出动宣传车15次，悬挂横幅10条，制作宣传版面4块，刊登宣传文章5篇，印刷宣传资料3000余份。同时，在湿地保护区，完成了野生动物监测巡护房建设，远程监控设备安装，组建14人的巡护队伍，投放玉米、白菜3万多斤喂食白天鹅等野生鸟类，为野生动物提供良好栖息地，有效保护了野生动物的生态安全。

【森林病虫害防治】 2017年，林业局按照

"预防为主,科学防控,依法治理,促进健康"的防治方针;认真做好林业有害生物监测预警工作,全年共检疫各种苗木200多万株。全县布设固定测报点5个,监测林地面积30万亩,林业有害生物发生率控制在3.5‰以内,成灾率控制在5.5‰以内,防治率达到95%以上,种苗产地检疫率95%以上。春季,西沿河"草履蚧"、陌南圣天湖"国槐尺蠖"、大禹渡段"雪松蚜虫""国槐尺蠖"及全县通道松树发生"柳毒蛾"危害后,森防站制定防治方案,深入现场技术指导,组织人员喷洒药物,使虫害得到有效控制。

【林木种苗建设和管理】 2017年,林业局加快种苗基地建设。新育苗1500余亩,主要以侧柏、油松、刺槐、国槐、法桐和绿化树种为主,预测产苗量达到300多万株,满足了全县造林绿化所需苗木;加大对现有苗木技术指导和管理服务,提高良种壮苗,合格苗木,商品苗木比例;对造林绿化苗木进行严格的质量检验,共检验各种苗木200余万株,保证了工程造林苗木质量,使种苗建设和管理走上了规范化。

【退耕还林】 2017年,省市下达全县退耕还林工程任务1.7717万亩。林业局在2016年调查摸底的基础上,春季该工程全面启动,制定实施方案,由县公共资源交易中心组织招投标,确定了4支绿化公司承担工程建设任务。全年1.7717万亩任务已全部完成,涉及陌南、东垆、大王、阳城、永乐、风陵渡6个乡(镇)6150户。其中新栽植面积7837.9亩,栽植树种以花椒为主。

蜂收在望

【脱贫帮扶】 2017年,林业局驻村帮扶工作队在王辽村因地制宜,扶贫攻坚制定出"荒山造林投劳,森林管护就业,退耕还林补助,干果经济增收"的新目标。花椒提质增效已树立样板示范户,新一轮退耕还林启动后,退耕还林700亩,共涉及145户,其中16户贫困户仅此一项可增收7.5万元。

【服务光伏基地项目建设】 2017年,林业局抽集专业技术人员,成立办公室。对古魏长坡,学张水峪东、水峪西、神西,大王斜坡,阳城东夭、西夭七个发电厂址租占用林业用地2998.01亩情况,进行了详细勘察界定,编制了林光互补实施方案。光伏发电厂址租占用林业用地正式批复文件已下发,有序推进了县光伏领跑技术基地项目的顺利实施。

畜牧业

【推进温氏100万头生猪养殖一体化项目建设】 2017年,温氏项目计划完成固定资产投资2.9亿元。其中,奉公养殖基地二期三条生产线投资1.2亿元;总部及饲料厂投资1

亿元;温氏合作养户投资7000万元。

奉公养殖基地二期工程　2017年,奉公养殖基地二期三条生产线后备舍、配怀舍、分娩舍、公猪站等工程合计投资11834万元。

芮城温氏畜牧有限公司总部大楼及饲料厂工程　总部及饲料厂2017年完成投资1亿元,土地平整、土方回填、围墙挂灰、刷涂料已完工,规划设计和工程招标已完成,水电已到位,累计投资1094万元,完成计划的10.9%,2017年9月27日举行开工奠基,18年6月底总部大楼主体完工。

温氏合作养户工程　2017年,发展温氏合作养户200栋,已建成投入运营116栋,正在建设的80余栋。累计完成固定资产投资6200万元。全年芮城温氏奉公养殖基地及合作农户生猪总存栏量达到8万头,已出栏11.5万头。全县合作养户每头猪平均利润218元,合作养户每头猪超过300元利润11户,最高利润达到每头352元。陌南南堡子村关帅生猪养殖合作社2栋猪舍,出栏3批,已收回投资全部成本。

【稳增长工作】 2017年,全县畜牧业生产稳步推进。生猪存栏20.33万头,出栏34.42万头;牛存栏2844头,出栏1753头;羊存栏6.3万只,出栏5.3万只;家禽存栏103.1万只,出栏171.32万只。肉蛋奶总产量达到3.67万吨,其中,肉类总产量2.96万吨,蛋类总产量0.67万吨,奶类总产量0.04万吨。

【动物疫病免疫】 2017年,已完成猪口蹄疫免疫34.97万头,牛、羊口蹄疫免疫11.14万头(只),猪瘟免疫33.66万头,高致病禽流感免疫237万羽,高致病性猪蓝耳病免疫9.92万头,鸡新城疫免疫93.56万羽,羊布病免疫9.9万只,羊小反刍兽疫6.27万只,重大动物疫病免疫密度达到100%。圣天湖景区发生的天鹅感染H5亚型禽流感得到了有效防控。全年共监督检查屠宰企业110家次,出动检查人员95人次,产地检疫生猪7798车次19.09万头,屠宰检疫生猪2.11万头,鸡220车次53.56万只,牛3车次168头。无害化处理病死猪11201头,查处问题6起,其中停业整顿1起,责令改正4起,立案1起,结案1起,罚款金额200元。

畜产品质量安全监督检查1269场次,出动检查人员1837人次,快速检测瘦肉精2231批次,检测合格率为100%。在畜禽产品违规使用抗生素综合治理行动中,共立案查办不合格兽药、假劣饲料、兽药案件9起,结案9起,罚没款6.19万元,有效保障了本县畜产品质量安全。

【能繁母猪保险惠民生】 2017年,畜牧兽医发展中心继续与保险公司联合,积极开展了2017能繁母猪保险工作。2017年入保母猪8061余头。共无害化处理能繁母猪343头,为养户减损达34.3万元。扎实开展病死动物无害化处理工作,全年共无害化处理病死猪11201头,以每头80元无害化处理补助计算,为养户减损达89.608万元。

【养殖环节粪污治理】 2017年,为推进国家生态文明先行示范区建设,推进畜禽粪污综合治理工作。实现了规模化畜禽养殖粪便综合利用率2017年底达到99%的目标。同时,全县2017年畜禽养殖场配套设施建设比例达到了50%以上。

【畜禽养殖禁养】 2017年9月《芮城县畜禽养殖禁养区划定方案》经专家组评审通过后，成立禁养区内畜禽养殖场(小区)关闭搬迁工作领导小组，安排畜牧中心对全县养殖户进行了“拉网式”排查摸底，并制定《芮城县禁养区内畜禽养殖场(小区)关闭或搬迁工作实施方案》，建立禁养区内需关、停、转、迁的畜禽养殖场清单。11月25日，4个养殖户均积极主动配合完成了禁养区内畜禽养殖场关停(拆除)工作，共转移处理生猪690头，羊120只，鸡10000羽，复垦土地20余亩。

【扶贫工作】 2017年，畜牧兽医中心帮扶工作队对全村低保户进行了摸排走访，并通过民主评议和公示程序，将3户符合条件的农村低保户纳入了建档立卡贫困户。通过农户申请、入户调查、民主评议和公示等程序，新纳入2户建档立卡贫困户。

深入农户，扎实开展了“十三五”期间易地扶贫搬迁“回头看”工作，符合条件并愿意搬迁的贫困户书写申请书，并签订相关协议。马夭村共核实计划搬迁户20户。其中，五保户集中供养7户，西陌集镇安置11户，县城移民点安置2户。

果　业

【概述】 2017年，芮城县水果面积44.54万亩，其中苹果35.2万亩，桃4.7万亩，梨2.15万亩，葡萄1.19万亩，杏1.1万亩，大樱桃0.2万亩。有机、绿色水果认证示范基地1.8万亩，无公害认证面积32.683万亩。芮城县有果业出口储藏加工企业50家，果汁、果圈、果丁等果品加工企业5家，商检出口15家，海关出口创汇企业3家，海外设立公司1家。2017年商检出口7.67万吨。

【高标准出口示范园区】 2017年，果业发展中心在全县打造高标准出口示范园区3个。古魏苹果示范园区、学张苹果示范园区和汉渡葡萄示范园区分别被运城市果业发展中心挂牌授为“运城市水果标准化示范园区”。

【3000亩玉露香梨栽植】 2017年，果业发展中心共发放玉露香梨苗木18.79万株，发展玉露香梨面积3734亩，超额完成重点工程项目。同时对贫困户全部实行免费发放，为阳城、大王、学张、古魏、南卫、永乐、西陌、陌南、东垆9个乡镇的贫困户免费发放玉露香梨苗木共计5万余株。

【果库安全专项治理】 2017年，果业发展中心联合消防队、工商质监局和供电公司对全县果库使用单位开展了安全专项治理工作。全县共有果库45家，其中涉氨果库12家，氟制冷果库29家，水制冷4家。3次召开全县果库安全培训会，对全县果库企业负责人及安全管理员进行安全培训。联合有关部门进行大检查大整治行动，并开展了“回头看”专项整治活动。

【技术培训】 2017年，果业发展中心共组织技术培训93场次，培训果农1万余人次。此外，组织全县果农赴运城、稷山参加果树技术培训。下半年，中心技术站人员在全县8个乡镇开展了30场“果业集日科技宣传活动”，为全县果农传经送宝。

【芮城苹果推介】 2017年5月，果业发展中心组织果业企业和果品合作社参加了新疆霍尔果斯市运城水果推介会，打开了芮城苹果销往欧亚市场的大门。5月14日，央视播出半小时“黄里透红的芮城苹果”专题片，起到很好的宣传作用。同时，组织果业企业和果品合作社参加了山西（运城）第二届国际果品交易博览会，果博会上，芮城展馆水果品种多样，参展客商及果农称赞“芮城苹果品质真是首屈一指”，《山西新闻》《运城第一时间》《运城直播平台》等5家媒体都分别做了宣传。同时，在《山西日报》《三晋都市》报宣传报道芮城果业各1篇，在《运城日报》宣传芮城果业2篇，通过县级电视台飘字5次，制作果业专题节目8期，其中中央电视平台1期，省、市电视台2期，扩大了芮城苹果在全国的知名度和影响力。

【生态原产地“国字号”认证】 2017年7月，由国家质检总局组成的生态原产地评定组到

俄罗斯、泰国客商考察学张乡苹果示范园区

芮城县进行生态原产地示范区及产品认证，芮城县通过验收。至此，“芮城苹果”“芮城梨（文興昌牌）”“芮城葡萄（思睿庄园牌）”获得生态原产地保护产品，芮城县获得生产原产地产品保护示范区。

【果王争霸赛获奖】 2017年，在第二届山西（运城）国际果品交易博览会上，阳城镇江口村果农郭德敏、丰海果业周民朝荣获果王争霸赛二等奖，阳城镇江口村果农付作功、西陌镇上庄村果农崔增战荣获果王争霸赛三等奖。此次获奖，再次彰显了芮城苹果的优良品质，提升了芮城苹果的知名度和影响力。

【驻村帮扶】 2017年，果业发展中心在江口村举办了10余场次果树、花椒生产管理培训会，培训果农500余人次。为江口村贫困户免费提供2300株花椒苗和500株玉露香梨苗。为果农介绍滴管配套覆盖黑色地膜和延安宝塔区山地果园整地保水、修建集雨窖、“坑施肥水”等节水措施，积极引导村民发展节水农业。帮助江口村争取到县卫计局4万元资金，翻新修缮了村卫生室，落实邮政金融扶贫政策11户。一年来，中心12名党员干部不定期下乡，及时将扶贫政策落实到每家每户。2017年，江口贫困村已经脱贫摘帽，贫困户62户109人已脱贫，剩余8户13人未脱贫。

水　利

【水资源管理工作】 2017年，水利局编制完成《芮城县水资源综合规划报告》《芮城县初

始水权分配方案》并通过有关专家评审;完成了2017年度水资源费改税相关数据统计。

【农村饮水安全】 2017年,水利局完成饮水安全巩固提升工程7处,改善农村居民4939人饮水问题;改造、提升农村饮水安全工程9处,涉及自然村9个,受益人口8747人。其中贫困村3个,建档立卡贫困人口508人;在陌南镇朱吕村实行排水试点工程,受益人口3400人。

【小流域综合治理】 2017年,水利局在古魏镇太安村及南卫乡老庄村实施的沟坝地治理项目,总投资220万元,土地整治面积306.14亩;在太安村实施的小流域综合治理项目,新增治理面积1860亩。

【水产养殖】 2017年,水利局完成了县生态文明考核指标,增殖放流和水产健康养殖目标任务1350万元,编写完成了《2017年基层水产技术推广实施方案》。

【农田水利工程】 2017年,水利局完成对马崖、古贤、风陵渡三个泵站的安全鉴定及复核工作;投资25万元,在马崖灌区完成修复渠道3公里;投资224.9万元,完成了王范、兴耀、五一、甘原、双磨5处水源工程;完成大禹渡、马崖、新兴、古贤、风陵渡五个泵站水利设施维修养护。

【河长制工作】 2017年,水利局制定出台了《芮城县全面推行河长制实施方案》(芮办发〔2017〕30号);全县共设立县级河(湖)长2人,乡(镇)级河(湖)长10人,涉及113个行政村,设村级河(湖)长142个,其中黄河芮城段村级河长37个,县级河流村级河长104个,村级湖长1个;共召开县级河长制会议3次,联席会议1次;共设置河长制公示牌51块,其中市级公示牌1块,县级公示牌13块,乡级公示牌31块,村级公示牌6块;已全部编制完成全县16条河(湖)的一河(湖)一策、一河(湖)一档。

大禹渡扬水工程管理

【党建工作】 2017年,大禹渡扬水工程管理局党委以“抓党建、促发展”为主线,坚持“党的一切工作到支部”的鲜明导向,坚定党旗领航信念,建强支部战斗堡垒,落实党建主体责任,全面提高基层党建工作科学化、规范化水平,为全局各项工作开展提供了坚强的组织保障。狠抓学习提升工程。坚持把“两学一做”学习教育常态化制度化、开展维护核心见诸行动主题教育、学习党的十九大精神作为全局党建工作开展的长期任务和要求,把提升服务素质、服务灌区能力作为系统工程来抓,着力筑牢党员干部思想政治基础。坚持在学习中思考谋划,在工作中做实做优,开展系列活动,提升理论素养,完善知识结构,增强专业能力,形成了以学促干、快步发展的良好氛围。狠抓强基固本工程。紧紧围绕“基层组织坚强有力、基础管理科学规范、基本素质整体优良”工作目标,强化布局设计,注重统筹规划,促进管理能力提升。制订了“三基建设”工作实施方案,坚持抓好支部阵地建设,认真推进“三会一课”制度落实，创建党建文化墙，提出“一名党员就是一面旗帜”号召，让党员的先锋形象在各项工作中突出来、亮起来、热起来。一年来，围绕党建工作要求，建立和完善党内制度5个，设立党务公开栏1处，党员承诺监督台6处，发展党员2名。狠抓立业有为工程。始终坚守民生水利工程基业，带领党员干部在服务“三农”的主战场上建功立业。通过开展党旗领航、党员领先活动，促进党员深入抗旱灌溉一线、工程建设一线、旅游开发一线、脱贫攻坚一线，在一线发现解决问题，在一线带头实干，在一线建功立业。

【上水灌溉】 2017年，大禹渡扬水工程管理局灌溉工作取得有史以来最好的成绩，创造了建站以来提水量最高纪录。全年累计运行天数185天，上水量达8903万立方米，浇灌作物126.8万亩次，为灌区群众打赢脱贫攻坚战提供强有力的水利保障。2017年，大禹渡被县委评为“先进单位”和“城乡生态环境综合整治工作先进单位”。

【工程建设】 2017年，“大禹渡景区提升改造项目”被县委、县政府列为全县十大发展工程之一。该项目投资4200万元，主要完成了玻璃滑道、千仙洞及星级厕所改造等3个旅游项目建设任务。

2017年，是大禹渡扬水工程管理局工程项目集中验收年，共计完成了2012—2015年度末级渠系配套工程、2014年度中央土地出让金项目及2015年度中央财政农田水利设施维修养护共6个项目的验收工作。完成了灌区节水续建改造工程2011—2012两个年度、泵站更新改造四个年度及灌区2011年度高效节水与基础水源建设工程共计7个项目的审计工作。

【项目申报】 2017年，大禹渡扬水工程管理局坚持以项目引领发展、以项目推动发展的理念，积极组织相关人员走运城、赴太原、到北京争取项目，为下一年度争取到2819万元节水续建改造项目和6550万元的高效节水改造项目，创造了灌区自改造以来年度投资最多的一年，使一级西干建设资金落到实处。

【帮扶工作】 2017年，大禹渡扬水工程管理局以水利扶贫为抓手，为尚村修建了2970米农水管道工程，解决了尚村2180亩耕地浇灌难的实际困难，对26户贫困户实施了灌溉水费减免措施，帮助3户村民疏通排水通道解决窑洞进水的问题，帮助1户贫困村民接通照明用电，鼓励和引导群众发展“香椿”种植176亩，协助6户贫困户办理小额贷款25万元，2017年脱贫5户18人。同时，扩大水利扶贫范围，对全灌区76个村911户贫困户5349亩耕地制定了水利扶贫计划。帮扶工作队被县委、县政府授予“驻村帮扶先进工作队”。

黄河河务管理

【防汛工作】 2017年，黄河河务局贯彻国家有关防汛工作的方针、政策，结合辖区内的工程现状，进一步修订防洪预案和防洪工程抢险方案；开展防御桃汛洪水工作，加强水情和工情防守，收集水情资料，保障洪水顺利通过；组织技术人员对凤凰咀工程及上延工程进行全面普查，查勘河势，对靠流坝段的根石进行探摸，确定主要防守坝段，排除隐患；组建30人的群防骨干队伍，落实200人的群防队伍和10台抢险机械；组织群防骨干队伍进行抢险演练；落实石料、铅丝、编织袋、麻料、发电机等防汛物料和工器具；更换物料登记卡，做到账、物、卡、表四相符；及时掌握防汛动态，随时向上级关部门通报水情、雨情、工情、灾情和抗洪抢险情况；完成凤凰咀工程5号坝160m抢险及水毁修复工作，保障了工程安全运行。做好其他有关防汛抗洪工作。

【工程管理】 2017年，河务局对凤凰咀防洪工程进行维修养护，主要完成坦坡整修360平方米，根石平整620平方米，行道林养护864株，草皮养护9821平方米，道路养护1000米，完成附属设施及备防石整理等工作，保持了工程良好运行状态。

【水政工作】 2017年，河务局在3月22日"世界水日""中国水周"及"12·4"法制宣传日期间组织水法宣传车辆深入风陵渡镇沿河田村、赵村、西阳、匼河四村庄及涉河企事业单位，在风陵渡开发区、县主要街道和广场设立水法宣传咨询台、散发宣传单、张贴宣传标语。河务局按照最严格的河道管理制度，每月对所辖河道进行不少于3次巡查，对风陵渡扬水工程管理处取水活动进行监管，规范取水行为，保障正常河道秩序。

三门峡库区管理

【防汛工作】 2017年，三管局对库区芮城段所辖工程进行了全面的普查，编制完成了2017年度黄河防洪预案，与各乡镇签订了防汛目标责任书，为库区335m工程以下的居民发放了撤迁明白卡。安排防汛值班人员，保证防汛值班室24小时不离人。对各类防汛物资按照类别进行质量检查，维护保养。根据黄河防总2017—2018年防凌会议精神，结合山西库区芮城段实际，研判2017年防凌形势，列出防凌重点地域，强化防凌检查和值守工作，加强对涉河、在建、旅游项目的检查，强化对流凌、初封易卡冰结坝河段的巡查，制定了切实可行的防凌预案。

【工程出险抢险】 2017年，古贤控导工程3+090~3+114段和东垆控导工程4#丁坝坝头出现部分根石下沉、坦石滑塌、坡石滑落、土坝裸露的险情；古贤控导工程3+441~3+458段、3+520~3+535段和3+604坝头出现根石塌陷、坦石滑塌的险情。险情发生后，三管局立即组织技术人员赶赴出险地点进行查勘核实，及时明传电报上报省三管局，同时对出险段险情部位进行了抢险加固，恢复了工程的原设计防洪能力。

【工程水毁修复申报】 2017年，三管局编制完成了防汛道路项目修复建议书，对原防汛道路进行拓宽并铺设混凝土路面修复，长度为2000米，预算总投资134万元。

【工程维修养护】 2017年，三管局对库区芮

运城市委书记刘志宏调研黄河芮城段工作

城段共安排维修养护投资直接费 219.12 万元,其中:养护类 90.47 万元;维修类 128.65 万元。通过对工程维修养护,保证了工程的完整,维持了工程原设计防洪能力,工程面貌整体得到改善,达到坝面平整、备石整齐、标志标牌(碑)醒目、坝坡无塌陷、树木旺盛,使芮城县境内黄河工程逐步实现以"防洪保障线、抢险交通线、生态景观线"为特征的标准化工程。

【移民工作】 2017 年,市移民办分 2 次批复芮城县后期扶持移民资金 1592.2 万元,涉及项目工程 49 处,其中:农田水利工程 4 处 86.58 万元,主要建设以旧井更新、配水泵、灌溉管道铺设;交通道路工程 30 处 1147.98 万元,主要建设以道路硬化、道路排水及过路桥修复等;饮水安全工程 9 处 200.5 万元,主要建设以新建蓄水池、水塔、饮水管道铺设及配套等;文化教育工程 6 处 157.14 万元,主要建设以广场硬化、绿化、新建舞台及老年活动中心建设。全年发放移民人口直补资金 35248050 元。

农业机械化

【项目建设】 2017 年,农机发展中心在全县投资 82.5 万元完成深松整地补助作业面积 3.3 万亩;在古魏镇投资 136.4 万元完成玉米丰产方机收秸秆还田补助作业 4.5 万亩;投资 15 万元建立了一个省级示范农机专业合作社,给力农机合作社;投资 30 万元建立 1 个 1 万亩小麦全程机械化示范区;投资 12 万元培育 120 名新型职业农民(农机操作手);投资 90 万元建立了"智慧农机"系统平台,南卫乡冯村、东张村 5 公里机耕道建设,规范了 2 个示范合作社建设;投资 50 万元建立 2 万亩小麦—玉米连作生产全程机械化示范区。

【农机装备】 2017 年,农机发展中心利用农机具购置补贴资金 657 万元,补贴农机具 2118 台件,受益农户 1900 户。新增收获机械 128 台、动力机械 103 台、耕整地机械 1611 台、种植施肥机械 262 台、田园管理机械 2 台、收获处理机械 10 台、畜牧水产养殖机械 2 台,提升了全县农机装备水平。

【农机生产】 2017 年,新注册拖拉机、联合收割机 128 台,新训新考农机驾驶员 75 人,年度检验机车 3173 台。全年共完成机耕 70 万亩,机播 87 万亩,机播率达 99.5%;小麦机收 49.9 万亩,机收率达 99.98%;化肥深施 70 万亩;玉米机收 39 万亩,机收率达 97.5%,玉米规范化种植 40 万亩,玉米免耕播种 35 万亩,玉米机械化秸秆还田 38 万亩,秸秆综合利用率达到 98.5%;组织 70 台联收机参加跨区作业。农机深松整地 8.1 万亩。

【农机社会化服务体系建设】 2017年,创建农机合作社4个,创建示范农机合作社2个,农机家庭农场3个,示范农机家庭农场1个,新扩建二级农机维修网点2个,规范标准星级维修网点1个。

【驻村帮扶】 2017年,农机中心对帮扶对象风陵渡镇古伦村做好以下工作:搞好村级基础设施建设,改善村级组织活动场所及巷道的绿化工作,完善文化广场的改建工作;做好古伦村日间照料中心建设,完善贫困老年人的生活保障;做好该村党员教育培训工作,利用党课、党员远程教育,提高党员政治素质;积极开展农机购置补贴政策宣传提高该村农机装备水平;对古伦村17户贫困户,摸底调查,精准施策,帮助贫困户解决生产生活困难;帮助该村建设扶贫开发干果交易中心。

农业综合开发

【土地治理项目】 2017年,农业综合开发办完成阳城镇0.4万亩高标准农田建设项目。建设地点位于阳城镇新村,项目建设任务为0.4万亩,总投资605万元。其中财政资金600万元,农民自筹资金5万元。项目主要建设内容为:架设低压线路9.4公里,更新井3眼,修复配套井23眼;新建井房24座、井台24座,井院围墙650米;埋设110PVC输水管道30公里;新建渠系建筑物536座,安装过路涵管184米;新修硬化田间路7.12公里,其中水泥路3.55公里,砂石路3.57公里;栽植防护林5908株,其中速生杨2600株,国槐3308株;技术培训640人次。

【产业化项目】 2017年,农业综合开发办共完成7个产业化项目。分别是完成一个果品贮藏设施建设:芮城县金顺源果业冷藏有限公司的新增8200吨果品贮藏及包装销售设施扩建项目,该项目位于古魏镇刘原村,财政资金90万元。

【两个水果基地建设】 芮城县贡心大樱桃专业合作社的年产10.7万公斤优质樱桃种植基地扩建项目,该项目位于古魏镇太安村,项目财政资金45万元。

运城市文兴果蔬种植专业合作社的新增200亩优质葡萄种植基地扩建项目,该项目位于古魏镇汉渡村,项目财政资金45万元。

【四个养殖基地建设】 芮城县创森养猪合作社新增出栏1000头商品猪养殖基地扩建项目,该项目位于阳城镇新村,项目财政资金45万元。

芮城县大博金黄牛养殖专业合作社的新增出栏200头优质肉牛养殖基地配套设施扩建项目,该项目位丁古魏镇兴耀村,项目财政资金60万元。

芮城县堆台生猪养殖专业合作社的新增出栏1000头育肥猪养殖基地扩建项目,该项目位于大王镇桥坪村,项目财政资金45万元。

芮城县林平生猪养殖专业合作社的新增出栏1500头育肥猪养殖基地扩建项目,项目位于阳城镇杜庄村,项目财政资金30万元。

【概　述】 2017年，住建局狠抓生态芮城、智慧芮城、平安芮城、健康芮城、幸福芮城建设，基本实现了城乡建设一体化，城市管理智能化，城市发展精细化的目标。2017年住建局共有14项工作被列入省、市重点工作和全县“双十工程”。其中，保障性住房建设为省政府考核的重点工作，同时也属市县重点考核项目；集中供热、小街小巷修补建设、“三供两处理”建设及运营管理3项为市政府考核的重点工作。总投资11.86亿元，年度计划完成投资8.46亿元，完成了年度目标任务。

【民生工程建设】 2017年，住建局按照关注衣食住行，抓好基本民生的要求，强化市政道路、生态园林及城市亮化建设。总投资950万元，完成了一级路（东出口至陌南高速口）生态景观大道亮化工程，共安装太阳能路灯543盏，方便了人民群众的出行，提高了道路的夜间通行能力，成为芮城县纵贯东西的一条亮丽的风景线。按照《芮城县县城道路规划》，2017年完成投资4500万元，实施了古魏北路（一级路至柴涧路）和条山街（永乐路至亚宝路）两条道路的排水、绿化、亮化等工程，新增道路里程1.1公里。其中拆迁2000万元，住建局于5月底前解决了两处27户的房屋征收工作。投资82万元，完成了8条小街小巷改造任务。10月份开工建设城隍庙广场。

【生态芮城建设】 2017年，为确保黄河断面入黄水质要求，住建局在原污水处理厂南侧空地实施了工业污水集中处理项目，按照政府常务会议要求，该项目采用PPP模式实施，1至9月完成了项目的前期相关手续，于10月12日进行了项目招标，确定由哈尔滨华春药化环保技术开发有限公司实施该项目。目前正在进行建设，计划2018年6月底完成并运行。

【智慧芮城建设】 2017年，总投资6.8亿元，实施金茂城西区、名都嘉园、金茂城东区、金茂城中区、唐人小区及圣廷花园里6个住宅小区，总建筑面积18.5万平方米，分两年建设完成。除金茂城中区正在实施外，其余项目已建设完成，完成投资4.63亿元。其中，圣廷花园里以智能停车、远程监控、智慧管理开创了芮城县智慧小区建设的先河。按照绿色发展的理念，2017年投资4200万元，完成了天然气管网铺设12公里，入户3678户，超额完成678户，使我县天然气入户达到了2.2万余户，燃气普及率达到了80%以上，并以县城为中心向周边四关等村庄辐射，以风陵渡至县城高压管网为依托向沿途乡镇辐射。

【幸福芮城建设】 2017年，住建局以棚户区改造项目建设为重点，投资1.3亿元，完成了276套城中村改造任务及2016年84套续建任务。完成城市低收入住房保障家庭租赁补贴850户，共发放补贴资金95万元。以农村危房改造为抓手，总投资760万元，完成了200户农村危房改造，超额完成91户，有效地改善了农村住房困难家庭居住条件。

【工作创新】 规划工作　2017年，住建局强化城市规划引领，编制完成了《芮城县总体规划（2006-2020）(城镇体系部分）调整方案》《芮城县域移动通信站址布局专项规划》，批复了《芮城县县城控制性详细规划》《芮城县县城北部片区控制性详细规划》，启动了《芮城县县城近期建设规划》《芮城县城中村规划》《芮城县县城总体规划》及《芮城县县域体系规划》等4个规划的修编工作。全年共办结城乡建设工程选址意见书45份，建设用地规划许可证37份，建设工程规划许可证46份，乡村建设规划许可证1件，规划设计条件17个，竣工规划认可23个，实现了城乡规划管理全监管的目标，确保城乡规划实施高效运行。

施工许可审批　2017年，住建局共办理建筑工程施工许可26件，其中房屋建筑24件，建筑面积25.76万㎡，市政工程2件。组织工程竣工验收项目21个，验收面积31.98万㎡。同时加强建筑节能监管力度，新建建筑节能65%标准专项验收备案率达100%，新建绿色建筑标准执行率达35%，可再生能源应用比例达45%，全年共组织节能专项验收7次，验收面积12.1万㎡。11月8日，芮城县代表运城市接受了省建设厅建筑节能专项检查，有效促进了芮城县建筑节能改造，实现了建筑节能的良好发展。

【建筑业及市场监管】 2017年，住建局制定了建筑业改革发展实施意见，加大建筑市场监管力度，全年共编发文件6份，涉及建筑节能及农民工工资等多项内容，检查在建工程11个，施工单位5家，监理企业6家，整改市场行为、质量隐患、安全隐患147处，受检工程总造价约2亿元。建筑业产值同比增长8%。妥善解决拖欠农民工工资问题，收缴工资保证金338.2万元，处理欠薪事件9起40余人，案件办结率达100%。

【工程招标】 2017年，住建局共完成招标发包工程20个，应招标的工程报建率和招标率达 100%,入市交易率达 100%,招标工程合同备案率达 100%。加强建筑市场信息报送,建立了建筑工程月报制度,建筑业统计上报率及信息报送率均达 100%,实现了建筑工程全监管的目标。

【质量安全管理】 2017 年,住建局共办理安全监督注册书 23 份,签订《安全生产承诺书》5 份、《建筑起重机械安全生产承诺书》16 份,形成了横向到边、纵向到底的安全生产监管机制。同时强化安全检查。2017 年共开展建筑工程安全生产大检查 2 次,涉及施工安全、建筑节能、消防安全等多个方面,下发安全隐患整改通知书 46 份,实现了建筑安全监管的目标。严格执行工程质量终身负责制,2017 年共签订工程质量终身负责制承诺书 27 份、授权书 27 份,监督竣工验收项目 15 个,设置永久性标牌 15 个,建立信息平台 15 个,下发建筑工程质量监督整改通知书 45 份,工程质量隐患 138 条,质量抽查记录 18 条,实现了"两书一牌一档"执行率、工程质量监督覆盖率、竣工验收合格率、住宅工程分户验收率、

县住建局检查农村危房改造情况

施工图审查备案率 5 个 100%的目标。同时,全民健身中心、金茂城东区两个项目获得了"省优质结构工程"奖,金苑小区、芮城三中等 9 个项目分别获得了运城市"关公杯"质量奖。

【扬尘治理】 2017 年,住建局落实省市县关于扬尘治理工作精神,按照《山西省房屋建筑及市政工程施工扬尘综合整治实施方案》及安全标准化工地的要求,投资 200 余万元,通过安装车辆冲洗装置、硬化绿化地面、建筑围挡、料场覆盖等形式,对在建工地扬尘污染进行了集中整治,出动巡查 100 余人次,检查工地 30 余个,严格落实扬尘治理 6 个 100%,实现了扬尘治理全监管、防控措施全到位、治理效果全达标的目标。

【房地产市场监管】 2017 年,住建局按照国务院"三去一降一补"的要求,2017 年共完成商品房销售面积 6.55 万平方米,去库存消化工作效果显著。对 7 个房地产开发企业及 5 个物业公司进行了全面检查,解决纠纷 5 起,房地产市场秩序稳定向好。完成房地产开发投资 4.6 亿元。全年共办理房屋抵押手续 829 宗,面积 1.7 万平方米;存量房交易 194 宗,面积 2.05 万平方米;商品房备案交易登记 585 宗,面积 1.09 万平方米。加强房地产市场监管,建立商品房预售许可长效机制,全年发放商品房预售许可证 15 宗。有效保证了本县房地产市场的健康发展。

【城市管理】 2017年，住建局按照县委县政府“五城同创”的工作安排，开展国家园林县城创建和城区环境整治工作，开创了本县环境综合整治的新局面。开展违章建筑专项整治，严格规范建设行为。坚持占压红线全后退、违章建筑全拆除的原则，秉承刚柔并济的执法理念，对城市建成区内的乱搭乱建、违法建设、违章建筑进行了全面整治，清理整顿，共计拆除违章建筑43处，拆除面积3700余平方米，取缔陈年报刊亭两处。进一步规范了城市建设行为，实现违章建筑全拆除的目标。开展小广告专项整治，提升城市环境品质。2017年新购置2台清理小广告专用车辆，组建了专业清理队伍，对县城主要街道小广告、牛皮癣等顽疾进行了彻底清理，2017年共抓获6起乱贴乱画、乱喷乱涂小广告案件，涉案人员18人，并全部移交公安机关进行了依法处理。公开曝光乱贴乱画小广告行为5次，其中在市电视台曝光1次，在县电视台曝光4次。同时，《山西市容通讯》对本县小广告清理成功经验进行了刊登，并在全省宣传推广。开展城区环境综合整治，严格规范城市管理秩序。相继开展了户外广告、市容市貌、店外经营、流动摊点、农贸市场等5个专项整治，共清理户外大型广告293块，规范门头牌匾168块，取缔店外经营147处，整治流动摊点1500余人次，拆除违规条幅、喷绘500余条，鼓励进店经营40余家，取缔露天烧烤46家，治理门前乱堆乱放20余处，美化墙体墙面7处，约合面积2000余平方米。规范了平安街蔬菜市场、洞宾东街(古魏派出所后)棺板花圈两个专业市场，启动了东关蔬菜水果批发市场建设，依法规范了7家煤炭经营市场，8家水产品及活禽销售行为，8处临街废品收购站，优化了经营行为，规范了市场秩序。开展车辆乱行乱放专项整治，严格规范城市交通秩序。启用了永乐广场核心区地下停车场，打通了会展中心消防通道，划定临时停车位400余个，非机动车停车位200余处，纠正乱停乱放200余起，有效缓解了城区停车难的问题，改善了交通秩序。

【法制建设】 2017年，住建局强化法制宣传。全年共开展建设工程法律宣传3次，提升了居民的法律意识，深化了居民的法制观念。健全法律顾问。与专业律师签订了聘请法律顾问合同，帮助解决日常工作中遇到的重大法律疑难问题，防范、化解法律风险。加强案件办理。全年受理行政执法案件13起，下达停工通知书13份，告知2起，其中2起自行拆除，实现了城市管理的法制化。强化执法培训。全年共开展法律培训3次，参加省司法厅、建设厅无纸化考试2次，新增城市管理执法人员29人，充实了执法队伍。强化综治案件办理，全年共受理综治平台指派案件90起，案件办结率达100%。

【脱贫帮扶】 2017年，住建局共帮扶王夭村贫困户113户301人，通过政策扶持、产业帮扶、技术扶持、就业帮扶等，实现了40户124人的脱贫，为王夭村全面小康奠定了坚实的基础。抓好扶贫队伍建设。扶贫第一书记、扶贫队长和7名队员脱产驻村，全力抓好各项基础工作。当好项目帮扶工作的业务员，充分做好果品分拣包装中心、村级光伏电站、易地扶贫搬迁、温氏养殖、五保户集中供养中心、农光互补旅游观光等六大工程，确保项目帮扶结硕果。同时对需要外出务工的人员，与西建、县建等企业对接，帮助安排工作，确保扶贫工作落到实处。争取项目扶贫资金4万元。在全系统开展了《住建局助力王夭村脱贫捐款活动》，共为王夭村筹得扶贫资金9030元，确保扶贫资金到位，助力王夭村早日脱贫。

【转型改革】 2017年，住建局按照国家、省、市关于全面深化改革的工作要求，通过健全工作机制、肃清审批事项、强化队伍建设、优化政府服务等措施，努力打造速度最快、服务最优、效率最高的住建行业新形象。成立了政审批股和“双随机一公开”办公室，按照“两集中、两到位”的工作要求，抽调了6名工作人员充实人员队伍。把“13710”系统作为推进“放管服效”改革的重要内容，实行专人专管，专网专用；完成了一单两库建设，全年共督查办理有关事项17项，随机抽查企业3家，下发整改文书6份，确保了改革工作的有效推进。强化简政放权，重新梳理建设系统权责清单34项，编制了“行政审批事项前置申请材料清理汇总和招商引资项目服务指南”，完成了“三基建设”基础工作目录，向风陵渡经济开发区移交下放了社会事务有关事项34项，确保改革工作扎实推进。

环境保护

【**水污染整治**】 2017 年，环保局制定了《芮城县水污染防治 2017 年行动计划》，明确了部门职责，分解了工作任务；对 14 家重点涉水企业安装视频监控，与环保局监控中心联网并在分管县长、局长和执法人员手机上安装监控软件，实时监督企业排污行为，督促企业守法生产；加大污水处理厂监管，对水质采样、进水水质、在线监测等进行监督，确保进水、出水在线运行稳定，数据真实有效；对 11 家有问题的化工涉水企业实施停产整治；规范畜禽养殖管理，对 166 家规模养殖户下达了整改通知书。编制了《芮城县畜禽养殖禁养区划定方案》，按照"应关尽关、应搬尽搬"的要求，对在划定的禁养区范围内需要"关、停、转、迁"的 4 家养殖场进行了公示，并进行了搬迁；对全县 32 家加油站双层罐或防渗池进行了专项治理；在污水处理厂入口安装污水预警溯源仪。

【**大气污染整治**】 2017 年，环保局制定了《芮城县大气污染防治 2017 年行动计划》，明确了部门职责，分解了工作任务；实施煤改气、煤改电工作，制定了工作方案，在内四关、令花、庙底等 10 个重点村实施煤改气、煤改电工作，完成改造 3765 户（煤改气 3718 户、煤改电 47 户）；加大城区燃煤锅炉改造，对建成区排查出的 20 台 10 蒸吨以下燃煤锅炉全部予以取缔拆除，实现小燃煤锅炉"清零"。对全县保留的 17 台燃煤锅炉全部实现达标排放。4 台 20 蒸吨及以上燃煤锅炉安装了大气污染源自动监控设施，并与局监控中心联网，实时监控污染物排放情况；加大散煤整治力度，由安监局牵头，环保、工商、国土和各乡镇政府组成联合执法组，对城区 13 家散煤销售点全部取缔，对乡镇 29 家散煤销售点进行了整治；推进重点行业挥发性有机污染物治理，对 5 家挥发性有机物企业实施停产整治；加大"三烧"面源污染和"土小"企业专项整治。针对"三烧"和"土小企业"死灰复燃问题，环保局在原要求各乡镇建立网格化监管体系基础上，今年又加大巡查力度，严查环境违法行为，促进了县域环境质量的改善；开展砖瓦窑、石料场行业专项整治。对10家石料场进行了整治验收,12家砖瓦窑实施了专项整治,督促7家隧道窑和4家轮窑安装了在线监控设施,1家轮窑停产整治,有效遏制了砖瓦、石料行业的粉尘、扬尘和烟尘污染;开展“散乱污”企业专项整治。严格按照《山西省取缔“散乱污”企业实施方案》要求,对排查出的37家“小散乱污”企业,整治到位23家,取缔淘汰14家,做到“两断三清,彻底取缔”;强化重污染天气应对措施,加大采暖季工业企业生产调控力度,制定企业错峰生产计划,对12家制砖企业、1家水泥粉磨站和2家石灰窑实施了断电,14家石场、5家木炭窑实施停产;对空气质量自动监测点位进行迁移。确保监测数据能够科学全面地反映我县环境空气质量状况。

【污染减排】 2017年,本县污染减排任务是二氧化硫、化学需氧量、氨氮、氮氧化物、烟尘、粉尘完成市下达减排任务。通过对燃煤锅炉整治和提标改造及畜禽养殖污染治理,全年减排二氧化硫182.16吨,化学需氧量48.99吨,氨氮4.54吨,二氧化硫182.16吨,氮氧化物32.9吨,烟尘118.3吨,全面完成了年度减排任务。

【环境空气质量】 2017年,通过开展中央、省、市环保督察,解决了一些环境突出问题,使本县空气质量明显改善。2017年完成二级以上天数297天,PM10浓度均值为71ug/m^3,PM2.5浓度均值为48ug/m^{3}空气质量综合质量指数较2016年下降了9.5%,超额完成市定指标任务。

【环保督察和执法监测】 2017年,中央、省相继对本县环保工作开展情况进行督察。中央、省环保督察共交办本县案件35案42起(其中:中央环保督察交办16案17起,省环保督察交办19案26起),全部办结完毕,问责31人,罚款44.5万元。同时,环保部门加大执法检查力度,采取包企到人、驻厂监管的方式,对企业监管做到全面覆盖,不留死角。先后开展了“铁腕治污”“纳污坑塘”等环保专项行动,取得了一定成效。全年共查处环境问题191个,下达责令改正16家,下达停产整治23家,取缔“土小”企业2家,实施断电35家,行政处分27人,行政拘留5人,下达行政处罚32家。打击了企业的环境违法行为,起到了很好的震慑作用。

【环境应急管理】 2017年,环保部门举办了应急培训班;开展了环境安全隐患大排查工作,对造纸、化工和涉危企业进行了专项检查;修订了《芮城县重污染天气应急预案编制》《芮城县突发环境事故应急预案》《芮城县辐射安全事故应急预案》;同时,畅通12369举报热线,及时处理来信来访,有效地避免了环境污染事故及污染纠纷上访的发生。

【建设项目环境管理】 2017年,环保局在建设项目审批中,严格按照《环境影响评价法》和“三同时”制度,对不符合环保产业政策的高污染、高能耗项目坚决不批。对已审批的建设项目,实行动态管理,使其严格按照“环评”要求进行建设。全年共审核、审批、备案建设项目33个。同时,对未落实“三同时”制度的建设项目,严格按照环保法律法规规定进行分类处置,有效制止了建设项目违法行为发生,从源头上有效地控制了新污染源的产生。

【环境信息公开】 2017年,环保局按照《国家级生态文明先行示范区建设实施方案》要求,承担环境信息公开工作制度创新,此项工作被列为县政府重点项目之一,项目总投资691万元。环境信息公开平台于2016年12月份已投入运行,2017年正在编制结题报告。

【加强环境宣传】 2017年,环保部门把环境宣传作为工作重点之一,利用“报纸、电台、网络、手机APP”等方式全方位、立体式的进行宣传;制作了环境综合整治专题片,开创了“芮城环保”“芮城县环保局”两个微信公众平台;建成了“芮城环境信息网”;印发了50000余册十九大生态环境保护知识宣传手册,下发到乡镇、企业、学校,让广大群众了解十九大关于生态文明方面的相关知识,真正使广大公众关心、支持、参与到环境保护工作中来。

交通管理

【双十工程】 运宝黄河大桥工程项目总投资9.65亿元，建设全长1.933公里，双向六车道,路基宽32米的过境黄河大桥。2017年投资1.4亿元,完成主体工程。至2017年12月底,该工程项目已如期完成年度投资计划。

【重点工程】 农村公路生命安全防护工程项目。项目2017年总投资1152.9万元，完善45.9公里农村公路生命安全防护设施。项目6月底开工,11月底完工。

撤并建制村通硬化路工程项目。项目2017年总投资1714万元，建设涉及8个乡镇34个自然村共41.13公里的公路建设任务。项目2017年5月底开工,2017年,10月底完工。

【道路运输】 2017年,县交通运输局加强道路运输市场监管。货运场站管理完成了全县18家物流企业的备案工作，全县15家货运企业的考核全部达标,现有1298辆货运车辆GPS安装到位；各种类型的维修企业全县共有72家,其中二级维修企业质量信誉考核达标率100%；驾校行业年度完成驾驶员培训3850人,考试合格率100%;道路运输从业人员从业资格证诚信考核4264人,完成6家从业资格继续教育网络培训报备工作；城乡客运实现年营运车辆达44000班次，输送旅客70万余人次。同时,抓住主要节假日、关键时间段,从源头到路面,加强安全监管,完成了道路运输保障任务。

【公路养护】 2017年,按照上级要求,县交通运输局实行养管分离，完善农村公路养管运行机制。在全年的公路巡查中,共排查出道路隐患40余起,整改率100%。修复大雨造成的临崖塌方水毁10处,总计1300余平方米；对6条县道及主要乡道挖坑补槽1万余平方米、罩面6万余平方米。及时清理52道桥涵下的堵塞物，消除安全隐患，确保农村公路干净整洁、安全畅通。全年分两次对全县10个乡镇的农村公路养护管理工作进行了考核排名。乡村道路养护质量越来越好，管理水平进一步提高。

村村通硬化路工程

【城乡公交】 2017年，全县城乡公共交通发展取得新的突破。投资1150万元，购置25辆城乡公交电动车，完成了充电桩、停车场等配套设施建设任务，并于3月份投入市场运营。这些交通基础设施投资建设，在改善民生需求的基础上，为全县经济社会发展提供了交通运输服务保障。加强城市出租车、公交车规范运营管理，大力开展精神文明建设，通过争创“青年文明号”“青年先锋号”活动，深入践行社会主义核心价值观，赢得了乘客的点赞。在高考期间，通过“爱心送考”方式，免费接送考生；在惠民政策落实上，对全县65岁以上的老人和残疾人全部实行免费乘坐公交。城乡公共交通服务能力比去年同期提高15%，发展势头稳中向好。

【水路运输】 2017年，县交通运输局的海事、安全和执法部门，深入企业、学校和群众中，通过多种方式，推进普法宣传工作。在行业监管上，充分发挥公路水路安全联防联动机制，对全县各渡口和水上运输船舶进行全方位、立体式的安全监督检查，发现隐患及时整改，全力保障水路运输安全。全年，共出动检查人员800余人次，检查水运船舶103艘/次，销毁不合格救生衣20余件，查处违规船舶2艘，查处“三无”船舶1艘，不符合运营条件的船舶全部整改到位，确保了全年水路运输安全无事故。

【超限超载治理】 2017年，县交通运输局以环境整治工作为重点。强化源头管理，与有关企业签订“无双超”承诺保证书30份，与货运驾驶人签订1100余份“无双超”承诺保证书。登记源头货运车辆4082余辆次，装载货物73233吨。同时，加大路面稽查力度，全年共检查车辆2600余辆，拆卸加高车2辆，查扣非法超限超载车辆60辆，卸货600余吨，有效地遏制了非法超限超载运输对县乡农村公路地污染和损坏。

【交通执法】 2017年，县交通综合执法部门清理公路打场晒粮53处，拆除非公路标志40处，清理乱堆乱放445处。同时，开展打击“黑车”非法营运百日专项行动、机动车驾驶员培训市场专项整治、“两客一危”专项整治活动，依法取缔7家非法报名点，处罚11家非法培训机构。在物流市场专项整治中，检查物流运输企业34家，对22家未按规定备案的物流企业实施行政处罚。在主要节假日和十九大期间,检查客运班线车900余辆(次)、城市客运车260辆(次),货运车辆400余辆,查处非法营运车10辆;未按规定检测运输车辆6起;一年来,严格网上办案程序,全年网上办案72起,其中运政处罚62起,罚款114800元;路政处罚7起,罚款9400元;海事处罚2起,罚款4000元;路赔1起,收取路赔4730元。有效打击了交通违法违规行为。

【驻村帮扶】 2017年,县交通运输局驻村帮扶工作,以项目扶持为重点,帮助大王南辿村脱贫摘帽。帮扶工作队,认真负责,敢于担当,在光伏发电土地征用、菊花种植、机耕道路整修、农田水利基础设施建设、“五保户集中供养中心”“异地搬迁”等项目上,积极主动与相关单位加强协调沟通,争取项目资金扶持。仅菊花种植一项,使该村贫困户人均年增收2800元左右。至2017年底,南辿村脱贫74户201人。县交通运输局驻村帮扶工作队荣获县委、县政府“2017年度先进工作队”称号。

公路管理

【公路养护】 2017年,芮城县公路保持良好的路容路貌,公路技术状况指数(MQI)达88%。日常养护完成了路面灌缝4.66万米;填补坑槽6459平方米;处理沉陷2842平方米;人工刷油4890平方米;整修路基39.65万平方米;疏通边沟3.96万米;疏通涵洞75道;修复桥梁锥坡、伸缩缝2处;路基填土5560立方米、清理垃圾3760立方米;修补边沟343米;修复急流槽406米;增设爆闪灯、警示标志8块、更新标线245平方米。

路基养护 2017年,公路段每周安排扫路车对辖区131公里干线公路进行清扫,保持路容路貌干净整洁。上半年重点对古风线33公里公路两侧路基进行了整修,对路肩、边坡进行全面整修,同时采用清理、修整、填土、夯实的办法,确保了路基达标。对辖区内所有排水沟、急流槽、涵洞进行全面清理,确保排水畅通。在面对以前石砌、地埋PVC管等排水设施易坏易堵,重复作业,多次投资的情况,经过总结经验、多次实践,通过增设钢筋混凝土急流槽、混凝土排水沟的办法,彻底解决了排水隐患,达到了汛期排水顺畅的效果,全年共维修、增设急流槽、排水沟749米,使辖区内的排水设施全部实现了集中排水,有效减少了公路水毁的发生。

路面养护 2017年,公路段结合管养路段的实际情况,加大公路预防性养护力度,对管养公路路面裂缝及时进行灌缝处置,累计完成路面灌缝4.66万米,经过灌缝后的路面平整美观,效果明显,确保了芮城境内干线公路的整体使用性能。对国道垣潼线K220+100—K222+200共2.1千米路段采用稀浆封层进行处理,有效改善了路面状况,提高了路面平整度。对临陌线K75+000—K81+000段共计3.9万平方米山区路段进行罩面工程,延长了公路使用寿命。对路面病害进行处置,对运潼线、垣潼线存在路面坑槽、沉陷、龟网裂的路段进行坑槽挖补,沉陷基层水稳处理,

公路安全隐患治理

累计填补坑槽6459平方米、处理沉陷2842平方米。

桥梁维护　2017年,公路段对辖区内18座桥梁进行全面体检,掌握桥梁运行的第一手资料,同时对桥梁的养护任务进行责任分解,落实到人,要求定期进行巡查,使每座桥梁都处于严格的监控与管理之中。针对发现的桥梁病害,及时进行处置,使辖区内的桥梁始终处于良好的运营状态。根据分局安排,对国道垣潼线K252+420处郑村桥主拱圈、桥台裂缝进行了修补,桥梁标志进行完善,实现了该桥由三类桥到二类桥的升级改造。

完善沿线设施　2017年,公路段对辖区四条线路急弯、村镇、易塌方路段在原有安全设施的基础上,增设了警示灯、警告标志、护栏等;对临陌线增设3处爆闪灯、3块文字警告牌;对辖区131公里公路两侧平角道口的警示柱进行全面排查,补栽、修复、重贴反光膜;对古风线、垣潼线标线进行修补,共计245平方米,确保干线公路安全畅通。对省道古风线、运潼线四段高边坡路段两侧增设了绿色波形梁护栏,共计1355米,增加了公路的安全系数,提升了公路安全性能。

公路绿化　2017年,公路段对垣潼线K227+850—K231+850一级路共计4千米中央分隔带绿化进行完善,在底部交叉栽植金叶麦冬、兰天竹、细叶麦冬、白车轴四种植物,进行绿化覆盖,达到遏制杂草丛生的作用;在垣潼线K228+000—K240+000共计12千米路段两侧播撒三叶草,稳固路基,进一步提升绿化带的标准,达到了四季常绿。对古风线K9+300—K14+400共计5.1千米公路左右两侧依次栽植卫矛、红叶石楠、洒金柏、南天竹四种树木,并在两侧低边坡路段撒播三叶草,覆盖裸露地表,在高边坡路段,栽植紫穗槐,美化公路环境,稳固边坡,防止垃圾倾倒。

路域环境整治　2017年,公路段对路域环境进行集中整治,严格按照省局、分局要求,制定实施方案,成立领导组,养护与路政人员联合行动,截至目前共出动装载机41台次,工具车83台次,清理垃圾3760立方米,拆除各类广告35处,保障了公路沿线20米范围内无垃圾、无占道经营、无广告、无违章建筑。

在村镇治理方面,根据不同村镇的实际情况,通过设置混凝土边沟、钢筋混凝土盖板;增设砖砌矮挡墙、护栏网等形式,实现路村隔离,维护了良好的路域环境。对古风线K21+400—K22+000段矮挡墙进行加高修复,同时积极推进路地共建,与沿线村镇合作,对公路两侧建筑物进行全部粉刷,并设置了200米的文化墙,使路域环境得到了改观。

【路政管理】 2017年,公路段结合路政宣传月等活动的开展,不断加大公路法律法规的宣传力度,累计悬挂标语48条,发放宣传单530份,使公路沿线群众的法律意识得到了一定程度的提高。严格执行《公路路政巡查制度》,强化公路路政管理,路政案件发现率达到100%,查处率、结案率均达到100%,全年共收取路产赔补偿费6.7万元。

交通执法监督

【执法监督】 2017年,运城交通运输执法局芮城县分局以案件质量为中心调整监督思路,在线索上、取证上提高标准,全年共计监督次数97次,出动车次97次,出动412人次,完成案卷6份。按照省厅、省局文件要求,重点对源头治超和收费公路基进行监督。监督中针对芮城沿山一带石料场的超载屡禁不止,因超载而引起的交通事故时有发生,相关部门管理上时紧时松等问题,芮城执法局执法人员多次暗访石料场,夜巡车辆超载情况。在掌握和取证的基础上,本着“监督就是服务”和“治病救人”的原则,先后和县治超办、县交通运输局主要领导取得联系,讲明利害、统一思想、达成共识。监督工作顺利推进,不仅在监督案件的质量上提升,更重要的是承担起交通执法监督工作的社会责任,增强了开展行政执法监督工作的自信心,赢得了被监督单位的肯定和尊重,很好地树立了交通执法监督部门良好形象。

通信 邮政

中国电信芮城分公司

【业务指标完成】 2017年,电信分公司业务收入完成1500余万元,同比增幅30%,移动业务净增完成2500户,出账用户达到18000余户,4G业务净增完成5300户,宽带业务净增完成3000户,出账用户达到10000余户。

【网络建设】 2017年,电信宽带接入工程完成立项600万元,其中引入民资100万元,本年度新增接入网端口1.3万。2017年4G基站建设投资600余万,新建4G基站90个;完成东茂广场地下超市、福到家地下超市、人人家超市三处分室。铺设大禹渡到刘堡、王窑到神西处光缆,布放主干光缆64公里,接入光缆120公里,新增主干光交2个,配线光交14个;为满足用户高宽带需求,新建汇聚机房2个,分布接入网机房4个,完成县城中心机房设备扩容以及乡镇移动机房设备更新,总投资额为500万元。2017年底,芮城城区和各乡镇已全部具备宽带接入能力,行政村覆盖率接近70%,推出提速降费,已开通1000M宽带示范小区,所有电信用户均实现光纤到户,50M以上用户占比超过80%。

【信息化建设】 2017年,电信分公司借助优质有线网络,配合政府相关单位进行行政审批平台、食药信息平台、智慧动检、财政支付等信息化项目建设,全年共为各类政府单位接入50余条专线;芮城分公司同东茂、国贸、人人家等大型超市联合,居民可用翼支付在超市进行购物,方便又优惠;与电力公司合作,电信用户可享受逢5交电费优惠活动;智能组网让家里每个房间网速都是100M。

中国联通芮城分公司

【概述】 2017年,联通公司从岁末年初的与沃17嗨开始,继续深化移动业务三大战役落地执行。2I2C业务线上线下全渠道发力,为2017年的整体收入完成打下了坚实的基础。2017年芮城联通通信服务收入累计完成4400万余元。移动业务完成14000余户,宽带发展 7000 余户,智慧沃家 5900 余户,IPTV 安装上线 11000 余户。

【业务发展】 2017 年,联通公司打造了爱玖玖手机芮城县洞宾西街 VIVO 专营店、四海通讯芮城永乐北路专营店、芮城县陌南镇杏红通讯 VIVO 兴华街专营店、运城市风陵渡世峰 VIVO 开发区专营店、芮城县阳城街雅丽通讯 VIVO 自控专营店、芮城县迎前电子洞宾西街自控专营店、芮城县迎前电子洞宾西街自控专营店、芮城县四海通讯手机卖场二部永乐北路自控专营店等八家卖场,清退了十余间门面房,为联通公司拓展营业渠道,延伸业务受理触角打下基础。

【移动网工程】 2017 年,联通公司新建 2G 基站 26 个,新建 3G 爱立信 U2100 基站 3 个(其中室内分布 2 个),新建 3G 华为 U900 基站 1 个,新建 4G 基站 38 个(其中室内分布 4 个)。全年新建 2、3、4G 基站共计 68 个,大幅改善了信号覆盖的广度和深度,提升了用户的感知。

【宽带网工程】 2017 年,联通公司新建、扩建小区 31 个,新增 FTTH 端口 1672 个,扩容农村 FTTH 端口 816 个,架设大客户接入光缆 66.5 公里,开通大客户专线 39 条,新建县乡光缆 61.36 皮长公里,城域网光缆 5.21 皮长公里,基站接入光缆 52 段共 105 皮长公里,增加主干光交 5 个,配线光交 16 个。扩容宽带 OLT 设备 16 个,新增 PON 口 256 个,有效地支撑了市场需求。

中国移动芮城分公司

【概述】 2017 年,移动公司围绕“4411”工作部署,较好完成了 4G 发展、宽带发展、客户服务、集客经营、渠道协同等整体市场工作运营。全年运营收入累计完成 9531 万元,年新增 4G 用户数 21000 余户,用户数累计到达 22 万余户,宽带用户新增 11437 户,累计宽带用户到达 23000 户。现已开通基站 261 个,其中宏站 240 个,微站 21 个。县城及乡镇 4G 覆盖率 98%以上,农村 4G 覆盖率 90%以上,4G 平均下载速率达到 30Mbit/s 以上。宽带完成 PON 区域建设 300 个,其中小区 68 个,村庄 232 个,LAN 区域共 117 个,其中小区 14 个,村庄 103 个,建设总端口 61240 个。

【重点工程建设】 2017 年,移动公司申报立项了网络 4G 五期工程和宽带接入两个重点项目。全年宽带接入总计投资 700 万元,对未覆盖移动宽带的村庄、小区进行 GPON 新建及已 LAN 覆盖区域进行 GPON 改造。共计勘察设计立项 240 个村庄网络架构图纸,建设完成村庄 190 个,城镇小区 97 个,提前完成 700 万的全年资金投入计划,现已建设总端口 61240 个,成功发展宽带用户 19700 户。实现 85%城镇小区具备百兆带宽接入能力,90%农村具备 50M 带宽接入能力。芮城移动全力推进 4G 网络 5 期基站覆盖。全年共计勘查选址 47 个基站场地,完成基站建设 31 个,其中涉及农村覆盖提升 20 个站点,城镇居民区覆盖提升 11 个站点,光伏等重点工程区域覆盖提升 3 个站点,景区覆盖提升 2 个站点，完成全年1500万元的4G网络5期基站建设投资。

【提速降费】 2017年，移动公司推出“速率倍增行动”，实施集团互联网专线资费下调。活动受益集团客户600余家，大幅降低了中小企业互联网专线接入费用；实施“宽带0元装”特惠活动，全年发展“0”元宽带7800余户，免费20M宽带升档4200余户；推出全网流量“任我用”资费，截至10月底新办理“任我用”套餐6740户，办理“追剧神卡”2620张；针对周末流量使用高峰，推出免费1个G，包你嗨翻天周末流量免费包活动，使提速降费活动惠及客户。

【社会公益】 2017年12月，“中国移动爱‘心’行动——山西贫困先心病儿童救助计划”接力芮城。芮城移动联合芮城县民政局在芮城中心敬老院举行芮城贫困先心病儿童救助筛查活动。活动当天首批先心病筛查活动共接待先心病儿童37名，经筛查9名患儿符合项目免费手术救助资格。

邮 政

【业务收入】 2017年，邮政业务总收入实现2527.91万元，完成年计划的101%，收入增幅12.95%。储蓄余额规模到达10.48亿元，新增金融资产2.07亿元，储蓄净增1.18亿元，保险保费完成8836万元。在实现收入增长中，储蓄收入完成1460.87万元，完成年计划的95.61%；保险收入完成320.88万元，完成年计划的139.92%；包快专业收入完成223.29万元，完成年计划的113.96%；电商专业收入完成186.72万元，完成年计划的98.28%；报刊专业收入完成124.81万元，完成年计划的99.05%；函件专业收入完成111.54万元，完成年计划的137.7%；分销专业收入完成68万元，完成年计划的89.47%。

【金融发展】 2017年，邮政联合县文化局积极组织举办“幸福生活在三晋”广场舞艺术节海选大赛，并持续开展“关爱留守儿童”“夏季送清凉”“暖冬暖心”等活动，提升邮政企业知名度和社会公益形象。

【邮政业务】 2017年，邮政局强化业务培训，广泛宣传寄递。做到宣传常态化、多元化，确保客户需要用邮时随时联系到邮政。并定期组织召开寄递业务推进会，对寄递业务发展通报督导。主抓电商客户，提升寄递市场。结合县域特色制定电商客户开发方案，积极组织市场部人员走访土特产商户、加工生产商等进行销号式开发，实现规模新突破，积极组织召开寄递电商客户座谈会，从电商发展经验、与邮政平台合作事宜及寄递过程中存在的时限、售后、服务、资费、赔付等方面进行沟通交流，促进寄递业务快速发展。广泛宣传标准箱，加快农产品寄递。在旺季生产中深入陌南、大王、阳城等网点周边做好标准箱政策宣传工作，了解客户使用标准箱过程中存在的问题并及时调整，持续优化客户体验。与建设的5个社会包裹快递业务代收点积极沟通合作，有效提升寄递发展。增强团队建设、提升整体效益。全面加强“三支队伍”建设，打造

芮城邮政寄递

专业营揽团队,在文件类寄递业务开发中,通过对政企客户开发，重点对客户发票寄递及银承汇票等文件类市场的开发。掌握县份投递道段数量,对“双 11”旺季期间投递能力进行预测,通过对位置、场地、能力等实地调查,积极做好寄递代投点建设运行工作，有效解决“投递环节最后一公里”工作,为迎战“双11”及春节前旺季邮件投递分流做好准备。在旺季生产中,建成自提点 66 个,其中城市 45 户,乡邮道段 21 户,提升邮政网点营销辐射力。

【集邮与文化传媒】 2017 年,邮政局在集邮函件业务发展中,举办收藏“金鸡”,感受“吉祥” 集邮尊享品鉴会，并通过朋友圈广告宣传，组织各网点做好集邮产品展销及品鉴会召开,进一步拓展集邮函件业务稳步发展。

【渠道平台】 2017 年，邮政累计邮乐购 80 余个,宣传推广邮乐小店注册 600 余户。分销业务发展以化肥产品为抓手，在全县各行政村组织开展“邮农合作社”启动仪式,实施“存款到邮政　平价购化肥”专业联动活动,并先后在湾里、寺前、大王等 10 余村召开分社活动,成功举办“邮农合作社农技下乡”大讲堂活动,吸纳会员 2042 户,积极拓展化肥销售农村市场。

财 政

【财政收入】 2017 年,全县财政总收入完成 56003 万元(不含风陵渡开发区),同比增长 3.4%; 一般公共预算收入完成 27515 万元(不含风陵渡开发区)。

【财政支出】 2017 年, 一般公共预算支出达到 18.58 亿元,其中用于民生支出 15.2 亿元,占一般公共预算支出的 81.8%, 促进了 "三农"、教育、社会保障、医疗卫生等各项社会事业发展。投入资金 9664 万元,确保城隍庙周边改造、学府东街小学、中医院综合楼、城市道路、乡村公路等县委、县政府年度重点项目工程的顺利实施;投入 13000 万元,确保了在职人员养老保险改革、退休人员基本养老金、冬季取暖补贴、单位集体福利费等各项指标政策全面落实。投入 5374 万元,用于脱贫攻坚,实现了投入总量和增幅"双增长",有力保障了年度脱贫任务顺利完成。投入 1097 万元,用于科技改造支出,圆满完成了市、县考核目标任务;投入 4724 万元,用于落实"三基建设"所需资金。

2017 年,芮城县被确定为扶持村集体经济发展试点县,省财政给予奖补资金 1000 万元,经过研究确定 16 个试点村,以温氏合作养猪为主导产业, 其他产业齐头并进的产业格局,资金依照项目实施进度及时拨付;县级财政按照本年财政收入 0.1%的标准,及时将 60 万元扶持资金全部拨付到位,合力促进县村级集体经济发展。

运城市专家组实地考察县扶持村级集体经济发展试点项目

【财政改革】 2017年,财政局深化投融资创新,积极发挥财政资金"四两拨千斤"的杠杆效应,引导撬动社会资本支持主导产业发展。做优产业引导基金。医药产业发展引导子基金项目,县财政注入资金2000万元,资金筹集总额达到1.91亿元,投放山西宏光医用玻璃股份有限公司后,有效推动了企业的发展。做实PPP项目。总投资5131.16万元的县污水处理提质改造项目采用PPP模式运行,完成项目识别、准备、采购阶段的相关工作,开始项目实施阶段。总投资3.6亿元的芮城县文化创意园建设项目,采用PPP模式运行也进展顺利。做强融资担保。县金德融资担保公司与省市担保公司合作开展业务,全年办理担保业务5笔,担保金额6900万元,取得了社会效益和经济效益双丰收。

【财政管理】 2017年,财政局加强预算管理。建立全口径预算体系,将政府的所有收入和支出全部纳入预算管理。进一步细化预算编制,做到"先预算后支出"。压减一般性支出,清理盘活存量资金1475万元,统筹用于重点领域。推进预决算公开,及时在县政府门户网站公布政府和部门预决算信息。加强财政监管。完善评审制度、引入专业机构、建立评审专家库,加强对财政投资项目事前、事中、事后跟踪监督,不断提升评审水平。全年共对48个项目开展财政评审,节约财政资金1596万元。推进政府采购"放管服"改革,规范提升政府采购工作。全年政府采购节约资金2511.77万元,节支率13.55%。加强绩效管理。加强预算绩效管理制度建设,不断夯实预算绩效管理工作基础。进一步扩大预算绩效目标管理范围,对50万元以上的项目开展了绩效自评工作,对11个重点项目、1.2亿元的资金进行了绩效评价,占全年项目支出总额的53.78%。

国家税务

【组织收入】 2017年,国税累计收入36929万元(含车购税2355万元),占市局考核计划33500万元的110.24%,超计划3429万元;地方级税收收入16821万元,占市局考核计划15200万元的110.67%,超进度1621万元,为地方经济发展做出了积极的贡献。强化风险应对,自行下发任务派单5批,推送风险纳税人35户,接收上级推送风险任务5批32户次,补缴税款123.6万元。全年通过风控系统录入欠税清理、纳税人自查补税等非即期入库税款5312万元,加收滞纳金20.25万元,风险贡献率为14.4%,达到上级要求。净化税收环境,开展商贸、涉农企业税收大检查,入库税款及滞纳金61万余元。

【税收改革】 2017年,国税局全面推开"营改增"试点平稳落地并取得多重积极效应,与改前营业税相比,建筑业税负因特殊原因增长了0.34%,房地产、生活服务业和金融业税负均有所下降(营改增纳税人1022户)。国、地税业务深度融合，国、地税联合办税服务厅的建立，自助办税设备的投入使用，实现了“一门办结”，达到了沟通联系常态化、工作制度规范化、纳税服务高效化，纳税人充分享受到了互联网带来的便利。纳税信用体系建设逐步完善，实名认证、实名办税比例达到了90%以上。“五证合一”“两证整合”等商事制度改革有效落地。

【税收营商环境】 坚持简政放权放管结合优化服务，下放审批权限，压缩审批程序，新办纳税人办税“零门槛”，90%以上的涉税事项实现了“马上就办”。在全省国税系统率先推行了“即受即办”等一系列服务改革，一大批有影响的税收征管工作座谈会在本县召开。连续四年深入开展“便民办税春风行动”，积极落实“互联网+税务”行动计划，以网上办税为主、自助和其他社会办税为辅、实体办税服务厅兜底的申报纳税模式基本建立。加强纳税人权益保护，纳税人满意度逐年提升。办税服务厅荣获了“五星级”称号。以落实市委确定的“凤还巢”计划、“龙腾虎跃”发展计划和“群星灿烂”育苗计划等重点工作为主线，全方位服务亚宝药业和光伏发电等重点企业做大做强。

【依法治税】 2017年，国税局落实税收法定原则，严格规范公正文明执法。广泛开展税收宣传，加强税收政策解读，税收普法工作收效良好。实施税源专业化管理，重点税源企业、增值税一般纳税人和建账不达标纳税人管理得力，征管质效大幅提高。强化税收风险防控，漏征漏管户、商贸、涉农企业管理，执法风险大幅降低，增值税专用发票虚开虚抵势头有力遏制。

地方税务

【组织收入】 2017年，地税局落实“双进”要求，与国税局联合执法，推动欠税清缴；抓住重点税源管理这个“牛鼻子”，强化对重点税源的调查分析和监控管理力度，确保了组织收入工作的顺利进行。全年共完成税收收入11240万元(其中清缴以前年度欠税3264万元)， 为芮城经济社会发展提供了坚实的财力保障。

【征管改革】 2017年，地税局贯彻落实“变道并轨”三步走规划，开展改革“回头看”工作，制定出台《税收征管改革“变道并轨”工程问题备忘录》，全面汇总梳理改革存在问题，为完善改革进行有益尝试。加强与环保局合作，对全县近年的排污费和水资源费征收情况进行调查摸底；完成与环保局的档案资料移交工作，举办《环境保护税》及相关知识培训，为环保税的正式开征打下了坚实的基础，助力生态芮城建设。

【纳税服务】 2017年，地税局加强国地税合作，开展联合税宣、联合执法、联合办税，在全市率先实现“一人一机双系统单POS机”的办税模式;多方征求意见,与中税公司加强合作,“金点子·微一统”项目顺利通过市地税局专家组、项目组的验收;发动党员业务骨干,与亚宝等23家重点龙头企业和项目进行点对点对接,全年共帮助解决各类问题200余次,为企业提供了及时、专业的服务事项,得到了纳税人和各级领导的充分肯定。

芮城县地税局举办第26个税收宣传月

【服务转型】 2017年,地税局通过学习、调研扎实落实省局118号文件28条税收优惠措施和市局《关于营造“四个环境”服务“三个计划” 推进大运城建设的实施意见》40条举措,组织编印了《营造“四个环境”服务“三个计划”对标分解服务指引》300册,将两个《实施意见》的具体条款与县委、县政府所列发展项目一一对标分解,以表格形式予以展现,并发放给县发改委、中小企业管理局、经信局和相关重点企业,《服务指引》便于不同规模、行业的纳税人根据需要查找涉及的税收优惠政策,一目了然,受到县委、县政府主要领导和广大纳税人的一致好评。

【队伍建设】 2017年,地税局利用三八、五一、七一等时间节点开展健身养心系列文体活动,丰富干部职工文体生活;扎实开展帮扶共建活动,与古魏镇坑头村和柴涧村的贫困户结成对子,帮助他们解决实际困难,早日脱贫;扎实开展社会治安综合治理各项工作,被运城市综治办命名为2017年度运城市“平安单位”;持续开展文明创建活动,响应县委、县政府“五城同创”号召,积极参加植树和爱心助考等学雷锋志愿服务活动,全年先后接受了中央、省、市文明办的检查验收,再次被授予“全国文明单位”荣誉称号。

金融　保险

金融监管

中国人民银行芮城县支行

【金融发展】 2017年，人行芮城支行加强货币政策窗口指导，引导金融机构脱虚向实，支持县域实体经济发展，支持地方供给侧结构性改革，芮城金融平稳运行。2017年，全县金融机构各项存款余额105.6亿元，较年初增加9.3亿元，增长9.66%；全县各项贷款余额49.7亿元，较年初增加12亿元，增长31.83%。

【加大农业信贷支持】 2017年，人行芮城支行指导金融机构信贷投放倾斜支持“三农”，支持县域绿色农产品发展，支持农业国家级基地建设资金需求。2017年，全县涉农贷款余额26.1亿元。全年累计向芮城县农商银行发放支农再贷款2.9亿元，支农再贷款年底余额达到1.6亿元，提高了农商银行支持“三农”的资金实力。

【助推金融扶贫攻坚】 2017年，人行芮城支行创新开展金融扶贫政策效果评估工作，牵头协调指导金融机构扶贫攻坚，各金融机构积极与扶贫部门对接，对全县7309户建档立卡贫困户进行了评级授信，为403户贫困户发放个人精准扶贫贷款1828万元。指导金融机构同扶贫产业项目对接落实，为5户企业发放产业扶贫贷款8000万元。

【完善征信服务功能】 2017年，人行芮城支行加快推进社会信用体系建设，组织常态化诚信宣传3次。建立推广中小企业和农村信用信息服务平台，收录全县企业、合作组织、农户个人授信担保各类信息32万条，拓展征信基础数据。2017年共查询出具企业信用报告117次，查询出具个人信用报告2984人次，发放机构信用代码证863户。

【优化农村支付服务】 2017年，人行芮城支行为打通农村支付结算最后一公里，落实国家普惠金融举措，丰富农村支付产品，优化农村支付服务。全年在全县乡村建立了199个标准化农村金融综合服务站，行政村覆盖率达到99%。推动农村“互联网+”活动,199个“金融综合服务站”全部实现与电商体验店、电商运营中心接轨合作。指导推出芮城县邮政局“邮乐购”和农业银行芮城县支行“E农管家”的电商产品,农村居民不出村不出户便可享受到互联网金融服务。

银 监

【辖内银行业机构】 2017年,辖区银行业金融机构7家,网点38个,其中:政策性银行(农发行)网点1个、国有商业银行网点5个、农村商业银行机构网点25个、邮政储蓄银行网点1个,邮政局代理邮政银行网点6个,全辖在岗从业人数527人。

【银行业机构业务】 2017年,全县银行业金融机构各项存款余额105.42亿元,比年初增加9.06亿元,年增长率为9.4%,增长率较上年下降2.19个百分点。各项贷款余额52.25亿元，较年初增加9.76亿元，年增长率为22.98%,增长较上年上升15.06个百分点。不良贷款余额0.37亿元,不良率为0.71%,较年初下降0.16个百分点。

【金融知识正向宣传和风险排查】 2017年,银监办组织辖区银行业机构加强金融知识宣传、防范电信诈骗和打击非法集资宣传工作,积极参加县政府牵头开展的非法集资风险排查暨专项整治及宣传活动,参加“打击非法集资,保障经济秩序,共建和谐芮城”签名活动,散发非法集资知识宣传单，联合进行街道暗访巡查等方式，对非法集资情况进行专项整治,使金融消费者正确认识合法金融业务,在享受普惠金融服务的同时远离不正当非法金融业务。

【支持实体经济发展】 2017年,银监办督导各机构加大对县域优势企业、小微企业、“三农”等信贷支持,督导公示收费项目和标准,降低企业融资成本，着力缓解县域企业融资难、融资贵和融资需求等问题。2017年,辖内银行业机构企业贷款余额36.15亿元，较年初增加7.29亿元,年增长率为25.26%,对县域重点企业和重点项目给予持续支持，对太阳能发电和风力发电等绿色能源给予重点支持贡献。涉农贷款余额28.83亿元,较年初增加2.77亿元,增长10.64%。

【普惠金融服务建设和信贷扶贫】 2017年,银监办督导辖内机构加大服务领域、加大信贷投入和做好优质服务，实现了基础金融服务在全县10个乡镇172个行政村的全覆盖。重点加强金融脱贫攻坚工作，多次召开各机构负责人会议，和金融扶贫工作座谈会了解督促金融扶贫工作。2017年,辖内机构扶贫贷款余额13154万元，较年初增加4190万元,增长46.74%,其中:个人精准扶贫739户4754万元,其中两免类扶贫小额贷款522户2373万元；发放产业扶贫贷款6户8400万元带动增加贫困户就业390人。

【农商行改制后监管】 2017年,银监办加强对农商行的日常监管,督导合规合法经营,充分发挥“三会一层”的作用,完善法人治理结构,巩固传统业务优势、科学拓展新业务,降低传统业务风险、加强新业务的风险管控,实现两条腿稳步走路。2017 年,农商行各项存款余额 496946 万元,各项贷款余额 259120 万元,资本充足率 17.09%,核心资本充足率 16%,拨备覆盖率 218.42%。

银 行

中国建设银行芮城县支行

【业务指标】 2017 年,一般存款余额达到 99756 万元,比年初新增 1877 万元。其中:对公存款余额 27243 万元,比年初新增-3619 万元;个人存款余额 72513 万元,比年初新增 5496 万元;对公、对私贷款无一笔不良。2017 年,贷款余额为 31000 万元,比年初增加 9919 万元。其中个贷 12641 万元,新增 9780 万元。实现利润 1379 万元,中间业务收入 238 万元。

【重点工作】 2017 年,建行芮城支行加大对小微企业的扶持,全年为宏光医药、加达纸箱、芮城金冠机械制造、原博化工、梅源经贸、天丰生物科技、永达面粉等小微企业投放贷款 1000 余万元,帮助小微企业快速发展。主动承担社会责任,为群众提供方便的金融服务,先后为全县 200 多个自然村,布放助农 POS 机 270 台,2017 年激活补办社保卡共计 30000 余张,为人民群众看病就医提供坚实的金融保障。投入 15 万元专项费用,为有车客户免费安装高速 ETC 设备共 500 余台。代理全县 90%的财政支付业务,全年为该业务共划转资金垫资 10.1 亿元。增加服务硬件,提升服务能力,延伸服务触角。在大禹东街和洞宾东街设立了自助银行,延伸服务半径,扩大了金融覆盖面。落实"凤还巢"方针,提供多样化的住房、消费、助业贷款、快 E 贷等金融产品服务,通过优化贷款流程,简化贷款办理手续,启动全流程线上审批制度,确保外来务工及返乡创业人员得到更多更好的金融保障支持。

中国工商银行芮城县支行

【业务经营】 2017 年,全行各项贷款余额 75683 万元,其中:公司贷款 67483 万元,较年初净增 2685 万元,完成市分行任务 30000 万元的 8.95%;个人贷款 8199 万元,较年初净增 402 万元,其中,个人按揭贷款 6989 万元,较年初净增 303 万元。资产质量为零不良。2017 年,全行各项存款时点余额为 162157 万元,其中,公司存款 6858 万元,机构存款 51160 万元,储蓄存款 103535 万元,保证金存款 602 万元。全部存款较年初净增 30356 万元。经营效益情况:2017 年,全行实现中间业务收入 458 万元,较去年同期净增 13 万元;实现拨备前利润 3370 万元,较去年同期净增 41 万元,人均创利 73.26 万元,全年实现了"无事故、无案件、无重大差错"的目标。

【内控管理】 2017 年,工商银行芮城支行建立健全了一系列内部管理制度、岗位目标责任制和考核办法。注重思想教育。把员工思想教育作为重点,加强思想教育,培养柜员良好的职业道德作为关键,牢固树立风险无处不在的思想。提升服务质量,树立良好形象。以总行制定的《营业网点服务规范》为指引,使员工行为举止、对客户疑难解答、营销推介等方面达到规范、统一的标准。把客户的批评建议和表扬纳入员工绩效考核,奖优罚劣,不断提高服务质量,增强客户满意度和忠诚度,树立芮城支行良好外部形象。

【支持区域龙头企业发展】 2017年,工商银行芮城支行以贷款投放大力支持当地医玻龙头企业发展,全年累计医玻龙头宏光公司项目建设贷款5000万元,流动资金贷款3000万元,大力支持其一期项目建设。2017年后半年,为该公司二期项目上马申请10000万元项目贷款,积极支持企业更上一层楼。支持辖区上市公司亚宝药业发展,2017年度累计为其投放流动资金贷款15000万元,并执行人民银行基准利率,切实在信贷投放的基础上,降任企业融资成本,为企业减负。

【优质项目营销】 2017年,工商银行芮城支行把优质项目营销作为全年工作的重点,切实可行的营销方案。通过优质服务,稳住优质客户大唐电厂、亚宝集团等客户的存量贷款。上下联动,积极营销芮城光伏领跑基地项目,但由于审批中存在部分需继续了解的问题,导致当年度未实现投放,下一步将继续积极与上级行沟通,力争2018年度实现投放。

【压降企业融资成本】 2017年,工商银行芮城支行出台了关于调整贷款利率、放松贷款RAROC值要求、存量融资合同要素调整、执行市场化LPR利率、执行较同期人行基准利率下浮,减免中间业务费用,对存量贷款不抽贷、调整融资结构、减少信贷指标考核等相关政策制度,为企业降成本提供支持,从而有效缓解企业融资成本压力。2017年支行对亚宝,宏光等两户龙头企业的流资均进行了续贷,周转金额达1.5亿元,并对所有短期流资执行以较人行同档次基准利率低0.05个百分点的LPR利率为基准利率,有效降低了企业融资成本。

【扶贫工作】 2017年,工商银行芮城支行为涉农企业融资间接支持扶贫贷款投放。支持亚宝药业收购农户中药材,累计为该涉农企业发放贷款1.5亿元,支持了企业向农户收购中药材,以实际行动间接支持了扶贫工作。创新“创业担保”贷款,加快“四位一体”模式信贷投放。创新“创业担保贷款”产品,向建档立卡贫困户发放5万元以下、3年期以内、免抵押、免担保、基准利率,享受财政贴息和风险补偿,用于发展产业增收脱贫的信用贷款。

中国农业银行芮城县支行

【业务经营】 2017年,各项存款153689万元,较年初净增9160万元,其中个人存款100178万元,较年初净增8392万元;对公存款53511万元,较年初净增767万元。各项贷款91448万元,较年初净增78478万元;公司贷款82512万元,净增74592万元;个人贷款8936万元,净增3986万元。发放企业贷款82512万元、个人贷款4837万元、农户贷款

42万元。清收不良贷款41万元。累计发行惠农卡141093张,激活率98%,卡存款14752万元,使用率92%;转账电话装机823部,其中"惠农通"转账电话装机500部,金融性交易348500笔45620万元,使用率85%;代收话费219万元、代缴电费2319万元。中间业务收入331万元,拨备后利润777万元。实现安全经营,无事故、无案件、无重大违规违纪。

【市场营销】 2017年,农业银行狠抓组织资金、客户维护和扩户提质工作,充实了客户经理队伍。从改进柜面服务、加大客户维护等入手,增强资金实力,巩固存款阵地;加大信贷投放,支持实体经济发展。发放企业贷款5笔82533万元;亚宝药业集团股份有限公司1.5亿元,芮城中电投有限公司15060万元,芮城华电福新有限公司59452万元,电银承兑3000万元;发放个人住房、农户等个人贷款4837万元。有力地支持了亚宝药业、光伏发电等县域重点工程。扎实开展市场营销活动,制订了《芮城支行产品带头人营销管理实施方案》,从营业网点青年员工中明确了产品带头人,以掌上银行、e农管家、理财为主导,传统产品与新兴产品相结合,实施精准式综合营销,发挥了示范引领作用,带动零售业务发展。

【服务"三农"】 2017年,农业银行以农村服务点和产业链为依托,优化金融服务,着力推进"惠农通"工程提质增效。持续提高"惠农通"服务网点的服务质量和工作效率;对全县47个农村金融综合服务站进行了硬件提升,为其购置了点钞机、保险柜等办公设施,同时向人民银行申报新设45个农村金融综合服务站。加强了业务指导和机具巡查。"惠农通"团队不辞辛劳,深入乡村服务点和田间院落,了解农民生活和农村产业发展情况,虚心征求机主及农户对农行服务三农的意见及建议;客户经理加强业务宣传和指导,加大转账电话维护力度,为惠农通服务点布放了POS机,举办了"金融知识下乡"活动,提高了转账电话和惠农卡的使用率,激发了服务点办理业务积极性。大力开展金融扶贫活动,对3个乡镇22个村实行行领导包乡镇、客户经理包村,开展了金融知识宣传、贫困户建档立卡及入户摸底调查,筛选目标客户,为下一步精准扶贫、发放贷款提供依据,打好了基础。

【优化服务】 2017年,农业银行特聘南京启道公司对网点进行了为期三周的标准化服务导入培训,制定了《营业网点综合绩效考核办法》《文明标准服务考评实施细则》,通过调阅监控、现场巡视、行风监督员明察暗访及客户反映,对营业窗口的办公设施、环境卫生、服务态度、工作质量进行综合评价,评选出服务明星和最差柜员,奖优罚劣,激发了柜员争先创优、热情服务的积极性和主动性。

中国农业发展银行芮城县支行

【存款贷款】 2017年,农发行各项贷款余额26146万元(8月发放的城中村改造项目贷款8900万元体现在市分行营业部),其中,政策性中长期贷款3600万元,省级储备粮贷款15671万元,政策性粮食挂账贷款6875万元,全部为正常贷款。贷款总额较年初减少

712 万元，主要为芮城县芮粮收储有限公司归还市级储备粮贷款 288 万元，风陵渡开发区新区开发建设有限公司归还贷款 400 万元，风陵渡储备库归还贷款 24 万元。各项存款余额 11165 万元，较年初减少 1116 万元。日均存款余额 12090 万元，较年初增加 5400 万元，具体为：财政存款 2524 万元，较年初增加 1983 万元；企业存款 5700 万元，较年初增加 921 万元；公众存款 3866 万元，较年初增加 2496 万元。

【项目营销】 2017 年，农发行立足县域工作实际，以县委、县政府重点工程为指引，积极拓宽项目营销渠道，大力对接政府有关部门，营销工作取得新成效。2017 年，向山西省城镇建设投资有限公司发放城中村改造中长期贷款 8900 万元，用于芮城县城中村改造项目。下一步，将围绕永乐宫壁画临摹基地、污水处理、垃圾处理等重点工程进行资金支持。

【经营效益】 2017 年，农发行总收入 1085 万元，总支出 1045 万元，盈利 40 万元。

【夏粮收购】 2017 年，农发行以服务三农为根本宗旨，围绕“多收粮、收好粮、防风险”的信贷政策，一如既往全力支持夏粮收购。2017 年 6 月上旬，向山西省风陵渡粮食直属储备库发放省级储备粮贷款 3029 万元。

中国邮政储蓄银行芮城县支行

【业务经营】 2017 年，各项存款余额 26131 万元，其中储蓄存款 14922 万元；对公存款 11209 万元。各项贷款余额 34897 万元，发放企业贷款 2.5 亿元，零售类贷款累计放款 9896.7 万元。其中小额贷款本年放款 4852.8 万元；个商贷款本年放款 1716.9 万元；小企业贷款本年放款 2130 万元；消费贷款本年放款 1197 万元。收入完成年计划 114.49%；利润完成年计划的 149.81%。

【项目拉动】 2017 年，邮储行结合县域特色，围绕县域经济重点，确定了果库项目、花椒项目、种养大户、药材收购，粮食收购等项目，同时贯彻精准扶贫政策，发放小额扶贫贷款 400 余万。公司业务以点突破，扩大规模，提高创收能力，国库集中支付系统的成功上线，为财政账户开立、财政资金存入奠定了基础；一域一大联动营销，实现了行业、企业上下游的链式发展。个金业务以项目活动推进，助推重点业务上台阶。项目储备找准市场、找准客户，有目标地营销，完成了 6 个企业和 6 个学校工资代发和贫困补助代发累计 3300 余户，年代发 650 万元。通过开展“国庆期间刷邮储信用卡，半价游芮城”“5 元洗车活动”特约商户活动，以及与企业个商优质客户联动累计发放信用卡 1500 余张。

【转型发展】 2017 年，邮储行优化收入结构，多种举措优化业务发展结构，均衡三大版块业务收入占比，通过业务联动实现各业务板块的均衡发展，零贷、公司和个金收入占比分别为 32%、37%和 31%。优化客户结构，对小额贷款中加大商户占比优化客户结构。从

6.2%到 21.8%,对零散养殖户占比,从 14.4%优化到温氏项目占比 39.1%，规避零散养殖风险,将零售业务批量做,从行业风险的把控实现客户结构的优化,确保资产质量。深化转型。通过扩大两小业务规模、提高活期占比、信用卡发卡、手机银行、个人网银激活率,电子银行交易替代率等转型指标，进一步优化业务结构,提高收益率。

【风险防控】 2017 年,邮储行优化流程交叉验证控风险。通过现有业务流程的组合规划持续改进,减少重复工作,优化内部工作量,提高业务办理效率和质量。严控准入,多个维度控风险。从风险关口前移来确保风险质量。从贷前、贷中和贷后三个环节中尤其要做好贷前环节,把好客户准入关。提高风险监测,多种渠道降不良,从压控不良实现创收:2017 年清收不良 86.86 万元,完成计划 173.7%;清收已呆账核销 36.59 万元,全部计入利润。

山西省农村商业银行芮城县支行

【业务经营】 2016 年,各项存款余额 496945 万元,较年初增加了 36504 万元。各项贷款余额 259120 万元,净增 27245 万元。其中扶贫贷款余额 12632 万元，较年初增加 3668 万元。账面不良余额 3524 万元,不良率 1.36%,较年初下降 0.16 个百分点。实现收入总额 32637 万元,较去年同期增收 3240 万元。实现净利润 7345 万元,同比增加 61 万元。

【支农惠民】 2016 年,农商银行重拾“背包下乡　走村串户”的优良传统,逐村逐户、逐集逐市的进小区、入农户、下田间、进地头,对辖内农(商)户进行“拉网式”的大走访和“地毯式”的大调查,对客户的基本信息、生产经营、资产负债、资信状况、业务需求等基础信息进行全面收集整理，建立覆盖辖内所有服务群体的信息档案,跟踪做好存、贷、结算等综合金融产品营销服务。同时,农商行以当地风陵渡、中秂一带作为试点,推进福农卡“三级授信体系”建设。通过依托镇党委、政府以及村委干部,掌握每位农户的生产经营、家庭收入、个人品行等信息,打破常规放贷模式,做好信贷人员管理,对评级授信后的客户,凡有信贷需要，持福农卡和身份证即可办理贷款,真正满足农户的资金需求,全面打造了一条公开透明、规范高效、互惠互利的绿色支农通道。

【精准扶贫】 2016 年,农商行将扶贫工作同业务发展同部署,召开了动员会和再推进会,举办了金融扶贫越野接力运动会、金融扶贫文艺晚会、开设了金融扶贫简报，积极与县委、县政府、县银监办、县人行、县扶贫办、各乡镇党委、各村支委对接,在各行政村悬挂横幅,采取领导包片、支行负责人包村、员工包户的工作机制,探索出了“银行+政府+企业+农户”四位一体的模式,并在《山西日报》《运城日报》作了专题报道。

【风险防范】 2016 年，农商行按照序时衔接、不留空当的原则,紧盯重点业务、重要环节风险点，组织全体稽核员按月开展序时检查、突击检查、非现稽核、专项稽核、离任审计、内控评价等各项工作,并根据省联社《内部控制评价办法》与《操作规程》,按季组织开展内控评价,查找内控薄弱环节,提出强化内部控制建设措施,防范和化解经营风险。

芮城农商银行"贷"动养殖户发家致富

【电子科技】 2016年,农商银行投资11万元开通代收水费业务系统,确保县城3000余用水客户通过农商行手机银行或柜面缴纳水费;投资70余万元开通公交刷卡业务系统,芮城县欣隆公交客运公司、风陵渡开发区诚信公交客运公司公交车已投入使用,客户还可享受刷"信合通"卡乘车6—8折优惠;投资33万元在人人家购物广场安装MIS-POS收单系统,客户持"信合通"卡购物可享受9.5折优惠,方便快捷服务,为打造智慧芮城、幸福芮城做出了农商人应有的贡献。

国际金融组织贷款

【机关党建】 2017年6月,芮城县国际金融组织贷款管理局党支部成立,马亚丽任支部书记。

【财政部清洁发展机制基金贷款项目】 2017年,山西宏光医药玻管有限公司在2012年、2015年两次争取财政部清洁机制基金贷款1.05亿元的基础上,再次申报年产16000吨高避光棕色药用玻管生产线项目获得财政部清洁发展机制基金中心支持。2017年6月省发改委、财政厅已审核通过该项目,财政部清洁机制基金中心将于2018年6月审批该项目,贷款金额6500万元。

【亚行贷款山西农业产业体系包容性发展项目】 山西天之润枣业有限公司3.5万吨红枣深加工扩建项目 2017年2月份,山西省投资和咨询发展规划院对天之润包容性农业产业项目做了可行性研究评审。6月份,配合亚行聘请的财务、产业链、包容性、采购能力、土地、环境、社会等方面的专家完成实地评估调查。9月份,根据省项目办前期财务培训精神,完成项目贷款财务相关数据的准备及上报工作,完成了贷款担保、贷款协议准备等工作。10月份,财政部、国家发改委、亚洲银行进行了三方会谈,草签了贷款协议。11月份,财政部与省政府正式签订了《贷款协定》和《项目协议》。至此,山西天之润枣业有限公司3.5万吨红枣深加工扩建项目亚行贷款国内程序基本完善。

山西维尔富生物科技有限公司兽用生物制品产业化惠农项目 2017年12月,山西维尔富生物科技有限公司兽用生物制品产业化惠农项目上报省扶贫办外资管理中心获得审核通过。

【驻村帮扶】 2017年,局机关通过在阳城镇胡营村结对帮扶、精准扶贫,共脱贫48户107人。投资7万元,完成胡营村2公里巷道硬化和道路绿化工程。规划实施易地搬迁8

户17人。对符合规定的22户有残疾的贫困户,通过与残联联系,下乡集中全部办理了残疾证。对4户贫困户王福元、张玉红、杨青峰、范肖华向扶贫办提交了贫困户申请。

住房公积金管理

【业务指标完成】 住房公积金管理部2017年计划归集住房公积金1.2亿元,发放贷款9200万元,支取3000万元,存量资金减少4000万元,个贷率达到70%。截至2017年12月30日,发放住房公积金贷款435户,8029万元,为职工结息349.9万元,资金使用率达到77%。1至12月归集1.2亿元,归集总额50328万元,1至12月支取4705万元,支取总额19626万元。

【归集和贷款】 2017年,全县全额财政列支人员公积金缴交比例达到目前条例规定的最高12%,财政年度预算住房公积金补贴5000万元,提高了干部职工购建住房的能力,在原个人贷款最高限额15万元的基础上提高到最高限额40万元,同时最少可只提供一个担保人,很大程度上方便了广大干部职工,提高了办事效率。加大了违约贷款的催收力度,对违约贷款采取贷款人、担保人、担保公司同步催收的办法进行催收,防范风险。

保　险

中国人民财产保险芮城支公司

【经营指标】 2017年,人保财险芮城支公司保费收入2446.69万元,同比增长12.81%,全年利润152.5万元。车险保费收入1827.39万元,同比增长10.25%;农业保险保费收入266.5万元,其他非车险保费收入352.8万元。

人保财险现场勘查居民房屋受灾情况

【业务创新】 2017年,芮城支公司推广手机APP销售,爱农民小额意外险、不记名驾乘人员意外险、家庭成员责任险、附加地震家财险等险种手机出单,全年手机出单量达到300多笔3.24万元。

【保险扶贫】 2017年,芮城支公司通过扶贫调研,10月份公司和县扶贫开发中心紧密配合,实现了全县5467户14404人的贫困户农房保险和人身意外险统保出单,承保农房风险保额2733万元,人身意外保障3.6亿元。

【获得荣誉】 2017年4月16日,人民财产保险总公司发文表彰2016年度"年度标杆县区支公司",芮城支公司首次获得国家级荣誉奖励。

中国人寿财产保险股份有限公司芮城县支公司

【业务承保】 2017 年,人寿财险总保费达到 1333.54 万元。其中车险完成 954.82 万元、非车险完成 51.65 万元、农业保险完成 327.07 万元,其中小麦保险完成 125.17 万元,玉米保险完成 151.91 万元,能繁母猪保险完成 48.37 万元,苹果保险完成 1.62 万元。

【三农保险】 2017 年,人寿财险公司将农业保险作为业务工作的重中之重,在竞争中求生存,在竞争中促发展,形成了强烈的竞争压力,在这种情况下,克服种种困难,在农业保险上有了大的突破,纯保费增长 165.6 万元,较去年农险保费翻翻。现在芮城县所有的农机保险,能繁母猪保险、新型职业农民培训保险、苹果保险都同由本公司独家承保。

人寿财险现场勘查小麦受灾情况

【勘察理赔】 2017 年,本机构车险发案 661 件,结案 564 件,注销 48 起,本年未决 49 起,以往未决 11 起,共计未决 80 起,未决金额 369.73 万元。件数结案率达到 92.59%,金额结案率达 61%。其他非车险全年共发案 54 件,未决 1 件,已赔付金额 27.4 万元。能繁母猪保险共死亡 306 头,未决 2 件,已赔付 30.6 万元;小麦保险受灾面积达 8484.06 亩,赔付金额 75.78 万元;玉米保险受灾面积达 2158.7 亩,赔付金额 37.65 万元;苹果保险受灾面积达 287.5 亩,赔付金额 5.43 万元。

中国人寿保险股份有限公司芮城县支公司

【经营指标】 2017 年,实现总保费 1.67 亿元,同比增长 28.29%。其中:个险首年期交保费 3097.11 万元,完成年度预算的 105.52%,同比增长 4.03%;团险保费 605.85 万,完成年度预算的 140.57%,同比增长 3.5%;银保保费 637.15 万元,完成年度预算的 151.7%,同比增长 79.24%。

【队伍建设】 2017 年,全年培育新晋组经理 26 人,高级组 9 人,资深组 3 人,处经理 3 人,团队快速裂变。目前百人以上团队有两个,完全独立经营有四个团队。他们是大王团队、风陵渡团队、智联团队、雄鹰团队四个标准化职场,这四个职场的保费及人力占比超过公司 80%,是芮城公司健康发展的基础。

【业务拓展】 2017 年,根据业务发展需求,芮城团险部在分公司团险部的指导下大力增员,把团险从原来开展业务以分管经理、科长、内勤为主扩大到现在实有销售人员 11 人。有了这 11 人的队伍,芮城团险部在应对市场竞争中争取了主动,稳占芮城市场份额第一。在 2017 年新农小业务发展中,保费由

2016 年的每人 10 元提高到 20 元,收费难度加大,仅靠以前由新农合工作人员协助收费的老办法根本做不好。公司领导就带领包片人员深入村庄进行入户宣传。对在上年承保中没有得到理赔的案例现场解决,大大提高了群众的信任度和参保积极性。在学平险和计生险收费过程中,芮城团险部发挥团队作战,从 9 月份就在全县中小学门口摆放桌椅、宣传展架,给每个家长发放"致家长一封信",并现场开票收取学生保险费。

【渠道巩固】 2017 年,国寿公司在银保业务拓展上,银保部分赴各个银行网点,对柜员进行新条款培训,增强了柜员的素质和专业技能,使银保期交业务突飞猛进。渠道的良好发展,巩固了中国人寿的市场地位。在业务发展的同时,坚持做好队伍建设。特别是在 2017 年发展业务的同时加大增员力度,建立起了芮城银保的保险规划师队伍,先后增员 8 人,经过反复筛选、试用,目前保险规划师架构人力 16 人,实动人力 12 人,为 2018 年业务发展打下好的基础。

【客户服务】 2017 年,国寿公司在客户服务方面,完善硬件设施建设、构建舒适柜面环境的同时,强化软实力建设,努力提升客户认知,提升公司的品牌吸引力和美誉度。做好电子化转型。通过送培训进职场、与临柜客户一对一沟通等方式,精心做好保全、契约和理赔电子化推广工作,减轻柜面工作压力,逐渐提升客户离柜率。提升柜面人员综合素质。全体人员通过每天晨会学习柜面服务礼仪及演练,做到在为客户服务中,业务技能娴熟,举止文明,热情微笑,提高业务处理时效,提升客户满意度。因地制宜施行人性化服务。2013 年以来,坚持每月两次为距离县城较远的风陵渡镇客户进行下乡集中服务,办理各类保全及理赔业务;对于县城及周边行动不便无法到柜面办理业务的客户,只要客户有需求且情况属实,柜面工作人员收到上门预约服务后及时到客户家中为客户办理各类业务,大大方便了客户。2017 年全年农网下乡 48 次,办理各类业务 1500 余笔。通过云助理及移动 e 柜上门办理各类保全业务50 余笔。

商 务

【党的建设】 2017年，商业中心党总支制定了促进“两学一做”学习教育常态化制度化实施方案，采取集中学习和个人自学相结合，坚持每周一集中学习，重点学习习近平总书记系列重要讲话及十九大会议精神，平均每人记学习笔记8万余字，写心得体会4篇。党总支书记先后四次深入下属企业给党员上党课。组织开展以“迎接十九大，做合格党员，当干事先锋”为主题的专题讨论活动，进一步强化党员干部“四个意识”。组织开展“戴党徽、亮身份、作表率”活动，要求全体党员在工作岗位上、重要节日、集体活动中都要佩戴党徽、亮明身份，在工作岗位上设置“党员岗位工作牌”，亮出姓名、职务、服务岗位等，强化自我约束，自觉接受群众监督。为进一步贯彻落实“中央八项规定”精神，严明工作纪律，坚决纠正四风问题，在下属企业开展了自查自纠专项整治活动，要求各企业在工作纪律、财务制度、三公经费、廉洁自律等方面认真开展自查自纠。对查出的问题限期整改，有针对性并制定了《企业管理制度》《企业财务管理制度》《人事管理制度》等。狠抓基层企业支部建设，要求各支部班子成员带头学习党章、党规，学习企业管理知识，严格执行“三会一课”制度。各支部根据自身实际，全程参与企业的重大事项决策，为企业发展和经营把关定向，真正发挥政治核心作用。2017年华杰魏都联合支部被县委组织部授予先进党支部称号。

芮城县政府与安厨电子商务有限公司在杭州签订农业电商战略合作框架协议

【商业经营】 2010年，酿造厂完成了溢香牌酱菜的QS质量认证工作，全年完成销售收入120万元，同比增长3%；糖酒副食公司研发出低糖和不含蔗糖两款麻片新产品。6月份，同盛德麻片生产工艺被列入山西省非物质文化遗产保护项目；华杰国贸中心引进客商投资500万元对友谊超市进行升级改造。7月份动工,12月完工，装修面积3000平方米,新安装4部电梯、中央空调等配套设施,新增加营业面积1200平方米,每年可增加收入12万元；食品公司全年屠宰生猪15000头，同比增长2%，风陵渡肉联厂屠宰生猪9000头,同比增长5%。

【重点项目建设】 芮城国际物流商贸城建设项目,2017年建设物流仓库2幢，建筑面积1300平方米,完成投资300万元。项目累计投资1.62亿元。

【招商引资】 2017年,商业中心按照县政府安排部署，在物流商贸城内创建农业电商公共服务项目,经过同多个知名电商企业接触,最终同浙江安厨电子商务有限公司达成合作意向。9月,县政府同浙江安厨电子商务有限公司签订了《芮城县安厨农业电商公共服务合作协议》,项目总投资1720万元。11月,安厨公司在我县注册成立了芮城县安厨电子商务有限公司,注册资本100万元。截至12月底,完成了办公室、仓库装修及100平方米冷库建设,办公设施配备到位,办公室门前道路硬化完工，累计完成投资260万元，预计2018年4月项目将正式投入运营。

【拆迁工作】 2017年，城隍庙二期拆迁,商业系统下属饮食服务公司、糖酒副食公司、魏都商场三个企业被拆迁面积共计2172平方米。其中,魏都商场被整体拆迁,经中心班子研究并报请县政府批准,魏都商场予以撤销,8名在册职工及20名退休职工由饮食服务公司接管,拆迁工作圆满完成。

【脱贫攻坚】 2017年,商业中心帮扶工作人员与阳城村贫困户形成一对一帮扶，建档立卡登记造册工作。并根据阳城村现状,确定了以天之润枣业为依托，华胜红枣专业合作社牵头,实施红枣蒸枣加工扶贫项目,争取扶贫项目资金14.5万元,6月份项目开工建设,11月份生产车间建成,生产设备安装到位,项目已通过验收。帮扶人员还配合阳城镇政府,将阳城村11名五保户,集中供养地落实到位,6月份开工建设,现主体工程已完工。2017年完成31户85人脱贫任务。

供销合作商业

【概述】 2017年,供销合作社联合社商品购销额突破双十亿大关。全年完成商品购进10.8亿元，商品销售10.86亿元，实现利润202万元,培育建成龙头企业1个,完成建设县级电商服务中心1个，树立省级标杆基层供销社1个,建设惠农服务中心1个,规范专业合作社12个,建立村级综合服务社12个。

【综合改革】 2017年,根据中央和省市有关深化供销合作社综合改革实施方案精神,并结合本县实际科学制定方案,起草了《芮城县深化供销合作社综合改革的实施意见》,经县委、县政府同意正式出台,以芮发〔2017〕24号文件下发。为本县供销社改革,指明了方向,提供了政策支持,确保了供销社综合改革取得实效。

【重点项目】 2017年,县供销社承担的县政府96个重点工程之一“芮城县恒瑞达食品有限公司3000吨果蔬脱水工程项目”,该项目为农业产业化融合项目,总投资1630万元,其中国家农业综合开发产业融合项目资金750万元,企业自筹880万元。于6月底如期建成投产,现已通过市级项目审计验收。

烟草专卖

【概述】 2017年,烟草专卖局(营销部)紧紧围绕烟草行业专卖营销两大核心业务指标,积极维护和规范全县辖区卷烟市场秩序,有效开展烟草打假打私等涉烟违法违规行为,保障财政税收持续增长,维护国家利益、维护消费者利益,实现了管理水平和经营效益稳健提升。2017年获全省烟草行业“五好县级局创建先进单位”荣誉称号。

【卷烟经营】 2017年,共销售卷烟8288.26箱,完成全年销售任务8253箱的100.42%,同比增加1.50%;累计实现卷烟销售收入16893.54万元,占任务16883万元的100.06%,同比增长6.06%;累计实现条均价81.53元,同比提高4.59元。全年上缴税款1127.1413万元(其中国税868.6229万元,地税258.5184万元)

【专卖管理】 2017年,专卖稽查全年共查扣各类违法经营卷烟905.8条,案值15.962万元,共立案76起,结案63起(包括上年度结在今年9起)。持证许可方面:全县(不包括风陵渡开发区)有效持证户857户,全年共计新办58户、延续70户,恢复营业5户,登记注销9户,停业12户,歇业85户,审批注销7户。

石油供销

【销售工作】 2017年,石油公司积极开展“点对点”促销活动,夺取零售市场份额。抓住机遇,合理布局,准确确立点对点选址。充分利用微信朋友圈及手机短信进行宣传,结合重点部位悬挂条幅、刀旗、进出口价格牌等措施有效落实了点对点政策;积极配合政府三黑加油站的打击取缔,安装了油品知识和劣质油品对车辆的危害宣传版面60块,散发油品知识宣传单20000余份,把油品知识贯穿到每位用户。有效地打击了三黑窝点,净化了零售市场。

【数质量管理】 2017年,石油公司加强数质量管理，完成油品升级工作。采取了自然置换科学升级的置换原则，严格执行了省市公司油品升级相关流程，先后七次给半坡油库送去油样90余批次，确保售出的油品质量100%合格。在两次迎接国家级和省级质监部门抽检达100%合格。强化维修卡、验泵卡的管理，规范了加油机自检的全程监控，全年无违规事件发生，所有运营加油机输出量100%合格，确保了两个百分之百规定的贯彻执行。

【安全管理】 2017年，石油公司加强安全管理。年初与各加油站站长签订了安全目标责任书，层层落实安全生产责任制；积极组织开展六月安全生产月活动，认真学习了广东佛山古楼加油站宣传片、印度博帕尔农药厂毒气泄漏事故；狠抓预案演练，全年与消防队联合演练4次，站级预案演练40余次。11月份组织海运加油站参加了县应急办和高速超限检测站组织的危化车辆事故应急演练；完成了第一、西郊、学张、库前四站的双层罐改造。

【帮扶工作】 2017年，石油公司扶贫工作队先后130人次进行入户调查，建立完善了贫困档案32户76人。为贫困户申请小额贴息贷款30万元，受益贫困户6户。申请危房改造7万元，为贫困户申请了助学补助11000元，党员集资3500元。目前脱贫19户39人。

旅 游

【概　述】 2017 年，全县旅游总接待 564.5 万人次，同比增长 27%，旅游总收入 44.9 亿元，同比增长 28%。

【景区建设】 2017 年，圣天湖景区获批“国家 4A 级旅游景区”“国家体育旅游示范基地”“全国运动休闲特色小镇”，西侯度遗址被确定为“第二届全国青年运动会圣火采集地”，印象风陵渡景区获批“国家 3A 级旅游景区”。

【全域旅游】 2017 年，成立了由县委书记董旭光任组长，县委副书记、县长张建军任执行组长的芮城县创建国家全域旅游示范区领导组，制定了《芮城县创建国家全域旅游示范区实施方案》，出台了《加快文化旅游产业快速发展意见》。

经四套班子领导投票确定北京大地风景旅游景观规划设计有限公司为设计方。规划公司于 4 月 20 日—6 月 20 日对全县所有资源进行了三次深入勘察，编制完成《芮城县全域旅游规划设计》初稿，11 月 15 日召开专家评审会并确定规划设计最终稿，形成了“一核两带四区”的全域旅游发展空间布局，绘制了芮城县全域旅游发展新蓝图。同时完成了十个美丽宜居示范村的规划设计。

【圣天湖景区建设】 2017 年，圣天湖景区投资 3200 万元，在荷花种植、竞技垂钓、水上乐园及景区整体绿化上进一步完善，使景区整体旅游项目得到提升。进入 7 月份，水上乐园开业后，更是游人如织，异常火爆。圣天湖景区获批“国家 4A 级旅游景区”，被国家体育总局和国家旅游局确定为“国家体育旅游示范基地”创建单位，为圣天湖景区的发展带来更大的机遇。

【大禹渡景区建设项目】 2017 年，累计投资 4200 余万元，主要完成了玻璃滑道、千仙洞及星级厕所改造等 3 个旅游项目建设。大禹渡大门景区改造项目已经完成了前期的规划设计工作，项目建设用地手续正在审批，完备后将开工建设景区主入口项目。

【芮城大酒店建设项目】 2017年，完成投资2000万元，主要进行贵宾楼主体建设工程，主体建设已完工，2018年将进行室内装修、游泳池、健身房、水世界等项目建设，贵宾楼建成后，将新增180套高档客房和休闲娱乐项目。

【博物馆预防性保护项目】 2017年，为科学有效地保护全县馆藏文物，经国家文物局批复，本县实施了“馆藏文物预防性保护项目”，2017年总投资129万元，完成所有恒温恒湿项目已安装调试完毕，并正常运行，能够实时监测控制文物库房的温度湿度，确保文物安全。

【旅游形象宣传】 2017年，旅游文物局在加快精品景区建设的同时，加大宣传力度，树立芮城旅游新品牌，打造芮城旅游靓丽名片。借助平台增人气，借助央视平台，圣天湖景区成为“美丽乡村快乐行走进芮城”主场地，参加第二届中国运城关公国际旅游节，永乐宫、大禹渡、圣天湖三大景区分别制作了代表自己景区特色的巡演花车，参加巡游。参加了在西安举办的2017西北旅游营销大会及在天津举办的第二十二届北方旅游博览会，发放旅游宣传彩页1万余份，最大限度凝聚人气。成功地举办了大禹渡2017羊皮筏子狂欢季、圣天湖全民健身跑及永乐宫上巳文化节暨“花之海 俏运城”美丽乡村游活动，通过摄影展、特色小吃展销、非物质文化遗产展演、戏曲展演、地方特色旅游商品及农副产品展销等活动，提升了芮城旅游品牌的知名度和美誉度。定点宣传求突破，在芮城县高速路口主入口设立大型宣传版面，展示本县旅游资源，拓展旅游科研市场，吸引更多游客来本县观光旅游。在黄河金三角区域召开旅游推介会，充分利用微博、微信、公众号等新媒体发布芮城旅游资讯，提升芮城旅游知名度。

【景区景点体制机制改革】 2017年，旅游文物局组织景区（景点）负责人和相关人员认真学习了系列体制机制改革的文件，根据景区实际情况制订了改革方案。成立了由张建军县长担任组长，分管副县长为副组长，各职能单位为成员的旅游景区体制机制改革工作领导组，推进各项改革工作。大禹渡景区与山西恒圣通集团于2014年12月达成共识，进行战略合作，对大禹渡景区进行改制，将景区的管理权与经营权整体转让给了企业，成立山西恒圣通大禹渡旅游开发有限公司。经营权限为四十一年，即2014年12月10日起至2055年12月31日。大禹渡景区体制机制改革工作已经完成。

【乡村旅游发展】 2017年，旅游文物局对全县范围内的乡村旅游基础设施进行了摸底调查，发现培养了一批基础设施建设完善，环境优美，口碑好的农家乐，制订了《芮城县创建全国休闲农业和乡村旅游示范县工作推进方案》和《芮城县休闲农业和乡村旅游示范点授牌标准》，政策出台后全面提升本县乡村旅游的品牌。古魏镇的葡萄采摘园、陌南镇的桑葚采摘园、南卫乡的草莓采摘园，均已让当地农民受益。红河谷家庭农场、汉渡葡萄庄园获市级观光采摘示范点称号,同时汉渡葡萄庄园还获山西省级休闲农业和乡村旅游示范点称号。

【外事工作】 2017年,旅游文物局调整了《芮城县外事工作领导小组》成员名单,制订了《芮城县涉外突发事件应急预案》,成立了芮城县涉外突发事件应急领导小组,明确了应急状态下各成员单位的职责,建立健全芮城县涉外突发事件应急机制,使应急工作科学化、规范化,确保外国机构及人员在本县的生命安全和合法权益。认真完成好APEC办理工作。落实了县委、县政府《关于贯彻中央八项规定精神的实施细则》,制定第六章规范因公临时出国(境)管理的第二十八条和第二十九条细则。

【文物安全】 2017年,旅游文物局在全县范围内开展文物安全大检查,全面排查和彻底整治文物安全隐患,预防和遏制文物安全事故发生。签订了各级文物保护单位《安全责任书》,确定了文物科、执法队每个人的责任片区管理,对自己的责任区进行更加有效的管护,确保文物安全。不定期开展文物安全巡查工作,重点检查各文物保护单位的安全情况,对可能存在的文物安全风险进行分析评估,及时做好记录,提出整改意见,消除安全隐患。

【文物保护】 2017年,投资63万元,完成城隍庙安防监控工程,于7月底完工;投资50万元完成了石佛寺东、西佛殿的维修工程;完成了广仁王庙消防水池、排水道整修加固工程;投资17万元于5月底完成清凉寺消防管网工程;投资13万元对西侯度遗址景区进行绿化和防护栏建设。落实确定了文物保护员工作,其中国保、省保、市保30人,县保古建筑类文物保护员65人;竖立县级文物保护标志碑25个;购置配备安保器材25套;认真做好“清凉寺墓地史前文明展”的前期立项内容展览大纲及形式设计方案的申报和资金申请;通过积极申报,檀道庙、文庙大成殿、关岳庙、东桥泰山庙、朱吕后土庙、方山天坛等6处县级文物保护单位被确定为市级文物保护单位;《石刻大全》芮城卷已完成编辑校对工程,正在出版。

【文物保护宣传】 2017年,旅游局利用5.18博物馆日、6月10日中国文化和自然遗产日,围绕《中华人民共和国文物保护法》和《山西省实施〈中华人民共和国文物保护法〉办法》等法律法规,加大文物保护宣传力度,营造全社会共同参与文物保护的良好氛围。发放宣传资料,宣传文物保护知识及相关法律法规,引导全社会共同关心和支持文化遗产保护工作,树立人人参与文化遗产保护和传承的理念。

【行政审批】 2017年旅游文物局成立了行政审批股,明确专人负责,重新确定本局行政许可类清单十项,重新编制“两单两图”,即权力清单、责任清单、流程图、风险防控图,经法制部门审核后网上公布运行。同时编制完成了“一单两库一细则”,即随机重点抽查事项清单、市场主体名录库和随机抽查名录库及《“双随机一公开”实施细则》,规范了文物旅游执法检查工作,确保依法行政。

永乐宫文物保护

【文物保护考察及调研情况】 2017 年 4 月 23 日,“人说山西好风光”第二季评审观察团莅临永乐宫进行调研。2017 年 5 月 15 日,全市文物旅游安全观摩推进会在永乐宫召开。2017 年 11 月 17 日,山西省文物局副局长宁立新带队陕西、河南、河北、山西四省百余名文物专家莅临永乐宫调研指导工作。

【首部少儿系列剧《吕洞宾传奇》在永乐宫开拍】 2017 年 7 月 4 日,中国首部少儿版《吕洞宾传奇》系列剧在永乐宫开拍。该剧由山西华谊盛世文化艺术有限公司拍摄。

【临猗砖雕壁画墓葬迁至永乐宫】 2017 年 7 月 12 日,临猗孙吉镇宋熙宁八年九月砖雕壁画墓葬搬迁工程揭牌仪式在永乐宫举行。确定砖雕壁画迁至永乐宫。

【永乐宫低压线路改造工程】 永乐宫低压线路改造项目于 2017 年 2 月委托山西正大方工程项目管理有限公司进行竞争性谈判采购，由山西二建集团有限公司承建，总投资 531000 元,2017 年 5 月开工建设,2017 年 12 月永乐宫低压线路改造项目全面完成。

【永乐宫整体保护规划工程】 “永乐宫整体保护规划” 文本于 2017 年 10 月经国家文物局批复同意。

【永乐宫智能安防保护一期工程】 永乐宫文物保护智能安全综合防护体系建设项目一期工程于 2017 年委托山西正大方工程项目管理有限公司进行竞争性谈判采购,2017 年 3 月在运城市公共资源交易中心组织了该项目的竞争性谈判采购，中标单位为山西龙海陆通科贸有限公司，成交价为 520330 元,于 2017 年 3 月开工建设,2017 年 10 月该项目全面完工。

【永乐宫搬迁纪实陈列展览】 永乐宫搬迁纪实陈列展览项目于 2017 年 6 月 23 日委托山西国信工程造价咨询有限公司对项目招标控制价审核,2017 年 8 月 22 日委托山西腾辉国际招标有限公司进行公开招标，由山西真一建筑装饰设计工程有限公司承办，总投资 721860 元。2017 年 12 月开始施工布展，预计 2018 年 5 月 1 日对外试运营。

科 技

【专利保护和运用】 2017年,加强专利保护和运用工作:全县技术合同交易额任务5000万元,实际完成5116万元;完成了省级专利考核任务,发明专利申请量完成34件(任务31件),有效发明专利完成69件,每万人有效发明专利拥有量1.67件(任务1.66件);县政府拿出专项资金7.42万元对2016年度专利进行了奖励;修改完善了《芮城县专利奖励办法(试行)》,大幅度提高了专利奖励标准,根据相关规定,县政府对有效发明专利实行10年期的财政资金资助,每年资助2000元/件;芮城县图书馆被认定为山西省科普基地;亚宝药业拍摄专利维权普法微电影《以假乱真》,并在运城市电视台科技普法栏目放映,再现了亚宝药业集团艰难曲折的维权之路。

【科技项目建设】 2017年,落实省级项目2个,到位资金250万元。其中芮城县耀福农业机械制造有限公司承担的山西省重点研发计划(一般)农业计划“菊花生产机械化机具研制”项目,编号:201703D221029-2,省级财政拨付资金20万元。亚宝药业集团股份有限公司承担的山西省重点研发计划(重点)高新领域“甲苯磺酸索拉非尼片靶向药物研发”项目,编号:201703D111031-1,省级财政拨付资金230万元。

县瓜菜技术推广站实施的“芮城县设施番茄标准化生产技术推广”申报山西省农村技术承包项目。

经过筛选8个项目进入市级科技重大专项库。其中:生物医药高新技术领域项目6个;新材料高新技术领域项目1个;现代化工高新技术领域项目1个。

申报市级科技项目9个,其中:成果转化项目1个,科技型企业2个,工业项目2个,农业项目4个。

对全县12家企业承担的17个市级以上未验收的项目进行检查,涉及科研资金515

万元。

【企业科技认定和奖励】 2017年，新认定高新技术企业1家，芮城县斯普伦迪生物工程有限公司。新认定山西省民营科技企业3家。分别是山西大禹生物工程股份有限公司、维尔富兽药和思睿庄园葡萄酒。

亚宝药业荣登国家技术创新示范企业榜单，是山西省唯一一家示范企业。山西芮城华农生物化学有限公司获得第24届杨凌农高会“后稷奖”。山西大禹生物工程股份有限公司荣获第六届中国创新创业大赛山西赛区决赛二等奖，获得省科技厅奖励5万元，建立了山西省首家微生物院士工作站。

【科技培训】 2017年4月，借助知识产权宣传周活动，邀请山西华科辉腾知识产权代理有限公司专业人员对芮城县40家企业、团体和个人进行专利申报专业知识培训。

5月21日，邀请果业局高级农艺师、果树专家张雪娥就果树管理知识对全县苹果重点科技示范户50余人进行专题培训。23日，聘请运城市蔬菜协会副会长、芮城县特聘蔬菜专家、农技师薛随亮，在贫困村南卫乡东张联村进行蔬菜管理专业知识培训。27日，聘请林业局林业技术推广站站长肖国辉，在阳城镇为枣农举办枣树夏季管理技术培训。

12月6日，特邀果业发展中心果树专家、高级农艺师张雪娥在大王镇小花村开展苹果冬季管理技术现场培训。19日，聘请县林业局林业技术推广站站长肖国辉在风陵渡镇古伦村传授花椒管理技术知识。

12月18日、20日、21日，为了提高菜农对冬季大棚蔬菜的管理技术，教科局组织蔬菜专业技术人员，运城市蔬菜协会副会长、芮城县特聘蔬菜专家、农技师薛随亮，深入蔬菜大棚、田间地头，解决农户在蔬菜生产中遇到的技术难题。

气　象

【概述】 2017年，气象局加快发展芮城气象事业建设，公共气象服务能力进一步提升，气象防灾减灾能力明显提高，“三农”专项服务更加深入。顺利通过了运城市文明标兵单位和山西省文明和谐单位的验收，在全市气象部门年度考核中获得优秀单位荣誉称号，3人获得省级荣誉证书（1人获得全省气象保障先进个人，1人获得全省先进工作者，1人获得全省重大气象服务先进个人称号）。

【气象服务】 2017年，气象局共发布重要天气预报15期、预警信息49期、专题预报31期、报送服务材料600余份、电视专题2次和电话采访5次，得到政府表扬和批示10次。决策气象服务不断取得新成效，做好冬季雾霾天气形势监测与预警信息发布服务，共同守护芮城碧水蓝天；做好2月20日的大风、寒潮与暴雪服务，汛期局地冰雹、暴雨等强对流天气服务，7月份的高温干旱监测与服务，秋季连续性降水服务。做好春耕春种、夏收夏种和秋收秋种等关键农事期的专题气象服务。防灾减灾气象服务效益显著。在陌南镇和大王镇召开了示范乡(镇)气象防灾减灾工作会议,进一步推动乡(镇)气象灾害防御规范化进程;将全县气象信息员、种植大户、主要合作社负责人纳入了省市县预警信息一体化发布平台;做好雷电安全监管,建立了全县防雷重点单位信息数据库;在大王镇鲁庄村和南卫乡岩西村完成了2个标准人工增雨防雹作业库。做好“三农”服务专项工作,2017年,芮城“三农”服务专项中央财政资金40万元,建设内容主要包括基层气象防灾减灾标准化建设、直通式智慧农业气象服务和气象为农服务体制机制建设三大项内容,各项工作顺利完成。全年免费为农民、种植大户、合作社等提供气象灾害实况资料服务14次。做好县上重点项目气候评估服务。2017年完成了南卫通用机场预选场址的气候资料统计评估服务,为果业中心招商引资项目提供服务,为金广丰风力发电项目和山西辽煜风能发电项目提供气象服务。

【气象科普宣传与培训】 2017年,气象局加大气象科普宣传与培训。年内已在太安村、陌南镇和大王镇召开了3次气象灾害防御知识培训,参加培训人数达300余人,内容涉及大樱桃、苹果实用气象知识,芮城主要气象灾害及防御措施,基础气象科普知识,钉钉软件的安装与使用,灾情的收集与上报等。全年共计开展气象科普宣传4次,发放气象灾害防御知识明白卡、气象灾害防御安全手册等宣传材料近1000份。印制了丰富多彩的宣传材料。全年共计制作了明白卡、防御手册2000份,宣传杯300个及其他气象灾害防御宣传材料近500份,2块气象防灾减灾宣传墙,通过对2个镇基础数据的分析整理,制作了乡镇主要灾害图板,将悬挂在信息工作站墙上。

【基础业务工作】 综合气象观测设备稳定运行率、资料可用率、数据资料传输及时率、MDOS疑误信息反馈及时率等各项考核指标均高于上级要求。预警信息发布及时发布气象预警信息,全年共发布各类预警信号49条,其中大雾3条,暴雨2条,寒潮1条,大风3条,暴雪1条,雷电7条,高温30条,道路结冰1条。乡镇天气预报制作与订正每天按要求通过乡镇预报制作平台进行订正、制作与上传,未出现漏报、迟报现象。24小时晴雨预报准确率达91%,24小时最高最低气温预报准确率分别为74%和76%。

【气候】 2017年,芮城县总的气候特点是.年平均气温和四季平均气温都比历年偏高,特别是7月份日最高气温超过35℃的日数达到20天,连续多日发布高温橙色预警;总降水量为553.8毫米,比历年同期值偏多48.3毫米,且各季分布不均,冬季降水量与历年基本持平,春季前期(3月)降水偏少,4—5月正常略偏多,夏季前期(7月)降水又显著偏少,有一定旱象,9—10月降水明显偏多;光照略偏少;无霜期为203天,比历年略少3天;全年大风日数较少,仅2次,雾霾、扬沙、浮尘天气较多,累计达83次,对交通运输、设施农业和生态环境造成了一定的不利影响,但未造成灾害。

气温　年平均气温为13.9℃，较历年同期平均值13.0℃偏高0.9℃，属气温偏高年份。年极端最高气温40.6℃,出现在7月24日;年极端最低气温-11.4℃,出现在12月17日。

降水　全年总降水量553.8毫米，比历年同期值505.5毫米偏多48.3毫米，属于雨水正常略多年份。同时各月降水分布不均,1—2月降水与历年同期持平,3月份正值小麦返青、拔节生长需水关键期,但降水偏少,可能造成一定的不利影响;4—6月降水充足,未出现干热风天气,但在西陌镇6个自然村出现了冰雹天气，造成100万元的直接农业损失;7—8月降水偏少，出现了一定的干旱，对玉米生长不利;9—10月降水明显偏多,对红枣收获、苹果成熟着色造成一定的不利影响,但对冬小麦播种很有利。

日照　全年日照时数为2071.2小时,比历年同期值2185.9小时偏少114.7小时,能满足作物需求，但10月份阴雨日数较多,对苹果着色、大棚设施农业不利。

霜冻、大风、扬沙、大雾　本年度无霜期为203天，比历年偏少5天。初霜日出现在11月12日,比历年晚了15天,终霜日出现在4月22日,比历年早4天,说明本年低温出现的晚而结束的特别早；年内共出现2天大风;雾霾天气较多,全年出现了83次,除短时对交通运输有一定影响外，对农业生产的影响不大。

防震减灾

【地震监测预报】　2017年,地震局完善了地震宏观观测网络,10个地震宏观观测点覆盖全县10个乡镇,均具备固定观测场所、观测对象、联系人、联系电话四个基本条件,规范了测报点的管理工作,推行了“三个一”,即一块铜牌、一套制度、一名责任人。8月接东垆乡村民报告,出现地裂缝。经缜密排查,得出结论：造成东垆乡地裂缝是因为天旱和地下水下降，天旱后由地表流失多而向地下渗透较少,土层产生的干裂现象,与地震无关,及时消除了村民的恐慌心理。9月份地震局干部职工先后深入学张乡和大王镇开展“三网一员”培训工作。重点围绕地震常识、地震谣言、灾情速报、地震宏观异常识别等方面知识进行培训。

【震害防御】　2017年,地震局严把行政审批关，全年审批窗口共办理审批事项21项,办结21项,办结率为100%。在21项审批事项中,5项为工业项目,1项为学校项目，其余14项为民用住宅项目,全面提高了全县建设工程的抗震设防能力。依照“第五代中国地震动参数区划图”对全县新建、改建、扩建的大型建设工程进行房屋抗震设防检查，对检查中发现存在抗震设防质量安全隐患的项目，下发整改通知书，督促受检单位委托有资格的检测单位进行检测，全面提高了本县建筑工程抗震设防水平。10月地震局联合住建局在会展中心举办农村工匠暨农村民居抗震设防培训会,全县约1000余名建筑工人参加了培训。通过培训提高了农村建筑工匠的操作技能,增强了农村建筑工匠抗震设防意识。进一步保证了农村民居建筑工程建设质量。

【应急救援】 2017年,地震局投资一万余元在县电视台中条山高山转播塔建成了无线电中继站。并与运城市地震局无线电台始终保持着畅通，对全县地震应急工作的开展起到了保障作用。地震局拥有1部电台、8部对讲机,形成了一个独立的无线通信网络,完善了地震应急通信系统。于2017年7月11日开展了内部应急演练，在全县中小学以及幼儿园开展地震应急疏散演练活动。通过演练,使每个师生增强防震减灾意识、掌握避震要领、熟悉疏散路线、明确集结地点、缩短疏散时间,确保地震来临时成功避险,减少损失。邀请中国地震局地震灾害评估组专家到芮城开展地震灾害风险评估工作，通过评估为芮城县震后应急处置能力提高了有力保障。

【防震减灾宣传】 2017年，地震局利用“5.12”防灾减灾日、“7.28”唐山地震纪念日，组织全体干部深入乡镇、社区、学校、街道、广场开展防震减灾科普知识“六进”活动。通过设立咨询台,向群众讲解防震减灾法律法规、农村民房抗震设防、应急避险、自救互救等相关防震减灾知识,共接待群众咨询2000余人次。发放《防震减灾知识读本》《地震应急手册》《山西省建设工程抗震设防条例》等地震科普知识宣传资料15000余册，张贴宣传图50份，悬挂横幅40余条，展出宣传版面20余块。开通了芮城县地震局微信公众号,广泛群发地震科普知识,全年在《芮城信息》上开设每周一期的防震减灾知识专栏，充分发挥新闻媒体的宣传优势，受到了良好的社会效果。

【教育质量】 2017年，全县高考总达线1314人，其中文史理工两大类达线1151人，达线率为42.6%，全市排名第二；文理两大类应届生达线816人，达线率为37.3%，全市排名第四。

【素质教育】 2017年，教科局严格规范办学行为。全县统一作息安排，规范在校时间，落实双休日制度，全面取消小学低段周一至周五家庭作业，杜绝体罚和变相体罚学生，切实减轻中小学生课业负担。规范招生秩序。义务教育阶段坚持划片录取、就近入学的原则，确保进城务工农民工子女按照“以流入地为主，以公办学校为主”原则就学，在高中招生政策上向农村学校倾斜，确保了农村初中学生生源的稳定。体艺教育方面。5月27日召开全县学校体育艺术教育工作会，11月7日举办2017年西建杯中学生田径运动会暨初中学校体育艺术展示活动。

【学前教育】 2017年，投资了390万元新建了大王中心园、风陵渡阳贤2所农村幼儿园。投资了50余万元，由新世纪幼儿园一体化管理了安居南区幼儿园。教科局与山西师范大学签约“教学科研合作共建基地”，4所县直园与师大签约“教学科研实践实训基地”。承办了山西省学前教育工作会观摩任务，全省各地（市）2000余名幼教同仁到芮城观摩学习。省教育厅厅长吴俊清称赞芮城为全省提供了可借鉴、可推广、可复制的好经验、好做法。芮城学前教育人3次在全国会议上做典型发言，为全省、全国学前教育改革发展起到了示范引领作用。

【教师队伍建设】 2017年，教育科技局继续教育全员培训成效显著，3000余名教师参训，合格率100%；“国培计划”继续向农村倾斜，选派41名农村中小学幼儿骨干教师赴北京师范大学、华东师范大学、西南大学等二十余所高校开展各种形式的研修学习；加强校（园）长培养力度，组织156名高中、初中、小学及幼儿园校园长参加任职资格网络培训，20余名校园长赴北京名校、江苏高校、太原及运城学院参加任职资格培训、提高培训、高级研修及影子培训；充分发挥省名师培养对象示范引领作用，集中开学前一周黄金时间，对全县骨干教师进行专业引领;组织“国培计划”送培下乡活动,精心选拔中小学、幼儿园14名优秀国培学员,组织专人指导备课、审阅讲稿,对全县骨干教师进行二级培训,受到了广大教师的好评,推进“十百千计划”,选派组织2批10名校长、学校中层干部赴101中学、实验二小跟岗研修一个学期;积极邀请专家教授走进芮城传经送宝,先后邀请太原37中李文校长、太原市五一路小学张之平校长、太原市大唐实验小学张晓东校长、北京101中学校长助理万锡茂及部分优秀教师为全县教师做专题报告;组织新入编教师岗前培训,邀请相关股室股长、各级名师及模范教师为百余名新入编教师进行专业培训;扎实做好县级骨干教师评审工作,评选出102位县级骨干教师进行表彰奖励;组织30余位学科骨干教师赴上海、运城参加业务培训;组织开展了教师“三笔字”比赛,在市级比赛中取得团体第二名的优异成绩;充分依托七一示范小学“北京实验二小集团校分校”远程平台,组织农村教师走进七一小学,借助网络平台观摩实验二小课堂教学竞赛活动。推普周活动异彩纷呈,街头宣传、夏青杯朗诵、“学宪法、讲宪法”主题演讲等专题活动扎实有效。

教育部·中国电信中小学校长“人人通”专项培训

【教育信息化】 2017年,教育科技局积极探索利用信息技术扩大优质资源覆盖面,推动城乡义务教育均衡发展的有效途径,《信息技术助推区域教育均衡发展的芮城实践》被省教育厅推荐参加2017年度全国基础教育信息化应用典型示范案例评选;继续推动“一师一优课,一课一名师”活动开展,全县1994名教师报名参加,共“晒课”3951节,七一示范小学骆阳婷、陈伟芳两位老师的课例被评为部优课例,12名教师获得省优,114名教师获得市优;芮城四中“人人通”教学实验取得新突破,在5月份召开的全省基础教育信息化应用工作运城现场会上,该校张国辉老师作为唯一人选进行了“人人通”教学模式示范课例展示。该校被教育部确定为全国中小学“网络空间人人通”骨干教师和校长培训基础校,于11月3日和12月1日承接了全国17个省市的300余名校长和教师观摩交流,获得与会代表的充分肯定;在上级举办的各项信息化应用竞赛活动中,共获得市级以上荣誉225项,其中国家级5项,省级14项,市级206项。阳城中学获得第八届“中国移动和教育杯”全国教师技术论文大赛全国优秀学校组织奖,芮城四中卢丽娜等两位老师获得全国三等奖,两位老师获得优秀奖。

【教育惠民】 2017年,全县发放各学段家庭经济困难学生资助、普通高中家庭经济困难学生免学杂费及大学生新生入学路费补助共859.12万元。其中,学前教育家庭经济困难幼儿生活补助发放2988人次,资助资金149.4

建设中的乡镇幼儿园

万元；农村义务教育家庭经济困难寄宿生生活补助发放 5209 人次，资助资金 296.075 万元；普通高中国家助学金发放 3561 人次，资助资金 311.275 万元；中职国家助学金发放 522 人次，资助资金 52.2 万元；普通高中家庭经济困难学生减免学杂费 787 人次，资助资金 46.42 万元；大学生新生入学路费补助 57 人次，资助资金 3.75 万元。

【安全工作】 2017 年，教育科技局按照“三化三建设”要求，做到安全教育“六到位”，依托市安全教育平台，落实毒品预防、消防、交通等安全教育课，安全专题教育扎实开展，坚持一月一演练、一月一主题，切实提高广大中小学生和幼儿安全素养与安全技能。积极与相关职能部门配合，做好平安校园创建工作，建立长效机制，认真开展校园周边隐患排查，加强校园及周边安全隐患的综合治理，净化校园及周边环境。严格执行《山西省中小学（幼儿园）安全管理基本规范》，加强“三防”建设，完善校园安保措施，实现学校视频监控重点部位全覆盖。积极开展安全教育培训，按照教育部《中小学校岗位安全工作指南》要求，明确学校每个工作岗位担负的安全责任，构建学校岗位安全工作全覆盖的责任体系，切实增强全体教职工的安全意识和安全管理能力。强化学校安全教育和家校共管工作，通过召开家长会、印发《告家长一封信》等形式，增强家长的安全意识与监护人责任意识，共同承担未成年人保护责任。严格履职履责和责任追究，对学校按规定实施社会治安综合治理、重大安全事件“一票否决”制，确保教育系统安全稳定。

新闻出版　广播影视

广播电视

【党风廉政建设】 2017年,广播电视台围绕习近平总书记系列重要讲话精神、十九大精神和习近平总书记视察山西重要讲话精神等内容,组织党员学习30余次,召开专题研讨10余次。邀请县委党校副校长董耀丰、县纪检监察二室副主任李志孝分别进行了十九大精神和党风廉政教育等方面的专题讲座。先后开展了以创建“五好党支部”“扶贫攻坚我争先,我为脱贫做贡献”“讲好入党故事,牢记入党初心”“坚定维护核心,履行职责使命”等主题党日活动。围绕脱贫攻坚,在北曲村举办了一场“真心帮扶·爱心奉献”文艺活动,并为因车祸致残致贫的刘建国一家募集爱心捐款5万余元。

【主题宣传】 2017年,广播电视台围绕党的十九大精神、习近平总书记视察山西重要讲话精神、深入推进“两学一做”学习教育常态化、制度化以及脱贫攻坚等重点内容,分别开设了《十九大精神在芮城》《古魏儿女颂党恩》《喜迎十九大　点赞新芮城》《专家带你学报告》等专栏。在《芮城新闻》中专门开设了《十九大精神知识问答》栏目,对十九大精神进行了集中宣传,有力地扩大了宣传声势。围绕全县光伏领跑技术基地建设项目,通过开设专栏、专题、宣传片等形式进行宣传报道。

【创新创优】 2017年,广播电视台紧紧围绕全县“四块”金字招牌,在《芮城新闻》前创新宣传标语,突出宣传特色和亮点。申请开通了“芮城广播电视台”微信公众号,让老百姓通过手机客户端直接收看到县台播出的节目,更好、更快、更便捷地把县委、县政府的声音传递出去。在节目创优上,通过纪实片、微电影、讲故事等多种形式创新报道,对内整合节目,优化栏目版块,突出地方特色,注重典型报道。通过对全国道德模范孙银聪、“中国好人”乡村教师李宏乐等先进典型事迹进行报道，在社会上形成了弘扬新风尚、传递正能量的浓厚舆论氛围，让“芮城好人”引领新时代、新风尚。创新创优工作取得了较好成绩，共有3件作品获省级奖。在运城市组织的“厚道运城”短视频大赛中，创作的《打造好家风　共筑中国梦》获三等奖。2017年，全县分别荣获广播电视宣传工作先进集体和外宣工作先进集体称号。

【对外宣传】　2017年，广播电视台积极在中央、省、市台大力宣传芮城，讲好芮城故事，唱响芮城声音。全年共在中央台发稿21条，省台发稿50余条，市台发稿300余条，《直通县市区》播出18期。在全市召开的新闻宣传通联工作会上，芮城县外宣工作再创佳绩，在中央、省台发稿综合排队位居全市第二，在市台发稿位居全市前列。张大为、韩宇飞两位同志分别荣获新闻宣传先进个人、优秀出镜记者称号。

【事业发展】　2017年，广播电视台面对有线电视用户不断下滑的严峻形势，千方百计、想方设法扭转局面，巩固阵地。通过电视飘字大力宣传有线电视的优势，引导广大用户收看芮城有线电视。制作“有线电视精彩无限”专题片，宣传有线电视的优越性。开展用户优惠大活动。对新发展用户实行免去初装费，吸引更多的用户收看有线电视。

【安全播出】　2017年，广播电视台通过组织高山机房、中心机房工作人员业务学习和实际操作演练，提高了技术人员、值机人员快速处理突发安全事故的应变能力。特别在党的十九大召开期间，实行领导值班制，人人签订安全责任书，对高山、中心机房实现双人双岗，对安全播出人员进行消防培训，并加强门卫保卫力量，配备了安全防范器械，严防死守，恪尽职责，确保了重大安全播出期万无一失。

新闻中心

【内外宣传工作】　2017年，新闻中心共在市级以上报刊刊登8个专版，其中省级2家，头版头条新闻10条，涵盖工业、农业、旅游、生态文明、环境整治等各个方面，其中包含山西日报的《花之海·俏运城　芮城篇》、山西发展导报《吕祖故里神仙居》《黄河岸边“线猴人”》、运城日报的《推进“三市一中心”建设的芮城方案》《光伏领跑的芮城实践》《邀请太阳点亮芮城》《芮城光伏基地并网发电进入倒计时》《德善家风荡三晋》《芮城破题一阵风》《精准发力促脱贫》《古魏今朝更好看》《展示新成就，喜迎十九大，生态芮城，成就辉煌》《一张蓝图绘到底，建设先行示范区》《芮城奋力创建国家全域旅游示范区》《摇钱树下奔小康》《百万生猪富古魏》《好政策带来好日子》《易地搬迁，贫困户过上好日子》《文明示范结硕果》。

【文明典型宣传】　2017年，新闻中心通过深入生活，发现并在各级媒体宣传推出了全国道德模范孙银聪老人，芮城果王付作功，把芮城苹果远销国外的女强人王亚平，义务讲党课的老党员王效宽等一批先进典型。

【举办摄影展】 2017年，新闻中心配合县委宣传部举办了十八大以来成就展，展出图片300余幅，展示了芮城生态文明建设的辉煌成就，在《山西日报》《运城日报》专栏宣传中，发挥了重要作用。

芮城报社

【概述】 2017年，安全出报154期，报社被黄河金三角县市报研究会和山西省县市报协会表彰为先进报社，荣获晋冀鲁豫版面设计金牌奖，总编张学晋被市委宣传部授予全市优秀通讯员称号。

【十九大宣传报道】 10月18日至24日，党的十九大隆重召开，在报纸上开设了《喜迎十九大点赞新芮城》《十九大时光》栏目，刊登稿件80余篇，大力宣传全县各部门以实际行动干事创业，为十九大献礼的浓厚氛围。与县委组织部联合开设了《干部学思干　喜迎十九大》。开设了《喜庆十九大　说说心里话》，刊登了全县各阶层人士对十九大召开的喜悦之情。开设了《全面学习贯彻落实党的十九大精神》《大学习大宣讲大调研》栏目，对全县各部门贯彻落实情况进行全方位报道。还利用重要版面对十九大报告进行解读。

【贯彻精神紧跟步伐】 新的市委班子组建后，新任市委书记刘志宏做了重要讲话，立即在报纸显著位置开设《改革抢先机　发展站前列　各项工作创一流》专栏，对全县学习贯彻5.25市委常委扩大会议精神情况进行宣传报道，刊登稿件30篇，刊登《勇于担当敢作为　着力抓好工作落实》等评论员文章5篇。开设了《实施三个计划　加快振兴崛起》《凤还巢在行动》等栏目，全面报道全县在实施凤还巢、龙腾虎跃和群星灿烂计划中的典型事迹和工作动态。

【重大会议报道】 2017年，全县经济工作会议和人大、政协会议召开后，报社立即组织学习，开设《撸起袖子加油干　建好先行示范区》专栏，大力宣传全县上下凝心聚力、坚定信心、咬定目标、强化落实、奋力前行的工作状态和开展各项工作的新局面，大大鼓舞了干劲，营造了干事创业的浓厚氛围，共刊登稿件80余篇，撰写评论员文章5篇，出大报7张、小报3张。

【光伏领跑项目宣传】 2017年，光伏领跑技术基地建设进入全面开工，一期工程并网发电。为了进一步营造舆论氛围，报社开设了《光伏领跑富民强县》栏目，对投资88亿元的光伏领跑技术基地项目建设进展情况进行大篇幅报道，不惜版面，强势宣传，先后刊登稿件50余篇幅，组织记者深入项目一线采访，刊登了《邀请太阳 点亮芮城》等专版，以图文并茂的方式向全县人民介绍这一宏伟富民工程。并在《运城日报》刊登专版，在《山西日报》《运城日报》等重要位置刊发稿件8篇。

【“两学一做”学习教育宣传】 2017年，县委推进“两学一做”学习教育常态化、制度化，开展维护核心见诸行动主题教育动员会后，报社高度重视，立即组织全体人员学习习近平总书记系列重要讲话精神和省市县文件精神，开设了《两学一做在芮城》专栏，对全县各部门、各单位的“两学一做”学习教育工作动态进行了宣传报道，号召全县各部门把思想和行动统一到中央省委、市委和县委的决策部署上来，进一步对标一流，开拓奋进，营造浓厚氛围。

【五城同创宣传】 2017年，报社为配合五城同创工作，报社在报纸上开设了《全民参与五城同创》专栏，对全县各部门、各单位的整治动态进行报道，并设立了曝光台，坚持每周刊登五城同创通报，营造了良好的舆论氛围。同时，在报眼和中缝刊登公益广告图片及标语30余条，为文明县城创建营造了良好的舆论氛围。并在《运城日报》《黄河新闻网》等媒体刊登稿件20余篇。

【两提一创宣传】 2017年，报社根据省委宣传部提出在全省宣传思想文化系统开展两提一创大讨论活动，报社高度重视，组织全体人员围绕“三能”、聚焦“五事”、争做“三者”的要求，严格按照活动内容和进度安排，进行了理论学习、查找问题、认真整改，掀起了比学赶超热潮，开设了《寻找新乡贤 建设新芮城》专栏，先后采写了“小苹果大产业——记芮城县惠丰果业合作社理事长王亚平”“小诊所里的大医生——记阳城镇西焦诊所大夫封梦东”“一位从头开始的老匠人——张引悌近60年‘刀剪’生涯小记”等一批典型人物。推出了《推进‘三市一中心’建设的芮城方案》《邀请太阳 点亮芮城》《芮城开展志愿服务活动推进“五城同创”》《瞄准时间节点 实行“六统一”》《让贫困村永远不再贫困》《百万生猪富古魏》《芮城全面铺开光伏领跑技术基地建设》《摇钱树下奔小康》《陈建国：退伍军人的榜样》等一些有影响的稿件，刊登在《山西日报》《运城日报》及各大网站上，对芮城县的对外宣传起到了一定的助推作用。

【精神文明建设宣传】 2017年10月，古魏镇太安村95岁高龄老人孙银聪荣获“全国第六届孝老爱亲道德模范”，是山西省唯一的入选者，也成为运城市获全国道德模范殊荣的第一人，在运城破了零。张当义、尚成麦二人分别荣获“助人为乐模范”和“见义勇为模范”，荣膺第六届山西省道德模范，张当义入选中国好人榜。报社先后组织撰写了《孙银聪树立文明的标杆道德的模范》《德善家风荡三晋》《道德的力量在感动中传递》等一系列稿件和图片新闻，在《运城日报》《黄河晨报》《芮城信息》上刊登，在社会上引起了很大反响。开设了《践行价值观 传承好家风》栏目，刊登了周恩来、陈云、董必武等老一辈无产阶级革命家优良家风,引导全社会传承好家风,弘扬正能量,不断推进精神文明建设深入人心。

图书发行

【政治类图书销售】 2017 年,新华书店发行《全面从严治党面对面》销售 2020 册,《习近平讲故事》销售 618 册,《习近平的七年知青岁月》销售 921 册,《习近平谈治国理政》600册,《党章》2 万册,十九大系列丛书 3000 册,累计销售 25 万元。

【两教市场】 2017 年,新华书店圆满地完成了“课前到书,人手一册”这项艰巨的任务。采取征订上门、送书上门、结算上门三项服务方式,同时做好全县各中小学校教材的调剂工作,满足了学校的需求。

【一般图书发行】 2017 年,新华书店按照以“重点书、文教书和读书活动用书带动一般书”销量的发行战略,采取一系列有效的措施,集中突出一般图书的销量,通过一系列形式多样的促销活动,依托节日气氛,创造市场效益,增加销售量。

【图书管理】 2017年,图书馆积极筹备全国第六次县级以上公共图书馆评估定级工作,先后通过设置“馆读桥”、延长开放时间、营造文化氛围完善了阵地服务项目,通过增置数字图书、整合国家和地方信息资源提升智能化服务水平,通过举办摄影展、书画展、图片展、工艺美术展等拓宽图书馆的服务功能。同时,严格按照图书馆评估定级的要求,结合国家评估定级项目中的8项刚性指标和98项准备细则,完成了网上申报,迎接了国家评估组的实地查验,为创建“国家县级一级馆”打下了坚实的基础。

【“美丽乡村快乐行”走进芮城特别节目】

2017年,文化局争取各方投资180万元,邀请中央电视台(CCTV—7)到芮城县拍摄“美丽乡村快乐行”走进芮城特别节目,2017年11月8日在圣天湖景区录制,芮城县各界2万多名观众现场观看了演出,央视网13家媒体进行了现场直播,加大了芮城对外宣传力度,提升了芮城文化旅游的知名度和影响力。

【文化四送工程】 2017年,文化局投资130万元开展市、县两级送戏下乡活动,协调周边县市戏剧院团到芮城县送戏117场,组织县剧团为全县50个行政村送戏演出150场。投资40余万元开展“电影惠民”活动,每周为全县各村和27所寄宿制学校分别放映公益电影2场,每周在会展中心广场为城镇居民放映公益电影2场。投资25万元开展“幸福芮城欢乐行”送文艺演出活动,先后组织全县各乡镇、社区开展“我有拿手戏”群众文艺大展演12场,举办县级会演4场,并选送5个节目参加运城市决赛获得二等奖。同时从中选优,在全县10个乡镇、10个美丽宜居村以及部分社区、企业、学校等领域进行公益演出40场次。投资29万元创新农家书屋建设,在古魏、陌南、大王、风陵渡4个乡镇探索实施“图书馆总分馆制”,实现县乡两级统借统还、资源共享,为全县农家书屋配送十九大系列读本和实用图书5000余册,营造了书香社会的浓厚氛围。

【体育工作】 2017年,文化局先后投资68.5万元,为县城中心公园、城北公园、学府公园和平安公园安装健身器材65件,为全县部分自然村新建场地配备健身器材55套、篮球架10副、乒乓球台5个,为十个乡镇小文体室配发各类体育器材及用品等。围绕县乡村三级健身设施网络,争取县政府、上级主管部门和社会各界的支持,加快芮城县体育健身场馆及设施的建设,年内实现县体育馆(全民健身中心)竣工开馆。取得了全县体育工作的几个“国字号”荣誉:一是芮城县被国家体育文化发展中心授予“2017年全国体育旅游目的地”称号;二是西侯度遗址被第二届全国青年运动会筹备委员会正式确定为圣火采集地;三是圣天湖景区被国家体育总局正式公布为“国家体育旅游示范基地”创建单位和“全国第一批运动休闲特色小镇”试点项目。

【群众性文体活动】 2017年,文化局先后在全县范围内组织了“强健体魄·阳光生活”庆元旦·迎新春健步走活动,开展了义写春联、花灯展、民俗社火表演、全民阅读、优秀戏剧展演、新年演唱会等春节元宵节系列文化活动,分别举办了“我有拿手戏”群众文艺展演和“我是舞王”广场舞选拔赛和复决赛;同时,依托各类社会协会,组织了“西建杯”百人羽毛球赛、乒乓球赛和历时2个月的夏季篮球联赛、足球邀请赛,开展了全民健身日广场文化活动展演,举办了喜迎十九大“拥抱曙光”专题摄影展等,丰富了广大群众的精神文化生活。

【剧团建设】 2017年,剧团不断加大剧目创作编排,拓宽演出市场,全面完成市县两级送戏下乡任务,全年商业演出126场,公益演出10场,取得了社会经济效益双丰收。特别是5月份,应贵州省兴义市保泰房地产开发公司的邀请,剧团60多名演职员工,为当地群众送去了4天3夜8场次的精彩演出,受到了当地人民群众的欢迎和政府的肯定,为蒲剧艺术文化交流做出了积极贡献。11月份,参加运城市委宣传部和市文化局主办的运城市“以老带新,以师带徒”传承经典戏曲大赛,取得了一金三银三铜的优异成绩。大型蒲剧传统戏《金沙滩》在夏县剧院首场演出受到了广大观众的热捧,晋风蒲剧网发表了题为《满台俊秀竞风流》的观后评论,给予了《金沙滩》“艺术品位高、抬高大赛门槛”的高度评价,再次奠定了芮城剧团在全市乃至金三角地区县级强团的地位。

【非遗传承保护】 2017年,文化局加大对非物质文化遗产的申报力度,深入开展非物质文化遗产核查、建档、申报和非遗宣传工作。先后通过申报审查挖掘并保护了8个县级非遗项目,举办了第12届“文化和自然遗产日”展销活动,开展了非遗进校园活动,营造了全民共同参与保护文化遗产的良好氛围。积极申报线腔2017年国家级非物质文化项目资金65万元,完成永乐木雕为运城市第二批市级非物质文化遗产传习所申报工作，深入挖掘并广泛征集县域特色“文创产品”，组织参加全市“文创产品”大赛，倡导全社会共同参与、关注和保护身边的文化遗产，使文化遗产保护融入大众生活。

芮城非物质文化遗产展

【文化市场管理】 2017年，文化局执法队以打击黑网吧和接纳未成年人为重点，对全县网吧进行了认真检查；以杜绝火灾安全隐患为重点，对全县文化娱乐场所的消防设施进行了突击检查；以确保十九大安全为重点，对全县印刷企业进行了专项检查；以打击非法盗版读物为重点，对全县图书市场进行了彻底清查；以关爱青少年身心健康为重点，在全县范围内开展了暑期文化市场百日专项行动。全年共查处违规经营网吧案件7件，违规经营娱乐场所案件2件，扣押非法出版物220本，共处罚款9000元。

【驻村帮扶】 2017年，文化局结合帮扶村和贫困户实际，先后制定《帮扶工作制度》《脱贫攻坚工作实施方案》等，确保驻村帮扶工作制度化常态化。抽调3名年轻党员干部组成帮扶工作队，定期进村开展帮扶工作，实施一对一结对帮扶，制定精准扶贫措施。组织工作队成员认真学习《芮城县脱贫攻坚政策汇编》《芮城县精准扶贫业务手册》等，确保贫困户最大限度地享受国家惠民政策；以文化帮扶为引领，为瑶珂中心村中心广场和西瑶珂自然村安装健身器材，组织了送戏下乡和重阳节文艺演出活动，丰富贫困村的精神文化生活；以产业帮扶为抓手，摸清贫困户家庭农业生产基本情况，分别为两个贫困村申请扶贫资金1万元，解决新增花椒苗和化肥等实际问题，推动贫困村打开彻底脱贫的局面；以爱心帮扶为纽带，组织文化系统全体党员开展献爱心志愿活动，为贫困户送去了棉衣、米、面、油等生活必需品，传递驻村帮扶的温暖与关怀。

【文化人才培养】 2017年，文化局坚持面向基层、服务大众的原则，因地制宜开展文化专业培训，提升文化人才的整体素质。着力抓好社会体育指导员队伍建设，少体校先后培训三级社会体育指导员200余人，选派10人参加了市二级社会体育指导员培训，1人参加了省一级和国家级社会体育指导员培训，全县各级社会体育指导员发展到670名，有力地带动了全民健身活动的开展。不断壮大文艺骨干队伍，文化馆采取“走出去”和“走下去”的方法，一方面组织各类专业人员赴陕西西安、上海、吕梁等地进行文化交流和业务学习，另一方面深入全县各村辅导民间小戏和锣鼓编排20余次，组织广场舞免费培训120人次，开设“成人书法免费培训”课堂3期

150 人次，有效普及和提高了群众文化艺术水平。

地方志

【第二轮《芮城县志》出版发行】 2017 年,第二轮《芮城县志》,经过三上太原,多次修改,3 月签字付印,7 月印刷完毕。10 月 11 日在亚宝厅举行了隆重的首发式。第二轮《芮城县志》编修历时七年,八易志稿,志书共有 46 卷,445 万字,内容涉及自然、政治、经济、社会、文化等方方面面,客观反映了全县政治经济和社会发展变化的全貌。

【《芮城年鉴(2017)》】 《芮城年鉴 2017》资料征集工作 4 月份开始,5 月底已经全部到位,6 月已经开始进行编修。10 月完成初稿编修。11 月交由北岳文艺出版社出版。

第二轮《芮城县志》进乡镇文化站和优秀农家书屋

【部门志、村志】 2017 年,地方志编纂委员会办公室指导《芮城工业志》《东桥头村志》,已经印刷出版。《城南村志》《奋进芮医 2013-2016》完成初稿,正在指导审定。指导编修《西岩西村志》的工作。

【省、市年鉴资料】 2017 年,按照要求已经分别向省、市志办按时提供了《山西年鉴(2017)》和《运城年鉴(2017)》相关资料。

【维护核心见诸行动主题教育活动和学习贯彻十九大精神】 2017 年，地方志办公室成立了维护核心、见诸行动主题教育办公室,制订了实施方案。按照要求进行了对党章、习近平系列讲话的学习,并将其纳入党的“三会一课”。十九大召开后,积极组织学习贯彻落实活动，给全体人员购买了相关的学习辅导资料和专用笔记本,进行了多次集中辅导学习。

【脱贫帮扶】 2017 年,地方志编纂委员会办公室的帮扶村变更为南卫乡老庄联村。及时入户对接贫困户，经过对老庄村没有纳入贫困户的低保户入户调查,确定将南克文、李士南、多朋波、杨瑞莲、张永民、杨全力、张欠荣、杨建江、南卫卫等 10 户低保户纳入贫困户。在贫困户复查审核中,和原 10 户低保户一起共纳入 20 户贫困户,2 户返贫。年底新纳入贫困户 2 户,返贫 1 户,脱贫 10 户,剩余贫困户 55 户。

【五城同创】 2017 年,地方志办公室积极参与“五城同创”工作,坚持每星期二上包联责任区打扫卫生,保证责任区的卫生,向店面宣传门前三包政策,共同维护良好的环境卫生。

档 案

【"国际档案日"】 2017年,"国际档案日"的活动主题是"档案·我们共同的记忆",芮城县档案局在《芮城信息》上刊登《山西省重大活动档案管理办法》,使档案工作者和广大群众及时了解重大活动档案的新知识，掌握重大活动档案的管理办法，确保本县重大活动档案进一步规范化管理。

【搬迁工作】 芮城县综合档案馆于2017年3月份开始内部装修,5月底完成内部装修。6月初开始启动档案馆搬迁工作，这次档案搬迁由专人负责运输，业务股和管理股同志相互配合,把档案分类装盒、装车和分类排列上架,各项工作有条不紊,全局上下协同配合、全力以赴参与到搬迁工作中来，严格按照时间进度组织实施，确保了馆藏档案全部安全搬入新馆。

【档案查阅和利用】 2017年,档案局加强档案查阅"窗口"管理,优化服务质量,并按照《山西省国家档案馆管理办法》的规定,提供档案利用不再收费。在档案利用中,文书档案主要为《芮城县志》《民政局志》《交通局志》《财政局志》《工业志》《城关镇志》等的撰写提供了便利;专业档案以山林权证、婚姻档案利用为主,主要为群众补办结婚证、办理贷款、房产购买转户、户口迁移等提供原始依据。全年共接待查阅和利用者2100人(次),调阅档案8880卷(次),复印5200张。

卫生和计划生育

【概述】 2017年，卫计局顺利通过了国家基层中医药工作先进单位复审验收。国家中医药管理局确认本县为基层中医药工作先进单位；省爱卫会正式对本县“省级卫生县城”进行了授牌；东垆乡卫生院妇保规范化门诊建设顺利通过省级验收，并获得授牌；在全县经济工作会上，荣获县委、县政府2017年度先进单位称号。

【双十工程、重点项目】 2017年，卫计局承担“双十”及重点工程项目3个，目标任务均已圆满完成。中医院综合楼建设项目。总投资3045万元，新建8648平方米综合楼，2017年完成投资1800万元，年底主楼、群楼主体完工，内粉外饰按照计划时间要求，顺利推进。疾病预防控制中心业务用房建设项目。总投资530万元，新建1480平方米业务大楼，年底项目工程正在进行交付使用前的审计工作。大王、永乐卫生院总投资710万元，新建了共计3165平方米的业务用房及职工周转宿舍，已投入使用。

【医疗集团成立】 2017年，卫计局将县人民医院、康复医院、牙防站、12家乡镇卫生院（分院）组建为一个独立法人的芮城县医疗集团，聘任了医疗集团院长和副院长，县纪检委为医疗集团派驻了纪检组长。县医疗集团和县医保中心针对医保总额打包付费完成测算，并签订协议。县医疗集团组建了相关的管理中心和业务中心，向基层医疗机构派出了12个医疗专家团队，针对基层岗位需求开展医疗服务，逐步构建“基层首诊、双向转诊、急慢分治、上下联动”的就医新格局。

【药物补偿机制】 2017年，全县所有公立医疗机构（卫生室）全面实行药品“两票制”和“零差率”销售，并建立科学补偿机制。2017年县级公立医院药品销售总额为3686.1万余元，基本药物销售额为1879.2万余元，基本药物销售额占比达51%，补偿304.1万元。继续推行公立医疗机构高值医用耗材和体外诊断试剂网上阳光采购工作。

【家庭医生签约服务】 2017年，卫计局制订了家庭医生签约服务的实施方案，拍摄了微电影《芮城县家庭医生签约服务宣传片》，受到省、市卫计委充分肯定。全县共成立了339个家庭医生签约服务团队。累计签约162613人，其中重点人群签约82282人，重点人群签约率69.9%；建档立卡贫困户签约13869人，签约率98%；计划生育特殊家庭签约42人，签约率100%；全县家庭医生签约覆盖率达42.2%。

【医疗服务体系能力建设】 2017年，卫计局出台《芮城县医疗卫生服务体系规划（2016—2020年）》《芮城县医疗机构设置规划2016—2020》，促进医疗卫生资源优化。提升基层卫生服务能力，创建群众满意的基层医疗卫生机构。在已取得的3家国家级和2家省级“群众满意的乡镇卫生院”基础上，2017年风陵渡镇中心卫生院又成功创建为“省级群众满意的乡镇卫生院”，提升了群众的就医获得感。

【卫生人才队伍建设】 2017年，卫计局组织辖区内医务人员参加华医网继续教育学习，全县1175人完成国家一类学分及省级二类学分的学习。推进“百千万人才工程”。参加市卫计委组织的各种培训共计30余次，卫生专业技术人员短期培训249人次。

【县级医院服务能力建设】 2017年，卫计局把县级医院重点专科建设纳入发展规划，县人民医院拥有3个省级重点专科，4个市级重点专科；中医院1个省级重点专科，2个市级重点专科。建立和完善医疗质量管理长效机制，制定量化考核细则，把抗菌药物临床应用、医疗文书书写、医疗废物集中处置、麻醉药品和一类精神药品的管理等工作纳入检查考核范围，不断提升医疗质量，保障医疗安全。

义诊活动

【优质护理服务及“平安医院”建设】 2017年，县人民医院眼科试点“无陪护病号房”，开展优质护理服务。联合公安部门对医疗机构安全管理责任人进行了医疗安全风险防范培训，强化人防、物防、技防建设，各医疗机构设立医患纠纷办公室，健全医疗纠纷调解处置机制，坚持依法处理医疗纠纷。为全县乡镇卫生院继续购买医疗责任险，建立风险共担机制。

【中医药服务事业】 2017年，中医院建设了名中医师承工作室，投资15万元的中医适宜技术平台对基层中医适宜技术推广发挥了积极作用,使中医药服务网络得到进一步强化。顺利通过了国家基层中医药工作先进单位复审验收。

【计生工作】 2017年9月底，全县总人口399289人，共出生3820人，出生率为9.56‰,自然增长率为6.06‰,符合政策生育率为99.9%,出生人口性别比为106:100。孕前优生健康检查项目城乡全覆盖，全年完成优生健康检查2403例，超额完成当年任务。严格落实计划生育“一票否决”制度,全年共审核个人666人,单位90个,否决11人。

【基层基础建设】 2017年,完成了县、乡、村三级441人的卫生计生服务管理队伍建设。健全了县乡妇幼保健计划生育服务职能科室，制定了芮城县危重孕产妇和新生儿急救转诊服务管理规范,设立了救治中心(芮城县人民医院),组建了急救中心安全领导组和技术领导组。东垆乡卫生院妇保规范化门诊建设顺利通过省级验收,并获得授牌。

【妇幼保健计划生育技术服务】 2017年,以县妇幼保健计划生育服务中心为龙头，全面开展“五送”健康服务和流动人口“均等化”服务等活动。全年育龄妇女健康普查37483人;完成了省市两项为民实事项目——对建档立卡贫困户中35—64周岁妇女“两癌”筛查1019人;产前筛查和诊断服务2484人,转诊高风险孕妇80人,神经管畸形2人;免费孕前优生健康检查项目实现了城乡全覆盖,全年完成2402例。农村妇女宫颈癌筛查10019人,超额完成全年任务。全县四所助产机构均开展了新生儿疾病筛查工作，筛查率达到99.57%。全年开展计划生育手术1348例,随访率达到95%,无一例差错事故发生。

【“4+2”计生家庭奖励扶助政策】 2017年，全县奖扶资金达994.35万元。为全县计生特殊家庭31户42人全部建立了个人档案,制定了帮扶计划,为计生特殊家庭开通了“五优一免”就医“绿色通道”。

【流动人口基本公共卫生计生服务】 2017年，为365名流动人口建立了健康档案,为354名流入已婚育龄妇女进行了健康检查,均等化服务达95%以上，推动了流动人口均等化服务再上新台阶。

【疾病防控】 2017年，卫计局制订下发了《2017年国家基本公共卫生服务项目实施方案》，明确了各级项目承担单位的工作职责，并对基本公共卫生服务项目第三版进行了培训和公示宣传。基本公共卫生服务管理工作均达到项目指标要求。完成健康教育讲座活动1733余场次;完成各类健康咨询活动164余场次;与健康教育协会联合开展“健康教育古魏行”健康教育文艺演出活动,在全县各乡镇巡回演出8场次。国家免疫规划疫苗接种率全部达到99%以上。全县一类疫苗以乡镇为单位、以接种门诊为单位，报告率均为100%,结核病新涂阳患者治愈率100%,艾滋病管理86例。对突发公共卫生事件应急预案进行了修订。制订了《2017年芮城县食品安全风险监测方案》,对各医疗单位和流行病学调查员进行了知识更新培训，完成了病例采集任务。

【卫生监督】 2017年，卫计局全力推动以“五个一”(一个主题目标、一项体制改革、一个专项行动、一个整体提高、一个全面加强)为主要内容的综合监督执法工作。全年共出动执法人员860余人（次），出动执法车辆290余台(次),查处无证行医24户,立案24户,结案24户,处罚5.55万元,没收药品、器械20台(盒);巡查零售药店、美容机构45户,提出限期整改45户。医疗执业监督覆盖率100%,违法案件查处率100%,投诉举报案件处理率100%,确保了群众就医安全。

【乡村清洁工程】 2017年,卫计局创造条件实行户投、村收、乡转运、县处理模式,建成垃圾中转站6座,配备保洁员877名,垃圾清运车274辆,公用垃圾桶2035个。出台了《芮城县乡村保洁员管理办法》《保洁员签到制度》,对全县各乡镇实行“一月一考核，一月一通报”的考评机制。

【农村环境集中整治】 2017年,全县共拆除违建、废建11852处,腾退、还绿877处,整治乱写、乱画、乱挂等23056处,美化墙体立面7752处,苫盖堆场、煤场、料场6696处,治理“四堆”及垃圾点66821处共79355吨,完成了永乐镇、阳城镇、大王镇、西陌镇、陌南镇5座垃圾中转站建设，使全县农村环境面貌大大改观,受到广大人民群众的广泛称赞。

【健康扶贫】 2017年,卫计局出台了《芮城县农村建档立卡贫困人口县域内“先诊疗后付费”实施方案》,为建档立卡贫困户50—64岁人群中的1254人提供了健康体检，全县13343名建档立卡贫困人口全部建立了健康档案,9867名建档立卡贫困人口与家庭医生签订服务契约。全县健康扶贫“双签约”工作由乡、村干部和县、乡、村三级医务人员共同组建了129个签约团队,共上门随访2167人次,开展健康咨询2759人次,免费体检2556人次,开展健康扶贫政策宣传53场次。

【党建工作】 2017年,卫计局党组用实际行动落实党要管党、从严治党,努力为医药卫生体制改革提供有力保障。率先开展“两个教育”,强化“四个意识”。以“喜迎十九大、党员争先锋”为抓手,对标“四个合格”,瞄准突出问题,抓牢“关键少数”,围绕四个方面学习重点,开展五大主题实践活动,强化五大任务落实,推进“四大讲四增强”,迅速掀起讲学思干热潮。深入开展健康“芮城”建设,线上线下联动的领导干部讲党课坚持举办近40期。夯实党建基础,严格党建工作机制,加强卫生计生法制建设。针对县委巡察整改指出的党建方面问题,明确了“三个清单”,进行了“立询立改”,严肃组织生活,增强自我净化、自我完善、自我革新能力提高,通过理想信念教育,晒家风,开展了预防腐败“免疫工程”,对违反党纪、党规的党员落实了谈话函询反馈制度。“两学一做”网上知识竞答参与率100%,准确率98%以上,着力营造了守规矩、学专业、练技能、夯基础的良好氛围。

医疗集团

【概述】 2017年10月16日,芮城县医疗集团成立。县医疗集团是以县人民医院为核心,整合县康复医院、县牙防站、12家乡镇卫生院组建而成,设11个管理中心和7个业务中心,实行行政、人员、资金、业务、绩效、药械一体化管理,进一步降低管理运行和医疗服务成本,激发医疗卫生机构活力,促进重心下移、资源下沉,切实提高医疗救治水平,提升医疗服务效率。该集团的成立,标志着芮城县县乡医疗卫生机构一体化改革工作取得了实质性进展。

【优质资源下沉】 为了提高乡镇卫生院服务水平,解决乡镇卫生院长期存在的人才匮乏和管理薄弱的问题,芮城县医疗集团制订出台了《优质医疗资源下沉实施方案》,由县人民医院派驻下沉医务人员包括内科、外科、妇产科、儿科、眼科、耳鼻喉科、检验、影像、护理、管理等方面的中、高级职称人员,以一个科室牵头帮扶一个乡镇卫生院,组成综合医疗帮扶小组,切实起到优质资源帮扶效果。

【“进万家、送服务、保健康”活动】 为了推动家庭医生走进农村、走进社区、走进家庭,提升家庭医生签约服务数量和质量,提高人民群众对签约服务的感受度和获得感,芮城县医疗集团制订出台了《家庭医生“进万家、送服务、保健康”活动方案》,以群众健康需求为导向,解决签约居民特别是建档立卡贫困户和计划生育特殊家庭的实际问题,充分发挥制度优势,加强政策联动,秉承问题和目标导向,营造人人知晓政策、人人享有服务的良好氛围。

人民医院

【概述】 2017年,芮城县人民医院贯彻执行党的卫生工作方针政策,深化县级公立医院改革,持续改进医疗质量,确保医疗安全,着力为人民群众提供安全、规范、高效、优质的医疗服务,年初提出的“六大任务”圆满完成。全年门诊192948人次,出院15984人次,手术6880台次,抢救危重病人1487人次,抢救成功率97.5%,平均住院7.89天,出生新生儿2131人,门诊人均费用137.61元,住院人均费用4149.3元,各项业务工作指标在全省县级医院中名列前茅。医院被中国人民解放军总医院授予远程会诊“十佳合作医院”称号;被省医师协会授予“优秀扁鹊公益承办医院”称号;被市文明委授予“文明单位标兵”称号;被县委、县政府授予“县直工作先进单位”“驻村帮扶工作先进单位”称号;顺利通过市卫计委第五次“二级甲等”医院评审验收。

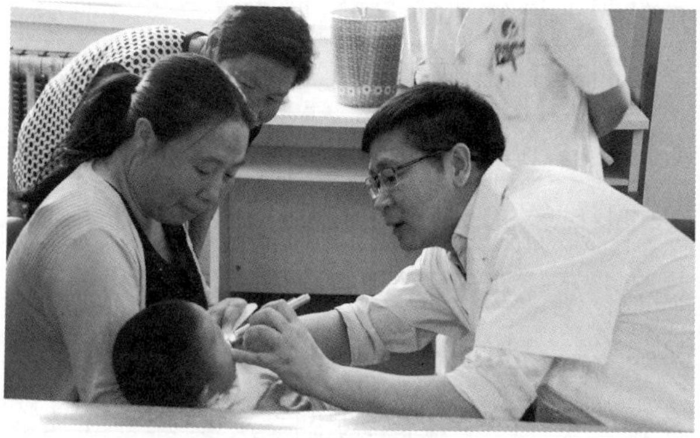

县人民医院邀请专家教授来本院为患儿诊治

【医疗质量　医疗安全】 2017年,人民医院强化医疗安全教育和培训14次,使职工牢记医疗质量、医疗安全无小事,强化责任和安全意识,把医疗工作做好。加大18项核心制度及“511”工作规范落实力度,全年共上报五种病人815人次,其中危重病人693人次,住院大于1个月63人次,特殊身份41人次,疑难病例4人,重大手术14人;科间会诊1723人次,院方组织会诊18人次。认真落实国家卫计委《医疗质量管理办法》,调整了医疗质量管理委员会等21个委员会人员组成名单,修订了《医疗质量与医疗安全和持续改进实施方案》,制订了2017年《患者安全目标实施方案》等,规范医疗行为,保障医疗安全。“二甲”办制定了“二甲”工作周程,召开专题会议6次,培训相关知识20次,下科室督导检查10余次,应急演练8次,12月25至26日,一举通过市卫生计生委验收,第五次荣获“二级甲等”医院称号。加强病历质控管理,使内涵质量不断提高,全年病历评审共奖励优秀病历37人次,处罚17人次。强化临床路径和单病种管理,进入临床路径100种疾病,入临床路径病例5056例,入组率74.4%,完成3162例,完成率84%。加强临床合理用药管理,建立抗菌药物处方、医嘱点评制度,住院患者抗菌药物使用率为53.1%,Ⅰ类切口预防使用率16.22%,门诊抗菌药物处方比例为12.3%,急诊抗菌药物处方比例3.86%,术前预防用药时机符合率为96.9%,Ⅰ类切口预防用药不超过24小时符合率为85.7%,使用强度47.59DBD,微生物送检率33.1%。传染病、医院感染管理知识培训5次,对感染危险因素病例前瞻性回顾性监测876例,环境卫生学监测采样527份,合格率为99.7%,传染病上报950例,肺结核上报217例,医院感染暴发处置模拟演练3次,提高了医护人员的应急能力。

【学科建设】 2017年,人民医院招聘临床医学本科生6名,各科室人才梯队建设基本形成。按照国家卫生计生委县医院医疗服务能力基本标准的要求,完成了医疗技术水平的87.4%。选派14名医务人员到上级医院脱产进修学习一年以上,外出短期培训240人次,组织院内培训20次,邀请上级医院专家义诊、查房、学术讲座20余次;组织职能科室及各临床医技科室主任、护士长共计60余人分3批赴西安交通大学附属一院参观交流对口学习。主持的省级科研项目“手机短信平台在脑卒中一级预防中的作用研究”于3月通过省科技厅验收;开展新技术、新项目7项,在国家级刊物发表学术论文4篇,省级59篇。

成功举行“走遍中国前列县(腺)——诊疗泌尿疾病　关爱老年健康”公益活动，山西医科大学第一医院副院长、泌尿外科主任王东文教授率领全省12名泌尿外科专家组成专家团队共义诊患者70余名，公益手术12台；携手北京同仁医院眼科研究所开展的“光明行贫困白内障患者复明工程”援助项目，已使421名患者重见光明，其中年龄最大的95岁。深化优质护理服务，护理部定期到科室督导检查，组织护理业务学习8次，业务查房8次，危重病人压疮评估38例，护理安全培训、警示教育2次，护理质量与安全专项检查6次，患者对护士的服务满意度98%。针对患者及家属开展健康教育讲堂40次，取得良好的效果。

【党建工作和思想文化建设】 2017年，人民医院以党的十八大、十九大精神和习近平新时代中国特色社会主义思想为指引，全面加强党的建设，践行和弘扬社会主义核心价值观，强化医德医风和医院文化建设，积极开展各项有益的文化体育活动。在全体党员中开展推进“两学一做”学习教育常态化制度化，开展维护核心、见诸行动主题教育，全体党员积极参加“戴党徽、亮身份、做表率”“讲好入党故事，牢记入党初心”等主题实践活动；召开了学习宣传贯彻党的十九大精神动员大会，掀起了学习十九大精神高潮。严格公务用车、公务接待管理，坚决反对“四风”；贯彻落实《医疗机构从业人员行为规范》及卫生计生委《加强医疗卫生行风建设九不准》等；利用大屏幕、廉政短信、廉政屏保、廉政格言警句等对职工进行廉洁教育。坚持院务公开制度，定期向社会、患者和职工公开相关信息。坚持出院患者电话回访，回访出院患者13925人次，回访率90.6%，满意度达到了99.7%。成功举办了“迎五一”职工健身运动会和“奋进芮医”第九届医院文化节，增强了职工的凝聚力和向心力；全年组织下乡义诊18次，义诊1600余人次，将优质医疗资源送入老百姓田间炕头。召开专题会议4次，有序推进驻村帮扶工作，组织医院职工为贫困户捐献棉衣、棉被293件，脱贫4户11人。全年在《健康生活报》《运城日报》《健康周刊》《芮城信息》发表报道50篇，在运城电视台和芮城电视台发报道39条，医院微信平台推送信息89条。

【信息化建设】 2017年，人民医院更新升级与北京301医院远程会诊教学系统，安装了实时备份系统为医院管理和临床一线服务；优化医保、新合支付流程，招标并安装合理用药信息系统，预约诊疗平台已与省厅接通。充分利用与北京301医院远程会诊教学系统共会诊224例，相当于3天有2例患者会诊，会诊人次始终在与301医院联网的1360余家站点医院中排名前五位，被中国人民解放军总医院(北京301医院)授予远程会诊“十佳合作医院”。

【基础设施建设】 2017年，完成了电梯井道护板加固、门前总水表更换、血液透析室应急供水一套改造工程；更新临床科室办公营具

100余件、维修办公营具150余件；落实职代会精神，为职工办实事、改造杏林苑小区天然气入户改造工程，共计120余户；污水排放达标，取得了污水排放许可证；为临床科室购置被服400余套、手术室添置手术衣40余件、各类包布30余套，保证临床科室需求；购置生物刺激反馈仪、麻醉视频喉镜等医疗设备，购置救护车两辆；为职工更换新工作服900余件，购置护士毛衣、鞋等。

【县级公立医院改革】 2017年，按照县级公立医院改革方案稳步推进，优化了患者门诊就诊流程，"一单通"187人次，降低患者就诊费用44175元，门诊减免挂号费用96474元。落实国家基本药物制度，住院患者基本药物品种使用率达到51.13%，基药品种使用率和销售金额比率达标。医联体建设成绩显著，与运城市中心医院、运城市眼科医院、郑州儿童医院、山西省儿童医院妇幼保健院、山西省结核病防治中心、山西医科大第一医院泌尿外科、郑州大学第一附属医院心血管疾病专科建立了医联体和专科联盟。绩效考核制度执行较好，县乡一体化改革工作稳步推进。

中医医院

【概述】 2017年，中医院全年各项工作指标完成状况：开放床位数100张；病床使用率：91%；门诊总人次：24060人次；住院人数：3922人；手术人数：576人；病历甲级率：98%；危重病人抢救成功率：100%。全年医院业务收入1255万元，其中：医疗收入889万元，药品收入366万元，业务收入与去年同期相比增加了193万元，增长了18.17%，其中：医疗收入与去年同期相比增加了119万元，增长了15.45%，药品收入与去年同期相比增加了74万元，增长了25.34%。

【党建工作】 2017年，中医院组织集体学习党章党规，并购买了《习近平总书记系列重要讲话》《习近平的七年知青岁月》《党的十九大报告辅导读本》《习近平谈治国理政》等政治读本；定期召开全体人员大会，由院支部委员轮流进行宣讲；党员人人撰写学习心得，全体职工记好十九大学习笔记；利用宣传栏、电子显示屏、微信公众号对党的十九大报告进行宣传；鼓励全体党员参与到"两学一做"网上答题活动，把学习效果体现在政治自觉和行动自觉上，进一步提高支部的凝聚力、战斗力，有效促进工作的展开； 到虎庙山红色理想教育基地学习当代愚公高文毓植树造林、绿化山坡、生命不息、奋斗不止的先进事迹，每周召开一次党员会议，学《党章》、学《习近平系列讲话》、学《十九大报告》，使全体党员对党有了更深的认识，凝聚了力量，凝聚了人心。组织职工朗诵、学习十九大、中医颂党恩选拔赛等活动。经过一年多的努力培养，发展了一名党员。

【医疗工作】 2017年，中医院医疗工作稳步发展，完成了医院目标责任制制定的各项任务,保障了患者的权益,满足了患者的需求。全年开展新技术项目4项：内一科开展经颅超声波治疗脑血管疾病、新九针疗法,外二科开展腓骨截骨治疗关节炎，妇产科开展耳穴压豆治疗痛经及产后宫缩痛。病案归档3780余份,并进行了一次病历展评,甲级病历率达到98%。加强约束性指标的监控。组织抗菌药物的培训,使抗菌药物使用率有所下降。抗生素使用率为57.1%。加强培训、严格业务考核,提高服务能力。每周利用例会强调医疗质量,医疗安全,加强“123”工作规范,“321”风险防范。组织业务培训15次,举办业务技术讲座11次，中医适宜技术视频网络培训44次。启动白内障复明工程。全年免费为农村贫困户做了284例白内障手术、61例翼状胬肉切除术。解决了老百姓“看病难、看病贵”的问题,受到了老百姓的称赞。驾驶员体检设备进行了升级改造,更加方便、快捷。全年共体检4684人次。优质护理有序开展,责任护士将基础护理和专科护理有机结合,实行无缝隙、零距离全程服务,做到了“热心接、耐心讲、细心观、诚心帮”。心病科、脑病科被确定为市级第一批中医重点专科。姚淑贤获得第二批市级名中医称号。加强科室建设,2月份成立了急诊科,极大地缓解了急诊病人的就医需求。每月对全院院感工作进行一次大检查，每周不定期检查,及时纠正存在的问题;每月进行一次院感知识培训,完善各种制度,保证了院感工作的顺利开展。全年无一例院内感染发生。聘请第四军医大学教授王化忠、王青庭、洛阳正骨医院教授毛书歌、市同德医院张丽主任等20余名专家来本院授课、坐诊,既方便了芮城百姓，又推动了本院医疗业务水平进一步提高。全年共派出40余名医护人员外出进修学习,发表论文2篇。按照卫计局的安排部署,安排30余人次在大王、东垆、西陌、陌南四个乡镇,历时8天,开展健康扶贫“双签约”工作。与阳城镇卫生院签订对口支援协议书,制订了对口支援实施方案,全年共下乡200余次,在乡镇卫生院进行授课,查房,手把手地进行帮扶，使乡镇卫生院的业务水平有了较大的提高。与三门峡黄河医院、运城市中医院、全县12所乡镇卫生院签订医疗联合体协议,充分发挥医联体优势。根据晋卫医发〔2017〕1号文件《关于同意芮城县中医医院增加床位编制的批复》，医院床位增加200张,共设置300张床位。经国家中医药管理局批准同意，中医院建设了国家名老中医传承人闫胜利工作室。

【行政后勤管理】 2017年,中医院通过行政大查房,深入科室,重点抓政治思想、服务态度、医疗质量、清洁卫生、后勤保障等工作。采购使用的药品,除麻醉药品、精神药品、中药饮片(颗粒)和山西省规定的特殊药品外的其他所有药品全部通过“山西省药械集中采购平台”进行网上采购,基本药物使用品种和销售额超过50%,药占比28%。医用设备、高低值医用耗材进行网上采购,每月25日把医院当月网上采购的设备和高低值医用耗材报县卫计局。药品网上采购品种达62%,高低值医用耗材网上采购率达66%。全年共投资252

万元购置电子胃肠镜、乳腺病治疗仪等25台医疗设备。对医院的妇产科进行重新装修，及时处理多次屋顶渗水，对暖气管道、锅炉进行维修、检查，确保医院冬季正常供暖。投资30余万元建设眼科、理疗科门诊房屋，电子胃肠镜房屋、老年病房等。全年各种中医知识宣传报道285篇，在《芮卫信息》发表8篇宣传报道，电视台报道宣传13次。

【信息化建设】 2017年，中医院加快信息化建设步伐，全院临床、医技科室共配备电脑29台，打印机21台，更新住院医生工作站、门诊医生工作站、新版护师工作站、门诊收费系统、药房、药库系统等，大大提高了医、技、护人员的工作效率，更好更安全地为患者服务。

【新院建设】 2016年3月，县委、县政府无偿划拨西矿北路西侧、三中东27.35亩土地作为新院建设用地。综合楼建设项目为地下一层、地上六层，总建筑面积8648㎡，框架剪力结构，总投资3045万元，中央资金1827万元，县财政资金60万元，于2016年12月25日开工建设。今年8月份主楼主体完工，10月份裙楼主体完工。截至目前，主楼、裙楼填充墙砌墙完工。现已完成投资1572万元。医技住院楼建设项目为地下一层（车库），地上九层，总建筑面积16893.1㎡，框架剪力结构。总投资6000万元，其中中央资金3600万元，县财政配套资金400万元，2017年10月22日开工建设，已完成土方开挖3.5万立方米。

【脱贫帮扶】 2017年，帮扶村为大王镇张村和古仁村，帮扶对象36户，其中张村20户，古仁村16户，大部分是因病致贫，从今年5月份开始，中医院扶贫队共下乡扶贫15次，讲党课7次，组织免费义诊2次，捐赠财物达2万余元，完成了下乡扶贫任务。

社会生活

人力资源和社会保障

【概述】 2017 年，县人社局牢牢把握“民生为本，人才优先”的工作主线，统筹推进“3710”计划，保就业、重保障、强人才，补短板、转作风、促和谐，稳扎稳打、砥砺前行，市局 37 项主要指标和 49 项重点工作圆满完成，全县人社事业持续健康发展。

【就业工作】 2017 年，全县城镇新增就业 4992 人，创业带动就业 1172 人，城镇失业人员再就业 1320 人，城镇登记失业率控制在 1.7%以内，远低于省、市要求的 4%；转移农村劳动力 5356 人，劳动用工备案率达 98%。

【社会保险】 2017 年，城镇职工基本养老保险参保 30890 人，基金征缴 6.57 亿元。城乡居民社会养老保险参保 243076 人，基金征缴 3101.47 万元；城镇医疗保险参保 43934 人，基金征缴 7253 万元；新型农村合作医疗参保 304438 人，基金征缴 5479.88 万元；工伤保险参保 57469 人，基金征缴 803.34 万元；生育保险参保 23065 人，基金征缴 371.48 万元；城镇失业保险参保 19164 人，基金征缴 473.09 万元。

【人才队伍建设】 2017 年，SYB 创业培训 300 人，城镇下岗失业人员再就业培训 1136 人，技能人才培养 1558 人，完成农民工职业技能提升培训 6429 人，小微企业培训 204 人，高校毕业生培训 200 人，企业在岗职工技能提升培训 1543 人。

【收入分配】 2017 年，全县城镇居民人均可支配收入 2017 年完成 27487 元，同比增幅 5.8%。

春节期间人社局组织大巴接送农民工回家

【劳动关系】 2017年,企业劳动合同签订率达99%,劳动人事争议调解成功率达65%,劳动人事争议仲裁结案率达98%,劳动保障监察投诉举报案件结案率达100%。

【能力建设】 2017年,本县社会保障卡累计发放269763张,上报有效数据319406条。

【专项工作】 城乡居民基本医疗保险逐步实现“六个统一”;人才开发交流服务中心、再就业服务中心和职业介绍中心整合完毕,“公共就业和人才交流服务中心”挂牌成立;重点信访问题源头化解专项行动卓有成效;全民参保登记工作基本完成,全县入库正确数据183481条,社保机构完成率99%,乡镇完成率93%。3453人因无法联系未进行信息登记。

【其他工作】 2017年,人社局在落实职业培训和就业创业优惠政策、全面唱响“凤还巢”计划芮城在行动、提高社会保险待遇、培育和引进“两高”(高技能、高技术)人才、安置管理军转干部、开展扶贫攻坚、加强维稳维权工作及机关建设等方面坚持问题导向,加强相关政策宣传,把握政策尺度,注重政策成效,推进了全县人社事业持续、健康、蓬勃发展。

民　政

【社会救助】 2017年,民政局对1304户3215名特殊困难群众全面实施“户保”,每次对新增的低保户按不低于30%入户调查、信息比对,并进行公示,困难残疾人、老年人、失能老人全部入户调查,使救助精准度不断提升,实现了低保全覆盖。为4320名城镇低保对象发放低保金1609.7万元,为9663名农村低保对象发放低保金2517.5万元。全县五保供养对象1187名,集中供养每人每年4800元,分散供养每人每年3200元,保障了他们的生活。孤儿102名,补助金达到省补助标准630元/人/月。城乡大病救助对象623人,发放救助金195.3万元。临时救助2235人次,共计148.48万元。救助各类流浪乞讨人员1698人次,发放救助金285741元。为全县2100名困难残疾人发放了生活补助资金。为975名城乡老年人发放补贴36.5万元,为232名失能老人发放补贴19万元。

【社会养老】 2017年,16个农村社区老年人日间照料中心全部建成,65个已建成的日间照料中心严格按照《芮城县农村社区老年人日间照料中心管理办法》(芮政办发〔2014〕105号)的要求,规范管理并健康运营。在中心敬老院初步实现了医养结合,各项设施配备到位。服务水平再上台阶。南卫乡石门村利用日间照料中心把20余名五保老人集中供养起来,彻底解决了五保老人的生活问题,为村级五保老人供养开辟了新路径。

【救灾减灾】 2017年,芮城遭受了冰雹、大风、洪涝等自然灾害,共有180045人受灾,农作物受灾面积17308.5公顷,其中绝收面积4046.7公顷,共造成直接经济损失7076.9万元。2017年,接到上级下达2016—2017年度冬春救助救灾款260万元,其中下拨乡镇救灾款160.005万元。99.995万元通过政府采购用于购买救灾物资,其中:面粉7425袋,棉被1000床,棉褥289床,大衣1000件,棉衣300件,共救助灾民23125人,10715户。在5月12日国家第八个"防灾减灾日",围绕"减少灾害风险,建设安全城市"主题,以5月9日至15日为防灾减灾宣传周,开展防灾减灾宣传工作,在街头摆放专题版面50余,进行政策咨询2100余人次,向过往群众散发宣传单和宣传手册1.1万余份,并制宣传作标语悬挂在主街道,营造了全民参与防灾减灾的氛围。

【优抚安置】 2017年,全县优抚对象3327人,共发放优抚资金1600余万元。积极落实优抚医疗救助,大病救助共计110人261300元。为谢高云、刘建义等5名住房困难优抚对象解决危房维修改造款70000元。对56名立功受奖人员给予奖励,共发放32800元。为175名现役军人家属发放优待款665.36万元。投资170万元,顺利完成烈士陵园展厅布展。烈士纪念馆分别获得运城市委宣传部授予的"运城市爱国主义教育基地"和芮城县精神文明建设指导委员会授予的"芮城县青少年教育基地"称号,迎接了省级烈士陵园验收。

【军休服务】 2017年,民政局严格按照省、市下达计划,主动配合移交部队做好移交人员及家属的政策宣传和思想疏导工作。在落实政治待遇方面,"八一"前夕组织军休干部参观红色教育基地长治武乡八路军纪念馆。组织军休干部学习习总书记在山西考察时的讲话、十九大报告。在落实生活待遇方面,4月份组织军休干部进行了体检,参加洛阳"牡丹杯"门球赛98个队荣获第八名,参加全市门球赛荣获第二名。

【地名普查】 全县共收集地名目录4800条,预填普查成果登记表3676张,外业普查3676条,拍摄照片11238张,入库词条2953条。芮城31个地名被录入山西省标准地名词典,永载史册,风陵渡镇地名来历被列为国家最美地名故事。

【基层政权建设】 2017年,芮城第十一届村委会换届选举工作在县换届选举工作领导小组的指导下,立足于细、立足于早,坚持和加强党的领导、充分尊重群众意愿和严格依法组织,做到了思想上高度重视、工作上周密部署、操作上严格规范,确保了依法组织和平稳推进。

【社会组织管理】 社会组织党建作为一项新的工作任务,自2017年10月19日成立中共芮城县社会组织综合委员会以来,按照"两个覆盖"工作要求,对在县民政局注册登记的91个社会组织进行逐户调查,摸清了社会组织中会员、党员基本信息,共成立17个党支部,指导他们开展好党的工作,宣传党的路线方针政策,帮助他们做好发展党员、筹建党组织工作,并帮助解决党建工作中出现的问题,对一些好的经验及时进行总结,充分发挥其示范、引导、辐射和带动作用。

【婚姻登记】 2017年,全县共办理结婚登记

3099对，离婚登记657对，补发结婚证421对，补发离婚证27个，无撤销婚姻。登记合格率为100%，社会满意率100%。

老　龄

【关爱空巢老人】 2017年，老龄办协同“芮城县爱心公益志愿者协会”开展了“关爱空巢老人”志愿服务活动。利用周末和节假日到十个乡镇共看望了24位孤寡老人和空巢老人。志愿者为老人送去衣服、蔬菜、牛奶、食用油、面粉等，帮老人们打扫房间、整理床铺、剪指甲、理发、陪老人谈心聊天，倾听他们的故事，并为每位老人送上爱心帮扶款200元。

【办理免费乘车卡】 2017年，老龄办与县交通局沟通协调，彻底解决了本县男70周岁以上、女65周岁以上老年人免费乘坐公交车的问题。公交公司共为全县老年人办理免费乘车卡4817人，仅2017年就办理达3100人。

【敬老月活动】 2017年，老龄办在10月份开展了主题为“关爱老年人，喜迎十九大”的敬老月活动。与县爱心志愿者协会联合开展了走进日间照料中心为老志愿服务活动，为60余位老年人义务理发、义诊、剪指甲、整理卫生、包饺子。与县卫计局联合开展了走进中心敬老院、金果幸福院、西关老年公寓医疗专家义诊活动。县老龄办安排各乡镇(社区)老龄委、各村老年协会、各敬老院组织了老年人观看十九大盛况活动。县委书记董旭光率领副县长赵伟兵、杜国强、县民政局、老龄办负责人专程到县中心敬老院慰问老年人，为老人们送去了节日祝福。市老龄办主任崔新杰、副县长赵伟兵、老龄委主任王长安及老龄办主任卫亚敏等专程到大王南辿、阳城春晓慰问了薛文常、杨天心两位百岁老人。老龄委、居委会、老年体协联合在西关老年公寓组织了“夕阳红”敬老慰问演出活动。老龄办与司法局联合开展了《老年法》宣传暨法律援助服务活动。《孝道教育专集》一书刊行，为本县孝老教育和老龄工作提供了有益的精神食粮。县老龄委、老年体协、县委老干部局在府前公园门球场举办老年门球赛。

【补贴发放】 2017年，老龄办组织看望了百岁、高龄和特困老人。百岁老人每人每年长寿补贴3600元，60—90岁特困老人生活补贴和90岁以上高龄老人健康补贴每人每年800元。全年为13位百岁老人发放长寿补贴、132位特困老人发放生活补贴和471位高龄老人发放健康补贴共计52.92万元。

乡镇（城镇社区）概况

陌南镇

【基层党建】 2017年，陌南镇党委实行基层党建工作目标责任书和党风廉政建设责任书的“三签”制度。严肃党内政治生活，坚持民主生活会制度化，谈心谈话130余人次，扎实开展批评与自我批评，增强党内团结。认真执行党委工作规则，组织学习“三重一大”“三会一课”等制度，全年共召开重大议事决策会议13余次。以县委巡察组反馈问题为导向，先后制定和完善了《陌南党委工作规则》《党建工作考核办法》《会务管理制度》等多项管理制度。

【重点工程】 2017年，运宝黄河大桥南段成功接拢。圣天湖旅游景区被列为“国家体育旅游示范基地”，入选全国首批“运动休闲特色小镇”，被评为国家“4A”级景区，当年完成投资2千万元。华电风力发电项目投资2.6亿元，架设风机16台，已开工建设。洞宾酒窖藏和原酒酿造基地完成建设，2017年窖藏酿酒达到50吨。特色小镇建设完成申报。以“全国重点镇”和省级“百镇建设”单位为支撑，在省市住建部门的大力支持下，已推荐上报“全国特色小镇”，进入前20名名单，获批“省级特色小镇”。

【产业结构调整和劳动力输出】 2017年，全镇粮食总产量达到3500万公斤。新发展玉露香梨500余亩，全镇苹果套纸袋面积达到1.8万亩，占全镇苹果产量的60%以上；桃树种植面积达到1.2万亩；花椒等干果经济林新栽植3000余亩。温氏养殖小区已建成7个，牛猪存栏量达到3.5万头。全镇劳动力总计27050人，劳动力转移及劳务输出达12230人，约占总数的45.1%。

【新型城镇化】 2017年，投资375万元，在朱吕、寺前、夭上、东峪四个村完成10公里道路硬化任务。梧桐社区服务中心已开始实施建设，相关的管理服务办法以及管理机制也已制定。朱吕村成为全县首批美丽宜居示范村。

【城乡生态化】 2017年，陌南镇投入资金270余万元，动用大型机械4000余台次，拆除厕所猪圈2200余个，清理陈年垃圾5000立方米，美化墙体4500平方米。全镇各村共成立了25个禁烧巡护小组，实施镇域范围全覆盖巡逻，全年共制止三烧行为160余次，对15人进行了批评教育；先后完成中央、省市县环保督查转交的4起案件，取缔“小散乱污”企业3家；义务植树3000余株；认真落实“河长制”相关要求，健全领导机构，对“一河一湖三沟”实行专人监管，责任到人，扎实开展定期巡查上报制度。

【社会保障及民生】 2017年，陌南镇实施困难家庭危房改造53户；发放粮食作物补贴共计570余万元；发放困难农户煤补15680户。完成“一事一议”资金奖补发放128.46万元；完成涉农奖补资金的拨付与工程的验收；新农合及城乡养保群众受益面不断扩大，参合人数达到规定人口95%以上，参保金额完成统筹任务130%以上。投资35万元，铺设管道13000米，解决了湾里、柳湾、夭上、东峪四个村1768人的饮水问题，投资1.5万元解决了马壁村机井配套。全镇劳动力总计27050人，劳动力转移及劳务输出达12230人，约占总数的45.1%。

【村级两委换届】 2017年，陌南镇共选出村两委成员154名，其中新当选43名，交叉任职22名，妇女干部27名，6个村实现了一肩挑，完成了陌南镇第十一届村民委员会的选举。并对当选的村两委主干以及组级干部进行了系统的培训。

【综合治理】 2017年，陌南镇排查出信访矛盾46起，全部已妥善解决；无一起赴省进京事件发生，对县上批转的信访案件，做到案案有交代、件件有结果；增加网格长242个，加强重要时期的巡逻，确保人民生活安居乐业；创建朱吕、陌南“平安村”两个；19个行政村每个村都制作了综治宣传栏，提高全民防范意识；认真抓好全国两会、十九大等特别防护期稳控工作，分门别类制订了稳控方案；健全完善“四室一厅”，10月份在本镇召开了全县综治现场推进会。

【脱贫攻坚】 2017年，陌南镇共有易地扶贫搬迁61户149人，其中梧桐小区集中安置36户112人，中心村安置6户18人，五保集中供养19户19人。房屋主体已经全部完工。全镇已有13名贫困户学子享受雨露计划，25户建档立卡贫困户享受金融扶贫政策。9月，联合县妇联，开展了“巾帼脱贫”月嫂培训陌南专场，使符合条件的20余名贫困妇女掌握了新的劳动技能，全年有5个贫困户参加了县残联组织的按摩培训。拓宽了新的就业渠道。并帮助全镇贫困户开辟稳定的增收渠道，尽快脱贫致富，结合本镇实际，发展特色产业扶持，已栽植优质苹果42亩，覆盖全镇7个行政村；栽植玉露香梨105.2亩，覆盖全镇10个行政村；栽植新品种花椒613.8亩，覆盖全镇7个行政村，其中，在夭上、坑南村发展300亩精准扶贫连片新品种花椒种植基地。

陌南镇领导机构及成员

一、党　委

书　　记：孙春艳

副 书 记:单　明　王　道

纪检书记:董　哲

组织委员:王　磊

人武部长:张　衡*　张　楚

党委委员:白元生

二、人大主席团

主　　席:闫　飞

副 主 席:任赞红

三、政府

镇　　长:单　明

副 镇 长:白元生　姚亚珍　李小平

西陌镇

【党建工作】 2017年,西陌镇党委全面落实从严治党主体责任。抓班子、带队伍。将党建工作与中心工作同部署、同落实、同考核,将年初党建工作目标细化分解责任到人并签字备案,形成了党委成员、党支部书记、党建指导员齐抓共管的工作格局。抓活动、强示范。每月15日"戴党徽、亮身份、作表率"主题党日活动不间断、"一文一书"学习日常化,开展"讲好入党故事、牢记入党初心"活动,开展以"服务群众、服务社会、服务发展"为内容的党员志愿服务活动,做到将学习教育融入日常、抓在经常,组织党员干部在农村环境集中整治活动中义务劳动2000余人次。抓重点、强三基。选优配强农村"两委"班子成员。提升基本能力,制定《西陌镇党员培训计划》,完善党员教育培训档案,镇党委班子成员签订《岗位责任书》,严格定员定岗定责,明确工作标准及工作目标。完善"五小"设施建设,办公室、宿舍安装空调,新建澡堂、厕所各一处,改善了镇机关办公条件。抓经济、强发展。各支部大力推广"支部+合作社(公司)+农户+贫困户"模式,把发展集体经济与脱贫攻坚深度融合,村级集体经济全部破零。马夭村、柏社村与温氏集团合作建设标准化生猪养殖场,上庄村、夹沟村党支部整合扶贫贷款资金,发展生态羊养殖和乌鸡养殖。

【经济发展】 2017年,全镇小麦种植面积30508亩,粮食总产量21355吨,同比增长5%;在柏社、上庄两村实施苹果提质增效工程,全镇苹果套纸袋达到8000亩,面积超过70%;在沿山的夹沟、上庄、石湖等村旱地栽植花椒1100余亩;引导农户栽植药用菊花、茶菊4000亩;在奉公、石湖、西陌三村实施土地深松1400亩;全镇小麦、玉米秸秆利用率达100%。

【重点工程】 2017年,完成了西陌九村的灌溉、排洪等平田整地后期配套工程建设,新增耕地1800亩。总投资190余万元的高标准派出所办公楼建成并投入使用。争取财政资金214万元,完成板桥村美丽乡村建设。与温氏集团合作,投资130万元建成柏社村年出栏8000余头的"三联体"生猪养殖区;投资90余万元,在马夭建设生猪养殖圈舍,每年增加村集体收益14万元;投资200余万元,建成存栏1000余只的上庄村生态羊养殖项目。

【环境卫生】 2017年7、8、9月,全镇10个行政村66个自然村党员干部对各村环境卫生进行集中整治。村规民约和核心价值观全部上墙,印发宣传资料5000余份,出动劳力7683人次,动用机械1292台次,投入资金200余万元,共拆除违章建筑1471处,取缔占道经营点9处,清理"四堆"6163处11405吨,治理污水6处,处理畜禽粪污47处,美化墙体3194处87952平方米,美化文化墙体126处5406平方米,各村村容村貌逐步提高,群众生活环境显著改善。

【生态保护】 2017年,西陌镇全面排查燃煤锅炉及"小散乱污"企业,加大散煤代替力度,对辖区内所有土小企业、小作坊进行全面排查,坚决打赢蓝天保卫战,对4家菊花厂下达了整改通知,对4家屠宰场下发整改通知单,对全镇饮用水水源环境进行建档立卡,严格控制秋冬季节露天焚烧。开展垃圾、秸秆、树叶禁烧专项行动,实施统一组织协调、督查、指导,将禁烧任务分解落实到各村组。共出动宣传车200余次、散发宣传单8000余份、张贴标语100余幅、悬挂横幅20条、宣传版面10个、受宣传教育群众5000余人次、受理群众环保事件2条、解答环保法律法规50余人次,办结案件10余件,全面开展农业面源污染整治和河长制河长巡查工作,"绿水青山就是金山银山"的理念深入人心。

【民生保障】 2017年,硬化奉公、柏社、板桥三村自然村通村道路4.3公里,对全镇的下沉道路、水冲毁面积410平方米进行了填补,对34公里乡道进行了养护;对全镇10个行政村的机井台区、奉公中心村、马夭贫困村供电设备进行改造升级;投资25000元对西陌水管站房屋和庭院进行翻新改造;投资3万余元对西陌供水站董家庄段输水管道维修改造;对全镇涉水工程进行全方位的环境整治;完成96个居民组5499户的"六表一合同"签字工作;完成新农保缴费9200人;完成新农合征收18115人;对全镇31名"两参"农村籍退伍军人进行了走访;对全镇507户农村低保进行复查;完成全镇180名优抚对象信息采集及录入工作;抓好西陌、朱阳、奉公、石湖四个村日间照料中心的运行管理,新建设上庄村、板桥村两个日间照料中心;全镇6户困难家庭享受危房改造补贴;对集镇供销社门面房进行拆除改造,建成一层商铺,二三四层为易地扶贫搬迁安置房的新型住房;全镇享受重度残疾人护理补贴共计249人14.94万元,申报下肢残疾人机动轮椅车燃油补贴150余人,为各类残疾人发放辅助器具60余件,完成全镇839名残疾人基本状况普查工作。

【文化活动】 2017年,西陌镇在集镇开展元宵节社火表演文艺活动、农民趣味运动会、"我有拿手戏"文化大展演活动,两个节目进县演出并获得奖项;成功举办"西陌好人"道德模范评选活动;在集镇、石湖村开展送文艺下乡活动。

【计生工作】 2017年,对全镇158对夫妇开展孕前优生健康检查工作;全年出生人数为187人,出生率为8.78‰,死亡人数为97人,自然增长率为4.45‰,综合节育率为90%;独生子女、退二孩、国家奖扶、特别扶助等各项奖扶资金共计66.686万元;完成信息查漏补缺工作,数据审核差错率为0.013%,重复人口率为0.075%,流动人口按时处理率100%,流动人口婚育证明查验率100%,公安妇幼信息比对100%。

【安全管理】 2017年,西陌镇每季度组织安监、农电、公安、国土、水管、工商所、劳保、环保等站所对辖区内的砖瓦窑、采石场、温氏养猪场、两个冷库等企业进行安全及消防联合大检查,对检查出的安全隐患限期进行整改,全年未发生一起安全生产事故;进行汛前安全隐患大排查,各村组建10人防汛抢险队伍,镇机关组建30人防汛抢险队伍,储备好防汛物资,排查危房危窑38户116人,完善县、乡、村、组、户五级防汛责任体系,制定撤离路线,全年未发生一起防汛安全事故;加强护林防火日常巡查工作,全年未发生一起森林火情。

【脱贫攻坚】 2017年共实现劳动力转移200余人;完成易地扶贫搬迁集中安置小区主体工程建设,安置建档立卡贫困户20户69人,分散安置3户11人,16名学生享受雨露计划补贴,18户贫困户申请无息贷款,174户415人因病致贫家庭施行"双签约":签约家庭医生、签约帮扶干部,发放小额扶贫贷款39户167万元。全年贫困退出39户共118人。夹沟村、石湖村、朱阳村、西陌村争取到户资金6万元,夹沟村采取"养殖规模户+贫困户"的乌鸡养殖项目得到县上表彰。

【综合治理】 2017年,西陌镇社会服务管理平台按照要求及时高效地上报信息,排名一直在全县前列。开展板桥、西陌2个平安村创建工作,在其余8个村设立综治中心办公室,完善镇"四室一厅"建设,落实"一村一警"。开展法制宣传、非法集资宣传、综治宣传,发放宣传资料3000余份,受教育群众达5000余人。建设矛盾纠纷多元化调解体系。依靠各级调委会调处化解各类矛盾纠纷95起,办结信访局转办信访案件2起,十九大和全国"两会"等政治敏感期,全镇无一例赴省进京案件发生。做好安置帮教工作,全年来共衔接刑满释放和解除矫正人员12人(监狱释放9人,解除矫正3人),均做到登记在册,帮教到位,帮教率达到100%。

西陌镇领导机构及成员

一、党　委

书　　记:张振江

副 书 记:张亚波　　周国将

纪检书记:宋国斌

武装部长:陈国华

组织委员:张　晓

统战委员:卢　兴(挂职)

二、人大主席团

主　　席:王少峰

副 主 席:王永波

三、政　府

镇　　长:张亚波

副 镇 长:张　峰　　段江鹏　　董会宁

四、政协联络组

组　　长:周国将

东垆乡

【特色产业】 2017年,东垆乡农业供给侧结构性改革深入推进,紫菊芋、大力子、白芨等中药材试种成功,山药种植效益十分可观,河滩水产养殖初具规模,东垆苹果品牌优势逐步显现,特色农业大格局初步构建,经济发展的动力、后劲持续增强。

【产业结构调整和现代农业发展】 2017年,东垆乡继续实施苹果间伐,提质增效工程,不断提高群众果园管理科学化水平;组织200余名果农到县会展中心参加果业技术培训,邀请果树专家对南北曹、东吕、方家、圪塔、新庄等村共计600余名果农在果园实地讲解苹果管理技术;组织果农开展玉露香梨管理技术等培训,外出参观学习,全年共栽植梨树400余亩;在东垆河滩发展中药材紫菊芋,种植600余亩,鱼、蟹等水产养殖500余亩,全力打造特色农业和观光农业,为农民增收开辟了新的渠道;大力发展畜牧养殖。2017年底东垆乡猪存栏3605头,羊存栏3827只,家禽存栏21849只;加快劳动力转移,开展了新型职业农民、月嫂、电焊等技能培训,培训500余人次。

【生态文明建设】 2017年,东垆乡组织实施了董壁至城垣2.7公里,东吕至许坡3.2公里通道绿化,栽植金枝槐、块柏3500余株;完成董壁、坑北、崔家等七个村退耕还林870余亩,栽植花椒5800余株,玉露香梨400余亩,新栽桃树500余亩,为东垆大地再添新绿。高度重视环境保护工作,广泛开展环境保护和禁"三烧"宣传教育,出动车辆宣传40余天;散发传单2万余份;粉刷墙体标语30余条;张贴公告500余张;悬挂横幅50余条;设立咨询台,解答环保法律、法规50人次;成立环境卫生专项巡查组,组织检查、暗访10余次。严厉整治"三烧"和环保突出问题,督促各村环境保护和禁止"三烧"工作开展,受理解决群众环保投诉2起,行政处罚6户,罚金1300元;整改突出问题2个,群众环保意识进一步增强。

【环境卫生整治】 2017年,东垆乡在集镇建设上,翻新铺设彩砖4561平方米,完成油路罩面5000平方米,完成街道商户门牌更换248个,完成东西街道、南北街道的绿化工程,共栽植树木348株,冬青球13株和北海道黄杨140米;大力推进南曹村美丽宜居示范村建设,完成了村内4350米的排水沟建设及盖板工程,新建花墙529米、长城垛428米、砖墙84米、隔离墙165米,翻新硬化巷道3200平方米,完成路肩硬化2256平方米、铺设路沿石482米,完成二次农网改造、日间照料中心和综治服务中心大楼工程,新建巷道木质门牌4个,南曹村人居环境进一步改善;健全保洁员队伍管理制度,完善目标考核和责任追究办法,确保乡村清洁工程长效运行。开展了为期三个多月的环境集中整治活动。活动中,全乡共出动铲车515台次,动用人力12600余人次,清洁各类垃圾、柴草、物料等共4800余车,硬化路面1万余平方米,建隔离墙、土墙换砖墙1800余米。栽植绿化带

1200余米,建文化墙3000余平方米,拆除巷道、乱搭乱建、猪圈、厕所1100余个,全乡累计投入资金388.02万元,乡村生态环境质量得到有效改善和提高。

【民生工作】 2017年,东垆乡城乡居民养老保险参保人数9117人,征缴保费201.4万元,完成率124%;城乡居民医疗保险参保人数18470人,征缴保费310.8万元,两项工作继续保持全县前列。加大教育基础设施投入。南曹小学坑北小学为灶房新配置了电汤锅,消毒柜、食品留样柜等设备,东垆小学新建了校门,办学条件不断改善,教育教学质量排名全县前列。继续实施了党员爱心助学基金项目,发放助学基金2万元。为1426名高血压患者、188名糖尿病患者、2412名60岁以上老人免费进行了健康体检;全乡共出生198人,死亡111人,自然增长率4.11‰,符合政策生育率百分之百。开展了两癌免费筛查工作,圆满完成了全国计生优质服务乡创建工作。全乡17个村全面完成土地确权登记工作,为下一步颁证工作奠定了坚实的基础,完成134个居民组的财务审计和组账乡管,农村三资管理得到进一步规范。全年共发放困难群众临时生活救助12万元,救灾面粉600袋,完成409户农村低保自查自纠工作,完成18户农村危房改造任务。

【脱贫攻坚】 2017年,东垆乡把脱贫攻坚作为头等大事和第一民生工程,逐村逐户落实惠农政策,决不让一名群众在决胜脱贫攻坚中掉队。全年圆满完成了59户150人的年度脱贫任务,"两不愁、三保障"全部达标;在抓好金融扶贫、教育扶贫、住房扶贫、健康扶贫及社会救助的同时,坚持把发展壮大集体经济与脱贫攻坚工作相结合,全乡17个行政村集体经济全面"破零"。在新庄村成立了新瑞翔养牛合作社,总投资300万元,建成由村集体控股的农民专业合作社;在东吕村因地制宜,投资80余万元开办面饼加工厂,年产值50余万元,吸收10户贫困户入股和就业,每年为村集体增加收益2万元,以合作社的"大手"拉起贫困户的"小手"。

东垆乡领导机构及成员

一、党　委

书　　记:刘晶晶

副 书 记:姚炎斌　王　锋

纪委书记:陈学森

组织委员:郑亚丽

武装部长:薛　拜

二、人大主席团

主　　席:杨安平

副 主 席:侯逾祖

三、政　府

乡　　长:姚炎斌

副 乡 长:吉箫峰　焦向东　南金星

南硙乡

【党建工作】 2017年,南硙乡党委强化"一个主责",压实全面从严治党责任。党委中心组集中学习15次,召开党委会36次,专题研究党建工作12次;开展党组织书记抓党建专项述职评议2次;乡科级领导干部讲党课40场(次),村党组织书记讲党课110余次;抓好“两个教育”,把党的政治建设放在首位。深入推进“两学一做”学习教育常态化制度化,开展维护核心见诸行动主题教育。党的十九大之后,乡党政班子成员第一时间深入乡直单位、农村、校园、企业同广大群众开展面对面、互动式的宣讲,真正把广大干部群众的思想和行动统一到党的十九大精神上来。加强“三基建设”,夯实党的执政之基。完成“五小建设”,新建节水厕所、男女浴室、图书室、文体室、小餐厅,为乡基层干部提供了较好的工作生活环境;做实党员信息核录、党务村务财务公开、集体经济全破零、农村财务规范、基层组织换届等基础性工作。用好“四种形态”,落实党风廉政建设“两个责任”。用好监督执纪的“四种形态”,对有苗头性、倾向性问题的干部采取约谈、诫勉谈话、通报批评等方式,及时给予提醒和纠正。

【现代农业】 2017年,南硙乡继续稳定和提高粮食种植面积。积极采用新技术提高粮食单产水平,小麦种植面积达到4.05万亩,小麦总产量达到2025万公斤,秋粮播种面积4.48万亩,粮食产量实现了稳定增长。建设特色产业基地。充分利用各村有利的地理条件,因地制宜、因势利导,在全乡发展朝天椒410余亩、发展菊花700余亩、发展大樱桃260余亩、玉露香梨100余亩。建设现代高效农业循环圈。不断发展壮大红河谷家庭农场及项目园区30余亩采摘园建设,发展草莓、葡萄等早熟水果。

南卫乡石门联村扶贫产业朝天椒种植基地

【重点工程】 2017年,南硙乡积极配合县上重点工程,积极推进国家光伏领跑南卫段项目建设,采取“5+2”“白+黑”的工作模式,圆满高效完成了1453.64亩征地任务,目前华电网已并网发电。积极推进“四美两宜”美丽山底建设,把山底村美丽乡村建设与芮城县党员干部理想信念教育基地、全域旅游和光伏基地建设结合起来,不断改善人居环境,丰富美丽乡村内涵。总投资50万元,完成东张联村百年蔬菜合作社项目建设,为东张联村打造全县一村一品蔬菜基地和精准扶贫工作奠定了坚实基础。全乡投资355万元,建设10个全钢架无立柱温室大棚,已开始良种繁育。

【脱贫攻坚】 2017年,南硙乡为建档立卡贫困户办理低保10户10人;为20户贫困户共发放贷款82万元,用于发展生产;为7户考上大学的贫困户子女救助3.5万元;为7户贫困户子女发放“雨露计划”资金2.8万元;对全乡贫困户中的慢性病患者进行回访并开展双签约活动,共签约145户360人,为18户,89人易地搬迁户发放资金113.6万元。对全乡低保户未纳入贫困户的412户进行走访调查,把符合条件的51户123人低保户纳入建档立卡贫困户;新增贫困户23户81人。实施产业扶贫,在东张联村投资50万元建设的东张百年蔬菜合作社已于8月下旬投入运营,在石门联村投资50万元发展朝天椒,有力地带动了33户贫困户就业,全年共脱贫72户,200人,精准脱贫工作实现再战再胜。

【乡村清洁工程】 2017年,南础乡拆除违建、废弃建筑982余处,整治面积1200平方米;腾退、环绿土地30处,整治面积528平方米。沿路整治方面,取缔占道经营店12处,整治占用公路打碾、晾晒粮食和乱堆乱放302处。“三环”整治方面,清理四堆及垃圾堆放点6100处,垃圾量4280吨。“三沿”整治方面,清理垃圾527处,垃圾量3628吨,长度2628.7米。

【生态文明工程】 2017年,南础乡加大对“小散乱污”企业的监管力度。对辖区内“小散乱污”企业进行全面排查,排查各类企业47个,依法取缔15家,整改到位19家,停产1家。排查各类养殖场186个,解决群众反映举报问题15起。全面巡查,防止“三烧”。针对“三烧”现象屡禁不止的情况,成立乡、村巡逻队,全天候在道路沿线循环值班,强化执法检查,严厉制止三烧现象。强力推进植树造林工程,组织全体机关干部到虎庙山植树造林,共栽植树木1000余株;老庄村退耕还林共补植补栽树木4万余棵;对南卫新村、山底等村的通道进行了绿化,共绿化通道2.5公里,绿化树木2500余棵。全面推行河长制工作,在葡萄涧河道和旅游沿线旁设立乡村河长制基本信息公示牌,明确了职责和任务。

【安全稳定】 2017年,南础乡在全乡范围内开展成品油市场整治活动,配合县直相关单位对全乡境内8家非法加油点予以取缔。组织职能部门对辖区内20余家重点企业连续五次进行安全生产大检查,对15家企业下发责令停工通知书。统筹协调好全年防汛、防火相关工作,确保生产生活安全有序。进一步畅通信访投诉渠道,规范信访处置工作流程,加大信访协调力度,创造和谐稳定的发展环境。全乡共来信来访500余人,各类矛盾纠纷89起,制作调解文书43份,达成口头协议110份,化解矛盾纠纷120起,防止民转型案件5起,为群众挽回经济损失160余万元,调解率达90%以上。

【民生工程】 2017年,投资资金25万元在石门村建设高标准文化娱乐活动广场;投资资金51万元硬化东张联村东张村二组巷口至华育东道路1.5公里;投资资金61万元硬化山底村枣北至枣南道路2.2公里;投资资金7万元硬化西山底村道路250米;投资资金3.3万元硬化山底村五组道路120米;铺设东张、冯村田间机耕路5公里;投资10万余元铺设山底村通村路排水沟0.6公里;争取资金45万元在高金联村新卓组打深井一眼,有效解决了群众的饮水安全问题;配齐配全新南张村日间照料中心配套设施,已于5月21日全面投入运营;重建东张小学校舍199.7㎡;对31户五类人员的危房进行改造,共发放危房改造项目资金434618元;圆满完成全乡9个建制村8546户“六表一合同”的正式签字工作,完成率高达99.7%以上。

南础乡领导机构及成员

一、党 委

书 记:杨建帮

副 书 记:郝国霞 王少峰 *

李春丽

纪委书记:关松荣 * 于江涛

党委委员:杨 庆

组织委员:赵新峰

武装部长:张 凡

二、人大主席团

主 席:薛 莉

三、政 府

乡长:郝国霞

副 乡 长:杨 庆 吉海霞 马 杰

古魏镇

【党的建设】 2017 年，古魏镇党委结合实际,明确了“一从严两提升”的党建工作思路,即:突出全面从严治党;着力提升党委统揽全局的能力,提升支部抓党建的能力。古魏镇紧紧抓住班子成员和支部书记这个关键少数,从严加强教育和管理，切实发挥他们的示范带动作用。认真执行“三会一课”制度,严格落实民主评议、组织生活会、谈心谈话等党内制度,确保基层组织生活质量和效果;明确班子成员的党建联系点,认真履行“一岗双责”,督促指导基层党建工作,开展“戴党徽、挂门牌、定职责、亮身份、作表率”主题活动,要求全体党员在重要活动和会议期间戴党徽,举行“维护核心见诸行动在古魏”承诺签名仪式,教育广大党员切实做到思想上拥戴核心，政治上维护核心,行动上紧跟核心;围绕庆“七一”扎实开展“讲好入党故事、牢记入党初心”系列主题活动。学习了习总书记视察山西重要讲话精神、在省部级主要领导干部专题研讨班上讲话精神,增强广大党员维护核心、看齐紧跟的政治自觉、思想自觉和行动自觉;学习了骆惠宁书记在运城调研重要讲话精神，明确了“三个下功夫、见实效”;学习了市委四届三次全会精神,5.25 市委常委会精神,围绕“工作如何创一流”制定了实施方案;抓好十九大精神学习宣传，组建党委书记为团长的宣讲团广泛开展宣讲活动，营造了学习贯彻十九大精神的良好氛围。

【基础建设】 2017 年,古魏镇试行村“两委”成员工资补贴与集体经济收入相挂钩，推行村干部坐班制,打通为民服务最后一公里,成立了古魏镇非公企业联合支部,为 25 个企业派驻了指导员,实现了党的工作全覆盖。

【党风廉政建设】 2017 年,古魏镇党委始终把纪律和规矩挺在前面,准确把握职责定位,扎实开展发生在群众身边典型案例警示教育,迎接了中纪委群腐工作调研、全市群腐工作现场会和全市预防腐败免疫工程检查。“两个责任”落实上,签订了党风廉政建设目标责任书，并延伸到各基层站所与分管领导签订责任书,开展工作督查 30 余次,集体谈话 4 次,诫勉谈话 12 人,批评教育 14 人,约谈提醒 6 人；廉政警示教育上，开展节假日前教育、农村典型案例教育、预防职务犯罪教育、谈话提醒等，筑牢了拒腐防变的思想道德防线;村级换届中,严明组织纪律,营造风清气正的换届环境;落实巡察整改工作上,按照一个反馈问题,一名责任领导,一个整改部门,一个整改方案,一个整改专题报告的要求,逐项销号,确保整改工作不走过场;在纪律审查工作上,全年受理案件线索10件,了结4件,立案查处1件1人,函询1件,党内严重警告1人。

【精神文明建设】 2017年,古魏镇把培育和弘扬社会主义核心价值观作为凝魂聚气、强基固本的基础工程,通过教育引导、舆论宣传、文化熏陶、实践养成、制度保障等,将社会主义核心价值观的要求融入到精神文明创建活动之中。古魏镇机关干部周三、周五集体学习和党委中心组每月一次定期学习雷打不动,开展爱读书、读好书活动,积极营造学习型机关;各村成立了文艺演出队,重大节日期间组织举办了各种形式的群众性文体娱乐活动;开展了陈规陋俗专项整治活动,有效遏制了婚丧事宜大操大办及封建迷信活动;利用道德讲堂平台,邀请县委宣传部讲师对党员干部进行了理想道德信念教育;开展"实施道德建设工程,学习道德模范事迹"活动,太安村95岁孙银聪老人荣获第六届全国道德模范,成为运城获此殊荣第一人,古魏镇在全镇掀起学习道德模范孙银聪先进事迹高潮。

【服务重点工程】 1.光伏领跑技术基地建设项目,古魏项目区,涉及中电、华电、联合光伏3个企业,共流转土地6082亩,征收土地8.99亩,协调化解矛盾497起,保证了光伏企业如期并网发电。2.王夭村果品分拣包装中心建设项目,总投资110万元,占地8亩,建设面积1404平方米。3.永乐宫文化创意园项目,涉及柴涧、城南、庙底三个村301户,完成838亩土地征用工作。4.三斜温氏养殖小区项目,占地50亩,规划建猪舍20栋,第一期工程占地28亩,投资280万元,建成猪舍9栋。5.河滩高标准农田基本建设工程,涉及太安、董村、夭头、新村等20个村,完成整理土地31000亩。6.条山街道路工程土地征收项目,完成拆迁20户。

【文化活动】 2017年,古魏镇元宵节社火表演活动赢得了全县人民的普遍赞赏;"三八"节组织全镇妇女举办了"喜迎十九大,巾帼展风采"文艺晚会;参加"夏青杯"芮城选拔赛,镇机关选手晋级运城市选拔赛;举行"我有拿手戏"专场群众文艺展演活动,北关、太安、镇机关选送的节目进入全县展演,荣获三等奖;参加文化局组织的"我是舞王"选拔赛,获得二等奖;完成了市县送戏下乡11场。通过开展各类文化活动,丰富群众的文化生活,弘扬社会正能量,激发全镇人民投身小康社会建设的热情和干劲。

【经济工作】 2017年,古魏镇粮食总产量49000吨,农村经济总收入7.3亿元,农村居民人均可支配收入达到12122元。重点实施了发展壮大四大特色产业基地:无公害水果基地,以兴耀、汉渡、三斜、新村为重点,持续加大苹果提质增效力度;以董村、坑头、三斜、县南为重点,加大大樱桃、早熟杏、桃、玉露香梨等水果栽植面积,形成高效水果循环圈,并申请无公害认证,建设无公害水果生产基地。

进一步调优果品产业结构，持续推进农业供给侧改革的步伐。全镇早熟杏2300亩，桃4500亩，玉露香梨400亩，大樱桃1500亩。做大做强夭头大棚基地，完善配套设施，让更多农民建棚致富。当年新增大棚140亩。汉渡有机葡萄现代农业基地，建成思睿葡萄酒庄园，辐射带动葡萄栽植面积达到1300亩。现代农业引领示范基地，在夭头新栽植突尼斯软籽石榴120亩、节水莲藕300亩、深池莲藕70亩，在河滩建成樱桃采摘园160亩，在汉渡建成100亩桑葚主题采摘园，使生态农业、观光农业、设施农业和休闲采摘为一体的现代农业示范园区建设步伐进一步加快。2017年参保18709人、收缴农村居民社会养老保险保费417万元；完成城乡居民基本养老保险参保38835人、缴费583万元；劳动力转移1321人。

【脱贫攻坚】 2017年，古魏镇在山区贫困村王夭村实施六项工程促推脱贫摘帽，镇政府成立帮扶工作队，机关干部责任到户到人，建立帮扶台账，明确帮扶目标任务，推行清单式工作制度，整合资源，严格标准，严把程序，分类实施，将产业扶持、技术培训、易地搬迁、劳动就业、住房保障等措施落到实处，实现了46户138人的脱贫目标。

【生态建设】 2017年，古魏镇组织机关干部栽植桑树20000株，完成义务植树100亩；在太安、董村、新村、汉渡、兴耀完成荒沟荒坡绿化3000亩；对1567.5亩退耕还林工程进行补植补栽，巩固退耕还林成效；在三斜、董村栽植干果经济林350亩。打好“蓝天保护战”，实施内外四关9个村煤改气改电工程，开展了“小散乱污”企业摸底排查整改和“禁三烧”工作。古魏镇组建环保专业队伍，实行网格化巡查制度，进一步加大了环境综合整治力度。集中开展为期三个月的农村环境整治工作，整治效果前所未有，真正使农村脏乱差得到了有效治理。加强和完善阵地建设，南关、城南投资200余万元建成高标准活动场所；推进乡镇“五小设施”建设，新建了小食堂，改造了小澡堂、小厕所，完善了小图书室、小文体室，机关设施建议得到的充实完善。

【美丽宜居示范村建设】 王夭村是县委确定的2017年美丽宜居示范村。主要实施完成了以下工作：村庄整体规划；高标准栽植各种苗木42000株；完成了拆除违建、清理垃圾、墙体涂白、特色绘画、路肩硬化、砌城墙垛美化墙等工作；完成佛夭、阴夭两个自然村广场硬化和自然村连接路硬化；实施王夭村贫困户集中安置点工程；完成易地扶贫搬迁巷道硬化和土埝垒砖墙工作；完成2500米排水管道工程；完成第12小组农网改造工程；完成烈士陵园停车场和进园台阶建设；购置垃圾车1辆周转箱25个；完成6个公益广告牌及村委院内8块宣传栏安装；确定并实施了地皇泉景点开发项目；确定了温氏养殖和村级光伏电站工程，土地流转已到位。通过一年的艰苦努力，全面完成了美丽宜居示范村年度工作任务。

【综治信访】 2017年，古魏镇班子成员及站室负责人固定日期，轮流值班，村级干部确定值班日期，接待群众来信来访，确保各种矛盾在村镇得到及时化解。开展矛盾纠纷排查、调处、化解,全年化解矛盾纠纷246起。在各级“两会”和十九大期间,坚持排查化解不动摇,确保了“零上访”目标。平安村创建成效显著,令花、王夭村被县委授予平安村。

古魏镇领导机构及成员

一、党　委

书　　记:赵创国

副 书 记:马敬武　　赵立会

　　　　　杨　俊

委　　员:任永波　　马永峰

　　　　　张　衡　　焦向东*

　　　　　王　锋*　 尉　欢

纪委书记:任永波

二、人大主席团

主　　席:任占盈

三、政府领导班子名单

镇　　长:马敬武

副 镇 长:马永峰　　李　华

　　　　　闫孔草　　富秀芳

学张乡

【党建工作】 2017年,学张乡党委认真落实市委党的建设“两个走在前”和县委“一助四强”总体思路,以党建工作为统领,助推全乡经济社会健康发展。

强化学习,学做表率。深入学习党的十八届六中全会、十九大精神,全年召开党委中心组学习12次,中心组成员记笔记5万余字,撰写心得10余篇,调研报告4篇,从而提高自身理论素养,增强自身能力。树立任职45年水峪村党支部书记的蔺当存同志为身边典型,助力“两学一做”教育常态化、制度化;开展“戴党徽、亮身份、作表率”主题党日活动,神西党支部、水峪党支部把活动开在光伏一线、革命圣地等;“维护核心见诸行动”主题教育活动全面开花;桥头党支部书记李海亭同志入党故事—《要让老百姓说党好》入脑入心,县委领导一致好评;“三会一课”制度更加规范,“三基建设”稳步推进;十九大气氛渲染浓厚,悬挂标语100余条,各类文艺节目10余场,中心组成员深入一线讲党课50余次,全乡学习积极性蔚然成风,确保党的十九大精神在学张落地生根、开花结果。

强化导向,促强组织。年初,对全乡10个农村党支部逐个把脉找问题,辨证施治定目标。配强配齐了学张村党支部班子,强化支部委员认领、化解信访问题的责任意识,今年信访形势较之前有所缓解。扎实开展桥头软弱涣散村整顿,党组织凝聚力、战斗力和团结性进一步增强。窟垛村依托光伏项目实现破零。乡党委提前调研谋划村“两委”换届工作,遇到问题及时化解,确保村“两委”换届圆满完成。利用两天时间,邀请市县党校教师、县委领导、县职能部门的同志、全县优秀支部书记授课,对新上任的村“两委”干部进行了任前培训,培训会议有讨论、有学员代表发言,形式多样、内容丰富。

【脱贫攻坚】 2017年,完成107户298人的脱贫任务。全年完成庙后移民新村搬迁工程,解决水峪村28户92人的住房问题;杜家、神西、水峪三个行政村42户155人通过分散安置方式全部实现异地搬迁。

【植树造林】 2017年,共改造退耕还林面积7600余亩,在神西村栽植国槐4000余株。

【集体经济】 2017年,10个行政村实现了集体经济全部破零。其中,集体经济收入在1万元以下的村5个(阳院、杜家、桥头、韩张、窟垛),集体经济收入在1—5万元的村4个(学张、斜口、三坑、神西),集体经济收入在10万元以上的村1个(水峪)。

【重点工程】 光伏领跑技术基地项目,在全县占地面积最大、涉及农户、村组、企业最多,共涉及窟垛、水峪、神西、桥头四个行政村687户7301.689亩。在全乡干群的共同努力下,学张乡是光伏领跑技术基地项目建设在全县实施最快、并网最早的一家,受到省电力公司的高度评价。垃圾焚烧热解项目,仅用一周时间就完成了占地25.66亩的征地项目建设前期工作。三坑村无公害蔬菜大棚项目,新建占地60亩的大棚40座、水塔一座,并配套了高效节水设施,新建菊花加工厂一座。

【示范村建设】 2017年,在水峪美丽宜居示范村建设中,投资47万元,建成长100米宽4米,连接墁东墁西的连心桥一座;投资26.5万元,建成水峪南组120平方米标准化村卫生室及添置室内办公用品;投资61万元,建成村级长110米,宽37米的文化广场;投资30万元,完成水峪中心村路灯亮化及2000平方米的涧北广场硬化工程;投资37.5万元,建成宽4米,长约2公里连接庙前到水峪东组的乡道。

学张乡领导机构及成员

一、党　委

书　　记:杨铁宁

副 书 记:封兴财　杨　昭

纪检书记:姚东阳

武装部长:冯少毅

组织委员:王莉莉

常务副乡长:余　鹏

二、人大主席团

主　　席:郝国霞*

　　　　　杨胜仓

副 主 席:张　晓

三、政　府

乡　　长:封兴财

副 乡 长:余　鹏　杨胜仓*

　　　　　李　康　程　洁

大王镇

【党建工作】 2017年,大王镇党委始终坚持每月至少召开一次党委会议,研究部署基层党建工作。严格落实“三重一大”工作制度,坚持重大事项班子成员集体决策。按照包村片区划分,明确片长为党建工作联络员,包村干部为党建工作指导员,形成了齐抓共管的工作格局。年初与各支部书记签订了《党风廉政建设目标责任书》。每季度召开党风廉政建设专题会议,督促班子成员“一岗双责”落实。强化廉政警示教育。对镇村干部队伍中出现的苗头性问题,及时谈话提醒。镇纪委查办案件3起。对5个贫困村脱贫攻坚工作多次进行实地督查,脱贫攻坚工作顺利推进。"两委"换届圆满完成。"五小场所"建成并投入使用。全镇统一每月3号为党员活动日,狠抓支部"三会一课"制度落实,为开展学习教育提供了有效载体。指导各支部建立了党员教育管理微信群,加强对流动党员的教育管理。邀请县退休干部王效宽深入各支部讲授党课,充分发挥了"流动党校"作用。各支部均开展了学用习近平总书记系列重要讲话精神学习交流,以讲话精神指导和改进工作。同时,班子成员带头,全体机关干部、理论宣讲员深入各村宣讲十九大精神,做到家喻户晓、人人皆知。通过"戴党徽,亮身份,作表率"活动,广大党员在脱贫攻坚、环境卫生集中整治、环境保护、信访维稳等实际工作中发挥了先锋模范作用。

【重点工程】 2017年,大王镇为落户本区域的中节能和晶科两大光伏企业创优环境,排忧解难;投资110余万元的产业扶贫整村推进项目陈常秀餐谷物合作社建成并投产,产品已进入市场销售;投资130余万元的大王美丽宜居示范村项目和投资70万元的菊花加工厂顺利实施和基本完工;投资343万元的观庄平田整地项目顺利完工;投资602万元的大阳村农业综合开发项目,已破土动工。

【现代农业】 2017年,大王镇推广玉米优良品种10800亩,实施小麦恶性杂草防治10000余亩,确保粮食生产安全。投资34万元,在南辿村实施了农田灌溉项目,建设300立方米蓄水池1座,铺设输水管道6700米,扩浇面积600余亩,农田水利条件不断改善。加大农业调产力度,立足大王自然条件,沿山一带继续抓好苹果的提质增效,新成立2个苹果专业家庭农场,组织66人次果农赴外参观考察,全镇苹果的质量和品质不断提升。干线路两侧稳步提升茶菊、药菊的种植面积,2017年全镇共栽植10000余亩,大力发展菊花深加工,全镇共有菊花专业合作社6家,菊花加工点28家,加工能力1000余吨。依托金盆运强香椿合作社,辐射带动香椿产业发展,新栽植香椿200亩。干线路以南,以陈常秀餐谷物合作社为依托,扩大谷物杂粮的种植,把谷物杂粮的产业做大,从而在全镇形成了苹果、菊花、小米、香椿四大支柱产业,为群众增收提供了产业支撑。

【脱贫攻坚】 2017年,大王镇党委坚持每周一例会,强化对第一书记和驻村工作队的日常管理。实行机关干部、村"两委"干部包联帮扶贫困户工作机制,凝聚脱贫攻坚工作合力。加强对易地扶贫搬迁项目的监管,做到保安全、保质量、保进度。全镇今年脱贫130户350人,陈常村脱贫摘帽。全面精准地完成了县定贫困人口131户354人的如期脱贫和陈常贫困村的摘帽任务。投资1300余万元集中安置83户磨涧下双寺、杨岭自然村易地扶贫搬迁,投资776万元集中安置40户的南辿地质灾害户贫困户,安置项目进展顺利,主体工程已完工。

【生态创建】 2017年,大王镇实施了乡村清

大王村创建美丽宜居示范村项目

洁工程,通过宣传教育,队伍建设,重点区域,网格化管理,奖惩激励,达到了全面开花的良好效果,全镇农村环境卫生水平明显提升;结合山西省农村环境卫生集中行动,先后投资80余万元,动员干部群众15000余人次,动用机械4525台次,转运陈年垃圾19800余吨,整治“四堆”9980余处,土墙换砖墙280处,修缮整治路面墙面93处,对沿景区、沿主干道平风线大王段、沿集镇所在地所有建筑物墙面及树木刷白、美化54000余平方米,经过全镇干群共同努力,镇村容貌焕然一新;认真抓好环保工作,针对夏收、秋收、冬季“三烧”易发多发期,印发宣传单21000份,悬挂条幅30条,巡逻车每天巡逻,有效杜绝了“三烧”现象发生。对全镇重点养殖户和主干道两边的煤场进行集中整治和矛盾消化,拆除金盆猪场1个,取缔风平线沿线露天煤厂3家,全力维护了镇域内环境质量。

【民生改善】 2017年,大王镇共完成乡道建设3.05公里,全镇交通基础条件明显改善。完成了观庄、坂上2个村农电网改造工程,全镇50家深井专用台改造全部到位。全面完成了80869.77亩、6844户的土地确权颁证工作。完成了13个村1166.5亩25度坡耕地退耕还林栽植验收工作。建立完善了涉及3条河道、17个行政村的河长制,由各村主干担任河长。每月对辖区河道进行巡查,摸清底数,建章立制。“凤还巢”计划和“群星灿烂”育苗计划稳步推进。全年共送戏下乡12场,丰富了群众的精神文化生活。严格落实各项惠民政策,新农合、城乡居民养老保险两项工作均位居全县前列。认真做好低保、五保、救灾救济工作,切实将党的温暖传递给困难群众。坚持教育优先发展,改善就医条件,提升医疗水平,统筹做好了妇女儿童、老龄、残疾人各项工作。圆满完成了村“两委”换届选举工作,为全面建成小康社会和实施乡村振兴战略提供了坚实的政治和组织保障。

大王镇领导机构及成员

一、党　委

书　　记:王旭鹏*
　　　　　蔡林权

副 书 记:蔡林权*
　　　　　马　刚　张满红

纪委书记:陈学森*　常代超

武装部长:杨庆峰

组织委员:杨振华

委　　员:王迎泽

二、人大主席团

主　　席:张　娜

副 主 席:杨惠生

三、政　府

镇　　长:蔡林权*　马　刚

副 镇 长:王迎泽　余丽萍　贺成江

四、政协联络组

组　　长:张满红

永乐镇

【经济指标完成情况】 2017年,全镇农村经济总收入达到39240万元,同比增长9%;农业总产值达到27000万元,同比增长8%;工业总产值完成2200万元,同比增长10%,农村居民人均可支配收入达到10897元,同比增长8%;粮食总产量达到42000吨,蔬菜总产量达7030吨。

【党建工作】 2017年,永乐镇党委认真落实省委“三基建设”工作要求,牢固树立“抓好党建是最大的政绩”理念,坚持以“抓党建、促发展”,全面落实党建责任制,不断夯实发展基础。

落实党建第一责任人职责　2017年,镇党委与各村、镇直各单位签订了基层党建工作目标责任书和党风廉政建设目标责任书,完善党建“三清单”,形成了“一级抓一级,层层抓落实”的党建目标责任制格局。

队伍建设　2017年,镇党委班子自身建设。镇党委坚持每月召开一次专题会议,严格执行党委委员党建工作联系点制度,坚持每月召开一次党委会,对“两学一做”学习教育、开展“维护核心、见诸行动”主题教育、“三基建设”、机关“五小建设”等工作中存在的问题进行研究,民主决策。加强党支部建设。认真开展“两学一做”学习教育常态化、制度化,认真落实“三会一课”制度,通过召开组织生活会,为党员设岗定责,开展活动等途径,增强了党组织的凝聚力。加强对党员的教育培训和管理。全年发放十九大、应知应会资料1320套,对全镇党员进行3次专题培训,举办了农村党员“流动课堂”培训班。认真做好发展党员工作。全年共发展乡贤农村党员5人。

换届选举　2017年,镇党委、政府在换届前加强开展谈心谈话活动,将问题提前化解。全县第一家圆满完成村“两委”换届工作,没有一起矛盾上交。共调整主干3人,选出女干部10人,优秀乡土人才7人,新任干部21人。

“两学一做”学习　2017年,镇党委以党章党规和系列讲话应知应会进行了一次闭卷测试;每月8日为全镇党员活动日,以“爱家园、美家园”为主题举办了“戴党徽、亮身份、作表率”党日主题活动,签订了党员及党员家庭“双承诺”书,为普通党员设岗定责、困难党员结对帮扶、党员示范户挂牌。

【党风廉洁建设】 2017年,永乐镇党委认真贯彻落实各级党风廉政建设会议精神,全面落实党风廉政建设“两个责任”,针对落实“两个责任”中存在的问题,进一步列清了问题清单和整改清单。组织镇村干部70余人到县廉政警示教育基地学习。在村委换届期间组织支部候选人、村委候选人,深入学习贯彻《中国共产党廉政自律准则》《中国共产党纪律处分条例》《永乐镇关于换届选举工作纪律的通知》“八不能”“六不能六不宜”等规定,关键节点反复强调“八项规定”,反对“四风”,杜绝违反廉洁自律规定的现象发生。全年重点查办了3起群众身边的不正之风案件,给予党纪政纪处分3人。

【宣传思想工作】 2017年,永乐镇党委政府在机关、农村实施了“党建文化、综治文化、德孝文化和乡贤文化”四大文化工程,助推永乐镇美丽乡村建设。创建了26块党建文化墙,廉政文化宣传栏;开展了“好婆婆”“好媳妇”评选活动;发掘了6名品行良好、处世公正、为人正派、遵纪守法的“本土乡贤”;推选出“乡贤代表”82人,重点打造了任家庄村任武贤为乡贤重点人才,已推荐至省委宣传部;成立了镇乡贤理事会和村级乡贤理事会。永乐镇党委组建镇十九大精神宣讲团;组织广大党员干部群众认真学习十九大精神,通过集体学习与个人自学相结合,举办理论学习报告会、开展专题研讨会、举办学习交流会等形式,教育引导广大党员领导干部全面准确领会精神实质,使党的十九大精神覆盖到全镇各个社会群体中。

【重点工程】 蔡村果蔬冷藏库项目 该项目占地6.5亩,总投资197万元,其中扶贫资金150万元,自筹资金47万元。2017年10月20日项目全部完工。

西营村钢结构大棚项目 该项目是西营村委会利用村集体土地投资120万元,建设了12座新型钢结构大棚,共占地30亩。2017年底前已经全部完工。

蔡村美丽宜居示范村建设项目 蔡村为全县首批美丽宜居示范村,按照“硬化、亮化、美化、绿化”的要求,全村动员,全民参与,使村容村貌彻底改善。2017年底前已经全部完工。

【民生工作】 创建国家卫生镇和乡村清洁工程 完善申报创建国家卫生镇资料,积极做好乡村清洁工程。7月上旬,在全镇开展了为期三个月的环境卫生集中整治活动,签订“环境卫生整治目标责任书”3375份,发动群众7360人,动用铲车等大型车辆330辆,转运垃圾18500方,清理“四堆”770堆,转运砖116000块,土墙换砖墙3000米,围墙刷白18000平方米,建设文化墙2500米,建设生活垃圾中转站一座。

困难群众慰问 全镇共慰问困难群众426户,发放慰问金110000元,发放救灾面粉650袋。

芮城县移民搬迁现场会

环境保护 全年累计印发《关于禁止焚烧秸秆、垃圾、树叶的通知》两万余张,清理销售散煤200余吨,关停不符合环保要求的企业两家。

【特色产业】 2017年,全镇发展3500亩花椒经济林、1000亩油牡丹、6500亩菊花、3000亩莲藕基地、1000亩设施农业、南美对虾、甲鱼等成为农民增收的新动能。

【基础设施建设】 河滩地高标准农田整理项目 2017年,完成投资2800余万元,涉及5个村的河滩地2000余亩,拓宽道路58.5公里,硬化道路3500米,铺设沙石路3700米,栽植杨树5200株。

农村基础设施建设 2017年,枯垛、历山投资120万元硬化通村路7公里;永乐岳村投资10万元,修建排水渠1000米;历山村投资47万元建设了一座舞台。

小城镇建设 镇卫生院住院楼项目投资300余万元;镇政府乡镇干部周转用房和"三小"建设,投资60万元;建设楹联一条街,根据永乐人文历史,创作了800余平方米的画卷,到全国征联百余条,诗画合一,代表县顺利通过全国楹联县验收。

【扶贫攻坚】 认真开展贫困状况调查和建档立卡工作。2017年全镇实现了40户130名贫困人口顺利脱贫。尤其是西营村在发展集体经济过程中与脱贫攻坚工作相结合,让该村的贫困户在村集体大棚务工,实现了村集体经济收入和脱贫攻坚工作的有机结合。

【综治信访工作】 2017年制作法治宣传长廊版面41块,法制宣传文化墙3140.5平方米;制作"一村一警"公示栏32个;全年接访286人次,共化解矛盾纠纷61起,化解率达到97%。全国重大活动期间,实现零上访,切实维护了全镇社会稳定。

永乐镇领导机构及成员

一、党 委

书　　记:张云鹏

副 书 记:胡丹英　肖国红*

　　　　　刘 钊

纪委书记:王宏岩

组织委员:刘 婉

武装部长:王继朋

二、人大主席团

主　　席:马 刚*　肖国红

三、政 府

镇　　长:胡丹英

副 镇 长:李忠实　张林怀*

　　　　　任铁军　南东梅

阳城镇

【基层党建工作】 2017年,镇党委强化政治建设,锤炼坚强党性。始终把政治建设放在首位,以"两学一做"学习教育常态化、制度化为抓手,扎实开展了"维护核心见诸行动"主题教育;"四大讲四增强"学习交流;"一文一书"专题学习;学习宣传贯彻十九大精神等教育活动;召开专题讲座26次;座谈会21次;心得体会展评12次。夯实组织建设,打造坚强堡垒。扩大党组织覆盖面,成立了四个非公党支部和一个非公联合党支部。狠抓支部三会一课制度落实。圆满完成全镇17村两委换届选举,选优配强村干部队伍,选出两委干部154人。按照"一助四强"思路,多措并举壮大集体经济,实现17个村全部破零。西任村盘活闲置资产,年增收5万元;北里村争取扶贫资金扩建苹果包装厂,年增收5万元;东风村争取集体经济发展资金建设商住楼，年增收15万元。全镇党员与贫困户结对帮扶，制订了《关于加强干部驻村帮扶工作日常管理制度》，形成强大合力。做实基础建设，筑牢党建根基。加强五小建设，对镇机关食堂、文体室、卫生间提升改造，建起小澡堂、图书室；翻新周转房，改善了机关工作生活条件；扎实做好党员发展工作，纳新党员8名；高标准完成党员信息采集工作，受到县委组织部的好评。落实两个责任，抓好党风廉政建设工作。认真落实党政领导班子“一岗双责”，严格执行领导干部有关事项报告制度；开展廉政警示教育5次；全力配合巡察工作，认真抓好3方面13个反馈问题整改。6月29日，中纪委调研我镇预防群腐两个责任落实情况，受到肯定好评，7月10日，市纪委在阳城镇召开两个责任落实现场会，受到参会人员一致好评。11月20日组织镇村干部到县会展中心观看预防职务犯罪廉政专题展，进一步树牢广大党员干部廉洁从政意识。

【三大产业提质增效】 2017年，阳城镇三大产业发展势头强劲，农民收入稳步提高，新建红枣示范园3000亩，老示范园提质增效5000亩，群防群治8000余亩。依托宋记果业、海河果业、张明合作社等农业经济组织，打造全省最大的外贸苹果加工基地，大力发展外贸苹果加工产业，去年7家出口企业已出口苹果8.3万吨，产值2.2亿元。按照环保要求，对全镇养殖户逐步进行规范，确保全镇畜牧业稳步健康发展。

【重点工作】 阳城敬老院建设工程。此项目于2016年10月开始向省发改委申报，项目于2017年5月获国家发改委批复，争取资金468万元。同时积极争取民政厅补助资金152万元。9月1日在县公共资源交易中心公开招标。已完成主体一层建设。

商旅一条街建设工程。2016年与西建公司达成开发协议，该项目占地80亩，总投资8000万元，5月份完成商旅一条街规划设计。完成了土方回填工程，实施了投资135万元的排洪渠建设项目。

东风村美丽宜居示范村建设工程。完成了村活动广场、留守儿童管护中心、村北环村路硬化及东焦自然村亮化工程。加强环境卫生综合整治，清理陈年垃圾300余车，涂白墙壁5000余平方米。更新供水管网，完成道路及下水道硬化工程。完成东风村主街道亮化工程，安装太阳能路灯26套。启动了东风小学旧址四层商住楼建设项目。

光伏项目建设。积极配合，搞好协调服务，确保特变电工、晶科电力两家光伏企业在阳城镇的光伏项目顺利实施，已于2016年7月30日并网发电。北京财富立方光伏项目进展顺利，预计于2018年底完工。

【脱贫攻坚】 2017年，镇党委、政府把脱贫攻坚工作作为全年工作的重中之重，加强领导，明确责任，圆满完成了2017年度238户465人贫困户和江口村整体脱贫任务。争取扶贫贷款195户1145万元。积极争取扶贫项目，北里村出口苹果加工、阳城村燕枣项目顺利完工，永丰村扶贫冷库、阳干村花椒交易市场项目有序进展。在全镇规划9个集中搬迁安置点。已完成镇扶贫搬迁集中安置区主体一层建设。2017 年的 6 个村集中安置点,完成主体建设工程。

【民生社会事业】 2017 年，阳城镇林业、水利、道路、环保、计生卫生、教育工作持续推进,民生事业不断改善。开展了新一轮退耕还林工程,全镇新纳入面积 2356.8 亩。完成了阳祖村人畜吃水工程，完成永丰深井配套设施建设。实施了新村河滩农业综合开发工程。开展了“土小”企业整治、禁止“三烧”等工作,开展不达标养殖场清理整顿专项活动，开展秋冬季大气污染综合治理攻坚行动，清理沿路散煤场 4 个。完成 13.6 公里道路硬化工程,实施了 19 公里道路修补工程。做好计生家庭奖励扶助工作。完成投资 450 万元的东任小学教师周转房主体工程建设。教学成绩再创佳绩。完成阳祖、阳干、新村、常村、东任等五个村老年人日间照料中心主体建设工程。群众的获得感、幸福感进一步增强。

中纪委调研阳城镇两个责任落实情况

【社会治安】 2017 年,镇党委、政府健全完善领导体制和工作机制,领导带头学法,镇村两级干部和村民代表集体学法。以镇、村两级综治服务中心为依托，实行领导干部接访和包案负责制，加强镇村两级信访维稳队伍建设，健全和完善了信访月例会、领导干部接访、五级接访、交办案件限期结办制度和信访责任追究制度。全年排查化解矛盾纠纷 83 起,全镇无一例越级上访,无重大刑事案件。坚持每月安全例会制度和定期安全隐患排查,全年未发生一起安全生产责任事故。

阳城镇领导机构及成员

一、党　委

书　　记:王江荣

副 书 记:张　琳　　范忠亮

纪委书记:张　庆

党委委员:张永峰

武装部长:张亚波

组织委员:杨晓艳

二、人大主席团

主　　席:史创军

三、政府

镇　　长:张　琳

副 镇 长:张永峰　　王　磊　　刘　娟

风陵渡镇

【党建工作】 2017 年,镇党委按照全面从严治党的总体要求，牢固树立主体责任和第一责任人工作理念,坚持问题导向,抓住工作重点,发挥党建工作“助推器”、“压船石”作用,确保全镇工作有序开展。

在“两学一做”学习教育活动中,切实发

挥党委的组织推动和主体作用，把“学、做、改、带、强、促”六个方面的主要任务融入日常工作，坚持每月两次的党委中心组学习制度，落实基层支部“三会一课”工作制度，采取领导干部领学、干部在线教育、集中研讨交流、专题讨论、网络答题等形式多样的学习方式，把党章党规、习总书记系列讲话精神和治国理政新理念、新思想、新战略以及省、市、县主要领导讲话精神作为主要学习内容，共组织党委中心组学习20次，在班子成员中开展了学习总书记在山西考察调研深度贫困地区座谈会讲话等5次专题研讨活动，明确包村干部指导责任，扎实开展“两学一做”应知应会知识网络答题活动，在环境卫生集中整治和脱贫攻坚工作中，认真开展“我是党员我先行”和“包联帮扶结对子”主题实践活动。

党的十九大和县“两会”闭幕之后，全镇坚持创新形式，讲学结合，树立“六种意识”，广泛开展了“六项活动”，在全镇掀起学习贯彻会议精神的热潮。开展“六项活动”即：学习讨论。召开了党委会、党委政府班子成员会、机关干部会议。结合风陵渡实际，学习讨论、制定方案、部署落实；精心部署。成立领导组，制定切实可行的学习实施方案，以党委文件下发各村党支部和镇直党支部，召开全镇三级干部和党员大会分项安排。各村制定方案，开展党员干部人人学报告、记笔记、写体会；邀请全镇部分党代表、人大代表、政协委员、老干部代表，召开了一次座谈会；在机关开展了一次学报告、谈体会、找差距、鼓干劲交流会；在全镇各村开展换写黑板报、墙报、悬挂宣传标语等宣传活动；以会议报告为指导，开好一次班子民主生活会，建立健全工作机制，制定出新的工作目标任务。树立“六种意识”即：奋起赶超意识，克服畏难情绪，知难而上，奋力赶超；优势推进意识，利用优势争先发展；优质服务意识，改变工作作风，提高办事效率；科学发展意识，增强深入贯彻会议精神的自觉性，推动全镇经济快速发展，力争到“十三五”末全镇农民人均纯收入增长一倍；用实绩说话意识，建立以重发展、凭实绩、看变化用人、选人、奖励机制，在全镇形成少论道，多实践的工作格局；放胆争先意识，要放开手脚，大胆工作，克服因循守旧的思想，以实际行动推动镇域经济快速发展。

【党风廉政建设】 2017年，镇党委坚持将群众身边的不正之风和腐败问题作为党风廉政建设工作的重中之重，党风廉政建设坚持始终，反腐倡廉持续高压，实施预防腐败“免疫”工程，教育引导全镇党员干部不断增强“四个意识”，坚守道德高线，严守纪律底线，为构建良好的政治生态打下坚实的基础。

全面从严治党，将习总书记系列重要讲话精神作为党员干部党性教育主要学习内容，加强稳定理想信念的压舱石。镇党委书记认真落实第一责任人职责，对各项工作任务亲自安排部署，亲自督促落实，对镇村干部经常咬耳扯袖，多过问，多提醒，发现问题及时纠正，班子成员履行“一岗双责”，抓好分管部门和包片、包村干部的日常教育管理，镇纪委履行监督执纪问责，不断加强对各项工作落实情况的监督检查。采取教育在先，警示在先,预防在先的办法,通过富有成效的集中警示教育活动,筑牢拒腐防变的思想道德防线,镇村干部的违纪数量明显减少，干部形象明显改善。

【宣传思想】 2017年,镇党委、政府大力发展文化教育事业,各村的文化广场、图书室基本上实现了全覆盖,组建了锣鼓队,举办了农民文化艺术节,先后开展了多项活动。春节和元宵节成功举办了民间社火表演活动，各村组织了舞龙、舞狮、威风锣鼓、踩高跷、背信子、划船等传统文艺节目,特别是正月十五举办的传统民俗活动“背冰亮膘”“背驮石磨”等古老的民间文艺节目，展示了风陵儿女的智慧和力量,彰显了古渡人民粗犷、强悍、刚毅的大无畏英雄气概,受到省、市、县各级领导和新闻媒体的高度关注。开展了“我有拿手好戏”群众展演活动。此次展演活动的所有演员均是来自本土的文艺爱好者，他们将生活元素巧妙地融入到节目中,突显地域特色,有锣鼓、舞蹈、戏剧、现代舞,节目丰富多彩,反映了群众的日常生活，歌颂了伟大的中国共产党、社会主义建设和近年来在县委、县政府的领导下,芮城及风陵渡古镇发生的巨大变化。文艺展演，为群众搭建平台，提升了文化品位,丰富了群众的文化生活,为精神文明建设提供了强有力的支撑。在全县道德模范评比、推荐、宣传活动中,赵村骨刺专科医生尚春旺同志的事迹在“芮城报和芮城电视台”宣传报道之后,在全县引起强烈反响,被运城市文明办评为“运城好人”。“守护生命的老船工”尚成麦先后被评为运城市第四届道德模范和山西省第六届道德模范。先后举办了《道德模范事迹展》及《践行十九大,古渡做贡献》书画展,参观人员达数千人,再次展现了风陵儿女团结进取,昂扬向上的精神风貌。

【美丽宜居示范村建设】 2017年，镇党委、政府制定了“打造亮点,连点成线,连线成面”的发展思路,依托西侯渡圣火遗址、凤凰咀等重要旅游资源,着力在打基础、建亮点、强管理上下功夫,发展乡村旅游产业,实现强镇富民。以美丽宜居示范村古伦村为重点,打造全镇乡村建设的样板工程、标志性工程。古伦村美丽宜居示范村建设项目:投资27万余元在古伦新农村、钟家、韩家三个自然村以及乡村旅游循环圈古伦段安装太阳能路灯共计46盏,直接解决了村民夜行难问题,提升了旅游循环圈品味；投资4万余元在村文化活动广场西建成长60米、高4米,共计240余平方米的文化墙,宣传教道、礼仪、健康、生活等本村深厚文化底蕴的彩绘文化墙，成为宣传古伦村一道靓丽风景线，也是古伦村和谐发展的一面教育墙;投资20万元,栽植银杏、百日红、紫荆、桂花等30多品种共计1500余株风景树,绿化美化了古伦村新农村、文化活动广场及乡村文化旅游圈古伦段;投资47万元完成了日间照料中心建设，投资6万余元完成日间照料中心广场600多平方米的硬化;投资30万元,修建排污水管道2000余米。

【乡村清洁工程】 2017年,镇党委、政府提出了“突出主体,样板示范,全面推进,形成长效”和“在乡村清洁工程全面达标的征途上,一个村都不能掉队”的工作要求。针对全镇的突出问题,制定了乡村清洁工程考核检查办法,实行红、黄旗评价机制,村级主干、保洁员履职尽责,抓工作落实,取得了明显的工作成效。全省农村环境卫生整治工作动员后,结合“三环三沿”“四治四无”的工作要求,明确提出了“拆、挪、清、整、化、管”六项重点,打环境卫生面貌翻身仗,特别是三焦、中基、晓里、北曲、北节义、瑶珂、上田、东章等一批亮点村脱颖而出,为工作整体推进,全面提升起到了示范带头和标杆引领作用。据统计,全镇共拆除各类违规建筑约3500平方米,清理各类垃圾15000余立方米,动用机械1000余小时,挪除各类堆放物8000余堆,约10000余立方米,修建排水设施9800余米,整治沿路、林带、环林、房前房后等120000余平方米,墙体文化2000余平方米,涂白美化30000余平方米,村规民约上墙200余平方米,彻底取缔了一批小乱散污企业和环保不到位的养殖业,对羹污环保进行全面整治提升。

【脱贫攻坚】 2017年,镇党委、政府把脱贫攻坚工作作为头等大事和第一民生工程抓紧抓实。全镇目前共有贫困户580户1675人,今年实现脱贫户121户388人,未脱贫户共有357户1030人。镇党委、政府紧紧抓住“产业、教育、生态、搬迁、低保五个一批”脱贫路径,发动立全砖厂、百利香花椒加工厂等企业为贫困户提供就业岗位13个,第二轮退耕还林工程7806.6亩等,增加贫困户收入,改善贫困村王瑶村的基础设施建设和生产生活条件。投资30余万元,完成人畜吃水管道铺设建设。

【花椒提质增效】 2017年,镇党委、政府按照“稳粮、扩椒、强畜”三大战略,在沿山一带建设花椒经济循环圈,以古伦、上阳、七里、王辽为中心,扩大实现王辽、六官花椒循环圈全覆盖,将花椒提质增效改造项目提升至3万亩。组织专家对椒农进行了学习培训、现场指导,参加培训人员达2000多人次,主要讲解修剪、拉枝、病虫害防治、抗旱防冻、更新换代等“五项措施”,提高花椒管理技术水平,抵御自然灾害能力,使主导产业升级换档,提高产量,优化品质。同时为了提高花椒产业经营水平,延伸产业链,全镇成立花椒专业合作社17个,建设花椒交易市场2个,拥有烘干机30台,榨油厂12家及花椒托运公司、服务中心、服务站等。为全镇全县花椒产业发展,椒农持续增收起好龙头带动作用。

【平安建设】 2017年,镇党委、政府按照“全力偿还旧帐,竭力不欠新账”的工作思路,深入开展矛盾纠纷排查化解工作,对有政治安全、矛盾纠纷、公共安全、内部安全及对社会不满、长期上访人员,进行彻底排查。抓好基层基础工作,建立健全镇、村两级信访工作有效机制,坚持领导接待日制度。全力抓好平安建设工作。镇政府与各村、各单位签订了

2017年平安建设工作目标责任书。对安全生产、管理不落实的企业,即货运站仓储单位、加油站、交通运输、邮政管理、闲置厂房、养殖场点、非法矿点进行了现场排查,落实措施,明确责任,对整治效果不明显、群众反映强烈的地方,进行通报批评,挂牌督办,黄牌警告等综治政策。强民调工作,充实民调队伍,充分发挥民调作用,既坚持原则,依法办事,又以理说法合乎情理,及时化解了多起疑难案件,为平安乡镇建设做出了突出贡献。

风陵渡镇领导机构及成员

一、党　委

书　　记:张健丰＊　任建永

副 书 记:任建永＊　潘维新＊

崔　哲　杨长胜

纪委书记:焦腾飞

组织委员:杨　潇＊　贺菊荣

武装部长:张　楚＊　董印荣

二、人大主席团

主　　席:景　放

三、政　府

镇　　长:任建永＊　崔　哲

副 镇 长:王收鹏　王红茹

杨晓宁　高引萍

城镇社区管理委员会

【队伍建设】 2017年,根据市委、市政府《关于进一步推进城市社区建设的意见》规定,结合本县城市社区基本情况,成立芮城县陌南镇梧桐社区居民委员会。现城镇社区管理委员会下辖9个社区,县城7个社区:永乐社区、寿圣社区、祥和社区、亚宝社区、魏园社区、西矿路社区、平安社区;风陵渡镇凤凰社区;陌南镇梧桐社区,全辖区共有20110户,60866人,流动人口28209人。

【党建工作】 2017年,社管委党委深入学习贯彻十九大精神,落实中共山西省委《关于全面贯彻<中共中央关于认真学习宣传贯彻党的十九大精神的决定>的通知》和市委、县委的部署要求,组织全体党员学习党的十九大精神,制定了《芮城县城镇社区党委学习贯彻党的十九大精神宣讲工作方案》,成立了宣讲团,开展宣讲活动8场次,受学党员群众1300多人。为社区近300名党员每人购买发放十九大报告单行本和新《党章》,为机关全体人员及社区两委主干每人购买了《党的十九大报告辅导读本》《十九大党章修正案学习问答》等读本。

推进“两学一做”学习教育常态化制度化,紧紧抓住以示范点带动全面的工作思路,积极培育祥和社区(市级)、永乐社区和亚宝社区(县级)三个示范点,全面推进社区“两学一做”学习教育常态化制度化。并严格落实“三会一课”,把“两学一做”学习教育贯穿到“三会一课”中。

抓班子建设,加强思想建设,提升班子成员政治站位,推进落实“一岗双责”。抓软弱涣散支部整顿,使寿圣社区党支部党建工作得到强化。落实“三会一课”制度,推动创新“三会一课”形式,社区党支部把“三会一课”开到小区，开到居民群众中。严把发展党员入口关,把热爱党的事业,热心为群众服务的积极分子吸收到党的队伍。接收预备党员4名,转正预备期满党员4名。认真组织做好党员信息系统录入工作，完成8个社区及机关基层党组织和254名党员信息录入，确保党员组织关系管理规范化。完成县城7个社区及风陵渡凤凰社区党员远程教育站点建设。每个社区配备55寸电视一台,远程教育机顶盒一个。

2017年11月2日县委组织部批准成立“中国共产党城镇社区委员会梧桐社区支部委员会”。

【三基建设】 2017年,社管委按照县委《关于在推动“两学一做””学习教育常态化制度化中加强“三基建设”的实施方案》《芮城县加强“三基建设”2017年“树标杆、做示范”专项行动方案》《<运城市加强“三基建设”2017年“树标杆、做示范”专项行动方案>的补充通知》要求,“三基建设”任务逐项落实。建立健全居务监督委员会,制定《关于建立居务监督委员会的实施方案》。完善社区服务功能,积极引导社会组织参与社区服务，祥和社区吸纳社会组织创办了“祥和社区图书室”,服务社区居民，尤其是给社区的少年儿童创造了假日学习的场所。积极招募志愿者参与社区服务。

省市县对每个社区配套的11万元社区工作经费全部到位；社区一般工作人员工资达到1000元以上,“两委”主干工资达到到2000元以上。在陌南镇新建梧桐社区,撤销风陵渡开发区城东社区，将社会事务移交风陵渡凤凰社区进行管理。

【社会治理】 2017年,社管委按照“四室一厅”建设要求,在祥和社区建设了综治中心示范点。开展平安创建和社会治理工作,各社区都健全完善了治保会、调委会、巡逻队等基本组织。积极吸收热心社区公益事业的离退休老党员、老干部和公益志愿者共组建了35个巡逻队,发放巡逻队员袖标280个,建立了7个法律工作站和联络点。利用社区法制宣传栏、法制学校以及群众喜闻乐见的文艺表演,通过各种宣传形式和载体，深入居民小区加强法制宣传教育,围绕构建良好的社会关系,定期开展法制宣传教育活动，提高居民的文明素质和法律素质。共书写法律宣传板报190余块，邀请有关部门共同开展法律宣传活动77次。

【社区换届】 2017年,社管委按照换届选举要求，依法完成了全县9个社区第六届换届选举工作。9个社区分别选举产生,党支部委员会、社区居民委员会、居务监督委员会。共选举出党组织成员29人,居委会成员51人,其中一肩挑4人,交叉任职13人。

【社区文化】 2017年,社管委积极推进社区文化建设,引导广大居民走出家门,参加社区组织的各类文化活动，促进居民参与社会生活、体现个人价值、进行感情交流和沟通，社区组建社区舞蹈队、宣传队28个。成功举办了“我是舞王”选拔赛暨社区文艺大展演活动。在各社区开展廉政文化、孝道文化、健康文化、学雷锋志愿者文化等方面进行推动和引导，确保社区文化沿着正确道路不断推进。

【惠民服务】 2017年，社管委严格对城镇低保户进行年检，共核查低保对象757户1172人，共有641户970人通过了年检复查，注销不符合条件的116户202人。认真审核城市低收入人群租房补贴申请，为720人两次（每半年一次）办理了住房补贴；组织专业队伍，为复转军人装钉“光荣之家”光荣牌409人；为275名重度残疾人申办了护理补贴，同时为27名有康复需求的残疾人发放辅助器具27件，配合县残联对残疾人动态数据更新的调研工作；为299对夫妇办理了生育服务证，录入二孩信息75人。积极组织机关人员及社区干部参加义务植树活动，栽植树木120颗；协助爱心协会为社区老人发放爱心黄手环200个，解决了部分老人走失无法联系的问题；为844名志愿者建档录入信息。